公共关系学新形态系列教材

Public Relations Planning

公关策划学

（第三版）

蒋 楠 编著

科学出版社

北 京

内 容 简 介

本书以多年来对公关策划学理论的深入研究为基础，吸纳国内外公关策划学的最新研究成果，紧密结合中国社会最鲜活的公关策划实践，全面论述了公关策划的基本理论、策划实务与策划人才培养要求。本书特别提出了公关策划的特点与原则、公关策划的思维类型、公关策划的程序、公关策划的类型划分等，并对典型案例进行了详细解析。书中所选案例绝大部分为近 3～5 年我国各级政府机构、事业单位、企业（含外资企业）、社会团体等的精彩公关策划案例，以便学习者学习与研究。每章末尾的理论研究题与实践演练题贴近实际，便于学习者在课下进行深入的自修和实践练习。

本书适用于公共关系学、市场营销、企业管理、行政管理等相关专业学生学习，也可为各类组织的公共关系从业人员自我研修、学习提供专业的指导与帮助。

图书在版编目（CIP）数据

公关策划学 / 蒋楠编著. —3 版. —北京：科学出版社，2024.6
公共关系学新形态系列教材
ISBN 978-7-03-074436-4

Ⅰ. ①公… Ⅱ. ①蒋… Ⅲ. ①公共关系学-教材 Ⅳ. ①C912.31
中国版本图书馆 CIP 数据核字（2022）第 251779 号

责任编辑：王京苏　赵　洁 / 责任校对：王晓茜
责任印制：张　伟 / 封面设计：有道设计

科 学 出 版 社 出版
北京东黄城根北街 16 号
邮政编码：100717
http://www.sciencep.com
北京厚诚则铭印刷科技有限公司印刷
科学出版社发行　各地新华书店经销
*

2013 年 5 月第　一　版　　开本：787×1092　1/16
2017 年 1 月第　二　版　　印张：18 3/4
2024 年 6 月第　三　版　　2024 年 6 月第二十次印刷
字数：445 000
定价：58.00 元
（如有印装质量问题，我社负责调换）

第三版前言

《公关策划学》第三版马上要与读者见面了。有几句话与亲爱的读者说说。

从 2017 年的第二版到 2024 年的第三版，恰逢处于学习贯彻习近平新时代中国特色社会主义思想的重要阶段，其间国家公共关系重大事件层出不穷，"一带一路"宏伟蓝图次第铺开，中国国家形象令世人印象深刻；政府各级组织机构扎实深入推进群众路线，自觉与社会公众开展广泛的日常沟通与各类公共关系活动；很多大型企业利用各种机会开展针对目标公众的公共关系活动，结合市场营销策划，把企业的品牌与产品推介到公众的面前；很多高校广泛利用开放日活动，宣传学校的优势和亮点，吸引社会公众走进大学校园，感受学校文化、了解专业特色；其他各类组织也选择恰当时机开展与公众的公共关系活动。特别值得一提的是，在新冠疫情期间，中国的抗疫举措与成效与其他国家形成了鲜明的对照，国家声誉、社会治理呈现巨大的亮色，中国道路、中国理论、中国制度、中国文化令国人自信，也令世界刮目相看！在这个洪流激荡的伟大时代，《公关策划学》第三版开始启笔修改，记录时代，整理理论，推陈出新，再展新篇。本书在以下方面做了更新。

第一，全书案例更新。为记录这个时代的精彩活动，第三版的案例全部做了更新，努力选用最新或优秀案例，把国家公关、政府公关、企业公关、学校公关等的事件采撷入书，让教学者、学习者能够接触到新鲜的案例并进行深入探究。

第二，经典案例解析。为学习者深入研究公共关系策划活动的特点与背后的机理，在公共关系实务的篇章中，选取典型案例进行细致的剖析，抽丝剥茧，剖玄析微，把公共关系的思想与精髓呈现于学习者面前，让公共关系策划活动及其魅力，看得见，能感受，学得会。

第三，部分章节缩减与扩展。为使全书内容更加顺畅、实用，与时俱进，去陈纳新，在公关策划理论部分增加了一章"公关策划类型划分"，专门对公关策划的各种类型进行了总体解读说明，集中阐述了公关策划活动的管理过程；对日常型的各种类别公关策划活动进行了压缩裁并，凸显网络传播的力量，减少组织纸质媒体与企业识别系统（corporate identity system，CIS）等策划活动的描述部分，让内容更加紧凑洗练。

第四，全书内容逐字修改。本着对学生负责、对社会负责的高度责任心，将教材内容进行认真审核，修改语焉不详的表述与不够严谨的定义，尽最大努力写出经得起考验的好教材。该教材第一版曾获得"浙江省普通高校'十二五'优秀教材"荣誉，也期待今后获得更多权威性的认可。

习近平总书记在党的二十大报告中指出："教育是国之大计、党之大计。培养什么人、怎样培养人、为谁培养人是教育的根本问题。育人的根本在于立德。"[①]本教材在修订之初以此为初心，始终把鲜明的核心价值观放在首位，以止于至善的态度进行修改，贴近教学一线，靠近课堂场景，让教材散发出育人的光芒，保持时代的热度、正义的亮度、感人的温度，努力让学习者从教材中领悟理论，获得真知，学会方法，实际操作。

这本教材历经近两年的修改，编辑老师们为此付出的心血难以言表！特别是王京苏老师，十几年来，一直与本人相携相助，推出《公共关系学原理》《公共关系礼仪》《公共关系实务》等教材，使本人能够为中国公共关系学理论与实务的日臻完善添柴加薪，非常感谢！最后要感谢科学出版社，多年来她对高等教育事业默默付出，倾力支持众多教师的教材出版，孜孜以求，呕心沥血，精益求精，出好教材、出高质量教材，为教材质量保驾护航，方使得教师们的教学心得成为教书育人的结晶。

最后，由于本人的认知与水平所限，教材可能仍然存在一些不足与瑕疵，恳请教材的使用者，特别是一线的教师、青年学子和公共关系公司人员及各行各业的公共关系从业人员不吝指教，以备今后日臻完善。本人负责的中国大学 MOOC（慕课）课程"公共关系学：沟通公众的艺术"期待您的指教，可随时在线沟通！

浙江越秀外国语学院　蒋楠

2024 年 6 月 22 日

---

① 习近平. 高举中国特色社会主义伟大旗帜 为全面建设社会主义现代化国家而团结奋斗——在中国共产党第二十次全国代表大会上的报告. 中国政府网, https://www.gov.cn/xinwen/2022-10/25/content_5721685.htm(2022-10-25).

目　　录

第一篇　公关策划理论

第一章　公关策划学概述

第一节　古今中外诸种策划

策划，也被称为谋划或计划，与精心的设计或一定的谋略有关。策划自古有之，几乎在任何事情上都可能有策划的存在。古今中外不同领域重大事件的策划给我们留下了宝贵的文化财富，也展示出了它们各自的特点。

一、政治策划

政治策划是指在不同权力集团的政治争斗中对立的一方使用非常高明的手段，战胜对方或置对方于死地的计谋。从古至今、从中到外，在国家建立、王朝更迭、权力博弈、利益争夺之中，策划常常是被高频率使用的手段。善于使用策划手法，可以使争斗中的一方以最少的付出，获得最大的回报。

"玫瑰革命"，美国干涉欧亚政局的典型"路数"

2003 年 11 月 2 日，格鲁吉亚举行议会选举，时任总统谢瓦尔德纳泽领导的"为了新格鲁吉亚"联盟获得最多选票。反对派指责选举"舞弊"，连续多日组织大规模抗议活动。11 月 23 日，谢瓦尔德纳泽宣布辞去总统职务，反对派领导人萨卡什维利上台。此次政治动荡被称为"玫瑰革命"，不仅因为格鲁吉亚盛产玫瑰，还因为反对派及其支持者在抗议过程中手持玫瑰花。在这场"颜色革命"中，美国一边支持格鲁吉亚反对派组织大规模抗议活动，一边向谢瓦尔德纳泽施压、劝其辞职，继而率先承认反对派政权。

在格鲁吉亚此次政权更迭中，美国采取多种手段影响了事态的发生和演变。

一是借助大量有美国政府背景的西方非政府组织、本土非政府组织对格鲁吉亚政治局势进行干预。苏联解体后，美国向欧亚国家推销所谓西方"民主方案"，试图影响有关国家政局。格鲁吉亚是其中的重点影响对象。有统计显示，1992—2002 年间，美国向格鲁吉亚提供的"民主援助"资金达到 10 亿美元。美国国家民主基金会和索罗斯基金会等西方非政府组织成立了 3 个格鲁吉亚本土非政府组织联合体：非政府组织大会、非政府组织协调委员会和格鲁吉亚联合联盟。每逢选举，这些组织就大肆动员群众、提供交通工具、发放活动费用；炮制和渲染对政府的抹黑言论，提供选举"舞弊"证据，激起群众的不满和反对情绪；在强力部门和青年学生中做工作，煽动其进行"革命"。在 2003 年 11 月议会选举期间，索罗斯基金会和美国国际事务民主协会向格鲁吉亚反对派提供了 5000 多万美元，资助其从全国各地招募群众到首都第比利斯举行抗议活动。

二是拉拢反对派，培养亲美政治精英和群体，包装"民主斗士"和青年意见领袖。美西方国家提供的资金援助往往附带政治条件，比如很多援助款被规定用于兴办西式学校、由西方控制的医疗机构等，这为西方国家和组织提供了渗透的途径。索罗斯基金会出资 150 万美元在格鲁吉亚成立了"克马拉"青年组织，并邀请所谓的"民主专家"赴格鲁吉亚对该组织的 2000 余名成员进行专门培训，向他们大量灌输西方文化和价值观，组织各类"民主活动"。接受这些援助和培训的群体往往在价值观上更加认同美式民主，在美国挑起格鲁吉亚国内政治斗争时被用作政治工具。

三是长期在当地扶持所谓自由独立媒体，向民众鼓吹美式民主，争夺舆论阵地。美国通过非政府组织邀请格鲁吉亚媒体人到美国考察，向媒体机构和从业人员提供大量支持。一些媒体从业人员甚至直接为西方媒体兼职工作，这些人中的很大一部分对本国国情缺乏了解，一味接受所谓美式民主价值观，沦为美国等西方国家的"信息附庸"。这导致格鲁吉亚在发生政治动荡时，部分媒体放弃了客观立场，滥用社会动员功能，孤立和丑化执政当局。例如，格鲁吉亚私营电视台"鲁斯塔维 2"在总统和议会选举的敏感时期，与反对派进行合作，煽动民众情绪，影响选民决策，对形势发展起到了推波助澜作用。

"玫瑰革命"之后，格鲁吉亚在很长时间内难以走出困境。政治上，新的执政者与反对派之间斗争激烈，反政府抗议活动频发，政局陷入不稳，2007～2008 年还发生了较为严重的政治危机。经济上，许多国有资产被贱卖，穷人的利益被忽视。世界银行的数据显示，在萨卡什维利执政的 2007 年，38.8%的格鲁吉亚人生活在贫困线以下。安全上，萨卡什维利上台后表示希望加入北约，修建"北约标准"的军事基地，格鲁吉亚与俄罗斯的矛盾不断激化，阿布哈兹、南奥塞梯等地分离问题更加严重。2008 年 8 月，格俄爆发冲突，两国关系破裂，欧亚地区的地缘政治冲突进一步加剧。

格鲁吉亚"玫瑰革命"是美国干涉欧亚国家政局的典型"路数"：灌输美式民主，培育亲西方群体和精英，扶持反对派，煽动暴力活动，借选举等重大政治活动引发大规模政治动荡。"玫瑰革命"之后，美国又向乌克兰等国家输入"颜色革命"，破坏这些国家探索本国政治经济社会道路的正常进程，制造新的政治冲突和社会对抗。一些国家陷入长期政治失衡，派系冲突不断，地区形势也变得更加敏感复杂。直至近年，欧亚国家发生的多起动荡，背后都有美国长期操纵"颜色革命"的黑手。美国的所作所为严重危害世界和平与稳定，受到国际社会的强烈谴责。

资料来源：苏畅."玫瑰革命"，美国干涉欧亚政局的典型"路数".人民日报，2022-09-26：15 版.（内容有删节）

关于政治策划，其主要的特点有以下几点。

（1）政治策划的发起者为政治团体或意欲维护或夺取权力的某几个人。政治斗争，是一个国家或地区最高权力集团之间进行的力量博弈，斗争的双方往往在几个人之间进行。例如，策划篡夺王位——赵高唆使李斯杀害秦始皇的继承人扶苏，推胡亥继位；设计将专横的权臣除掉——康熙亲政后除掉专权的鳌拜；将政权中的危险因素消除——晏婴与齐景公"二桃杀三士"；等等。政治策划往往十分隐秘，参与政治策划的人数量非常有限，整个策划过程即使事后也不会公开。因此，政治斗争历来被认为是十分残酷的。

（2）政治策划的目的是将权力的威胁者打倒或制服。政治策划具有明确的目的，就是将权力的威胁者或争夺者消灭，因此，策划使用的计策往往无所不用其极，策划者会精心准备，一切以将对方制服为目的，如伪造诏书、使用苦肉计或美人计等。历史上为肃清对立者政治影响力的事件，往往会株连成千上万的人。

（3）政治策划在中国古代采取的手段主要是宫廷内外的攻心与小规模的武力配合。在政治策划中，采取的手段主要是攻心之术，活动区域围绕政坛内外展开，往往还要配合一定的武力支持，如"杯酒释兵权""玄武门之变""康熙灭鳌拜"等。因此，政治斗争易于演化为军事的较量，或需要动用武力来配合解决。在现当代，政治策划则有更多新的手法。

（4）政治策划的结果一般只对政权更迭有影响，与社会公众的生活没有直接关系。政治斗争是在涉及权力争夺的人之间进行的博弈，基本不影响普通百姓的生活，对于社会公众来说，只有结果对他们有意义。因此，公众是政治斗争的旁观者或评说者。在政治争斗的最后，赢家往往是解释争斗原因与结果的唯一发言者，但时间却成为最终结果的无情评价者。

（5）政治策划进入现代社会后发生了巨大的变化。由于互联网技术的进步，一个国家的政治生态面临着巨大的挑战，强势的外部力量能够通过互联网信息技术粗暴干预另一个国家的政权更迭，常用的手法一般是将不利的或攻击性的信息，快速并持续地渗透进入这个国家的公众信息接收平台，造成信息迅速蔓延，短时间内激化这个国家已有的社会矛盾，同时搅动、蛊惑舆论，在很短时期掀起民众暴力抗议活动，造成大规模的社会动乱，同时培训大量骨干核心人员发挥破坏的引领性作用，并很快培植出新的政权"代理人"，快速将一个国家的政权推翻。这种粗暴干预其他国家政治生活的行为一直受到国际社会的谴责，但很多被干预的国家对此却难以抵御。如"阿拉伯之春"、乌克兰的"橙色革命"、格鲁吉亚的"玫瑰革命"、吉尔吉斯斯坦的"郁金香革命"等均是如此，这样的策划行为对该国的普通公众生活产生了深刻而持久的影响，使他们长期陷于战乱与贫困之中，甚至流落他乡，无处安身。

二、军事策划

军事策划可以说是政治策划的延伸，因为军事是政治的继续。军事策划又称为战争策划，主要体现在一些重要战役的精心设计上。军事策划的事例是指军事指挥者通过借助外在条件在战场上排兵布阵，以高超的战略战术，投入较少兵力战胜较大敌对军事力量的战例。在古今中外的战争史上，曾创造了无数辉煌的军事战例，而一些善于进行军事策划的优秀指挥家也往往最终赢得了政治上的权力，成为国家领导人或重要功臣，这样的例子举不胜举。

淮海战役

辽沈战役刚结束，华东野战军和中原野战军以及部分地方武装共 60 万人，在以徐州为中心，东起海州、西至商丘、北起临城（今薛城）、南达淮河的地区发起了规模空前的淮海战役。

1948 年 11 月，国民党在徐州召开作战会议，决定让刘峙、杜聿明集团蜷缩于徐州地区，能战则战，不能战则向南撤过淮河，据守长江。这个部署，反映出国民党统帅部在撤守之间仍犹豫徘徊。当时，据守在以徐州为中心的津浦、陇海两条铁路相交地区和从华中地区赶来支援的各路国民党军队，总计约 80 万人。

还在 9 月间，粟裕就建议华东野战军主力向鲁西南出苏北，组织淮海战役，以歼灭徐州集团右翼一部为目标。这一建议得到中共中央军委的同意。11 月，中共中央军委根据战局发展，决定扩大淮海战役的规模，把"割断徐蚌，歼灭刘峙主力"作为总方针。11 月 16 日，中共中央决定由刘伯承、陈毅、邓小平、粟裕、谭震林组成统一指挥华东野战军和中原野战军的总前敌委员会（即总前委），以邓小平为书记。

淮海战役中，先后集结在这个地区的国民党军队在兵力上超过人民解放军参战部队，在武器装备上更占有巨大的优势。因此，人民解放军在作战指导上采取将敌军的重点集团多次分割，集中优势兵力，各个加以歼灭的办法。整个战役共分三个阶段。

11 月 6 日至 22 日是第一阶段。这时，国民党军队的黄百韬兵团正位于东接连云港、西近徐州的陇海线上。战役第一阶段的重心，是集中兵力歼灭黄百韬兵团，完成中间突破。11 月 6 日，战斗打响。黄兵团企图夺路西逃。国民党第三"绥靖"区副司令官、中共地下党员何基沣、张克侠率部 2.3 万人突然在贾汪、台儿庄地区起义，华东野战军主力立刻穿越他们的防区，迅速切断正向徐州靠拢的黄兵团的退路。各路增援的敌军都受到坚决阻击。黄兵团只得折回碾庄，被压缩在纵横不到 10 公里的包围圈内，到 22 日，全部被歼。

从 11 月 23 日至 12 月 15 日，是淮海战役的第二阶段。主要作战目标是歼灭从豫南远道赶来增援而孤军突出的黄维兵团。黄维兵团约 12 万人，是蒋介石的嫡系部队，战斗力较强。中原野战军主力和华东野战军一部采取"围三缺一，网开一面，虚留生路，暗设口袋"的打法，于 25 日将黄维兵团包围在浍河以南的双堆集地区。前来增援的敌军或者被歼，或者受阻。12 月 6 日至 15 日，解放军发起总攻，全歼该敌。在此期间，国民党徐州"剿总"副总司令杜聿明率领邱清泉、李弥、孙元良 3 个兵团撤离徐州，被华东野战军主力合围在陈官庄一带，孙元良兵团被歼灭。

从 12 月 16 日至下一年 1 月 10 日，是淮海战役的第三阶段。主要作战目标是歼灭杜聿明部，在这个阶段的最初一段时间，为了配合平津战役，麻痹并稳住傅作义集团，淮海前线解放军曾奉命在两星期内暂停对杜部的军事攻击，主要展开敦促杜聿明等率部投降的政治攻势。到华北战场上完成对傅作义集团的分割包围后，1949 年 1 月 6 日，解放军对拒绝投降的杜聿明部发起总攻，经四昼夜激战，全歼邱清泉、李弥两个兵团，生俘杜聿明。至此淮海战役胜利结束。

淮海战役历时 66 天，共歼灭国民党 55.5 万人。经过这一战役，南线国民党军队的精锐主力已被消灭，长江中下游以北的广大地区获得解放，并同华北解放区连成一片。解放军压到长江北岸，国民党政府首都南京直接暴露在解放军面前，国民党的反动统治陷入土崩瓦解的状态。

资料来源：中共中央党史研究室. 中国共产党的九十年：新民主主义革命时期. 北京：中共党史出版社、党建读物出版社，2016：321-325.

淮海战役是解放战争时期著名的三大战役之一，对全国解放做了重要的铺垫。淮海战役历时 66 天，以明显弱势战胜全副美式装备的国民党主力部队。淮海战役结束不久，蒋介石即宣布下野，国民党政权的土崩瓦解已经指日可待，解放全中国具有了明确的确定性。毛泽东在起草致华东野战军、中原野战军首长和全体同志的贺电中说："淮海战役既然消灭了南线国民党军的主力，这就奠定了你们渡江南进夺取国民党匪巢南京，并解放江南各省的巩固的基础。"[1]之后毛泽东高度评价淮海战役："淮海战役打得好，好比一锅夹生饭，还没有完全煮熟，硬是被你们一口一口地吃下去了。"[2]邓小平也说："淮海战役一打完，以后就没有什么大仗了。"[3]

军事策划体现出与政治策划不同的特点。

（1）军事策划一般有一个以优秀的领导者为主的策划团队。每一次的军事行动，都需要进行认真、周密的策划布置，否则，必然逃脱不了被对手消灭的命运。在重要的军事行动中，必然会有一个类似于司令部的机构来进行总体设计并指挥整个战事的进行。青史留名的战例，往往仰仗十分英明、果敢的指挥官，其别出心裁的布局，会为战争的胜利发挥极为重要的作用。例如，法国的拿破仑，中国汉代的韩信和张良、三国时期的诸葛亮、唐朝的李世民、元朝的忽必烈、清朝的努尔哈赤、近现代的毛泽东和朱德等。在战争中，技高一筹的策划会鲜明地体现在双方的胜败博弈中。

（2）军事策划内容会在小范围内布置。战争的策划，不像政治策划那样诡秘，而是需要事先在主要指挥官层面上进行酝酿与谋划。战争的行动贵在神秘与突然，但策划的过程会在小范围内充分讨论与思考，直到认为方案比较周全。因为一旦确定策划方案，往往涉及成千上万士兵及居民的生命安全，也影响到指挥官自己甚至国家政权的安危。所以，军事策划的周密性在事先要得到充分的论证。

① 中共中央文献研究室. 毛泽东文集 第五卷. 北京：人民出版社，1996：240.

② 于化庭. 淮海战役中毛泽东的全局指导. 中国共产党新闻网，http://dangshi.people.com.cn/gb/n1/2020/0110/c85037-31542425.html[2020-01-10].

③ 中共中央文献研究室邓小平研究组. 邓小平自述. 北京：国际文化出版公司，2009：107.

（3）军事策划涉及大规模的兵力调动。军事策划主要体现在兵力的调遣上，尤其是经过精心策划的军事行动，更涉及大范围的兵力布置，类似于"明修栈道，暗度陈仓"等，因此，军事策划的战场往往在很大的地域范围内，双方投入的兵力动辄上万人或几十万人，战争常常处于胶着或拉锯式的状态，其激烈与残酷程度是其他策划类型无法比拟的。例如，著名的淮海战役，我方投入兵力 60 余万人[①]，国民党一方投入约 80 万人，战争在辽阔的江淮平原上展开，最后以我方歼敌 55.5 万之众而结束[②]。

（4）军事策划的进行以情报作为基本的前提。军事策划依据重要的情报来源，情报的准确性在策划中占据着决定性的作用，也可以说，没有情报支持的战争，几乎没有任何胜算。"知己知彼，百战不殆"，是对战争情报重要性的深刻概括。然而，军事策划时的情报工作会处于高度机密的状态，除了极个别人知道外，可能会成为永远的秘密。因此服务于军事策划的情报工作受到极端的重视，情报管理也会被高度关注。

（5）军事策划的成功与否会以战事的结果表现出来。对军事策划成与败最基本的考查是战争的结果。不论其中付出的代价有多大，在敌我双方力量的较量中，彼此军事策划的成与败会体现得清清楚楚，甚至不需要用语言表述。一次成功的军事策划对士气的鼓舞是无形的，与双方之后的行动有密切的关联性，甚至影响到敌我双方的政治与经济走向，因此军事策划的意义重大。纵观古往今来的各种军事策划，其对政坛的影响都具有深远的意义。

三、经济策划

经济策划主要是指通过设计一种或一套切实的经济政策来干预社会发展的运行轨迹，影响当地民生，意欲推动社会快速地向前发展与变化。成功的经济策划会对一个国家或地区的社会生活产生重要的影响，有效而积极的经济策划，会给一个地区或国家带来长久的繁荣与兴盛。回顾中外历史，几乎每一个经济繁荣的时代，都无一例外地依赖于恰当的经济策划。

在当今中国，影响最大的经济策划，应属于 20 世纪 70 年代末期开始、至今仍在进行中的改革开放。四十多年来，中国经济发展速度惊人，对全世界政治与经济产生的辐射力强劲而深远，中国一跃成为经济总量排名世界第二的大国，甚至被誉为推动世界经济前行的引擎。因此，这场经济策划的功绩不管怎样歌颂都不为过。

改革开放的鸿篇巨制要归功于总设计师邓小平，在他的全面设计与推动之下，经济改革在中国全面铺开。在 20 世纪最后的 20 多年里，人口庞大的中国迈入世界快速发展的阵营行列。

① 李践. 中国共产党历史 第二册. 北京：人民出版社，1990：396.

② 中共中央党史研究室. 中国共产党的九十年：新民主主义革命时期. 北京：中共党史出版社、党建读物出版社，2016：321.

邓小平与改革开放

改革开放是中国共产党的一次伟大觉醒，正是这个伟大觉醒，孕育了党从理论到实践的伟大创造。从这次全会（指十一届三中全会，引者注）开始，改革开放和开创中国特色社会主义的大幕拉开，邓小平理论也逐步形成和发展起来。

中国是一个农业大国，中国的事情能不能办好，农业的发展状况具有决定性意义。1980 年 5 月，邓小平在一次谈话中肯定了农民的改革创举。他说："农村政策放宽以后，一些适宜搞包产到户的地方搞了包产到户，效果很好，变化很快。"他指出，影响集体经济的担心是不必要的，这些地方只要生产发展了，农村的社会分工和商品经济发展了，低水平的集体化就会发展到高水平的集体化，集体经济不巩固的也会巩固起来。9 月，中共中央印发《关于进一步加强和完善农业生产责任制的几个问题》，突破多年来把包产到户等同于分田单干和资本主义的观念，肯定了在生产队领导下实行的包产到户。1982 年，党中央发出"一号文件"，明确指出包括包产到户、包干到户在内的各种责任制，都是社会主义集体经济的生产责任制。随着新的经济经营体制在广大农村的推行，农民群众有了更大的生产和经营自主权，可以利用剩余劳力和资金发展多种经营，各地农村很快涌现出一大批乡镇工业企业，也涌现出一大批生产和经营专业户。这是我国农村向着专业化、商品化、社会化生产方向转变的开始。

城市经济体制改革，远比农村改革复杂。

党的十一届三中全会后，在借鉴农村改革中扩大生产和经营自主权经验的基础上，以扩大企业自主权为主要内容的城市经济体制改革逐步在全国推开。在扩大企业自主权的基础上，城市改革逐步推向经济责任制方面。1981 年春，改革首先在山东省的企业中试行。实行经济责任制的改革，是要把企业和职工的经济利益同他们所承担的责任与实现的经济效益联系起来，是广大职工以主人翁的态度，用最少的人力物力，取得最大的经济效益，此后经济责任制很快推行到全国 3.6 万个工业企业。商品流通体制的改革也在展开。从 1979 年起，国家重新限定农副产品的统购和派购范围，放宽农副产品的购销政策，规定供销合作社基层社可以出县、出省购销，集体所有制商业、个体商贩和农民也可以长途贩运。这为加快城乡商品流转创造了有利条件。所有制结构的改革也开始进行。1981 年 10 月，党中央、国务院在《关于广开门路，搞活经济，解决城镇就业问题的若干决定》中指出："在社会主义公有制经济占优势的根本前提下，实行多种经济形式和多种经营方式长期并存，是我党的一项战略决策，决不是一种权宜之计。"在新的政策指引下，集体经济、个体经济有了新的发展，还出现全民、集体和个体联营共同发展的新经济形式。吸引和利用外资、兴办中外合资经营企业和中外合作经营企业（或项目），是对外开放的重要方式和步骤。1979 年，中国国际信托投资公司成立，开展国际信托、投资、租赁等业务。1980 年，我国恢复在世界银行、国际货币基金组织的代表权，并加入国际农业发展基金会，开始从这些国际金融机构中得到贷款。我国还先后同日、法、美等国公司签订协议，开展海上石油勘探开发。随着 1979 年 7 月《中华人民共和国中外合资经营企业法》及此后一系列相关法律法规的出台，中外合资经营从无到有发展起来。旅游业也异军突起，迅速站到了对外开放的前列，发展为一个新兴产业。

创办经济特区，是党和国家为推进改革开放和社会主义现代化建设进行的伟大创举。1979 年 7 月，党中央、国务院批准广东省委、福建省委的报告，确认两省对外经济活动实行特殊政策和灵活措施，先走一步，把经济尽快搞上去，同时决定在深圳、珠海划出部分地区试办出口特区。1980 年 5 月，党中央、国务院正式决定将"出口特区"定名为"经济特区"。8 月，五届全国人大常委会第 15 次会议批准广东、福建两省在深圳、珠海、汕头、厦门设置经济特区。

党的十二大以后，农村改革在巩固的基础上进一步深入，改革的重点逐步转向城市并全面铺开。1982 年至 1984 年，党中央连续发出 3 个关于农村工作的"一号文件"，家庭联产承包责任制迅速推向全国。到 1987 年，全国 98%的农户实行了家庭联产承包责任制，亿万农民的生产积极性得到极大提高，农业生产摆脱了停滞的困境。

在农村改革的推动下，城市改革进一步推进。1984 年 10 月，党的十二届三中全会通过《中共中央关于经济体制改革的决定》，提出和阐明了经济体制改革的一些重大理论和实践问题。《决定》突破了把计划经济同商品经济对立起来的传统观念，提出我国社会主义经济是"公有制基础上的有计划的商品经济"；突破了把全民所有同国家机构直接经营企业混为一谈的传统观念，提出"所有权同经营权是可以适当分开的"。这是党在计划与市场关系问题上取得的新认识。此后，以城市为重点的经济体制改革全面展开。改革的中心环节是增强全民所有制企业的活力，其中的一项措施是推行承包经营责任制，对责权和奖惩作出明确规定，以增强企业经营者的责任感。到 1987 年，全国 80%的国营企业实行了各种形式的承包经营责任制。有的企业还开始进行股份制改革尝试。在国有企业改革的同时，不同所有制的多种经济成分得到发展。中外合资、中外合作、外商独资企业和国内劳动者的个体经济、私营经济等非公有制经济成分，在国家的允许和引导下，取得迅速发展。以公有制为主体、多种经济成分并存的所有制结构的形成，开创了发展国民经济、方便人民生活和扩大就业的新局面。

党的十二大以后，对外开放也迈出新步伐。1984 年初，邓小平视察深圳、珠海、厦门等经济特区并题词，充分肯定特区建设的成就。他指出："我们建立经济特区，实行开放政策，有个指导思想要明确，就是不是收，而是放。""特区是个窗口，是技术的窗口，管理的窗口，知识的窗口，也是对外政策的窗口。"邓小平的南方之行和对经济特区的肯定，使对外开放迎来了新的机遇。

随着苏联解体、东欧剧变，社会主义在世界范围内的实践陷入低潮。世界社会主义发生的严重曲折对我国也产生一定的负面影响。能否坚持党的基本路线不动摇，抓住机遇、加快发展，把改革开放和现代化建设继续推向前进，成为中国共产党人必须回答和解决的重大课题。

在党和国家历史发展的紧要关头，1992年1月18日至2月21日，88岁高龄的邓小平先后到武昌、深圳、珠海、上海等地视察。他一路走，一路看，发表了一系列重要谈话。

"东方风来满眼春。"邓小平南方谈话阐发的一系列全新的思想，犹如一股强劲的东风，驱散了人们思想上的迷雾。他从理论上深刻回答了长期困扰和束缚人们思想的许多重大问题，是把改革开放和现代化建设推向新阶段的又一个解放思想、实事求是的宣言书，不仅对即将召开的党的十四大具有十分重要的指导意义，而且对中国整个社会主义现代化建设事业具有重大而深远的意义。

南方谈话，使邓小平一生的光辉业绩达到新的高度。邓小平同志是全党全军全国各族人民公认的享有崇高威望的卓越领导人，伟大的马克思主义者，伟大的无产阶级革命家、政治家、军事家、外交家、中国社会主义改革开放和现代化建设的总设计师，中国特色社会主义道路的开创者，邓小平理论的主要创立者。如果没有邓小平，中国人民就不可能有今天的新生活，中国就不可能有今天改革开放的新局面和社会主义现代化的光明前景。作为一代伟人，邓小平作出的光辉业绩、创立的科学理论，已经并将继续改变和影响着中国和世界。

资料来源：《中国共产党简史》编写组. 中国共产党简史. 北京：人民出版社、中共党史出版社，2021：223-282. （内容有删节）

历时四十余年，历经数代领导人，现在仍然在进行中的改革开放事业，对中国社会发展的影响作用是不可估量的。四十多年来，全国居民人均可支配收入由改革开放之初的171元增加到2021年的35128元[①]，我国居民人均预期寿命由1981年的67.8岁提高到2021年的78.2岁[②]。人民团结幸福，社会和谐稳定，国力雄厚强大，我国成为令世界瞩目的第二大经济体，在国际事务中发挥着重要的作用，中国"成为国际社会公认的世界和平的建设者、全球发展的贡献者、国际秩序的维护者"[③]。这一切始之于改革开放、得益于改革开放，并在不断坚持与深化着改革开放。正如习近平同志所说："改革开放极大改变了中国的面貌、中华民族的面貌、中国人民的面貌、中国共产党的面貌。中华民族迎来了从站起来、富起来到强起来的伟大飞跃！"[③]

经济策划的特点包括以下几方面。

（1）经济策划的内容主要是变革社会不恰当或不合理的经济痼疾。纵观古今中外的经济策划，起因往往是社会存在着不尽合理的一些经济问题或现象，严重影响社会的发展与进步。例如，中国历史上著名的商鞅变法是为了确立新兴的封建统治，发展先进的封建经济；王安石变法是为了改变北宋积贫积弱的困顿局面；张居正变法是为了挽救明朝行将没落的封建专制制度。又如，罗斯福新政是为了摆脱美国20世纪二三十年代的

[①] 国家统计局. 2021年居民收入和消费支出情况. http://www.stats.gov.cn/xxgk/sjfb/zxfb2020/202201/t20220117_1826442.html（2022-01-17）.

[②] 国家卫生健康委员会规划发展与信息化司. 2021年我国卫生健康事业发展统计公报. http://www.nhc.gov.cn/guihuaxxs/s3586s/202207/51b55216c2154332a660157abf28b09d.shtml（2022-07-12）.

[③] 习近平. 在庆祝改革开放40周年大会上的讲话. 光明日报，2018-12-19：2版.

大萧条危机，等等。当然，当一个社会面临严重的经济问题导致社会处于不安与动乱之中时，未必都会有恰当的经济策划来应对。因此，在历史上，影响较大的、成功的经济改革性的策划并不多见。

（2）经济策划常由国家主要领导人支持、推动，众多人参与、完善而成。经济策划不像其他策划较多依靠一个人的智慧来完成，重大的经济策划往往是由国家主要领导人积极支持或直接推动，同时结合其他人的经验，特别是地方的试点而展开的。当今中国的改革开放，既有邓小平战略思想的高瞻远瞩，又有地方民众大胆尝试、探索的经验推广，如安徽凤阳小岗村村民进行的家庭联产承包责任制的突破、广东省委提出的在沿海建立出口加工区的大胆构想（特区的雏形）等，邓小平将之称为"摸着石头过河"。我国古代或其他国家的经济改革策划也都不是凭空想象，而是有着较为成熟的实践基础。因此，经济策划在推行中常常体现出边推进改革边充实改革策划内容，使之日臻完善的特点。

（3）经济策划通过出台一个或一系列的经济政策表现出来。经济策划由于涉及全社会大范围的社会生活，因此其出台总是以系统政策的形式推出，在国外则体现在一系列法律、法规上。例如，商鞅变法推出废井田、开阡陌、重农抑商、奖励耕织、统一度量衡等一系列的经济与政治策划；王安石变法以青苗法、农田水利法、募役法、市易法、方田均税法为主；张居正的改革则结合政治上的革除弊端，通过清丈全国土地，抑制豪强地主，改革赋役制度，因而推行"一条鞭法"等；美国罗斯福新政则表现为大量法律制度的出台等。

（4）经济策划结果会影响一个国家或地区的几乎所有民众。对于一个成熟的经济策划来说，它的推行将会影响一个国家或地区内的每一个民众，会影响民众的生活内容、生活节奏，甚至会由此改变社会民众的思维方式、生活方式等，由经济策划带来的这种改变有些会十分深刻，影响深远。回顾人类文明进步的历程，有无数大大小小由经济策划所引发的社会变化与制度创新，而成功的经济策划对民众生活的影响往往持久而深刻。

（5）经济策划的实施会导致地区或国家政治、军事实力及公众生活的较大变化。经济策划从来就不是简单地在经济领域里进行，它必然涉及政治及意识形态领域等多方面的联动，因此，重大的经济策划，它的推行会迅即影响到政治、文化、思想等全社会的各个方面。因而，成功的经济策划所带来的成果，会很快改善百姓的生活状况，调整社会发展的着重点，推动社会经济的恢复与发展，也会极大地增强国力，提升国家的军事实力，实现国富民强。中国古代常把因实行适合社会发展的经济政策而带来的社会繁荣称为"治"，即"平稳、繁荣"之意，在"文景之治""贞观之治"的历史时期，均不乏良好的经济策划，而商鞅变法、王安石变法、张居正变法、当代的改革开放等所带来的社会经济变化，历史也自有公论。

四、文化策划

文化策划是社会文明发展中涌现的必然现象，社会进步必然伴随着文化的繁荣，文化的繁荣常由人们有意或无意地策划而成。因此，文化策划是指对某一文化作品或文化运动进行有意的推动而形成社会一定的文化繁荣或作品甚或学术流派的流行。文化策划有大有小，大者形成全社会对某一文化现象的热衷，如五四时期的新文化运动，小者形成对某一作品或流派的热衷，如前些年国外文坛对乔安妮·凯瑟琳·罗琳《哈利·波特》作品的持续追捧等。

"大头儿子"也有舞台剧了　经典动画片 IP[①] 如何跨界？

曾有人说，有些歌词很神奇，当你看到它时，很可能会忍不住唱出来，比如"大手牵小手，走路不怕滑……""一对好朋友，快乐父子俩"。

这些歌词，描述的便是经典动画形象"大头儿子和小头爸爸"。有数据显示，截至目前，《新大头儿子和小头爸爸》已推出电视动画系列 700 余集、贺岁动画 9 部、院线电影 3 部、真人情景剧 1 部、舞台剧 4 部，成为最长青的亲子动画 IP 之一。

最近，音乐话剧《新大头儿子和小头爸爸之穿越平行世界》，将这部经典动画片搬上舞台。同时，另一个话题也引发关注：经典动画片 IP 的跨界艺术演绎，可以怎么做？

热门动画片里的经典之作

1995 年，老版《大头儿子和小头爸爸》[②]一经播出，便获得了空前成功。2013 年，《新大头儿子和小头爸爸》播出，也在观众之间风靡一时。

动画片中的家里，有小头爸爸、大头儿子、围裙妈妈三个人。大头儿子活泼好动，小头爸爸爱家且富有童心，围裙妈妈温柔聪明。

发生在家里的搞笑故事一个接一个，但又都来自生活中琐碎而又温暖的小事。动画片人物造型不算很精致，却展现了一个平凡家庭的幸福，以及父母的耐心陪伴与付出。

这部动画片成为孩子们美好的童年回忆，并衍生出很多有趣的话题，比如围裙妈妈时髦的发型、大头儿子家到底多有钱等。

从动画片到舞台剧，如何"跨界"？

时间流逝，但"大头儿子和小头爸爸"的热度不减。

到现在，《新大头儿子和小头爸爸》已推出贺岁动画 9 部、院线电影 3 部、真人情景剧 1 部、舞台剧 4 部，是名副其实的热门 IP。

在舞台剧中，《新大头儿子和小头爸爸之穿越平行世界》是比较特别的一部。它沿用原作的人设，通过全新的故事来探讨父母和子女两代人之间的沟通困境。

但它也没有生硬地把故事从动画片中移到舞台上，而是基于剧场空间进行了适当的

---

① IP 即英文 intellectual property 的缩写，直译为"知识产权"。但在我国实际使用语境中，IP 的概念得到了很大延伸，它可以是消费者喜欢的人物、故事，也可以是一台综艺节目、一个吉祥物、一款游戏，甚至可以只是一个理念，只要能够持续获得吸引力和流量的文化消费品，就能称为 IP。业内专家总结，IP 特指具有长期生命力和商业价值的跨媒介内容经营。

②《大头儿子小头爸爸》的原著作者是儿童作家郑春华。

创作和创新，尽量让观众感受到多元素的融合。

舞台剧，这对于经典动画片 IP 来说，是一种近乎跨界的尝试。此前也曾有人讨论，这种讲故事的形式，能给观众带来怎样的体验？

这些动画片为何能成经典 IP

不只是"大头儿子和小头爸爸"，最近这些年，还有其他一些经典动画片被"跨界"演绎，并引起新的讨论。

重温时仍能被挖掘出新意，令人有所思考，是经典动画片经久不衰的魅力。同时，也给它们后来被搬上舞台，提供了基础条件。

比如，大头儿子、小头爸爸和围裙妈妈是个欢乐温馨的三口之家，如今看来，他们如同朋友一般的相处模式，也涉及当前关注度颇高的亲子关系问题。

《新大头儿子和小头爸爸之穿越平行世界》导演胡晓庆提到，"剧中的'平行世界'有两重含义，一是科学层面，二是戏剧层面。一个世界是父母，一个世界是孩子，它们从开头的两条平行轨道，到慢慢靠拢，直到结尾相拥、融合。"

不可否认，许多经典动画片 IP 在当今仍有潜质。而在经典再创作时，要充分考虑时代和观众审美的变迁，同时兼顾市场价值和社会价值的平衡，实现价值观的正向引领。

资料来源：上官云. "大头儿子"也有舞台剧了 经典动画片 IP 如何跨界？中国新闻网，https://www.chinanews.com.cn/cul/2020/11-19/9342258.shtml(2020-11-19). （内容有删节）

文化策划的特点如下。

（1）文化策划的内容为鲜明的文化变革或创新。文化策划在内容的表现上一般为对文化的变革，尤其是文化运动或思潮，如欧洲中世纪的文艺复兴、中国近代史上的新文化运动和改革开放初期出现的"反思文学"等，都是对旧有思想理论束缚的挣脱与对立；对于某一文化作品的热衷也恰恰反映出作品对这一领域文化现状的批评或对立，如迈克尔·杰克逊摇滚歌曲的流行、周杰伦歌曲及表演形式引起的广泛模仿，以及《哈利·波特》系列小说的全球热捧等，都是对传统存在的艺术表现内容或形式的重要突破。当然，文化策划的内容及所期待的结果，不是在事先全部设计好的，但文化策划内容所包含的对事态走向的推动是明确的，因而，文化策划往往给人耳目一新的思想冲击力。文艺复兴、新文化运动等均体现了鲜明的对文化的变革与创新。

（2）策划者多是普通的文化人。文化策划与政治、经济、军事策划不同，其策划人基本上不会是国家领导人或国家重臣，往往只是一个普通的文化人。在某一特定的历史时期，他们较早或最先喊出了时代的心声，将新思想或新的表现形式传递给社会大众，激起无数人的呼应，因而引发一场较大规模或较长时间的运动或热潮。虽然由文化人引发的新文化现象，在开始时是其本人始料不及的，但其作品或观点本身却是经过深思熟虑、精心设计的，文化策划的发轫者又常常深受由自身激起的文化运动或思潮的影响，主动将之推进与深化，引发这一运动或现象的持续，使文化的策划看似自发形成，实则是积极主动推进的产物。当然，文化策划涉及的层面比较宽泛，持续的时间较长，因此，策划者看似是一个人或几个人，实际上可能是一些人或一群有直接相关性的人。文艺复兴、新文化运动等均是一批非常优秀的艺术大师或思想先哲在推动，而在现代，某些作家和艺术家除了自己之外，在后期还会有出版商、唱片商、经纪人公司等与他们一起来推动某场文化运动或潮流的繁荣。

（3）文化策划的出发点仅为表达文化人自己的心声。几乎所有的文化人，在创作自己的作品或表达自己的观点时，都是基于自己的好恶或认知，并没有事先背负重大的社会使命，他们只是直抒胸臆、随心所欲，但他们的作品得到某一阶层人群的高度认同，激发了社会较大层面的集体响应，因而就产生了较大的社会影响。米开朗琪罗、胡适、陈独秀等皆是如此。当然，随着文化人的成名成家，他们会主动关注由自己的思想或行为而带来的社会影响，并在此后的作品中融入一定的社会教育内容或其他元素。

（4）文化策划的运动或作品多被文化人关注。文化策划引起的反响，多被文化人所关注，这也是十分独特的现象。不论某一文化领域发生怎样巨大的突破与影响，对于非文化人或非本领域的人来说，他们常常是无动于衷的，甚至会以诧异的眼光看待这一切。因而不同领域人群之间对某一文化现象的反响往往迥异。例如，2005 年的"超级女声"评选活动，在相当一部分的大学、中学及某些参赛选手的家庭中，激起巨大反响，形成了持续相当一段时间的追星梦热潮，"超级女声"第一名的投票数达到 350 多万张。但对不关心或不了解这一活动的人来说，他们反而感到十分夸张，甚至有些滑稽。所幸文化的普及，使更多的人愿意融入文化运动的圈子去感知与了解，因而，文化策划越来越多地被人们关注。

（5）文化策划活动会对社会文化生活产生深远影响。一项成功的文化策划，会对这一国家或地区甚至周边国家乃至全世界产生较大或深远的影响，影响所至主要表现在社会文化生活方面，如思考的角度、思考的内容、表现的方式方法等。这种影响不是以急风暴雨的方式表现出来的，而是潜移默化地体现在受影响人们的语言、行事方式、文章、表演、著作等方面，这种默默的与偶然的显露，通常体现的是一种不可忽视的力量，较为深远地影响着一个国家或地区乃至全世界人们的思考与行为方式，甚而改变这个国家或地区的战略决策。历数人类历史上的文化运动或现象，其对人类文明的进步都或多或少做出了贡献。

五、营销策划

营销策划是指组织（主要是经营性企业）在市场营销活动中为推销（推荐）组织的产品、服务或者其他可以获得利益的任何东西所进行的工作。营销策划关注的核心是一个组织的产品或服务在市场上的生存与发展，这既可能是新产品的"横空出世"，也可能是老产品的"重焕青春"；既可能是全新服务的推出，也可能是传统服务的新包装手法；等等。对于工商企业来说，产品或服务完成销售环节或得到消费者的认可是其生存与发展的前提，因此营销策划始终被企业高度重视。这些年来，营销策划被广泛运用于其他组织之中，一些学校、医院也开始运用市场营销的策划手法来进行自我推销或宣传产品，营销策划可谓遍地开花。

"618"火热 照亮中国消费新底色

一场"618"，一次中国消费实力的"大检阅"。来，跟随快递小哥的脚步，一起看看中国消费的新信号！

那个繁华、热闹、充满活力的上海又回来了。记者近日在普陀区和长宁区多家快递公司采访发现，上海多个快递网点今年"618"期间每天快递派件量是 3 月疫情前的两到三倍，超过去年"618"。

"感觉大家都憋着劲儿，许多网购都是在批量地买。"在挤满快递包裹的京东快递上海大沽营业部，站长葛家晟对记者说，他们近期快递派单量是 3 月的 3 倍以上，快递员每天清晨 5 点半就开始上班，有的要忙到晚上 10 点多。现在，80 多名快递员不够用，还安排了达达快递等第三方快递公司员工帮忙派送。

京东、天猫等电商平台补贴、折扣力度加大，为消费加了一把火。在极兔速递上海中山北路网点，网点负责人张明东表示，他们主要配送来自拼多多平台的订单，目前订单量为 3 月的 2 倍以上。他表示，目前网点仅有 15 名快递员。由于快递单量太大，前几天公司已采取措施减轻该网点的配送压力。

今年"618"，一些地方政府发放消费券，大手笔派发"红包"，拉动消费增长。5月至 7 月，深圳市通过京东平台派发 4 亿元购物消费券，使用范围覆盖消费电子、服装服饰、黄金珠宝等。

多重利好引爆了消费者购物热情，快递小哥更忙了。京东快递深圳福田营业部站长黄民辉介绍，5 月营业部每天要派送 3000 多单。"618"促销活动启动后，数量增长很快。6 月 1 日至 3 日，每天超过 5000 单。

作为与"双 11"遥相呼应的全民网购狂欢节，"618"肇始于京东，全网持续时间从 5 月下旬至 6 月中旬，所有电商平台都会参与。经过十多年发展，"618"越来越成为反映我国消费情况的一面镜子。

目前，市场销售有所恢复，基本生活类商品销售额和网上零售额持续增长。国家统计局数据显示，5 月，社会消费品零售总额 33547 亿元，同比下降 6.7%，降幅比上月收窄 4.4 个百分点；环比增长 0.05%。基本生活消费稳定增长，限额以上单位粮油食品类、饮料类商品零售额分别增长 12.3%、7.7%。1 至 5 月，社会消费品零售总额 171689亿元，同比下降 1.5%。全国网上零售额 49604 亿元，增长 2.9%。

业内人士认为，从目前反馈的数据看，尽管今年"618"面临多重压力，但是疫情并未改变网民网购习惯。随着疫情防控形势向好，前期被压抑的消费需求得到释放，消费复苏在"618"体现得更加充分。

北京大学经济学院教授、北大国民经济研究中心主任苏剑说，在上半年的疫情防控、保供工作中，物流运输和供应链畅通受到社会各界高度关注，稳定的供应链在促进消费过程中扮演重要角色。今年"618"带动了一轮居民消费，有利于消费潜力的释放。

商务部中国国际电子商务中心电子商务首席专家李鸣涛表示，"618"是上半年网络零售最重要的集中促销活动。在当前消费形势下，今年"618"成为促进消费、重拾信心的"关键一仗"。

资料来源：中国证券报记者. "618"火热 照亮中国消费新底色. 中证网，https://www.cs.com.cn/xwzx/hg/202206/t20220620_6278277.html(2022-06-20). （内容有删节）

与其他策划形式比较，营销策划十分容易与公关策划相混淆，这不仅是因为营销策划活动里面容易包含着一定的公关策划内容，而且很多企业往往把二者混为一谈，把公关策划活动说成是营销活动。

营销策划的特点主要有如下几点。

（1）营销策划的目的是产品促销。营销策划的发起围绕产品的销售而来，其中包括产品或服务的设计、制造（服务行业主要是推出服务项目）、包装，产品或服务的定价考量，产品或服务渠道的选择以及在就产品或服务与购买者进行最后直接沟通交流时的策划。这些年很多企业在产品或者服务的销售方面可谓是花样迭出、不断出新，营销策划业十分热门，但不论花样如何变换，出发点就一个，即如何把产品或服务销售出去。

（2）营销策划主要关注某一具体市场。市场营销学理论指出，现代市场营销观念将企业经营的着眼点从原来基于组织自身条件改为了从市场出发，营销策划以市场为导向，针对顾客和消费者，考虑如何以优质的产品或良好的服务来实现企业销售任务的完成。限于自身能力，企业在营销策划时总是居于某一具体的市场来进行，如跨国公司进入中国市场时，在营销策划方面首先是针对北上广等市场然后再逐步向其他地区推进；某一航空公司推出廉价机票可能主要针对一些工薪阶层或学生市场；等等。

（3）营销策划的核心点是达成产品或服务的交易。市场营销的核心概念是交换，营销策划最终表现为企业在某一市场上是否实现了产品和服务的"惊险一跃"——交换。因此营销策划的核心就是把卖点放在满足消费者或顾客的核心需求上，只要企业的产品或服务能够真正满足消费者的需求，让消费者心甘情愿地买单，那么营销策划就可以说是成功的。营销策划既可能是某一个方面的手段，如广告设计、促销技巧或包装展示，也可能是全方位系统的组合动作，如从产品设计到定价、中间商配合，到销售终端的促销手法等。但营销策划最终只有一个目的，那就是实现良好的销售额，如果只有花哨的噱头而不能带来销售，那这样的营销策划无疑是失败的。

（4）营销策划注重短平快节奏。营销策划之所以被很多企业甚至其他一些组织看重和运用，一个很大的原因就是时间短、见效快，能起到立竿见影的效果。一阵广告"轰炸"可以快速在市场激起销售热潮，带动其产品清仓出库；一个展销会上的促销活动，也可以激发人气，很快将产品售罄，甚至引起媒体的关注。营销策划常常如一阵风，推出时轰轰烈烈、来势凶猛，一些手法（现在常叫套路）令人眼花缭乱、不明就里，但产品售罄后很快人去楼空、烟消云散，承诺的售后服务也打了水漂。好的营销策划可以带给人长久而美好的产品体验，不负责任甚至违反商业道德的营销策划也会被社会谴责为商业欺骗或营销噱头。

（5）营销策划更多考虑的是经济效益。营销策划在全部的过程中都是围绕实现经济效益展开的，很少关照到社会效益，很多情况下，即使是十分优秀的企业，一些有利于社会效益的做法，如节能、环保、公益举措等也常常是被用来作为销售的卖点来宣传。这样的姿态容易引起社会公众的反感，因此，随着公众社会责任意识的增强，越来越多的公众开始不信任企业的营销策划活动，而更多青睐于公共关系活动，这也使企业的营销策划更多地朝公共关系策划方向倾斜或偏移。一些企业在营销策划时也会使用公共关系手法来协助销售活动的开展，如举办一些公益活动、推出公关新闻稿进行配合等，但营销策划注重经济效益这一目的是明确的，这与公共关系注重营造组织生存与发展的环境、着重与各类目标公众进行平等沟通、着力与各类社会公众处理关系以消除组织生存与发展中可能发生的摩擦和危机是有明显区别的。

总之，在人类历史上，无论政治、经济、文化活动，还是战争及营销活动，都不是自然而然、随意形成或出现的，它们均是精心策划的结果，是主动选择的结果，是人为作用的结果。策划在人类历史的发展过程中占据着重要的地位，只是有时我们不去刻意强调罢了。认识与了解不同策划的特点，有利于清晰地区分不同领域的策划特性，这对于学习公关策划学具有重要的意义。

第二节　公共关系四步工作法之公关策划

一、公共关系四步工作法的提出

公共关系学形成于 19 世纪末 20 世纪初，美国新闻记者出身的艾维·李引领公共关系成为经济领域中的一个新型职业，他提出的《原则宣言》以及公共关系信条，被后来所有公共关系从业人员奉为基本职业守则。爱德华·伯内斯出版的《舆论的结晶》与《公共关系学》教科书使公共关系学走进了学术的殿堂，并最终成为一门多学科、综合性、实用性的科学。

公共关系学与比较完善的市场经济共生。在竞争激烈的市场态势下，公共关系工作被越来越多的各类组织所重视。第二次世界大战结束之后，公共关系学传播到世界各地，公共关系学理论体系进一步丰富、成熟。1952 年《有效的公共关系》[①]第一版问世，该书全面阐述了公共关系学的基本理论内容，特别是提出了公共关系的工作原理亦即工作程序——四步工作法，进一步完善了公共关系学理论体系，进而为公共关系的科学实践提供了重要支持。

四步工作法的主要内容包括：在组织开展一项公共关系工作时，需要先从科学、精细的调查入手，在获取充分的一手与二手资料的情况下，进行富有创意的公关策划工作，之后依据策划方案，进行公共关系活动的实施，活动实施结束后，对活动效果进行科学的评估。简而言之，四步工作法即调查、策划、实施、评估。

---

① 英文书名为 *Effective Public Relations*，也被翻译为《公共关系教程》，作者为斯科特·卡特李普、艾伦·森特等，该书迄今已出到第 11 版。

四步工作法的提出具有重大的意义。

第一，它为公共关系工作人员开展公共关系工作提供了极为重要、正确的思路，使公共关系工作摒弃原来随意、感性的工作思路，进入严谨、科学的工作程序上来。它明确了公共关系工作的具体步骤，对公共关系实践具有极大的指导作用，把公共关系理论和实践推进到了一个程序化的轨道，具有划时代的重大意义。

第二，它首次明确了在进行公关策划工作时先要进行大量、深入的调查工作，要对公共关系对象——公众进行了解，对组织自身情况进行摸底、分析，对公共关系活动开展时的宏观形势与微观态势以及时机选择等进行详细的了解，这样，就为公关策划的成功进行了重要的铺垫。

第三，它将公关策划活动作为核心内容，对之进行了深入的论述，凸显了公共关系活动的主要工作——开展策划活动，即通过策划活动，组织以创造性的行为吸引公众，提供组织向社会公众展示自身的机会，帮助各类组织实现其公共关系目标。

第四，它将公共关系实施工作作为一项必需的步骤列于策划活动之后，使公共关系工作具有连续性和鲜明的实践性，公共关系实施与公关策划活动既联系又相互独立的工作划分，为公共关系工作做出了明确的分工，使公共关系人员摆脱了简单的咨询与顾问的狭隘的角色定位，为公共关系工作人员开辟了广阔的工作领域。

第五，它极富创造性地提出公共关系活动效果的评估，并将其作为公共关系活动的一项重要内容。公共关系效果评估对公共关系活动的开展有重要的归纳、总结和校正作用，是公共关系活动的必要条件。这一理念的形成为公共关系工作的效果管理及责任承担做了重要的控制，为未来公共关系行业的健康发展铺设了正确的、可持续发展的道路。

在《有效的公共关系》一书屡次修订并不断出版的过程中，四步工作法这部分内容始终是公共关系学的核心主干，并成为公共关系学界重点关注的内容。

二、公关策划在四步工作法中的作用

在公共关系四步工作法中，公关策划占据着核心的位置。公共关系调查是公关策划的铺垫，公共关系实施是对公关策划的运用，公共关系活动效果评估是对公关策划的检验。公关策划本身是一项十分复杂的工作，也可以说是一项系统工程。

一般来说，公关策划分为小型活动的策划和大型活动的策划。面对一项大型活动，需要进行周密的计划与安排，也需要动用大量的人力与物力，活动往往影响某一区域的大量公众，并通过大众传播媒介予以传播，影响更多的社会公众。因此，公关策划对组织具有重要的意义。活动组织得好，有良好的效益，就会对组织未来的发展产生长久的影响力，活动搞得不好，带来了不好的影响，则会很快波及组织的各个方面，对组织今后的工作产生不良且深远的影响。

同时，公关策划又离不开四步工作法中其他内容的配合。

在公关策划之前，必须要进行周密的调查研究，如果调查进行得深入细致，会对公关策划起到重要的指导作用，也决定了公关策划的创意及其策划活动的效果，如果调查工作进行得粗糙、肤浅，则有可能导致对策划活动的目标公众判断失误，也会直接影响公关策划活动的议程安排，使其活动形式不恰当或出现偏差，由此带来的后果可能不堪设想。

公关策划的结果往往表现在公共关系文案上，活动是否可行，还得看公共关系活动的实施。公共关系活动实施与公关策划是两个不同的阶段，公共关系活动的实施不是简单地将策划方案放到实际工作中去，而是对公关策划方案的再创造。一个优秀的公关策划也需要一流的实施者将之恰当地应用到实际工作中去。公关策划主要是对组织活动的框架、内容、程序、形式等进行规定，但具体的现场布置、人员安排、计划落实、物资调度以及突发事件、临时机动等问题，都需要公共关系活动实施来完成。

公共关系活动效果的评估，则是对公关策划的最好检验。虽然一项公共关系活动的最终效果受到多种因素的影响，但是，溯源起来还是与公关策划有直接的关系。公共关系效果的评估，会对下一次的公关策划有重要的指导与警示作用。如果没有科学的活动效果评估，那么，公关策划的质量就无法得到检验与评价，组织开展公共关系活动的意义也就难以得到体现，由公关策划活动而带来的组织收益或持续的利益回报就可能被忽略；如果没有评估，也可能会使组织的劣势持续暴露，并始终难以得到弥补，甚至反复犯同样的错误，这对一个组织的发展是非常不利的。因此，公共关系效果评估实际上为公共关系活动画上了一个圆满的句号，形成了一个相对封闭的良性循环，推动组织螺旋式地上升，不断提升自身在公众中的声誉。

三、公关策划学的研究内容与研究方法

（一）公关策划学的研究内容

本书主要包括两部分内容。

第一篇主要论述公关策划的基本理论，包括公关策划学概述、公关策划原则、公关策划思维、公关策划程序和公关策划类型划分。通过对这些内容的介绍，本书阐述了公关策划与其他领域、其他类型策划的鲜明差异；开展公关策划时必须遵循的原则；在进行公关策划活动时，策划者的思维活动怎样进行、策划思维能力怎样培养；一个完整的公关策划活动的基本程序是怎样的；前期调研、公关主题的重要性；如何最大限度地发挥策划者个人及其小组策划的创意能力；完整的公共关系方案需要哪些基本要素；不同公关策划类型的基本特点及其管理问题；等等。

第二篇主要介绍了公关策划实务。该部分根据多年来公共关系在组织中的广泛运用，综合国内外最常见的公关策划的形式，集中阐述公关策划的六种类型，即日常型公关策划、交往型公关策划、庆典型公关策划、公益型公关策划、展会型公关策划和危机型公关策划。

（1）日常型公关策划主要包括组织在日常工作中由公关部独立完成或主持完成的工作，如撰写并安排落实新闻稿，组织、编辑、发行自身的宣传资料及信息沟通资料等，定期召开新闻发布会（业界也称媒体通气会），设计制作公关广告，开展全员公关教

育，进行常规性的组织公关调查，提供关于组织社会环境与生存环境的咨询意见，设计制作组织的专题片、广播稿、网页内容或其他有效的宣传形式，对组织内部人员特别是组织领导者进行整体形象设计，等等。这些活动是一些常规性的工作，也是组织公关部应该完成的主要工作内容。

（2）交往型公关策划是一个组织十分常见的公共关系活动形式。组织与组织的交往，在现代社会非常频繁，已经成为组织开展公共关系活动的主要形式。交往型公关策划主要包括两个层次，即不同组织领导者之间的交往或组织与组织重要工作人员间的交往，这两个层次间人员的来往，对组织的公共关系工作会产生不同的作用，但均具有重要的价值。

（3）庆典型公关策划也是组织在开展公共关系活动时常见的表现形式之一。有些组织甚至认为，公共关系活动主要表现在大型庆典活动中。社会上常见的庆典活动主要有开业或上市庆典、节日庆典、周年庆典、庆功庆典、领导来访庆典、重大政治活动庆典、重要会议庆典等。这些庆典活动时间短、影响大、活动规模大、对组织在社会上产生的影响也很大，组织决策层往往高度重视，因此对庆典型公关策划必须予以认真研究。

（4）公益型公关策划是近年来组织高度重视的一种公共关系活动，它秉承着回报社会、宣传自身、影响公众、关注民生的基本理念，通过公共关系活动来实现组织的公共关系管理目标。主要包括以下活动形式：对文艺、教育、卫生、体育等的赞助活动；对大众传播媒介的赞助活动；对公共设施的赞助活动；对灾变贫弱的赞助活动；等等。特别是在今天，政府、媒介、企业等各类组织，纷纷利用公共关系的手段开展一些进步理念的宣传活动，以实现自身的最终目标，如政府交通运输部门宣传公交优先、文明行车，利用媒介推动环保与低碳生活等。这样的活动在策划时丝毫不可马虎，如果策划活动不周密，活动出现明显瑕疵，则可能将好事变成坏事。

（5）展会型公关策划也是组织在一些特定的工作阶段需要开展的活动，主要有大型展览、重要会议、重大的展销会等，这些活动不是组织经常要开展的工作，但一旦举办，就需要组织高度重视、精心设计与布置。这些活动的举办往往成为当地公众关注的热点，组织在策划这些活动时，要格外注意出新但不出格，展示亮点而切勿制造麻烦。

（6）危机型公关策划是近年来的一个热点话题，这是基于近几十年来全球危机加深的大环境而形成的，人为的危机和不可抗力导致的危机，都会给组织的生存与发展带来极为重要的影响。如何应对危机之下公众对组织的看法或评价，在舆论漩涡中将组织的危机成功化解，甚至将坏事变成好事，这是危机型公关策划的重要使命。

第二篇最后阐述公关策划人才培养问题，这是一个合格公关策划人员今后努力的方向，主要包括思想道德修养、文化积淀修炼与社会实践锻炼三个方面。作为一名将要从事公关策划的专业人员，在思想道德修养方面，应该确立正确的价值观，培养高瞻远瞩的格局，拥有严谨自律、独立思考的操守；在文化积淀方面，要广泛涉猎文史知识，深度了解专业动态，广泛感知民情风格，留心收集经典策划案例；在社会实践锻炼方面，应该主动经历一些自然探险，丰富创意灵感，并积累职业工作的经验与教训，为今后的公关策划工作打下扎实基础。

（二）公关策划学的研究方法

公关策划学是一门集理论性与实践性于一体的新崛起的科学。它要求学习者具有较为深厚的公共关系学方面的知识，同时，能够学习与领会公共关系实践工作中大量鲜活的策划案例。公关策划学有以下几种研究方法。

1. 理论研究法

公共关系在中国的实践应用中，长期被社会上的一些人误解，他们将公共关系与拉关系、行贿、网上造谣、操纵舆论、专业删帖甚至色情活动等挂钩，致使很多人对公共关系缺乏正确的认识，认为公共关系没有多少理论性，只是搞搞关系、发发新闻稿等，甚至认为与公共关系紧密联系的公关策划学也仅是研究如何策划一些文娱活动或举办宴会等活动的小技巧而已。

实际上，公共关系学的运用要求公共关系人员必须具备十分深厚的管理学、社会学、传播学等学科的重要理论知识，公共关系工作是一项专业性很强、对能力要求极高的专业工作。开展公共关系工作，核心的内容是做公关策划，一个公共关系人员如果没有公共关系学的知识做铺垫，要想做好公关策划的工作，几乎是不可能的。学习公关策划学，必须要进行深度的理论研究工作，要对公共关系的理念、公共关系道德、公共关系工作程序有深刻的认识，不断追踪理论研究前沿动态，在研究中推进实践，在实践中提升理论，在理论探讨中进行实践创新。

公关策划学具有很强的综合性，打好基础十分重要。在基础理论方面，要重点掌握传播学、管理学、社会学、新闻学、经济学、心理学等学科知识；在技巧知识方面，要学习人际关系学、沟通学、舆论学、市场营销学、口才学、礼仪学、思维学、谋略学等。理论是实践的指导，没有扎实的理论研究，实践活动就是无源之水、无本之木，公共关系的创意就只能是虚无缥缈且苍白无色的。公关策划学在历经一个世纪的以公共关系学为基础的发展之后，已步入成熟时期，学习公关策划学需要对公共关系实践进行不断的提升与总结，需要对公关策划的基本原理进行深入钻研，进一步研究、创新公关策划的新方法、新思路，及时归纳总结公关策划的经验与教训，不断提升公关策划的水平，提升公关策划学的学科特色及其科学性和严谨性。

2. 案例分析法

在学习公关策划学的过程中，要通过典型案例分析，发现公关策划的普遍性与规律性，从中了解与认识公关策划的特点，掌握公关策划的基本程序与活动特点，学习公关策划的创意思路与策划手段，特别是公关策划方案的形成，以便能够学会开展公关策划活动。今天，企业、政府及事业单位等组织大量开展着各种公关策划活动，组织公关策划活动几乎存在于日常活动的各个方面。在学习公关策划学的过程中，要善于收集案例样板，不断增强自身能力，学以致用、活学活用。

3. 实地参与法

在现实生活中，公关策划活动经常呈现在某一城市的广场之上、超市之内、单位之中等，见习这样的过程就是在向最好的老师学习。只要仔细观察，就可以学习如何策划一项出色的公关策划活动，如果能够直接去策划一些小型的活动或作为参加者参与其中，那么，对公关策划的学习就会产生很大的帮助。要学习好公关策划学，非常重要的一点是积极投身公关策划实践。在平时的学习中，要积极创造条件，开展一些具有公共关系意义的小型策划活动，不断锻炼自身能力，寻求挑战自我的机会，将课堂学习与课下练习、校内学习与校外实践相结合，逐渐积累经验，提高创意与策划能力。

第三节　公共关系策划的含义与特征

一、公关策划的由来

关于公关策划，曾有不同的表达方式：或可称之为公关计划，如在我国最早的公共关系学著作《塑造形象的艺术：公共关系学概论》中，明安香把公共关系工作程序的第二步称为公共关系计划[1]；汪秀英在早期所著的《公众关系学原理与应用》中，也认同这样的提法[2]；或可称之为公共关系规划，如在王乐夫等所著的《公共关系学》中，公共关系程序的第二步被称为"形象规划"[3]；而廖为建在《公共关系学简明教程》中则使用了"公共关系策划"的说法[4]；《卓越公共关系与传播管理》的译者卫五名等认为将plan译作"规划"更合适些[5]，在我国台湾地区则常称公关策划为"企划"。

从字面意思来看，使用"策划"一词显得具有功利性，但是，"策划"准确地体现了主体明确的目的性与鲜活性，这一点恰恰体现了公关策划的内涵，反映了公关策划的特色，美国总统艾森豪威尔说得更加直接："计划无足轻重，策划就是一切。"[6]使用"计划"一词在中文的语义上显得比较具体，缺乏一种创新性的内涵，用"规划"一词则又显得时间跨度长，规模有些宏大。因此，称公关为"策划"似乎比较恰当。

二、公关策划的含义

公关策划是公共关系学的主要内容之一，了解公关策划的含义，应从公共关系学的理论高度去诠释。

1. 公关策划是组织为营造生存环境而进行的一项战略性活动

公关策划是组织在发展过程中，为营造令自身更好地生存与发展的社会环境，由专业的公共关系人员经过认真、精心的计划与设计，慎重推出一项或一系列活动的过程。公关策划的目的是，组织通过公共关系的活动引起社会公众的关注，提升公众对组织的了解与好感，从而使组织处于被公众接纳和信任的氛围之中。因此，公

① 中国社会科学院新闻研究所公共关系课题组. 塑造形象的艺术：公共关系学概论. 北京：科学普及出版社，1986：215.

② 汪秀英. 公众关系学原理与应用. 北京：中国商业出版社，1991：195.

③ 王乐夫，廖为建，郭巍青，等. 公共关系学. 沈阳：辽宁人民出版社，1986：198.

④ 廖为建. 公共关系学简明教程. 广州：中山大学出版社，1989：121.

⑤ 詹姆斯·格鲁尼格，等. 卓越公共关系与传播管理. 卫五名，等译. 北京：北京大学出版社，2008：4.

⑥ 格伦·布鲁姆、艾伦·森特、斯科特·卡特里普. 有效的公共关系（第 8 版）. 明安香译. 北京：华夏出版社，2002：312.

关策划是组织的一项重要战略性管理工作，这项工作目标明确、安排有序，一旦实施，会对组织有重大影响。

2. 公关策划是组织与目标公众进行的有目的的沟通活动

公关策划工作是组织在发展到一定阶段时，希望通过某些行为或一些活动，引起社会公众注意、增进社会公众对组织了解的一项主动性工作。公关策划主要围绕着与公众进行的沟通活动而展开。现代意义上的公共关系，最核心的目的就是实现与公众的沟通，达到彼此真诚了解、坦诚相见。在一个组织的发展过程中，十分需要主动创造条件与目标公众进行沟通，并逐渐实现认同，如此，才有可能构建组织良性的生存环境和发展环境。因此，公关策划的工作内容应紧紧围绕与公众的沟通而展开。

3. 公关策划是组织利用专业人员设计的一项智力工作

公关策划工作不是一件普通的工作，它是组织通过专业公共关系人员精心设计谋划、选择恰当的时机、慎重而隆重推出的一项重要举措，这项工作在大部分情况下是一项智力工作，需要进行创意构思、设计、规划、安排，活动的目标是社会公众，活动对组织在公众中的印象和声誉会产生重要影响。当然，如果组织内部缺乏恰当的专业人员，可以委托专业的公关公司来代理业务，这在今天已是常见的做法。

综上所述，公关策划是指组织利用专业的公共关系人员，通过创意构思、筹划等智力性工作，为实现与目标公众的双向沟通、营造组织生存发展的良性社会环境而进行的一项方案设计活动。

三、公关策划的性质

公关策划，从性质上来说，是组织在寻求一种有效而恰当的沟通方式来与自己的目标公众实现相互交流的谋略活动。这项活动往往难度非常大。

在公共关系实践活动中，人们对公关策划的认识存在着如下误区。

（1）认为公关策划只是组织的一次宣传活动。一些组织在开展公共关系活动时，容易将一项精心策划的公共关系活动，理解为只是一种宣传活动，这样就大大降低了公关策划的作用。虽然公关策划在许多方面表现为一种宣传活动，如较密集的新闻发布、大型活动的报道、现场的表演、向公众发放传单或宣传资料等都是宣传手法，但这只是公关策划的表现形式，而不是公关策划的目的。公关策划的目的是通过这样的活动吸引社会公众的关注，主动让公众了解组织自身、努力让公众认识自身，最终实现公众与组织的相互认同。因此，如果认为公关策划仅仅是组织的"自弹自唱"，那么，组织在开展公关策划时，就会自以为是地自吹自擂，不管公众的感受与接受程度，这样公关策划的效果就会被工作人员的不良行为销蚀掉。

（2）认为公关策划是组织（主要是企业）的一种促销活动。一些组织，特别是企业，在开展公关策划时往往希望"搭车"进行产品促销，尤其是一些重大活动，组织的营销人员希望在开展某些社会公益性活动时，通过赠送新产品等形式，把产品宣传出去，为市场营销服务。这样做的结果，就是公共关系活动最终演变成一次产品的宣传与促销活动。一般意义上，公关策划对企业的市场营销有重要的影响，在大部分情况下，成功的公关策划会有利于企业产品的销售。但是，公关策划不是组织的促销活动，它的主要作用是为组织的生存与发展服务，它着眼于组织的长远利益与发展环境，关注目标公众，希望组织获得与组织发展相关性极强的重要公众的好感或信任。因此，公关策划不是直接为组织的产品销售服务的，甚至在很多时候，公共关系几乎不涉及产品销售的话题。因此，有些企业急功近利，总在公关策划活动中加入产品的销售，结果容易使组织为长远发展而开展的活动变成产品的介绍与宣传，使公共关系活动的目标跑偏。

（3）认为公关策划是组织花钱买热闹的一件事情。有些单位在开展公关策划活动时，为了赶时髦、应景，只是想着把钱花完了事，而并非真正将之作为一次组织与目标公众进行双向沟通的重要机会，因此，活动关注的是花钱、送钱、报道等，并非扎扎实实把这一活动搞好、搞深入，因此，一些组织对贫病灾变的资助比较浮躁，往往简单地搞个仪式热闹一下就完了。只要记者报道了，钱花出去了，就认为公共关系活动搞完了，至于赞助的对象怎么样、资助的结果是否到位、公众的反应如何、组织的声誉是否真正确立，可能就不大关心了。这样，公共关系活动变成了组织的一件只花钱不赚钱的事情，最终对组织未来的发展难以产生应有的影响。

对公关策划应认识到以下三点。

第一，公关策划的本质是要解决与公众沟通交流的问题。公共关系是组织针对目标公众开展双向沟通的战略性活动，公关策划是公共关系的核心内容，公关策划全部的关注点是公众，即组织要用心了解公众，也创造机会让公众了解组织，因此，公关策划所设计、安排的各种活动，都是为了让公众对组织产生兴趣，增进其了解组织的愿望，加深其对组织的认识，努力实现其对组织的内心认同。在公关策划的活动中，组织必须全力以赴地去实现这个目标，否则公关策划活动的进行就没有意义。

第二，公关策划的根本是实现双向平等沟通。在公关策划活动中，需要确立基本的前提，即对公众的尊重。组织不能以居高临下的姿态或自以为圣人似的对公众发布信息，绝不能把自己的观念与看法强加于公众身上，进行单向传播，这种姿态的公关策划是注定要失败的。即使是通过赠送新产品的方式取悦公众，让公众产生好感，也会被公众对立性地应付过去；纵使通过赞助的方式让公众感恩，公众也会付之一笑，不予珍惜。组织只有将自己放在与公众平等的位置上，以真诚的态度，通过提供公众接受或喜爱的活动让公众对组织逐渐产生了解与认识，甚至在活动过去之后，仍然能够给组织留下美好的印象，这样，公关策划活动的进行才有意义。

第三，公关策划的所有活动都要为实现双方的沟通而服务。公关策划很多时候是直接面对公众来进行的，不管活动大还是小，所有的活动都应该为实现与公众沟通的目的服务，因此，参加公共关系活动的每一个人，都要认真研究公众、真诚地对待公众、努力让公众对自身以及组织产生好感、赢得信任、实现永久的信赖，因此公关策划设计的出发点就应该为这一目的服务，绝不能带有功利心甚至欺骗心。否则，耗资巨大的公共关系活动就可能适得其反，变成沽名钓誉的丑闻。这是组织在进行公关策划活动时必须要注意的。

四、公关策划的特征

公关策划与前述的政治、军事、经济、文化以及营销策划有很大的不同。

1. 公关策划具有市场经济特色

公共关系是市场经济的产物，是在比较健全的市场竞争环境下，企业为寻求良好的社会声誉所青睐的，因此，公共关系广泛运用于其他各类组织。公共关系被组织运用的前提是公众受到重视，组织尊重公众。虽然在古代、近代都可以找到类似于公关策划的一些举措的痕迹，但这些行为既没有明确的公共关系目标，也不是常规性、职业化地开展，更缺乏与目标公众的平等交流，所以，只能算是类公共关系的活动，而不是真正意义上的公关策划。只有在市场经济的条件下，公关策划才会被高度重视，才会形成一个被很多人看好的职业，才会给组织带来巨大的经济效益与社会效益。

2. 公关策划具有社会公益特色

公关策划从其诞生时起，就体现了社会公益的特色，如企业开展社会慈善、扶危解困，主动承担社会义务，积极进行新观念的宣传等。这与政府发起的政治性、经济性、军事性的策划截然不同，也与文化人开展的作品性策划有明显的差异。即使在前者的活动中有一些看似公关策划的活动，也与现代意义上的公关策划有根本的不同，因此，不能将公关策划泛化。

3. 公关策划具有服务公众的特色

公关策划主要围绕公众展开，公众是一个没有政治色彩、阶级区分、等级要求的群体，在大部分情况下，对公众的划分以组织发起的行为导致公众面临同样问题为标准，公众是针对组织而存在的，公众是公共关系活动的对象。公关策划以服务社会、惠及公众为基本宗旨，它的出发点中没有短期追逐利益的功利性。因此只有真正尊重公众，才能将公关策划做到位。

由此可知，公关策划的主要特征如下。

（1）公关策划主体可以是任何一个组织或其代理机构（如公关公司）。公关策划是组织主动发起的以期与目标公众达成相互了解的谋略活动，这个组织可以是国家或某一地方政府，可以是军队、团体，更多的是企业或者事业单位，等等。只要以组织的名义在筹划着特定的传播沟通活动，就可以称为公关策划活动。今天，社会关系的网络变得复杂而纵深，一些个人可以随时成立一个公司式的组织，如开网店等，一个家庭也有可能演变成家族公司，这样，原来的朋友关系、亲人关系，就可能成为买卖关系、合作伙伴关系。因此，开展公关策划是任何组织都可以进行的一种活动。

（2）公关策划以柔性手法打造组织生存与发展的社会环境。从古至今，每一个组织都十分关注自己所面临的生存与发展环境，这个环境是一种软环境，是一种似有似无，又极其重要的社会环境。当组织的社会环境处于良性状态时，组织的发展会十分顺利；当组织处于对立或排斥的环境时，组织的发展就一定不顺利。营造组织生存发展环境的手段有很多种，在以往的情况下，组织惯于使用比较生硬的手法，如政治压服、战争、欺骗、讹诈、强行灌注观念、不对等的商业谈判、自卖自夸等。公关策划则以通过柔性手法来达到营造组织良好社会环境为目的。其主要表现为：平等地交谈、交流，主动展示自身，快速公开事情真相、深入了解目标公众，等等。这种方式看似缓慢而低调，但它是组织长久而深入地建立与目标公众良好关系的最有效的方式。公共关系被誉为"随风潜入夜，润物细无声"的活动，公关策划则是努力谋划或设计这一效果的过程。

（3）公关策划以建立、矫正或扩大组织社会声誉为根本目的。公共关系的目的是什么，这个问题随着实践的深入，逐渐地清晰起来。公共关系注重与目标公众的沟通，着力构建与组织关联度密切的各类公众的良好关系（社会环境）。其根本目的，不是讨好公众，也不是简单地给公众留一个好印象，而是在竞争激烈的环境中建立组织自身的声誉。声誉的建立是一个长期的过程，也是一个真正让公众认可的过程，这不可能靠一两次哗众取宠般的宣传活动来实现。有效的沟通活动、恰当的沟通方式，会让组织走进公众的内心，使公众对组织产生长久的良好印象。这是完全可以实现的。当一个组织遭遇一时的问题或突发的事故时，组织主动地与目标公众进行会面、对话、解释或真诚地承担责任时，组织的声誉就会得到挽救，组织就可能较快地从灾难中走出来，甚至将坏事变成好事。在现代社会，对任何一个组织来说，声誉就是生命，失去组织的声誉，就等于失去组织的生命。建立、维护、矫正、扩大组织的声誉，是公关策划的根本任务。

（4）公关策划重在使用多种传播手段，关注传播效果。开展公关策划，主要就是研究如何使用最有效率的沟通手段，以及如何达到最佳的沟通效果。今天，组织仍会大量使用传统的人际面对面的沟通手法，但同时，大众传播媒介等，已在更大范围内发挥着极具效率的作用。公关策划关注的是如何选择这些沟通手段，针对自己的目标公众，实现最佳的沟通目标。在各种各样的策划活动中，可能没有哪个策划活动如此注意研究沟通手段与沟通效果。因此，公关策划研究的重点也就延伸到对公众沟通习惯、公众对沟通媒介使用状况、媒介被公众认知程度等问题上来。这是公关策划的突出点。

通过以上分析可知，公关策划在公共关系学理论的指导下，针对目标公众，使用尊重公众沟通习惯且具效率的沟通方法，有利于营造组织自身的生存与发展环境，缔造组织的良好社会声誉，推动组织更好、更快地发展。

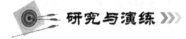 研究与演练 》》》

一、理论研究

（1）公关策划学与历史上形形色色的策划活动的最大区别在哪里？
（2）公关策划学的特征是什么？
（3）试讨论：公关策划与同学的生日活动策划有什么区别？

二、实践演练

（1）到商场、理发店、政府机关走走，看有没有正在进行的公关策划活动，看看它们是怎样进行的。
（2）如果把同学的生日活动做成公共关系活动，怎么策划？

第二章 公关策划原则

第一节 创新性原则

公关策划是一项缔造组织声誉的富有吸引力的活动，对一个组织的生存、发展有着重要意义，有时甚至是决定性的意义。因此，在策划公共关系活动时，首先要遵循创新性原则，即必须设计富有新意的主题思想及活动内容，在目标公众中引起一定的注意，吸引他们的关注，进而唤起公众内心的认同感，这是组织保证公共关系活动成功的基本前提。如果组织提出的主题与策划的活动没有新意，无法引起目标公众的注意，那么，组织通过活动影响公众的目的，就不可能实现。公关策划的创新性表现在多个方面，如立意、主题、观念及活动手法等。

一、立意新

在设计公关策划活动时，立意是非常重要的。立意主要是指确立策划的起点或策划所体现的社会意义。公共关系活动是组织向社会公众寻求相互沟通的一项重要的工作，这一工作由于要面对大量的群体，特别是通过大众传播媒介来沟通的话，面对的公众范围将更为宽广，组织所开展的活动就具有了一定的社会意义，相应地也就要担负起一定的社会责任。因此，组织要策划的公共关系活动应该具有较高的立意，通过活动，要传播与阐释的是能够推动社会进步的思想、理念、风尚等，或者是影响公众建立一种好的习惯、培养一种文明或健康的行为等。因此，要保证公关策划的成功，就需要富有新意的想法，站在认识问题的高度，拥有引领理念的新思维。一些组织常会在策划公共关系活动时立意在爱国、环保、敬老、善心、运动等方面，但公关策划的立意必须是从这些内容中阐述出新的宣传角度来，从中挖掘更深远或更新颖的社会意义。

二、主题新

策划公共关系活动时，要有一个主题，它是这一活动的纲领或者灵魂，所有活动的内容都要为这一主题而服务。主题如同一篇文章的题目，必须新颖、独特、引人注意，使人过目不忘，并具有极强的表现力，既体现出活动组织者的高远立意，又能让活动的参加者有广阔的想象空间。所以，在实际的公共关系活动中，主题往往表现为一句口号，简洁、明确。既能够清晰地阐释公共关系活动的内容，又能让公众感到有认同感。因此在设计主题时，需要求新、求变，让公共关系活动的组织者与参加者感到好记、上口，能准确地理解其内涵，提升所有人的境界，唤起最大多数目标公众的认可。例如，2022 年世界自然基金会北京代表处发起举办的"地球一小时"活动，其宣传主题是"行动！共创未来"[1]，意在通过多种形式的活动鼓励国内各级政府、企业、社会组织、公众人物和个人采取切实的环保行动，携手共创一个公平、碳中和、自然向好的未来。

三、观念新

在策划公共关系活动的立意与主题时，策划者总是体现着公共关系活动主体即主办方的一种思想或观念。通过活动，组织在积极地向其公众传递着它们希望获得的一种认同。因此，在策划公共关系活动时，主办方的观念应该是先进的，向公众传递的信息内容应该是新颖的与进步的。这种观念应该具有一定的超前意义，能够起到提升全社会文明观念与推动社会进步的作用。特别是在公众现有观念的基础上，能够有进一步的推动与提升，这对公关策划活动是否赢得目标公众的关注与认同，有重要的作用。例如，2022 年北京冬奥会举行时提出的口号是"一起向未来"，期望全世界的各国体育运动员及其爱好者通过关心、参与冬奥会，在全球新冠疫情的大背景下，一起汇聚交流、共享运动乐趣，共同创造美好未来。

四、活动手法新

在策划公共关系活动时，活动手法也是要注意创新的。公共关系活动如何展示，以什么形式表现出来，使用什么样的道具或媒介等，是影响公众的一个重要方面。公众不只关注组织活动传播的思想是否具有时代引领性或启发性，更关心活动本身是否具有吸引力、趣味性等。公众的心理需求是公关策划工作的最大动力，要吸引公众，就要让公众处于新鲜、刺激、感动甚至震撼的情感中，使其获得一种意外的满足感。因此策划公共关系活动时，如果落入俗套、拾人牙慧，甚至东施效颦，就算投入再多的资金、规模再大，恐怕也要落得一个无人喝彩的境地。因此，公共关系活动的创意就显得非常重要了。

中国智慧点亮北京八分钟

25 日夜，2018 年平昌冬奥会在平昌奥林匹克体育场闭幕。21 时 18 分，由中国导演张艺谋执导的《2022 相约北京》文艺表演用现代手法和思维，奉献了一台蕴含丰富中国文化、展现新时代中国形象的文艺精品。象征第 24 届北京冬奥会的 24 名轮滑演员和 24 个带透明发光屏幕的智能机器人来到舞台。这 24 名演员均来自北京体育大学，其中 22 名轮滑少年身着 LED 串灯服饰，另外 2 名演绎"熊猫信使"。借助高科技实现的影像变幻，轮滑少年在舞台留下了滑行轨迹，透明屏幕（冰屏）搭配可以"跳出"华丽舞步的移动机器人，给人们带来了一场融合科技与文化的视听盛宴。

---

① 王菡娟. 2022 "地球一小时"活动举办. 人民政协网, http://www.rmzxb.com.cn/c/2022-03-28/3081927.shtml(2022-03-28).

表演中，两只憨态可掬的大熊猫让人印象深刻，它们既是文化的使者，更代表着中国"国宝级"工艺的传承。熊猫道具出自四川省南充大木偶剧院的工艺师之手，他们是世界上唯一制作并演出川北大木偶戏的一群人，始终致力于这项中国国家级非物质文化遗产的保护和传承。

舞台上，大木偶要由人穿着进行表演，所以重量需要在 30 斤①以下，按照四川南充大木偶剧院院长唐国良的说法，单是这一项要求就让他们的团队熬了好几个通宵。为了达到预期效果，制作团队在原有的工艺基础上不断进行改良和创新。他们在选材上先后尝试了人造纸藤、天然白藤、竹篾条、铝合金丝、碳纤维条、PVC 仿真藤条等多种材料，反复对比，进行了上百次测试，才最终确定了用铝合金管材和碳纤维条相结合，配合上 LED 灯的制作工艺。

在"北京八分钟"的舞台上，24 块大屏幕呈现出新时代中国的美好形象，成为演出中的一大亮点。这些近乎透明的屏幕有个好听的名字："冰屏"。这项源自中国本土的创新设计可以实现透明图像显示，效果更通透更灵动，获得过国内国际多项发明专利。"冰屏"研发团队负责人黄庆生介绍，为了参与八分钟演出，团队进行了专门的技术攻关，不仅生产出了规格更高、工艺更完善的产品，也同步实现了工艺的升级更新。"目前的冰屏技术我们处于世界领先水平，这次做出了三米长的屏幕而且中间没有横梁，这种工艺目前在世界上我们应该是第一家。"黄庆生说，"看着自己和团队研发出的新产品在奥运舞台上亮相，我觉得无比荣耀。"

载着"冰屏"跳出华丽舞步的是 24 个动作灵活的移动机器人，它们不仅完成了自己动作编排，更与现场演员、地面投影进行了联动表演，同样实现了技术领域的升级创新。

今夜，这属于北京的"八分钟"是 2022 年北京冬奥会在世界奥运舞台上的初次亮相，蕴含着对未来四年的美好期待，也汇聚着熠熠闪光的"中国智慧"——在精彩的演出背后，科技的力量让创意更丰满。

资料来源：侯珂珂，王东.中国智慧点亮北京八分钟.光明日报，2018-02-26：09 版.

第二节　公益性原则

策划公共关系活动，特别要体现出公共关系活动本身所应具有的公益性色彩，因为公共关系活动是组织针对社会公众所进行的沟通活动，不是功利性的促销活动，不是放长线钓大鱼的陷阱行为，而是真诚地寻求组织与公众的相互沟通，以实现双方不断的深入了解。因此，组织应立足于主动展示自身、积极告知公众的角度，谋求与公众的进一步了解，让公众逐步地认识与感知组织，双方最终实现直接的沟通。要实现这一目的，需要做到以下几点。

---

① 1 斤 = 0.5 千克。

一、关注社会公益

每一个组织都是组成社会机体的一个细胞，组织的行为具有一定的社会意义。组织应该清醒地认识到，合法经营、环保生产、关注社会发展与关注自身的经营具有同样重要的价值与意义。组织应该主动地通过策划一些活动让全社会看到：首先组织是一个具有社会责任意识的社会单位，愿意主动承担必要的社会义务；其次，组织还可以通过发起一些有社会进步意义的活动，吸引社会公众加入或合作，以此拉近与目标公众的距离，实现组织构建良好生存环境的公共关系目标。因此，在策划公共关系活动时，组织可以从上述两方面入手，寻求组织与公众的认同点。如果组织策划的活动脱离了这个基点，那么，其所策划的活动就不是公共关系的活动了。

二、注重长远性

为实现公众对组织的认识与感知目的，组织需要确立长远的经营意识，在策划公共关系活动时，要摒弃追求短期效应的眼光，从组织的长远利益回报着手。在策划活动时，组织首先考虑的不是立即实现产品的销售额，不是马上获得公众的好感，而是扎扎实实地做些实事，真正能够为目标公众解决实际问题，以踏踏实实的行为让目标公众感受到组织的关心与帮助。这种"润物细无声"的手法，会随着时间一点点地体现出效果，从而使组织的良好声誉在公众心中扎下根来。例如，这些年来，中国电力建设集团走出国门在非洲一些国家实施经济项目建设的同时，热心公益事业，践行"一个项目促一方经济、一个项目造福一方百姓"的方针，帮助所在国的百姓解决当地吃水难等问题，赢得了项目所在国家社会公众的真心感谢[1]，为中国的国际声誉加了分。

三、唤起社会性组织合作

组织在策划公共关系活动时，为引起更多社会公众的关注，扩大影响，增强社会公信力，就需要发挥社会上一些公益性组织或工会、团委等人民团体和群众组织的作用，与它们真诚合作，使策划活动产生更大的影响力，这也是策划公共关系活动时，需要讲究的操作技巧。既然组织的社会公益活动具有广泛的传播意义，开展的活动又往往关注社会公益事业，那么组织在策划一些公共关系活动时，借助于社会的公益性组织或者其他社会团体一起开展该活动就顺理成章，由此也能真正体现组织的社会责任意识与活动的公益性色彩。例如，安踏集团在 2017 年携手中国青少年发展基金会及上海真爱梦想公益基金会，启动"茁壮成长公益计划"，设立安踏专项基金，捐赠 5 亿元的资金及装备，结合自身体育资源优势，从装备捐赠、素养教育及运动课程推广三大项目入手，帮助全国 34 个欠发达地区青少年提升身体素质和体育水准。该项目为全国 34 个欠发达地区的青少年提供运动鞋、运动服以及运动器材等，培养超过 1 万名乡村体育教师，超过

---

① 李进. 捐资打井彰显责任担当 清洁水源造福当地百姓. 人民政协网，https://www.powerchina.cn/art/2018/4/9/art_7456_323627.html(2018-04-09).

1000万名青少年接受到更优质的体育教育，提升体育素养。①

四、主动奉献资财

　　组织策划公共关系活动时，在很多情况下，为表明策划的公益性活动是一种真诚的付出，往往要求组织不仅要开展一些有助于社会文明风尚的传播、精神文明建设的大型宣传活动，还需要能够真正通过奉献资财，投入一定的人力、物力和财力，展示组织诚信的真心态度，如救助社会孤弱、增设环保设施、提供公益服务以及设立一定公益事业的基金等。只有真心付出，才能逐渐获得公众的内心认同。因此，策划公共关系活动时，要将主动奉献资财作为原则考虑进来。

"盐值"不将就 中盐低钠"减盐"在行动

　　"卖盐的还劝我们减盐，你们真是为人民服务。"这是中盐集团在全国持续开展的"小盐勺·大健康"减盐公益活动现场，一位七八十岁的老大爷，竖着大拇指对现场工作人员说道。

　　7月18日，在2022健康中国发展大会上，中国盐业集团有限公司董事长李耀强表示，希望通过社会各界共同努力，进一步提高低钠盐普及率，推进落实《"健康中国2030"规划纲要》减盐目标。

　　据他介绍，循证医学证据表明低钠盐可以有效降低血压，预防脑卒中、心血管疾病以及过早死亡的发生。

　　当日，中盐集团发布了《"盐值"不将就，低钠更健康》公益宣传片，倡导食用"低钠盐"新风尚，唤醒社会公众科学减盐的自觉意识，传播健康中国核心理念。

推广低钠盐势在必行

　　当前，我国正在加速迈入老龄化社会，高血压患病率逐年增加，高钠、低钾膳食是我国人群重要的高血压发病危险因素。

　　根据国家卫健委制定的《健康中国行动（2019—2030）》，提倡人均每日食盐摄入量不高于5g，这也是世界卫生组织建议的食盐摄入量。而我国人均每日食盐摄入量约在10.5g，大于上述倡导标准的两倍。鼓励生产和销售低钠盐。

　　针对我国居民食盐摄入量普遍过多的状况，2017年，中国明确提出了减盐计划。国务院印发的《国民营养计划（2017—2030）》提出，到2030年实现全民人均每日食盐摄入量降低20%的目标。

　　2022年新发布的《中国居民膳食指南》更新了旧版每日摄入食盐量，从每人每天6g减少到5g以内。

① 孙永剑. 企业发展壮大了，就要有担当！民营企业积极履行社会责任. http://www.ce.cn/cysc/newmain/yc/jsxw/201909/27/t20190927_33241369.shtml?tdsourcetag=s_pcqq_aiomsg（2019-09-27）.

"经常说吃盐多血压高，是盐中的钠在作祟。减盐更多是减盐里的钠，从而减少罹患高血压、心脑血管疾病等慢性病的风险。增加钾离子摄入，钾通过扩张血管、降低血管阻力与增加尿钠的排泄，又可以进一步来抵抗高钠的升血压作用。而且氯化钾本身有咸味，做到减盐不减咸，兼顾口味和健康。"李耀强说。

有研究表明，若在全国推广低钠盐替代普通盐，每年可减少大约 45 万心脑血管疾病患者死亡。

"推广低钠盐是世界各国减盐的重要措施。国内外多项研究证明，长期食用低钠盐具备广泛的可覆盖性和依从性，安全、可行。"李耀强进一步介绍称。

推广低钠盐 中盐在行动

普及"科学用盐"知识，推广"低钠盐"行动关乎国民健康，刻不容缓。中盐集团作为盐行业唯一的中央企业，主动肩负重任，通过多种方式倡导国民为健康更换食用低钠盐。

据了解，中盐集团把 2022 年确定为低钠盐推广年。多年以来，通过不断提升技术研发能力，中盐集团在新产品开发中贯彻"减钠"理念，通过合理添加改善口感等方式，推动食盐产品从"卫生标准"向"健康营养标准"提升，在科学标准和新型技术引领下，不断推出更加丰富的低钠盐产品。

目前，中盐集团已拥有绿色低钠盐、低钠海盐、绿色低钠湖盐、尚品低钠海盐、植物蛋白肽盐等多款低钠类产品，为消费者提供了更多选择。

2019 年 7 月 18 日，中盐集团在"健康中国·我行动"启动仪式上，向全社会发出《合理控盐 维护健康》的倡议。

据了解，三年以来，中盐集团一直践行承诺，持续在全国开展"小盐勺·大健康"公益宣传活动，组织发放 1000 万把 2 克限盐勺，进社区、进学校、进超市、进食堂宣传健康用盐知识，大力推广低钠盐，在中盐产品的包装上加注限盐提示语，多种方式向社会传播科学用盐理念。

其实早在 2009 年，中盐集团就率先在北京推广低钠盐，并通过在产品包装袋中放置限量盐勺来推动居民"减盐减钠"，经过多年持续努力，北京消费者对低钠盐的认知度和接受度在全国位于前列。

为了进一步唤醒公众提高自觉减盐意识，2020 年 9 月，中盐集团和中国经济信息社联合编制的新华·中盐减盐健康指数在京发布。

据悉，这是我国减盐健康领域的首支指数，从减盐知识、减盐态度、减盐行为三个维度量化评估我国居民减盐健康水平，传播低盐饮食知识，引导我国居民提升减盐意识，促进全社会共同关注并践行减盐行动，让更多人养成良好的健康生活方式。

2021 年 12 月 31 日，第二期减盐指数发布，结果显示，我国减盐健康指数稳步增长，2021 年我国居民减盐健康指数为 67.15 点，与 2020 年相比上升 0.88 个百分点，减盐逐步成为健康生活的新选择。从重盐到清淡饮食，低钠"减盐"行动需要持之以恒。

资料来源：寇莱昂. "盐值"不将就 中盐低钠"减盐"在行动. 新华网，http://www.news.cn/food/20220718/70b89f3caeaa49f3a25fb7774d8f60e2/c.html(2022-07-18).

第三节　公众性原则

一、针对目标公众

在策划公共关系活动时，组织必须要把公共关系对象——公众作为最主要的内容考虑，始终围绕目标公众来展开活动。组织在进行公关策划前要开展大量、深入的调查研究，从中区分出目标公众、潜目标公众及非目标公众，一旦确定目标公众，就要对公众的情况予以最大限度的了解，分析目标公众的组成人群、分布情况、生活习惯、收入状况、媒体接触情况、心态等，以便策划活动时"对症下药"，如果组织的前期调查做得粗糙，对公众情况不甚了解，那么，接下来的策划就可能偏离真正的目标公众，策划活动的针对性就不存在，公共关系活动的效果就一定会大打折扣。

二、体现实惠性

当一个组织针对目标公众开展活动时，首先必须要考虑公众的实际利益，否则公共关系活动的效果就无从谈起。正如毛泽东同志在赣南闽西根据地谈到如何做好群众工作时说道："总之，一切群众的实际生活问题，都是我们应当注意的问题。假如我们对这些问题注意了，解决了，满足了群众的需要，我们就真正成了群众生活的组织者，群众就会真正围绕在我们的周围，热烈地拥护我们。"[①]毋庸置疑，公众是具有利益诉求的群体（有时也是个体），他们十分看重组织的利益投入，期望组织的公共关系活动能够切实解决他们的实际问题；同时他们又是可以对组织说"不"的权威性群体——组织对公众的虚情假意、功利性行为，也会被公众一眼识破。因此，组织要通过活动让目标公众认识组织、了解组织、接纳组织，就需要通过实际的行动让公众愿意走近组织、接触组织，否则，公众会对组织的各种表现熟视无睹。组织通过公关调查了解公众的情况，进而选择恰当而有效的方式让公众获得实惠，得到实际利益，以坦诚的态度赢得公众的好感与信任，这样公关策划才会有效果。

三、利用大众传播媒介

现代社会，组织面对的目标公众早已不再局限于一个社区、一个城市或一个地区了，在经济全球化、市场国际化的大环境下，组织的目标公众可能辐射到许许多多靠人力难以涉及的区域，仅仅依靠人际语言沟通的方式已经不可能完成组织的目标了，组织必须要动用大众传播媒介来较高效率地影响更大区域的公众。这时，组织针对目标公众的特点，利用大众传播媒介，开展沟通活动显得尤为重要。詹姆斯·格鲁尼格认为，公共关系就是传播管理[②]，从公众性的原则上来说，这一结论是

① 毛泽东. 关心群众生活，注意工作方法（一九三四年一月二十七日）//毛泽东. 毛泽东选集 第一卷. 2版. 北京：人民出版社，1991：137.
② 詹姆斯·格鲁尼格，等. 卓越公共关系与传播管理. 卫五名，等译. 北京：北京大学出版社，2008：4.

有一定道理的。一个组织要影响公众，就要考虑怎样针对公众进行传播、通过什么方式传播到位，这在公关策划时需要认真考虑。

四、产生营销效益

对于每一个组织来说，在策划公共关系活动时，都在考虑营销效应。所谓营销效应并非只有企业才有，任何组织都存在着投入与产出的考虑，它指的是一个活动的成功开展对组织今后主要工作所产生的带动作用，如公共关系活动的巨大成功，会使政府某项工作顺利贯彻、事业单位被服务对象认可度提升、企业产品受到更多消费者追捧等。公共关系活动对公众的辐射性影响，必然会带来今后公众对组织态度的转变、对组织工作的支持。可以说，成功的公共关系活动不会直接让组织赚钱，但绝不会使组织赔钱，而不做公共关系工作或做失败的公共关系工作，则一定会让组织赔钱。因此，策划成功的公共关系活动一定有利于组织今后的生存与发展，尤其是对当前和今后一段时间的工作有积极的推动作用，这是毋庸置疑的。

案 例 观 摩

37年赞助终止！啤酒巨头百威为何"退赛"超级碗？

可能是 2021 开年以来最令业界震动的一则体育新闻本周在北美诞生了：与美国 NFL（美国职业橄榄球联赛，编者注）超级碗（Super Bowl）合作长达 37 年的百威（Budweiser）啤酒，选择放弃赞助今年的超级碗赛事。

该条消息发布的方式也颇为特别。2020 年 1 月 25 日，百威啤酒的 YouTube 官方账号推送了一条名为"Bigger Picture"的 90 秒广告片，该视频由著名女演员拉希达-琼斯解说，并配以了抒情歌曲《Lean On Me》，整个视频展示了过去一年里全球协力抗击疫情的片段。

在广告片尾处，百威用黑底白字打出了字样："37 年来第一次，百威将不会出现在今年的超级碗广告中。我们将把这笔广告预算，全部用在疫苗注射的宣传推广中。"

在广告片发布后，百威品牌母公司，全球第一大啤酒公司安海斯-布希英博通过官方渠道正式宣布，在长达 37 年的赞助之后，百威啤酒今年将首次暂停在超级碗期间的广告投放推广。这笔千万美元级别的广告费，将用作与全国广告委员会和医护组织等伙伴的合作，通过制作一系列的公益性质广告片，以提高人们对于疫苗的科普和重视。

"向所有做着不平凡事情的普通人致敬。我们明年比赛见！"百威在官宣稿件的最后，留下了一句意味深长的话。

不过，根据 Adage 的报道，安海斯-布希英博旗下的其他酒类品牌，仍将在超级碗上拿下 4 分钟的广告播放时间。但百威作为安海斯-布希英博旗下最知名的啤酒品牌，其"退赛"超级碗的举措，还是在行业引发了不小的震动。

全球超过 1.6 亿球迷观看的超级碗，是令全球众多品牌垂涎的年度体育大事件。为了博得哪怕一秒在超级碗的露出时长,各个品牌的 CMO(首席营销官,编者注)都是下定血本,不吝预算。

根据广告支出追踪机构 Standard Media Index 统计,本赛季 NFL 常规赛一条 30 秒广告的平均费用,接近 45.4 万美元;而即将开打的第五十五届超级碗,转播方 FOX 向广告商收取平均每条 30 秒广告的费用,则为 495 万美元的天价,绝对是体育营销的"天花板"。

因此,在疫情的特殊环境下,放弃赞助这项体育圈的皇冠赛事,转而将广告预算用在社会公益上,百威这招颇具诚意"以退为进",不可谓不漂亮。仅仅在发布 3 天后,这部宣布百威啤酒"退出"超级碗的广告视频,就已经获得了超过 300 万的浏览量和无数媒体的积极关注。在公共关系宣传的角度上,做到了口碑和流量的双赢。

"这个决定,对社会、对经济、对品牌都有好处。"百威英博集团的首席营销官马孔德斯在采访中说,"我们退出超级碗的原因绝不是因为要省钱,我们同样相信超级碗依旧有着巨大的商业号召力。但这一次,我们相信做出的是一次两全其美的决定,通过广告努力改善公众对疫苗的认知,是百威能为社会做出切实贡献的事情。"

诞生于 1876 年,今年已经 145 岁高龄的百威,也是最早投入抗疫行动的公司之一。

早在去年 3 月底,疫情刚刚在美国暴发不久,百威啤酒就宣布将与美国红十字会合作,聚集自己的人力资源,把大量酿酒厂改造成消毒液制造厂,并把一些未使用的体育场用作美国红十字会的献血中心。除此之外,百威还捐款了 500 万美元,用以抗击疫情。

就这样,百威通过捐款、社会公益和经典广告再翻拍,不仅显示了自己在疫情期间的担当,也拉近了自己与消费者的距离。这家百年品牌通过实际行动,真正诠释了一家现代企业应有的社会担当。知名媒体 wersm 也通过简单直接的一句话,给予了百威高度的赞扬:"PR is not dead."

资料来源:殷豪男. 37 年赞助终止!啤酒巨头百威为何"退赛"超级碗? 凤凰网,http://sports.ifeng.com/c/83VypmWxL8k(2021-02-01). (内容有删节)

第四节 严密性原则

一、高度组织性

策划公共关系活动,应该清醒地认识到,活动的实施是一项非常严谨的工作,出不得一点差错,否则结果只能适得其反。因为经过策划而实施的重要活动,往往会在大庭广众或大众传播媒介上展示,如果组织工作有明显的漏洞,那么,问题会在大范围中传播,对组织造成的负面影响是难以挽回的。因此,在策划公共关系活动时,要高度重视活动的实施,成立相应的领导班子,落实活动经费,培训活动的实施人员,进行必要的排演,筹划需要协调各方面关系的工作,整个活动的各个环节均需要仔细考虑,尤其对一些看似细节又十分重要的工作,更不可有丝毫的马虎,否则均可能成为活动失败的诱因。

二、高度正确率

如上所说，在策划较大型的、重要的公共关系活动时，必须保证活动内容的正确、活动步骤的准确、活动进程的精确，不可有重大的瑕疵或疏忽，否则后果不堪设想。在保证正确率、准确率、精确率的同时，应该事先做到全部掌握基本数据并经过认真核对，各方面情况的全部准确以及掌握变化范围，相关人员的落实以及对职责的明确；在进行演练时，对时间的精准掌控和突发事件的应对；等等。因而，策划公共关系活动必须进行极为精细的安排，绝不可"粗线条"。古人所说"失之毫厘，谬以千里"，在军事上要求如此，在策划大型公共关系活动时，也是如此。

三、周密计划性

为保证公共关系活动能够顺利进行，在策划活动时必须进行周密的计划。既要考虑前期的预热工作，又要铺设活动高潮的伏笔，既要掌握活动的整体节奏，又要安排活动收尾的持久印象，同时更要考虑每一阶段活动的细节设计，策划工作的难度与艰辛也就在此。没有周密的活动安排，要实现活动的成功，几乎是一句空话。公关策划常被人称为公关计划，因为这一工作本身就是对活动的计划，不论活动创意多么精彩、设计多么绝妙，但如果各项工作考虑不周，发生程序错乱，甚至意外，那么，活动的结果将是所有人都不愿看到的。

四、及时应变性

在策划整体公共关系活动时，必须要预想各种突发事件，这样的考虑越充分，对意外事件的应对就越及时。实际上，任何精心策划的活动几乎都会与实际的实施有一些不同，计划赶不上变化是非常正常的，重要的是必须要事先有所预防，有预案准备，这也是公关策划的内容之一。将策划活动与实际实施的差异考虑纳入策划的工作之中，对有效而及时地应对突发事件有重要意义，这个原则也必须遵守。

开幕式创意新亮点多（盛会进行时）

北京冬奥会开幕式如何以最佳效果突出现代感？这是北京冬奥会和冬残奥会开闭幕式主创团队一直在思考的问题。

2月4日夜，按照"简约、安全、精彩"的办赛要求，北京冬奥会开幕式给出答案：运用大量数字科技，与美学创新融合，为观众带来全新的视觉体验。

2008年北京奥运会开幕式，巨幅"画轴"令人印象深刻。从夏奥会到冬奥会的14年间，屏幕显示技术迎来进一步飞跃，非凡的光影效果为北京冬奥会开幕式的成功奠定了基础。开幕式场地中部由1.1万平方米的LED高清显示屏构成，犹如一块晶莹剔透的巨大冰面。地屏不仅面积大，科技含量也很高，能够传递出"冰面"的千变万化，展示出视觉与人和装置的交互。

　　开幕式现场，一块 LED 竖屏与地屏联动，为观众打造出梦幻般的冰雪世界。"冰面"流光溢彩，奥林匹克格言与空中的跳台滑雪项目剪影交相辉映，彰显冰雪运动之美。"一滴水墨"滴到地面，幻化成"黄河之水天上来"，铺满全场，赢得观众阵阵惊叹。

　　冰雪五环是此次开幕式的一大亮点。伴随着绚丽多彩的灯光，6 名冰球运动员与影像"冰球"击打互动。在"冰球"反复撞击下，冰屑滚滚散落，晶莹的冰雪五环"破冰而出"。科技范十足的冰雪五环悬在空中，来自世界各地的冰雪运动选手汇聚其下，成为本届冬奥会开幕式的经典瞬间。

　　主火炬亮相一直是观众期待的场景之一，而此前多次出现的"大雪花"，就是北京冬奥会主火炬台。火炬点燃如何克服低温、大风等环境影响？火炬燃烧系统负责人宋晓峰介绍，团队除了进行结构、燃烧方面的理论计算，还进行了大量实验，比如风洞实验、燃烧实验等。

　　"技术上的关键问题要求 100%的可靠性，我们从 2021 年 10 月进入鸟巢以来，进行了多次合练。从制作、安装，再到调试，每天都是在凌晨 2 点到 7 点进行。"宋晓峰说，"看到最后一棒火炬顺利燃起，还有观众满意的神情，所有付出都值了。"

　　资料来源：李洋. 鸟巢 流光溢彩. 人民日报，2022-02-05：05 版.（内容有删节）

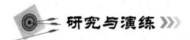 研究与演练 ▶▶▶

　　一、理论研究

　　（1）公关策划的原则与公共关系学的价值追求有怎样的内在联系？
　　（2）为什么说公关策划原则对于组织公共关系目标的实现具有极为重要的意义？

　　二、实践演练

　　（1）分析本章 4 个案例，从中体悟公关策划原则的应用。
　　（2）在校内策划一次公共关系宣传活动，如学雷锋活动或教师节纪念活动，试着在公关策划原则指导下进行。

第三章 公关策划思维

第一节 培养策划思维能力

一、策划思维概述

（一）思维

逻辑思维是人类大脑的基本功能，即人对所接触的信息进行了解、认知、领悟、反馈的能力。人的思维能力与一个人的年龄、经历、学习过程、领悟能力等有密切的联系，导致人的思维具有多样性。具体分析，影响人思维的因素有很多方面，主要包括以下几点。

1. 年龄

一般来说，年龄偏小，思维能力相对较弱；随着年龄的增大，人的理解力会显著增强，对信息的接受效果相对要好，但是，发展到成人阶段，人思维能力的差异度降低，其他因素的影响力增大。

2. 知识

按照常规，知识掌握得越多，思维能力越强；知识欠缺，思维能力较弱。然而，不同的知识基础对人的思维有明显的影响，如工科知识基础的人擅长逻辑思维，理科知识基础的人擅长推理思维，文科知识基础的人更擅长形象思维。

3. 经验

大部分情况下，经验丰富的人的思维能力会比经验缺乏的人更强，但有时，经验也会成为思维的羁绊，堵塞思维的通道，使思维难以走出经验主义的圈子。

4. 性别

不同性别的人在思维上有明显的差异，这在大量的科学实验中已得到证实，如男性思维擅长理性推断，女性思维则更偏重感性判断等。

除此之外，还有一些其他因素也会对思维产生或多或少的影响，如地域、民族、心理、观念等。

（二）策划思维

策划思维是思维的特殊类型，是指为某一目的，针对所接触到的信息进行重新的组织与安排。因此，策划思维过程被认为是创意。

策划思维可能存在于任何人、任何场合或任何时间，大到对政治、经济、文化、军事等重大决策或问题的策划，小到对生活中处理人际关系或婚嫁节庆的策划等。但是，策划思维往往不是每个人都具备的，一般来说，团队领导、事件的当事人较其他人具有更强的策划思维意识与能力，会在某一时刻、为某一问题使用策划思维。

策划思维与某些人要小聪明、玩花招有着本质的区别。策划思维具有如下几方面的特点。

1. 主动性

有策划思维的人一般是主动运用聪明才智对某一事件进行设计，期望通过一定的有意安排推动事件向期望的目标发展。策划思维的主动性使现实的世界具有了更多戏剧性的巧合，也增加了处理问题的难度。

2. 设计性

策划思维表现为预先的设计或安排，策划者会根据现有的物质条件及人员，精心设计事件的轨迹，以达到策划者想要的结果。因而，众人往往在事后才清楚事情的原委。大部分当事人在事情的发展过程中充当着被策划者。

3. 完整性

有策划思维的人在考虑问题时，往往会周密考虑事情发展的前后过程，关注连贯性和完整性，整个事情的发展具有严密的组织与安排，每一个环节都具有特定的意义，最后的效果或令人意想不到或正如所愿。

4. 组织性

当策划思维运用于某一人或事件中时，总是表现出对一定人、财、物的组织与调动，需要事先安排好各方面的情况，以保证一切如期发生或运行。所以有策划思维的人，具有极强的组织力，善于排兵布阵，纵横捭阖。过去政治上的策划者称为智囊、谋士，军事上的策划者称为军师、参谋，经济、文化上的策划者称为设计者等。

（三）策划思维的本质

思维是人脑的有意识的反应，人类积极的思维会推动社会认识自然、改造世界。策划思维是人脑能动反应的过程，因此，策划思维从本质上说，是人脑对现实社会所进行的积极思考，是对物质世界所进行的能动反映。策划思维的进行，增加了现实社会的生动性、复杂性甚至戏剧性，体现了人类的智慧与才能。有必要提醒的是，在运用策划思维时，要遵守道德的基本规范与职业操守，为推动社会的文明进步做出贡献，而不能迎合低俗，主动媚俗，自甘庸俗。

二、策划思维能力的培养

（一）策划思维能力

具备策划思维，是一种重要的能力。策划思维能力可以细分为以下几种能力。

1. 创新能力

拥有策划思维，经常表现为大胆地求异、求新，与众不同，其想法令人耳目一新。这里的创新指的是新颖的想法、新奇的点子、崭新的理念、新鲜的表现形式等。因此，创新是策划思维最主要的表现。无论是重要的政治、军事或经济的决策，还是生活中的大小事情的设计安排，拥有策划思维能力的人，突出表现是具有与众不同的想法及做法，这是策划思维最主要的特点。

2. 变通能力

策划思维还表现为较强的变通能力，即利用现有条件，将事情的可能性变成现实性，在众人意料之外，实则又在意料之中，产生策划者期望的结果。有策划思维的人往往善于观察、勤于钻研，能够有效地发挥现有的一些人、财、物等条件，制造出戏剧性效果。

3. 想象能力

几乎每个人都有想象力，但很多人随着年龄的增长，想象力却一点点消失，变得因循守旧，拒绝创新，而且很多人不再有勇气将想象力放到生活之中，羞于展示自己的童趣或真实。具有策划思维能力的人则可能一生都保留着他们的想象力，会时时大胆地将之运用或体现在现实生活中。想象力是一种弥补生活中的缺憾、使现实变得更加完美的表现能力，几乎每一个有策划思维的人都具有丰富的想象力。

4. 衍生能力

衍生能力是指善于由此事物演变到彼事物中去，或由此事物推进、延伸至新的状态的过程。衍生能力既是创新又不是创新，既是变通又不完全是变通，同时策划衍生还需要一点想象力，并结合现实对原事物状态进行合理推演。因而，策划思维能力也表现为某些特殊事物的活化演绎，把现实中看似陈年腐朽的东西变得具有鲜活的价值。

策划思维能力表现出多方面的特殊性，这里只是汲取其中最主要的内容，现实中还可以发现其表现在其他方面的能力，在此不一一列举。

（二）培养策划思维能力的要求

策划思维能力是可以培养的。一个人要培养策划思维能力，需要具备必要的素质或能力。

1. 记忆库建立

建立丰富内容的存储记忆是获得策划思维的基本条件。策划不是凭空想象，需要策划者对物质世界有丰富的感受，需要有充分的思维素材，否则巧妇难为无米之炊，策划思维只会逐渐枯竭。因此，拥有策划思维，自身必须建立起记忆库式的知识积累，这样的记忆库容量越大，策划思维的灵活性就越强，策划者就越能胜任重大的策划任务。

2. "倒行逆施"的习惯

培养策划思维能力也与是否养成良好的思维习惯有极大关系。具有因循守旧的思维习惯的人是不可能具备策划思维能力的。培养策划思维应该养成独特的思维习惯：面对事物要善于从另一角度考虑，主动利用逆向思维，细心分析事物发展轨迹，独辟蹊径，由此获得不一样的效果。一般来说，思维习惯对策划思维能力的培养有重要影响，反其道而行之常会激发策划灵感，获得新的策划思路。

3. 判断与批判力

判断与批判力是培养策划思维能力的重要素养。面对一个人或一件事，如何做出判断和评判，对人的策划思维有很大影响。如果无法对人或事做出判断或判断不准，势必影响自己的思维，人云亦云，因而无法跳出来对之予以策划；如果不能对之以批判的态度去审视，则思维就会被对方所牵制或"俘虏"，更无法以重新整合的力度进行策划。因此，培养策划思维能力，要善于对人与事做出判断或评判，不随便臣服于权威之下，思维要宽广和高远。

4. 放大与缩小眼光

培养策划思维能力，要具有善于放大细节、缩小事物的眼光。在思维上放大细节，即能够对人与事的细微处留心，将之捕捉并认真对待，需要时，将之凸显出来，引起众人的关注，这种放大效应是策划思维经常采用的手法；在思维上缩小事物，即善于将重要人物或重大事件放在宏大的历史背景下看待，以高视角点将之审视为一个小沙粒，从中看出其应有的作用或意义，为更多的人从宏观的角度去领悟其价值提供视角，这种思维视角是一个有策划思维能力的人应具有的重要素质。

第二节　克服策划思维障碍

一、人类认知的局限性

（一）认知

认知是人对外界物质世界的了解与认识。人类进步就是对外部世界不断认识的过程，认知体现出人对外部世界的一种看法或价值取向，也反映出人在特定时期或社会环境中的认识水平。人类对物质世界的认识受到各种条件的限制，也受到特定时期社会价值观及其他社会因素的影响。因此，人对物质世界的认知具有局限性。这一局限性表现在以下几个方面。

1. 一知半解

在很多情况下，人对外部世界的认识是不全面的，正如"盲人摸象"一样，对待同一事物，不同的人有不同的看法。在有些情况下，人们明知认识不全面也不愿意改变自己的看法。

2. 教条主义

在面对现实问题时，有的人依据信奉的信条或听凭脑中已形成的对问题的固定看法，予以解释或寻求论证，如果认知与实际情况一致，则沾沾自喜，进一步固化对某问题的看法；如果解释不通，则往往从否定的角度去排斥。有教条主义思维的人，一般只愿意在书本中找寻依据。

3. 经验主义

对外界事物的看法凭经验判断，见过的或者说已有经验可以解释的，则接受之；如果以前没有见过或经验中没有的，则拒绝之。经验主义者往往是拒绝接受新事物者，他们面对快速发展的世界，自我封闭，不思进取。

4. 想当然

社会上有一种人对于陌生的事物，不去学习和了解，仅凭想当然去应付，不懂装懂，自以为是，带来的结果自然是南辕北辙，不断碰壁。

（二）认知影响思维

认知的局限性影响正确的思维，因为思维来源于对物质世界的感知。对于一知半解的认知，思维的内容也是零碎和不完整的，以之得出的结论自然是偏颇的；对于教条主义的认知，思维在桎梏之中，无法突破一些条条框框的限制，结果肯定是人云亦云；对于经验主义的认识，思维是狭隘的、封闭的，难以有突破性的认识；而对于不懂装懂的想当然认知，思维更是混乱的、随意的，无法形成具有逻辑性的内容。

（三）思维的局限

认知的局限会对思维产生影响，使思维形成自身并不知晓的局限性，由此对策划思维产生障碍。

1. 思维的偏狭

看待问题片面、不能全面地考虑问题，依据一些表面现象或蛛丝马迹就对问题得出结论，导致看待问题的不全面。

2. 思维的固化

对问题的看法总用一种模式去套，故步自封，不善变通，纵使其他人看法正确，也不会接受或改变。

3. 思维的二选一

看待问题只在是与非、黑与白、好与坏之间选择，不会考虑第三种情况的出现或存在，将问题简单化、生硬化。

4. 思维的自我性

总认为自己的看法是正确的，从不认为自己有问题，永远为自己的看法寻找理由或辩词，对他人的意见总是一概排斥。

以上思维的局限是策划思维的障碍，要培养策划思维，首先要摒弃这些思维局限。

二、策划思维障碍的克服

在现实生活中，有三种情况最容易形成策划思维的障碍。

（一）心理定式

在现实中，很多人受到心理定式的影响，这是策划思维的一大障碍。

1. 心理定式的形成

心理定式是人对外界情况的反应以一种固化的思维模式来表现，或以一种习惯性的心理准备状态来对待，导致对事物判断的错误。心理定式是认知习惯与长期心理固定反应造成的结果。心理定式形成的原因包括以下几点。

1）后天学习

心理定式具有明显的地域性，大部分人首先是被他人影响而形成的。例如，一个落后地区的放羊娃被告知长大后要做的事情就是娶媳妇，然后生娃，然后让娃放羊。又如，旧时代的农村少女被告知其主要的事情就是在家绣花、纳鞋底，男青年的工作就是下地劳作或当兵。

2）经验养成

经验教训容易促成心理定式，在长期的生活或工作经历中易于使人形成一些固有的心理反应。例如，某人夜行遭人抢劫，从此就认为，夜行都有可能遭劫，黑夜中一看到男人，必把他当成劫匪。

3）社会习俗

在某一国家或社会区域会形成普遍认可的一种心理定式，造成社会刻板印象。例如，职场上女性的能力如果超过男性，会被视为女强人；在很多地区，结婚时男方应该比女方付出更多金钱或给予对方一定的彩礼，否则就被认为没有面子；等等。

4）行为习惯

一些平时养成的行为反应习惯，也会导致心理定式。例如，看到穿西服的人就认为有修养、很绅士，认为穿着随便的人不会是单位的领导等。

2. 心理定式的类型

根据心理定式的形成原因，可以将生活中的一些心理定式分为如下一些类型。

1）单项反应式

心理定式容易使人形成单向反应，很难做其他的变通，即有 A 就会有 B。例如，一个人拿着菜篮子出门，别人就会自然地认为这个人是去买菜；一个人开着豪华车，人们就会认为这个人很有钱。由这种心理定式形成的看法，被视为错觉。

2）条件反射式

心理定式也常表现为条件反射，即见 A 必然认为会有 B。例如，认为某东西要涨价，必然会抢购；教师夹着一摞纸进教室，学生就认为要考试；等等。这样的心理定式常会出现令人想当然的应激反应，造成不恰当的慌张或心理预期。

3）约定俗成式

一些心理定式与当地的乡俗结合，变成了约定俗成的东西，即只要有 A 就会带来 B。例如，很多地方习惯认为宴请客人，必然要喝酒，即"无酒不成宴"；还有某些地方认为代表家庭出面的一定是男人，否则就说明这个家庭有问题；等等。

4）简单推理式

在生活当中心理定式表现为简单的推理，即先 A 必然后 B。例如，一个主要领导会认为，大部分情况下打来的电话是下属或是求其办事的；深夜敲门往往不会有好事；等等。

3. 克服心理定式思维

要培养策划思维，必须要克服心理定式。

1）要冲破心理定式思维的束缚

如上所述，心理定式束缚了思维的空间，使思维变得呆板、愚钝，压抑人的主观能动性，压制、约束了人的想象力，过分简单化了现实世界。

2）要改变心理定式的思维习惯

心理定式的思维习惯会产生很大的惰性，使人不思进取，对外界的变化麻木不仁，无动于衷，无法跟上时代前进的步伐，也难以正确应对复杂的现实情况，最后只能被时代淘汰。

3）要摆脱旧习俗中的心理定式

长期以来形成的陈规陋习，深刻地影响着人们的思维，使之内化为心理定式，对社会进步与文明进程形成一种思维障碍，甚至陋习。要摆脱这种心理定式，需要很大的勇气，也有一定难度。因为这要与其他人的心理定式相冲突，要花很大力气协调与其他人在思维上的矛盾。

作为公关策划人员，只有克服心理定式，才能为策划思维解套松绑，给策划思维创造广阔的空间，也才能积极而正确地应对现实中的各种问题，更好地实现组织的目标。

（二）偏见

偏见是一种因事先对事物的错误认识而形成的不正确的看法，也是策划思维的一大障碍。

1. 偏见的形成

1）他人看法的先期介入

一个人出生后，随着年龄的增加逐渐成为社会人，会越来越多地接受社会上各种各样的看法和认识，其对外界的了解及其形成的观点均受到他人看法的影响。这些看法在进入人的思维后，容易干扰人对事物完全自然或自主的认识，导致人对事物产生不正确的认识或影响人做出正确的判断，这就是人们常说的"先入为主"。先入为主是造成人的偏见的重要来源。一个人大部分情况下不可能有足够的时间或条件对外界事物进行全面的观察和了解，因此，他人的观点常常成为一个人对某事评价的重要依据。如果这一看法又从其他渠道获得印证，则会强化这一看法，或由此固化这一看法。"三人成虎"正是这样形成的。

2）个别经验的普及化

一个人形成对外界事物的看法，既依据自身的亲身体验，又更多地依赖于他人的经验分享，愿意接纳并将之作为自身看法的重要依据。在学习他人经验的时候，常有积极与消极经验之分。与积极的经验相比，人对消极的经验（即教训）更加敏感，并容易将之普及化，这就是我们常说的以偏概全。人对他人经验的盲目接受，会影响对事物的正确认识。例如，一个人在某地被当街抢劫，他会由此得出结论——这个地方的社会治安很差，盗贼横行。当他把这个体会告知没有去过该地的人时，几乎很少有人反对这个结论，大家都会十分认可这个看法。"好事不出门，坏事传千里"，就有点以偏概全的味道。

3）心理预期的选择

正如李普曼在《公众舆论》中所指出的："多数情况下，我们并不是先理解后定义，而是先定义后理解。置身于庞杂喧闹的外部世界，我们一眼就能认出早已为我们定义好的文化，而我们也倾向于按照我们的文化所给定的、我们所熟悉的方式去理解。"[①]人对外界的了解会深受先前经验的影响，以一种心理预期面对外部世界，在绝大部分情况下，人会选择与自身心理预期一致的看法或结果，同时主观地将与自己看法或心理预期相左的看法排斥或忽略掉。这正是偏见的来源。例如，在看一部电视剧时，留下深刻印象的内容一定是与该观众内心期待或价值观一致的内容，如果没有获得预期的看法印证，而是恰好相反，就会招致其排斥或抨击。

4）自我利益的维护

人的偏见与自我利益有密切关系，几乎所有人看待问题都是从自我角度出发的，是代表自己的利益群体来阐述问题的，因而看待问题不易做到客观、公正。正如李普曼认为的，"我们对事实的认识取决于我们所处的地位和我们的观察习惯"[②]。很多情况下，为了维护自身利益，人会完全忽略这些证据或降低不利于自身的证据的重要性，而去关注或夸大对自身有利的事实及其重要性。这时，偏见表现得十分顽固，难以改变。

2. 偏见的类型

根据偏见的形成，可以将偏见划分为如下几种类型。

1）文化偏见

这种偏见十分普遍。绝大部分情况下，身在其中的人对自身文化早已习以为常，对文化中的价值判断约定俗成，不会认为有什么偏见。只有跳出原来熟识的文化氛围，站在其他文化的视角看问题，才可能看到原来所处文化氛围的一些局限性，才可能发现其中偏见的存在。例如，西方社会的某些人长期以来对东方国家特别是中国有深刻的偏见，中国社会的任何进步都会令他们感到威胁逼近，如坐针毡，难以平和地对待。但当他们来到中国，或与中国人接触以后，才感到中国的进步对世界文明的发展具有十分积极的意义，所谓"中国威胁论""大国霸权论"纯属无稽之谈，自己原来认为正确的判断实际上很荒谬。

2）经验偏见

经验偏见，又称以偏概全。有这种偏见的人常对负面的消息十分敏感，并愿意以此作为"老道"经验的佐证，推出一种结论式的总结。例如，路上发生车祸，则认为这个地方的公共交通管理存在严重问题；媒体报道一个地方出现食品质量问题，则会认为所有的食品都可能对人有害。

3）利益偏见

利益偏见，又称角度偏见，即看待利益问题时所依据的立场出现不全面的倾向。这也反映了一个人所存在的必然的局限性。每个人看待问题均会站在自己的角度，十分愿

① 沃尔特·李普曼. 公众舆论. 阎克文，江红译. 上海：上海世纪出版集团，2006：62.
② 沃尔特·李普曼. 公众舆论. 阎克文，江红译. 上海：上海世纪出版集团，2006：61.

意接受与自己同一立场的亲朋好友的所谓忠告，由此形成对某一问题的偏狭看法。例如，经营家族企业的人会认为家族企业的财务大权绝对不能给外人掌握。现实生活中，一个人很难超越自身所处时代的局限，摆脱社会与利益的偏见，提出超越时代的公正观点。

3. 克服偏见

要成为有策划思维能力的人，必须克服偏见。

1）培养开放宽广的视角

每一个人生活在特定的文化氛围之中，并深受其影响，文化既带给人成长所需的知识，也影响人形成特有的思维方式和理念。要避免本民族可能具有的文化偏见，需培养开放宽广的视角，广泛接触各种异域文化，学习其他民族优秀的文化，以比较超脱、豁达的眼光看待自身文化，以较为客观的标准评价本民族的文化，逐渐减少文化偏见。

2）客观评价事件发生的意义

面对社会上经常发生的林林总总的事件，应以平常心对待，不夸大负面事件的社会影响，就事论事，减少以偏概全、以点带面的妄断结论，冷静对待事件并全面评价，既不杞人忧天，也不草木皆兵，培养一种积极、健康的心态。

3）减少对号入座的思维习惯

心理预期的思维偏见是一种长期形成的不良习惯，会严重影响一个人看待事物的正确视角，造成对事物的片面看法。这种思维习惯是不知不觉形成的，因而培养正确的策划思维，要格外注意克服先入为主的心理偏见，建立客观、实事求是的思维习惯。

4）多从他人立场看待问题

克服利益偏见，要注意站在他人角度看问题，不要只从自己的角度出发，注意培养自我批评精神，有意识地关注他人利益，从换位思维的角度去与他人交换看法，使自身利益的维护更加透明和公平。

（三）从众

从众是社会上一种十分普遍的心理表现与行为取向，从众思维也是形成策划思维的一大障碍。

1. 从众的心理原因

长期以来，人在行为的选择上，深受从众心理的影响，原因在于以下几个方面。

1）相信众人的判断力

人在看待问题、确定取舍、进行决策时，首先会将他人的决定作为参照物，如果有许多人已选择了一种决定，那么，后面的人宁愿相信这一决定是理性的、正确的。因此，很多人在做出选择时更多地倾向于从众，认为这样会增加其决策的安全性与可靠性。

2）担忧被众人排斥

很多情况下，即使怀疑众人决定的正确性，甚至已看出众人决定的谬误或荒诞，但最终仍然会选择与众人一致，实际上就是担忧自己与众不同的选择会遭到众人的排斥。

这种恐惧会令人在决策时陷入矛盾的判断中，可能的情况是，与众人站在一起的冲动会胜过孤独做事的理性，于是选择从众。

3）依附性人格作祟

有些人在思考问题、决定取舍时，首先考虑的不是自己应该如何做，而是先了解他人如何做，然后选择跟随。这种依附性人格使其失去了基本的判断力，不愿意独立思考，自我决断，因而在是与非、善与恶等抉择方面变得是非不清、冷漠无情、逃避责任、毫无担当。

2. 从众的类型

1）盲从

盲从即对于他人的指示或安排，不去考虑是对或错，而是认为只要别人都服从，则自己也会毫不犹豫地服从，如果证明是错了，则自认倒霉。

2）轻信

当有人用"别人都是这样的"来影响选择或决定时，就会轻信这件事是对的，就会毫不犹豫地相信。绝大部分的骗子都是这样使骗术得逞的。

3）模仿

由模仿而形成潮流，这也是从众的一种表现。许多人担心自己被他人认为落伍，就会模仿明星，追逐潮流，盲目跟风。

4）追随

对某人或顶头上司（领导）的追随是一种依附性人格的表现。"楚王好细腰，宫中多饿死"，反映了曲意追随所付出的从众代价。这种情况在今天屡见不鲜，只要认为必要，某些人会表现出十分积极的对上司或领导的追随性。

3. 克服从众心理

1）遇事独立思考

培养独立思考的思维习惯，是克服从众心理的重要利器。因为从众可能会付出较大代价，"真理往往在少数人手里"。从众心理会带来思维的懈怠，影响对问题的正确认识，忽略一些重要的警示性的提示，最终有可能导致决策或选择的失误。对于策划思维来说，没有独立思考，就没有策划思维的鲜活性、创新性，创造性思维的策划就是一句空话。

2）培养自信心理

从众心理很大程度上来源于不自信，相信他人胜于相信自己。因此，自信心理是摆脱从众心理及行为的动力。只有相信自己，才会激发自身的判断力和决断力，才会正确选择适合自己情况的决定，才不惧怕与众不同，不担心被排斥或落单。

3）树立独立人格

从众心理所暴露的依附性人格是一种不健康的心理表现，更对一个组织或团队的建设有害无益。因此，要从思想认识上建立起具有社会担当的责任意识和平等观念，确立自己的独立人格，坚决克服时下追逐功利、见风使舵的不良风气，努力营造良好的组织创新氛围。

第三节　公关策划思维类型

公关策划思维是以公关策划活动为中心内容开展构思、创新的思考过程。这一过程也是一种头脑风暴，或者被称为思维激荡。

公关策划思维是站在组织的角度为营造组织良好的社会环境而开展的传播沟通活动。其思维类型有以下几种。

一、编故事法

在进行公关策划思维活动时，通过设计各种故事或以故事的形式展开活动，是一种重要的思维类型。具体来说有以下几种。

1. 编故事续集

将以前大家耳熟能详的故事，编一个续集，使之与组织的理念、活动的宗旨或主题以及组织的经营或服务内容和产品联系起来，拉近组织与公众的距离，实现组织对公众的主动沟通，使公众增进了解组织的目的。例如，设计一个美人鱼的爱情故事续集，以此体现组织吸引年轻人、体现爱情浪漫忠贞的活动主题。

2. 改编故事

将原来的经典故事创新改编，增加新的色彩，使故事服务于组织的活动内容，给公众一种耳目一新的感觉。这里特别要注意的是，在改编故事时既要大胆、创新，又要合情合理，既要情节新奇，又要幽默调皮，能够让公众自然接受。例如，以新唐僧取经来引起公众的关注与参与热情。

3. 编新故事

为组织活动或产品编一个动人的故事，或新奇，或感人，或滑稽，引起公众的关注，加深公众对组织的良好印象，以实现组织让公众关注、了解进而信任的目的。新故事的编写不是无中生有地胡乱编造，而是着力挖掘组织内部感人的、幽默的、快乐的事情，然后将之演绎展示给社会公众，以之弘扬组织文化，强化组织在公众心目中的印象，如动画片《海尔兄弟》的成功播出。

二、整合拼接法

在公关策划时，需要调动策划思维来考虑将某些看似不相干的事件重新整合在一起，使之成为一个既离奇又合理的新故事（活动），以此吸引公众参与，增进公众对组织的了解，强化公众对组织的印象。这样的整合拼接可以是政治、经济事件与组织活动的结合，也可以是生活小故事与组织公共关系活动主题的交汇，但不管怎样，策划创意的中心是增加活动的时尚性、戏剧性或趣味性，体现并传播组织的特有文化。例如，2008 年北京奥运会开幕式将卷轴画与古琴演奏组合，展示中国文化的博大精深，取得了极好的效果。

三、逆常规法

逆常规法即专门选择特别的时间、地点或人物展开公共关系活动，冲击公众的心理预期，造成一种比较新奇、独特的效果。公关策划思维要创新，应该多使用逆常规法，标新立异、与众不同，给公众耳目一新的感觉，既吸引媒体，更吸引社会公众，给人留下深刻印象。例如，2009 年马尔代夫的水下内阁会议，吸引了全世界的目光。

四、时空挪移法

时空挪移法是将时间与空间进行错位处理，为组织的目标公众带来不同的感觉冲击，以实现组织的公共关系目标。时空挪移常会将古代的预想或痕迹挪移到现代并活化，或将未来的预想放到现在，让目标公众产生完全不同的感受，如《神话》《来自星星的你》等文艺作品的策划，均是通过这种方式创造全剧的。

五、无中生有法

公关策划思维也需要完全新的创意思考，即为组织策划、设计与其他模式完全不同的一种想法或方案，这需要策划思维具有全新的激荡，甚至是革命性的变革，以此实现组织与目标公众的沟通或了解。例如，杭州市政府委托创意的《印象西湖》大型山水实景节目，给观众带来了巨大的视觉冲击和唯美的感受，使人们对杭州西湖留下了难忘的印象。

公关策划思维为公共关系创意服务，公共关系创意是公关策划的核心。灵活的公关策划思维为不同的公关策划活动打下了智力基础。

 案 例 观 摩

澳大利亚：五彩缤纷中国年

春节期间，在澳大利亚也同样欢天喜地闹新春。虽然不少澳大利亚华人过年不能"回家"，但哪怕是远离故土，充满年味和文化积淀的各种过年仪式和习俗，一样也不能少。

创意与时尚融入春节文化

悉尼是澳大利亚华人主要聚居地之一。统计显示，在中国出生的每 5 个澳大利亚居民中有 2 个都居住在悉尼及其周边地区。2001 年，出生地为中国的居民占该区总人口 10%以上的区，悉尼仅有 3 个。而到 2011 年，这样的华人聚集区已扩展至 22 个。因此，春节也成了这个国际大都市的一场全民庆典，当地政府牵头，华人及各族群民众共同参与。记者是首次在澳大利亚过春节，有幸体会了悉尼的节日盛况。

2 月 1 日，悉尼农历新年系列庆典活动在中国城正式拉开帷幕。在传统舞狮表演中，悉尼市长克罗芙·摩尔亲自为醒狮点睛。随后，大大小小的文化活动相继登场，既

有阳春白雪的"女子十二乐坊"登陆悉尼歌剧院，也有本地舞蹈室编排的节目绽放露天广场，无论是高雅经典还是下里巴人，精彩的演出均收获了观众热烈的掌声。悉尼的华侨华人以及外国友人也齐聚悉尼中国文化中心，共同参与由悉尼中国文化中心、中国驻悉尼旅游办事处、世界中餐业联合会和澳大利亚中国青年商会联合主办的"欢欢喜喜过大年——巴蜀之夜"活动，喜迎己亥猪年的到来。此次迎新春庆祝活动，除了具有中国特色的文艺表演外，还特邀8位来自四川资阳的特级厨师，为大家带来地道的四川特色菜肴，让观众尽享舌尖上的春节。除夕夜，悉尼两大地标悉尼歌剧院和海港大桥都披上了喜庆的红装，中国红笼罩着整个悉尼港湾，红色彩灯点亮白色贝壳造型的悉尼歌剧院和雄伟的海港大桥，二者隔海相望，渲染了铺开的夜幕和漆黑的海面，象征着光明、生机、繁盛、温暖和希望。

春节的悉尼骄阳似火，与国内的冰天雪地大相径庭。走在悉尼的大街小巷，随处可见庆祝农历新年的标语或条幅。2019年为农历猪年，悉尼处处可见各式各样、形态新奇的猪的形象。值得一提的是，中国人喜欢金猪，而悉尼人则喜欢粉猪，粉色系列的猪造型大行其道。设计者们还脑洞大开，打造出各种精巧可爱的猪萌宠。矗立于悉尼岩石区环形码头的粉猪方阵灯吸引了不少游客的驻足。方阵灯上的每只小猪都憨态可掬。悉尼重要地标之一的维多利亚女王大厦里也充满节日气息和新奇创意：一株粉色的樱花树矗立中央，远看一片繁花似锦，近看一朵朵粉色樱花则变成了一只只粉色的小猪。

据悉，元宵节前夕，悉尼还将举办旨在庆祝中国农历新年的赛马节。澳大利亚有200多年的赛马历史，自2016年起，澳大利亚赛马会每年都在中国春节期间举办大型华人赛马节。经过几年的经营，华人赛马节迅速在华人圈蹿红，圈粉无数，已成为澳大利亚欢度春节的一项盛事。

多族群分享节日气息

布里斯班是澳大利亚另一主要华人聚居地。当地时间2月9日下午4时，由布里斯班中国节组委会、昆士兰华人联合会、昆士兰华人艺术联合会等共同主办的第八届布里斯班中国节在市政广场拉开帷幕。中国驻澳大利亚大使成竞业、澳大利亚联邦内政部长达顿、中国驻布里斯班总领事徐杰以及当地政要和社区商业领袖、社团领袖等近百人参加了中国节启动仪式。

"布里斯班中国节"迄今已举办了八届，形式多样、内容丰富的中国节已成为布里斯班侨界同当地各界共同庆祝中国春节的重要文化品牌活动。与去年相比，今年的庆祝活动参加人员和社团更多、活动内容更加丰富，不仅有庆祝巡游、街头路演、新春庙会，还有"文化中国·四海同春"大型文艺演出。

最让华人社团及当地民众期待的还是中国节大游行。除了华人社团外，中国节组委会还特邀印尼、韩国等社团参与巡游。记者也有幸亲临现场感受巡游盛况。9日下午5时，成竞业大使、徐杰总领事及当地政要等嘉宾们在中国节主席马连泽先生陪同下，在市政广场加入3000人的欢庆巡游队伍。几十个社团和同乡会方阵盛装出场，让人应接不暇。布里斯班市中心街道两旁挤满了不同肤色的上万名观众，纷纷拍照留念。携家带口前来观看中国节巡游的当地居民布莱恩向记者表示，这是他第二次观看中国节大游行，这次游行队伍规模明显比去年大得多，不仅能欣赏到舞狮，各种中国地方传统服饰文化，还有亚洲等其他国家的服饰文化等，让人大饱眼福。中国节主席、昆士兰华人联合会秘书长马连泽称，这次的新春大游行，彰显了华人社区团结向上的良好氛围，体现了华人族群勤劳善良、开放包容、团结和谐的良好形象，让每一位参与其中的华人华侨都感到无比的骄傲和自豪。马先生还表示，2月10日，游园会和社区舞台表演继续进行。

由国务院侨办和中国侨联派出的顶级艺术团体四海同春慰侨演出于 10 日晚 6 点隆重上演，3500 名华人华侨有幸在海外欣赏如此高水平的演出，更让布里斯班这个澳大利亚城市年味儿十足。

资料来源：王传军. 澳大利亚：五彩缤纷中国年. 光明日报，2019-02-12：12 版. （内容有删节）

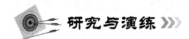 **研究与演练** 》》》

一、理论研究

（1）如何打破思维的局限性？

（2）在网络时代，获取信息轻而易举，思维却变成死水一潭，完全被他人思想所影响，似乎没有成见却先入为主，怀疑一切又莫衷一是。请想想：现代人应该怎样突破策划思维的局限？

二、实践演练

（1）练习想象力：为伊索寓言《农夫与蛇》的故事编续集。
（2）练习反应力：开展 1 分钟说成语或者组词比赛。
（3）练习思维整合：将安徒生童话《美人鱼》与《刻舟求剑》组合进一个故事。
（4）策划练习：在清明节搞企业开业庆典（建议小组完成）。
（5）创意练习：唐僧一行游西湖。
（6）练习策划小方案：五四青年节举办大学生"公益行"活动。

第四章　公关策划程序

第一节　抓住问题核心

　　在开展公关策划时，第一步是对组织面临的社会环境进行全面认真的分析，从中找出问题的核心。这需要依据前期严谨、准确的公共关系调查。所谓调查是指组织通过扎实的实地调查与案头资料了解，在分析了大量的数据与事实后，确定组织当前公共关系工作中所面临的诸多问题，剖析问题的实质，提炼产生问题的根本原因，为之后开展的公共关系的策划工作做准备。

　　对于组织来说，可能发生公共关系方面的问题主要有以下几点。

一、服务对象对组织的信任危机问题

　　对于企业来说，信任危机表现为消费者与顾客对企业的负面看法，如产品质量引起的投诉、售后服务中承诺的不兑现、服务操作不规范引起的意外伤害、工作人员态度问题引起的纠纷等；对政府来说，信任危机表现为公共管理不到位引起的市民抱怨，法律真空引发的伤害赔偿难题，行政不作为带来的群体失望，等等；对于垄断性企业与事业单位来说，信任危机表现为信息不对称带来的强制性附加服务收费冲突、单方涨价矛盾、服务滞后或缺失以及事故责任推脱等引发的质疑。对于其他组织来说，信任问题也是一个极为敏感又极其重要的问题，如果这方面发生问题，均需要进行公关策划来予以解决。

二、与合作伙伴关系协调问题

　　每一个组织存在于社会环境之中，自然要与其他各类组织发生联系，尤其是关系密切的合作伙伴，如企业的供货商、销售商，政府的上下级、平级单位，发生业务联系的合作方，事业单位、垄断性企业的常规性业务伙伴，等等。各类组织在与这些合作方发生联系时，可能会发生一些误会或摩擦，如果处理不当，甚至可能导致关系破裂，最终影响组织的健康发展。另外，组织还需要不断地开拓业务，建立新的合作伙伴关系，因此，通过策划公共关系活动，主动、积极协调与合作方的关系，就成为十分必要的事情。

三、与社会公众及媒体增进了解问题

　　商品经济的发展，全球一体化进程的加快，把组织置身于一个难以自我选择现实、无法预料意外发生的不确定环境下，组织面临的目标公众可能会随时发生变化，组织面

对的公众可能难以计数，因而组织主动通过一些活动或事件、利用大众传播媒介向更广大的公众开展公共关系传播活动是非常必要的。这些传播活动是以推动双方的了解并实现进一步的沟通为目的的，公关策划就是要找寻一种恰当的沟通方式来帮助组织实现与广大公众进一步了解、认知、构建信任的目的。

四、内部员工关系融洽问题

在现代社会，不论什么组织都十分需要重视内部员工关系问题，团队建设早已被提上组织发展的重要议事日程。如果一个组织的内部员工之间存在上下、左右关系不协调的问题，那么，毋庸置疑会直接影响到组织的健康发展，并波及组织的社会声誉。对一个组织来说，通过策划一些温暖人心的公共关系活动，用心打造组织内部融洽的员工关系，是组织管理中要着重做好的一项重要工作。

需要注意的是，在实际的策划工作中，很容易发生策划团队对组织面临的公共关系问题难以抓住核心的问题。因为对于组织来说，一段时期里可能同时存在数个问题，如消费者反映产品质量问题、媒体连续报道组织负面消息问题、企业股票下跌问题、政府有关主管部门督查企业自查并上报情况问题、高层人员离职问题、员工情绪波动问题等。对此，公关策划工作必须首先要搞清楚，在组织的公共关系工作中现在最需要解决的问题是什么，问题的根源在哪里等。如果这些问题没有得到很好解决，那么，下一步的工作就会偏离正确的轨道，即使策划做得再好，也有可能南辕北辙，毫无效果。

在准备进行公关策划时，特别注意不要把公共关系问题简单化，以为只要加强媒体的宣传，就可以把一切搞定；也不要以为仅仅召开新闻发布会向公众道道歉，做做样子就可以避过一场舆论灾难，公共关系的工作基础是诚信，是一个组织面对社会公众的真实行为表现，公共关系做得好，然后才能说得好，不讲职业道德的公共关系就是骗术。

在抓准问题核心后，通过组织环境分析，划清公共关系与组织其他方面问题的界限，接下来就进入公关策划的下一步工作——明确策划主旨。

第二节　明确策划主旨

开展公关策划，在明确策划要解决的核心问题后，就开始确定策划所要表达的主旨。通常，这一工作需要经过三个步骤。

一、提出策划活动的社会意义

公关策划是一个具有公益性、公众性的活动，又是对组织发展有重要战略意义的举措，而且还可能投入较大的资金，产生一定的社会意义。因此，活动的策划必须要有一个较高的起点，活动体现出来的信息要有较为普遍的社会意义和进步意义，不能仅仅局限在组织自身的小圈子里。在确定策划活动的主旨时，要先阐述策划活动所要体现的较高社会价值，如慈善、救弱、扶贫、关爱他人、环保、团结等，表达的内容要与组织本身所要解决的核心问题有自然和内在的联系，在社会中有广泛的响应或认同，由此最终确定策划活动的基本内涵。

二、形成策划主题

每一个策划活动都不能缺少活动的主题，就如同每一篇文章不能没有中心思想一样。公共关系活动在策划时，要在确立策划活动社会意义的基础上，把活动的主题凸显出来，即明确活动要围绕哪方面的内容来开展、活动要达到的目标是什么、活动体现的社会价值在哪里等。主题一旦确立，所有的活动就可以围绕主题来进行。因此主题的推出是非常重要的。一个活动没有主题或主题不明确或定位不正确都会导致该次公共关系活动的失败。在策划公共关系活动时，形成策划主题非常重要。

三、凝练主题语（词）

在彰显普遍社会意义的基础上，将活动的主题用最简略的话语表现出来，这是策划中一项重要的工作。在表现活动主题时，一般要求内容凝练，内涵丰富，语言朴素，上口好记，能够最精确地表达活动的主旨，也就是我们常说的凝练主题语或主题词。这会有力地保证公共关系活动的传播与影响力。例如，1992 年巴塞罗那奥运会主题口号是 Friends for Life（永远的朋友），2000 年悉尼奥运会主题口号是 Share the Spirit（分享奥林匹克精神），2002 年盐湖城冬奥会主题口号是 Light the Fire Within（点燃心中之火），2004 年雅典奥运会主题口号是 Welcome Home（欢迎回家），2008 年北京奥运会的主题口号是"同一个世界 同一个梦想"（One World One Dream），这样的主题表达均是极为经典的主题语，十分便于传播，易于接受，同时内涵又具有宽广的包容度。实际上，一个组织构建公共关系活动主题语时，确实需要绞尽脑汁，字斟句酌，最终形成具有号召力和影响力的主题词，这是一件较有难度的事情。

第三节　提出优质创意

开展公关策划时，在重要性上仅次于主题确立的就是创意了。公关策划的核心是创意，在这里创意是指能够以最精彩的方式将公共关系活动主旨表达出来的形式或方法。对于一个公共关系活动来说，创意的精彩与否是决定活动成败的关键，创意需要优中选优。创意是公关策划的重头戏。

创意的形成与筛选应遵循以下程序。

一、组建创意团队

首先，公关策划部门需要组建一个管理高效、作风严谨、素质优良、思维活跃的创意团队。创意团队的组建需要精心选择、合理搭配。

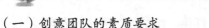

（一）创意团队的素质要求

1. 文化水准要求

创意不是凭空想象，更不是闭门造车，没有较为厚实的文化基础，想产生精彩的创意是不可能的。创意团队的成员必须要有比较深厚的文化基础，特别是人文知识修养，对中国传统文化有深入的了解，具有宽阔的文化视野，博采中外，通晓古今，能够为创意铺垫厚实的基础，否则，创意人员会很快有江郎才尽的掏空之感；同时，创意团队还应有较强的学习力，对现代文化思潮、文化现象及他国文化的特点有较为全面的了解，能够快速更新知识，对现当代国家与国际上所倡导的一些理念与政策有清晰的了解，对组织所处行业有前瞻性的认识。如此，策划创意的思想才可能高屋建瓴，有较高的起点和正确的立场。

立春三分钟

北京冬奥会开幕式倒计时进行到最后 10 个数字时，全场观众一起高喊，"鸟巢"上空出现焰火打出从 10 到 1 的数字。当孩子吹散蒲公英，白色的种子飞向天空，"蒲公英"焰火同时出现，寓意播种春天。最后，焰火再次绽放，打出"立春"和英语春天"SPRING"字样，带给人们春的希望。

北京冬奥会是冬奥会历史上的第 24 届。冬奥会开幕当天，恰逢"立春"，也是二十四节气的第一个节气。二十四节气代表着一年的时光轮回，也代表人与自然、与世界相处的方式，用它来倒计时，体现了中国人对时间的理解。"立春"是一个在冰天雪地的季节里庆祝春天即将到来的节日。中国人认为，极寒中孕育着新的生机。

"立春"之日北京冬奥会开幕，也寓示着各国朋友共同迎接一个新的春天。

"倒计时通常就是数数字。"北京冬奥会开闭幕式总导演张艺谋介绍，"我们能不能从中国文化的角度入手，从 24 开始倒数？全世界都会想，24 是什么意思？我们可以直接告诉他们，这是中国的二十四节气，是一种古老的关于岁月的算法，把中国文化进行一次普及。"开幕式倒计时通过"立春三分钟"，向世界传达战胜疫情的希望，以及"一起向未来"的信念。

资料来源：王东，侯珂珂，黄小异. 立春三分钟. 光明日报，2022-02-05：07 版.

独家专访张艺谋：中国文化融入了北京冬奥会开幕式的每一分钟

2 月 4 日，北京 2022 年冬奥会将在全世界的瞩目中盛大开幕。对于开幕式，大家都非常期待，总台记者再次独家专访总导演张艺谋，为我们介绍开幕式的筹备情况。

开幕式要集中表现中国的现代和未来

张艺谋表示，经过一次次的彩排，目前开幕式的效果已达到预设目标，本次冬奥会开幕式从创作开始，就明确了要集中表现中国的现代和未来。

北京 2022 年冬奥会开幕式总导演张艺谋：我觉得达到我对它的设想，达到我对它的希望和呈现出来的结果，一种视觉效果，我觉得是达到了。2008 年我们的开幕式获得了世界的认可，这是所有人共同努力的结果，我们已经展现了五千年的璀璨文明，当然挑了几个代表的点。（这一次）我们不要太多地表现古代文化，可以不可以展望一下现代和未来，可以不可以集中表现新时期，表现现代的中国人的这种精气神、这种价值观，能不能它的手法或者视觉效果也偏一点现当代，就是我在想我能不能让它非常有现代艺术的感觉，能不能时尚化，年轻一点，有活力，能不能有科技含量，但是又不炫技，又特别好看等等，就是这些简单的观念性的东西。团队都很支持我，大家都觉得是对的。还有一个我觉得也确实需要表现，今天已经跟 2008 年很不一样了。

中国文化融入了开幕式的每一分钟

虽然不穿古装、不讲 5000 年的故事，但是张艺谋表示，冬奥会开幕式的每一分钟，实际上都写满了中国文化，整体的创意和创新，体现的都是中国人的价值观念和哲学思想，是更深层次的文化自信。

北京 2022 年冬奥会开幕式总导演张艺谋：每一分钟都是中国人的思考和中国人的智慧，中国人的文化的这个元素，她的理念，这就是文化的自然的反映，所以不一样。我们讲的是现代，现代好像大家都距离很近，不像古代"长得"特别不一样。但是我相信世界各国的人们看起来，观众看起来还觉着，这也很中国。因为它是你的根源，是你的血液，是你的皮肉，是你的全部，就是长在你身上的。所以当它细化下去的时候，长到身上的这些东西自然就会进去，就会带来这样的，有现代感觉，很现代或者说相当有现代感，但是也相当的中国。而这个中国是深层次的，不仅仅只是红灯笼，仅仅只是红绸带等等，不完全是这样的一个表象的，是深层次的。中国人的价值观，中国人的美学观，中国人的世界观，中国人的生命观、自然观都在当中了。

资料来源：独家专访张艺谋：中国文化融入了北京冬奥会开幕式的每一分钟. 搜狐网，https://www.sohu.com/a/520646375_162758(2022-02-05)；北京冬奥会开幕式总导演张艺谋：中国文化融入开幕式每一分钟 体现更深层次文化自信. 央视网，https://news.cctv.com/2022/02/04/ARTICvkVly6Xkt5LP4CW92WX220204.shtml(2022-02-04).（内容有删节）

2. 现实经验要求

策划团队的成员，必须要有较为丰富的社会实践体验，能够了解相关活动中的大量公关策划案例，善于从已有的公共关系活动中提升或创新公共关系活动形式，知晓开展一项公共关系活动所经历的基本过程、可能遇到的问题等，同时有广泛的爱好，有较为丰富的生活与事业的成功经验与失败体验，善于从总结经验中吸纳具有创建性的思路与做法，举一反三，注重了解有助于公共关系创意的奇闻逸事，精思妙法等，使之可以为创意思路提供源源不断的想法。

3. 把握公众心理要求

在进行公关策划时，策划团队的成员还应该具备对公众心理的把握能力，善于针对一定区域公众的心理特点，循序渐进地安排活动，以前期预热、中期铺垫、后期高潮、收尾精彩的过程，把公众心理调动到组织者期望的状态中，应善于选择出乎公众意料的公共关系活动，吸引更多人的关注，引起目标公众的兴趣与好感，以合乎情理的自然方式获得大多数人的参与，把组织的公共关系活动成功地推开。公关策划的重要目的是影响公众，实现这一目标，需要公共关系创意团队成员具有很好地了解与把握公众心理的能力。

（二）创意团队结构要求

创意团队在结构上最好是不同年龄的人交叉分组，团队成员在思维结构与知识结构、性格特征等方面予以搭配，互相取长补短，实现优势互补。例如，既有善于形象思维的，也有精于理性思维的，既有人文学科知识结构的，也有理工农医知识背景的，既有勇于尝试、敢于探险的，又有慎重保守、行事稳重的，既有内向严肃的，也有外向活泼的。这样的团队结构有利于思维的碰撞与新颖创意的产生。

（三）创意团队品质及数量要求

开展公共关系创意，是一项十分艰苦的工作，需要创意人员殚精竭虑，坚持不懈，能够不断自我否定，不怕失败，越挫越勇，自我超越；创意团队的每个人都应该积极、乐观，忘我投入，在体味创意艰辛的同时，分享创意成果的喜悦，最终形成最佳创意方案。从数量上来说，公关策划创意团队以 8～10 人为宜，班子比较稳定，经过一定时间的磨合，逐渐形成彼此的默契，在内部营造一种相互否定又相互包容、鼓励创新又奋勇争先的团队氛围。

二、开展团队创意

创意团队搭建好后，就开始创意策划。

（一）创意主题的阐释

首先要对创意的主题进行分解阐释，即向每个创意成员讲述清楚主题的来源、调查的结果、主题的依据、策划的主旨、主题词的内涵、主题的社会意义等，这样的阐释，一则让团队成员明晰创意所围绕的基本中心，二则给团队成员以创意思维的环境范围，使之在统一主题的指导下展开思路。

（二）创意点子遐想

在一个没有外界干扰、十分安静的环境中，让每个创意成员开展无边界的创意遐想，设计创意方案。所谓点子，是指一个好的想法、漂亮的表现形式或一个看似滑稽怪异的舞台剧等。有些创意，初看有点天马行空，似无厘头的"思维碎片"，但很可能是潜在的精彩策划方案的"毛坯"，因此，创意点子的遐想非常重要，点子越多，说明创意思路越活跃，点子越新奇怪异，说明创意成员越富有创新性。从另一角度说，创意点子的遐想也是创意成员知识与信息大翻底的过程，优秀的点子正是从丰富知识与广泛信

息的"仓库"中加工出来的。

当然，如果条件允许，在正式开展团队创意之前，可提前把题目与基本要求布置给每个成员，使之有所准备，为正式进行团队创意打下基础。

（三）创意表达与分享

在所有成员创意结束后，就可以进行创意的分享了，分享创意必须能够进行良好的表达，一般有两种形式。

1. 写下来

即全体创意成员围坐一圈将创意点子写在纸上，内容尽量形象生动，可以让同事识读，所有团队成员均可以用这种形式进行分享。每个人把自己的创意点子传给下一位，然后在前面同事创意点子的下面再写下自己的新点子。这种形式的创意表达与撞击有利于每个创意者思维的激荡，但产生的影响力还不够大。

2. 说出来

创意团队在想出创意点子后，大家围坐一圈，每个人把自己创意的思想轨迹、创意的依据、预计创意的效果等陈述一遍，让大家评判，在这样的表达中，某人的创意总会给其他创意成员带来新的启发、一些新的点子可能会立即被激发出来。在这种看似闹哄哄的争吵、评判、表达的过程中，创意的思维被激活了。

三、创意思维激荡

通过创意成员的遐想与成员间分享，真正的创意思维激荡才开始。

（一）再创意

创意团队的成员通过写下来或说出来，让大家评判，创意进入下一阶段，即团队成员思维的激荡与碰撞——别人的点子往往是点亮自己创意的火花，通过某一个人有创建性的点子，可以使更多人由此想到点什么，或将这个故事继续编下去，然后大家去评说，在评说中弥补原创意点子的不足。这里有几个原则需要遵循。

1. 让每个人畅所欲言

对于好的点子，每个人都有自己的看法与评价标准，要容许团队成员把想说的、想到的说出来，哪怕这个创意显得荒谬、可笑、幼稚、浅薄，但也许在其中却隐藏着天才创意的点子。因此，创意团队内部营造和善、宽容、平等、尊重的氛围是非常重要的，不能有任何的压制、嘲讽、忽视与排斥，更不要有尊卑长幼之别，只有这样，在分享彼此创意的时候，才能实现真正的思维激荡与交流，从中筛选出最佳的创意点子。

2. 让每个人承受批评

在再创意的过程中，每个人既有分享自己创意的机会，也有批评他人、品评他人创意点子的权利，也就是说每个人都要接受他人的批评，只有经过这样充分的交流，每个人的思维才会被充分地激荡，创意的好点子才可能在相互品评中迸发。

（二）否定之否定

再创意的过程是一个否定之否定的过程，对创意点子的不断否定，是一个甄选优秀创意、团队成员自我超越的过程，没有否定也就没有肯定，否定是为进一步的再创意奠定基础。一个优秀的创意点子可能要经历无数次的否定之否定，才能最终确定所要的好点子。

四、选择优质创意

在小组的创意思维激荡中，一些新奇的点子会从众多创意中涌现出来，这时将开始在创意团队中选择优质创意。

（一）多数服从少数

在创意点子的筛选中，需要谨慎决断，对一些看似荒诞、被众人摒弃的点子，要仔细分析，尤其是要认真倾听创意人的构想理由，从中慧眼识别具有实用意义和潜在效益的好创意，更要甄别一些众人看好、直觉认为漂亮的点子，这些可能反而是极难出新意的糟糕点子。因而，对优秀创意的选择往往要多数服从少数，可能最终结果比预想的要好。人容易遵从习惯，也容易追随大流，服从权威。因此，在团队中选择优秀的创意点子，绝不能让多数人的看法淹没了个别人的优秀创意火花。

（二）拒绝平庸

在选择优秀创意点子时，要遵循创新性原则，避免落入俗套，尾随他人。尤其是对于一些企业刚刚上演过的策划方案，有的企业会马上克隆过来，完全照搬，这样即使仿照得再像、再快，也会被业内人士耻笑，被公众所厌恶，更体现了组织创意人员的平庸。因此，在选择创意点子时，要有拒绝平庸的勇气与胆识，以高标准、原创性作为选择优秀创意点子的衡量标准，选出最佳的创意。

优秀创意的标准

一个好的创意的定义是这样的：一个能让目标群体感兴趣并记得住的包装信息的方法。一个好的创意需要满足以下条件。

（1）直接。它必须能够直接地传达公司或产品的一个或多个关键信息。

（2）容易理解。一个好的创意常常是可以被概括成一幅图画的。

（3）新颖，并有新闻价值。

（4）能够持续一段时间。

好的公关创意就像优秀的广告一样：它们因为引人入胜，或有点怪异或滑稽而引起人们的注意。它们讲述了一个清晰的故事，它们支持了品牌的定位。如果它们特别出色的话，目标群体中的人们会在彼此间议论它们。

资料来源：大龙，王卢霞，尹涛. 2006. 中国式公关. 北京：中信出版社：128、130.

五、丰富与完善创意

在创意团队通过思维激荡，基本选择了优质创意的点子后，接下来就需要对创意进行丰富和完善。

（一）由点到面

创意的过程是一个寻求点子、筛选点子的过程，但要形成完整的创意方案，还需要对创意进行丰富，即将点子变成一个有血有肉、具有操作性的具体行动计划。

有创意的点子表现出来往往是好的主意、别出心裁的思路或者是另辟蹊径的想法，要使之变成策划方案，需要对之进行每一个细节的安排与落实，具体包括人员的选拔、专业训练、活动内容的扩充、创意点子的表现等。经常有这样的情况：对于看似很精彩的点子，进一步考虑活动内容的表现时，却发现这个点子存在几乎无法操作的困境，或者因为成本太高，没有足够的经费支持，或者技术难度过高，实现条件不具备等，最后只能放弃。

在对创意进行丰富时，可以从以下三个方面入手。

（1）将创意时的一个思路分解，变成系列活动，使之能够充分地表现策划的主题，如 2005 年《人民日报》等媒体受权承办大陆同胞赠送台湾同胞一对大熊猫的乳名征集活动，在对征集到的七万多对乳名进行筛选后，在次年春晚上揭晓最终投票结果。

（2）将创意具体化为某种艺术表现形式，可以十分形象化地展示出来，如第 28 届残疾人奥运会中国献给全世界的 8 分钟节目《千手观音》。

（3）由创意的点子衍生出其他辅助的活动，或最初的点子变成活动背景，由此催生出的表现形式反而成为策划活动的重要内容，如端午节纪念屈原的汨罗江国际龙舟节活动。

（二）去粗取精

创意团队筛选出的点子仅仅是毛坯，是一个让团队激动的点子，这与它成为一项大型公共关系活动还有相当的距离，要使之成为具有可操作性的公关策划方案，还必须对点子进行去粗取精的完善。这一工作具体包括以下两点。

（1）把一个看似漂亮的点子落实到可操作的程序，需要褪去感情色彩与夸张成分，进行仔细、认真的细化与分解，使之成为真正能够表现的方案，这就要从严谨、科学的角度去论证。

（2）将粗线条的活动轮廓变成彼此有内在联系、环环紧扣的表现内容，而且保留创意时的精彩，或使创意点子更具有完整的表现力。这一过程是完善创意必须经过的程序。

需要避免的是，将策划的创意点子生硬、简单地表现出来，不做深度的加工或多角度的表现，结果精彩的创意可能成为滑稽的噱头，贻笑大方。例如，只是在活动的现场布置一个造型或自娱自乐地表演一下，这样，即使再好的创意思路，其效果也会被化解得支离破碎。因此，去粗取精的过程是一个非常重要的再加工过程，丝毫不可掉以轻心。

创意外卖带来新体验

阿萨夫是以色列特拉维夫一家餐厅的老板。疫情防控期间，他借鉴社交媒体上一个名为"名厨到餐桌"的项目，推出半成品外卖盒服务。

"名厨到餐桌"意即将名厨制作的各种半成品食材打包成外卖出售。外卖盒里包含制作菜肴所需的所有主菜和配菜的半成品，牛排、羊腿等需要入味的食材进行了腌制，蔬菜水果都进行了清洗，烹饪所需的调料、香料和酱料也一应俱全。盒中附带名厨烹饪食谱及视频教程链接，包括烹饪时间、火候、调料用量等每一步都解说得很详细。此外，食谱中还标明了食物所含的碳水化合物、脂肪、蛋白质及热量比例等各项指标，可谓相当贴心。

阿萨夫说："为了让顾客在家也能享受到高品质美食，我们提供的半成品食材在制作工艺上不打折扣，与在餐厅里堂食同样讲究。比如，炖鸡腿用的石榴糖浆都是厨师亲自熬制的，另一款番茄辣椒沙拉经过了20小时慢炖而成。"

已经点过两次外卖盒的顾客佐哈尔说："这种半成品外卖盒在疫情防控期间非常受欢迎，一是在家即可享受名厨大餐；二是自己动手也很有趣味和成就感。"据介绍，每份外卖盒的价格从28.5新谢克尔（1美元约合3.3新谢克尔）到69.5新谢克尔不等，内含运费，网站还会定期发放优惠券。"在消费水平较高的以色列，这样的价格非常实惠。"佐哈尔说。

除了这种半成品外卖盒，以色列一些餐厅还推出了红酒芝士外卖盒、野餐篮子、鸡尾酒外卖盒等各类创意外卖餐饮。其中，野餐篮子和鸡尾酒外卖盒尤其受年轻人欢迎。一名订购了鸡尾酒外卖盒的顾客说："外卖盒里包括可以自选调配两种鸡尾酒的全部材料，如糖浆、酒、果汁、香料等，还赠送两个鸡尾酒杯和用于调酒的玻璃罐子，自己动手制作的过程也很有趣。"

疫情防控期间，这些富有创意的外卖盒不仅为商家销售提供了新渠道，也给消费者带去了别样体验。有网友在社交网站留言说："通过这些奇思妙想的外卖盒，我们感受到了生活的乐趣。相信战胜疫情的日子终会到来。"

资料来源：景玥. 创意外卖带来新体验. 人民日报，2021-02-09：17 版.

（三）由深而浅

公共关系创意需要体现公关策划的主旨，要求策划者提出的创意能够体现出社会价值或社会意义，引起社会公众的共鸣。但同时必须认识到，策划主题及表现形式应该是简单的、明确的、让社会公众容易识读的，即通过创意活动让公众能够很快产生认同感。

因此，创意在完善时，就要有一种高超的表现力，将精彩的立意以一种十分浅显、简单的方式让公众了解、接受、认同，直到积极参与，要通过这种由深而浅的加工与深化，来实现对创意的完善。

从另一角度来说，对创意表现力的完善，还体现在每一种表现形式看似简单朴实，而整个系列活动又体现了极大的包容度与复杂的创意构想。能够让人回味无穷、印象深刻。例如，2008 年北京奥运会开幕式的创意，分别来看都比较简单，但整体来看，却让人为五千年的悠久中国文化所震撼。

可以说，将简单的问题复杂化很难，将复杂问题简单化更难，更具艺术创新难度。

六、审核创意可行性

在创意思路初具规模后，就需要主管领导对策划方案进行审核，主要包括以下几点。

（一）技术的可行性

一个独特、精彩的创意，首先要满足技术的可行性，如果技术上无法达到要求，那么创意方案只能修改。优质的创意对技术的要求往往十分苛刻，同时需要假以时日来进行制作，如果有高科技手段的支持，那么，创意的精彩表现就有了保证，因此领导审核创意方案，技术是首先要被考虑的因素。

（二）表现的可行性

好的创意一定有好的表现，这需要两个因素作保障，即表现队伍的素质、物质条件的配合。队伍的素质是指组织的人员能否在一定时间内通过训练、满足创意需要达到的展示标准，如果没有足够数量的人员、时间的保障、良好的指导培训等条件，那么好的创意就难以实现；另外，创意的精彩展示，还需要物质条件的配合，如特定的服装、道具、修饰品、化妆术等，这些内容的要求难度也决定了创意的表现是否能够实现。

（三）经费的可行性

公关策划要耗费一定的经费，经费视活动规模的大小有多有少。组织经费的现状、事先预算与实际方案的差异均会影响上级对创意的审核。如果组织愿意对策划有更大的投入，那么，精彩的创意将有可能形成公共关系活动的方案；如果组织经费紧张，且创意需要的人手多，要求的难度大，那么，创意将可能止于文案而不会进入实施阶段。

当一个创意方案能够通过技术、表现、经费的可行性审核时，创意工作方基本结束，公关策划就进入形成具体方案阶段了。

第四节　形成完整方案

在创意得到丰富完善、初步审核获得通过后，策划团队将正式进入策划方案的形成阶段。根据目前业界通行的策划方案的要求，一个完整的策划方案包括以下一些基本要素。

一、活动背景

活动背景主要是对策划活动的组织方的情况及举办活动必要性的说明。具体包括以下几点。

（1）组织情况介绍。阐述组织的基本历史概况、目前发展情况、行业竞争态势及组织在其中所处的地位。

（2）组织面临的问题或策划活动的必要性。通过分析组织所面对的国际、国内形势，提出组织发展中必须要通过公共关系活动解决的问题，阐述开展公共关系活动的必要性。

（3）活动举办的时间安排、承办机构、参与对象等。

二、调研与活动依据

调研与活动依据主要包括对拟开展的公共关系活动所进行的前期调研，说明公关策划开展的依据，同时论证策划活动成功的可行性。

1. 调研情况综述

将前期开展的组织内外部调查情况做一全面、概括性的阐述，这是整个公共关系活动的依据与出发点。这部分内容需要翔实地分析组织目标公众的情况、组织面临的公共关系环境，从中提出需要解决的具体问题、重要的建议或解决办法。

2. 机遇与挑战分析

1）优势分析

优势（strength）即组织为举办公共关系活动所具备的一些有利的因素，如组织实力、技术优势、地域优势、公众基础等。这是要通过公共关系活动来进一步发挥与展示的内容。

2）劣势分析

劣势（weakness）包括组织发展中面临的困境，来自组织外部与内部的一些制约因素，组织在发展中长期缺乏的一些东西，这是在策划公共关系活动时需要弥补的短板。

3）机会分析

机会（opportunity）分析是指通过策划公共关系活动，能够恰当地把握当下重要的机遇，利用特定时期的各种状况，把公关策划活动有效地实施下去，实现组织的公共关系目标。

4）威胁分析

威胁（threat）分析即对策划组织公共关系活动可能遭遇的风险进行分析，主要包括活动主体的自身局限、外部目标公众的不确定因素、社会大环境的不可控性，以及其他一些可能的因素。

以上这四个方面内容，常被称为 SWOT[①]分析，对于组织策划和实施公共关系活动有重要意义。

三、活动策划

这是公关策划方案中最重要的内容之一。在这部分，应该将组织准备开展的公共关系活动的整体计划明确、详尽地阐述清楚。这部分的线条越清晰，对之后公共关系活动的实施指导作用越实用。具体包括以下几点。

1. 确立公共关系目标

公共关系目标即本次公共关系活动要达到的目的。公共关系目标最核心的是达成双向的沟通及了解。分解这一目标，基础层面是组织知晓度的实现，高级层面是组织信赖度的追求。在信赖度方面包含着两个方面的含义：一个是信任，这是组织希望通过具有影响力的公共关系活动来达成的目标，亦即构建目标公众对组织的信任感；另一个是忠诚，即期望让目标公众实现对组织的忠诚，这是组织在公共关系活动中欲实现的最高目标。一个精心策划的公共关系活动最希望达成的目标即社会公众对组织矢志不渝的坚定信任。

公共关系目标的体现一般是活动的主题词，即简单、凝练的口号，以此明确活动主旨，便于宣传，把握方向，感召公众。

2. 明确目标公众

公众是公共关系活动的对象，目标公众的确立是通过前期认真的调查完成的。一般来说，公众可以分为三类，即目标公众、潜目标公众、非目标公众。对已确立的目标公众，组织必须要准确地把握公众特点，寻求最适合公众接受的传播习惯与途径来开展公共关系活动，以实现对公众沟通的最佳效果。在开展公共关系活动时，组织面对的公众往往不是一个公众群体，可能是数个；往往不是一个现场或地域的公众，可能是广阔区域甚至国内外的公众，因而，把握公众特点、选准公众显得十分重要。

3. 主要信息说明

主要信息即组织本次公共关系活动需要说明的重要内容，包括主办方准备活动的情况、主题所反映的重要意义、参加活动的各方单位情况、目标公众的具体情况等。这部分信息的说明对理解与开展公共关系活动是不可或缺的。

4. 公共关系策略

公共关系策略即阐述公共关系活动的整体思路与步骤，包括活动创意的展开、系列活动安排、活动遵循的基本原则以及具体的操作方略。尤其是大型活动现场，公共关系

---

① SWOT[S 代表 strength（优势），W 代表 weakness（弱势），O 代表 opportunity（机会），T 代表 threat（威胁）]，即态势分析法。

策略要说明组织的活动安排如何充分体现公共关系创意与组织目标，怎样实现最大限度影响现场公众与非现场公众的思路。

5. 传播策划

公共关系活动有相当部分的内容体现在传播策划的设计上。因此，策划方案有必要单独规划传播行动。传播策划主要包括两大部分，即人际沟通与大众传播沟通。人际沟通要明确对公众代表与目标公众沟通的不同计划，要设计特定的活动影响主要的目标公众；大众传播沟通则要审慎选择传播媒介，既经济又高效地将组织信息有效地送达外围目标公众那里。传播策划的设计对整个公共关系活动的成功进行十分重要，它需要与现场活动相互呼应，才能发挥出公共关系活动的最大效果。

6. 媒体计划

媒体计划即有计划地安排新闻稿、专题节目以及专访活动，尤其是对不同媒体的版面、时间段、频道、重复率等，均要做出细致的计划，对组织领导者、新闻发言人等要给予特别的安排，以期能够有效地实现与目标公众的双向沟通与交流，并与媒体缔结良好的合作关系。

7. 传播形式及方案要点

明确公关策划的具体传播形式，如现场交流、座谈会、专家咨询、冷餐会、专项展览、参观、文艺演出等各种沟通交流形式，同时，阐述在特殊情况下应对记者及突发事件的处理与工作提示等。

8. 预算费用表

活动可能涉及的所有费用均以明细表格的形式列出，同时进行适当分类，既为之后的公共关系活动的实施做重要铺垫，又可使公共关系活动的主体——组织能够对策划活动的开支总额有一个基本的衡量，同时，经费预算也是方案审批时领导拍板定夺的重要依据。

一般来说，经费预算要尽量细致、准确，杜绝虚报乱造。对经费的有效控制与管理体现了公关策划工作的质量。

四、活动执行（实施）

公关策划活动的执行不是简单地将策划的内容予以实施，而是对策划方案核心思想的领会与落实，是一项十分专业与独立的工作。

1. 实施的推进

在策划方案中，要对公共关系活动的前期准备工作，人员选拔与培训、管理队伍的整合、公关策划方案的落实、传播活动的开展、公共关系活动工作的有序推进、活动高潮的形成、后期的收尾，其间一些重要细节的把握等做出安排。在这部分内容的陈述中，要特别体现出公共关系活动的策划者在执行力方面的要求，将标准明确标示，对完成的效果应严格要求。在精彩的公关策划方案的实施中，公共关系人员只有恪守一丝不苟的高标准，才能保证实际的公共关系活动能够完美地展示创意方案的精彩效果，否则公共关系活动就可能跑偏或出现负面效应。

2. 实施调整

在设计策划方案中，要安排必要的机动调整预案，以应对意外事件的发生。例如，天气等自然因素，电力供应、设备故障等技术因素，交通、生病、请假等人为因素，现场效果、公众素质等意外因素，以上均应考虑到位。在预警机制比较完善的情况下，准备必要的人力、物力、财力等应对突发事件是非常重要的。

3. 活动进度表

在活动实施中，有必要设计详尽的活动程序进度表，以便整个执行工作有条不紊，特别是重大会议或节目表演，如能列出以分钟为单位的程序表，则更有利于这一具体活动的进行。大型活动中进程的管理是保证活动高质量与良好效果的基础，因此，对整个活动进度的把握与具体活动程序的规定都是十分重要的。

4. 活动进程控制与管理

在活动方案中还需要说明对策划活动重要节点的控制，如时间上的严格要求、阶段性工作的完成保障、工作质量的监控，以及人员素质、管理干部沟通能力的培训等。这些方面均是保证整个策划执行工作顺利完成的必要步骤。对这一环节的放松，就等于对正常进程的把握已经失控。

五、活动效果评估

在对公关策划活动方案的写作中，必须要对活动效果进行定性与定量的评估，虽然实际实施活动可能会出现难以预料的效果，但在活动的策划阶段，需要对活动期望的结果进行初步的预测。其主要包括以下几个方面。

1. 现场效果预测

这方面主要是指公众的反应，如现场参加情况、积极回应情况、网上粉丝同步接收情况等。对活动效果的预测，有助于活动的有序管理及增强组织支持策划活动的信心。

2. 后期追踪反应

这是预测活动效果所产生的内在变化，如态度的改变、行为习惯的变化以及公众议论话题及舆情状况、网络反响等。

3. 影响效果预测

无论是经营性组织，还是政府、事业单位及社会公益组织的活动，都存在营销效果，即由活动引发的对组织直接利益的推动，如销售额的上升、报名参加活动人数的增加、自愿参加者的积极行为等。

4. 对媒体传播效果预估

即对所要进行的活动进行媒体计划的监控落实，以保证实现最有效的传播效果。至此，策划方案进入尾声，一些调查问卷、访谈记录以及其他可以支持策划活动顺利进行的资料等可作为附件附后。

一个完整的策划方案并不限定字数，关键是要内容清晰，层次分明，表达简洁，创意新颖，让组织决策者一目了然，让实施者心领神会，以此保证公共关系活动的顺利执行。

公关策划方案完成之后，将方案报送主管领导批准，组织的策划工作告一段落。

"冰雪寄语"书信中国文化传播活动启动，这份投稿攻略请查收！

活动介绍：

随着 2022 年的脚步日益临近，我国人民参与冰雪运动的氛围愈加浓厚。为更好凝聚和展现我国人民的爱国情怀、冰雪情缘，传承发扬我国传统书信文化，讲好中国故事，由中国邮政集团有限公司主办，中国邮政广告有限责任公司、新华网、中国青年网、光明网共同承办的"冰雪寄语"书信中国文化传播活动，将于即日起正式启动。

活动实施：

活动通过传统的书信形式，让参与者亲笔写下"冰雪寄语"。互联网时代，这场别样的活动带你从"键盘"回归"纸间"，用书信传递中国故事，用文字抒发冰雪情缘！心动不如行动，赶快登录中国邮政商城小程序，搜索"冰雪寄语"参加活动吧！

活动信卡套装由一枚信卡和一枚珍藏贺年有奖明信片组成。信卡用于参与者创作投稿作品。请用清晰、整齐的字迹，将原创"冰雪寄语"手写在信卡内页空白处，并在下方签上姓名，自愿填写手机号。

珍藏贺年有奖明信片，参与者需认真填写寄件人（即本人）的地址、姓名、邮政编码。我们会将参加活动的明信片在 2022 年 2 月 4 日加盖北京 2022 主题邮局日戳后，寄回给本人进行收藏。完成寄语和明信片信息填写后，请参与者将明信片置于信卡中，投递至身边的邮筒中。

我们将从参加活动的作品中抽取 1000 个幸运奖，送上书信中国的限量礼物；除此之外，还将评选出 100 件优秀作品，不仅会有神秘大奖，还会在媒体上择优发布，有没有心动？让我们一起为运动员寄语、加油！

活动时间：

征集阶段：2021 年 11 月 15 日～2022 年 1 月 31 日

评选阶段：2022 年 2 月 4 日～2022 年 3 月 31 日

表彰奖励：2022 年 4 月

参与方式：

文字征集

奖项设置：

优秀奖 100 名：神秘大奖，媒体择优发布。

幸运奖 1000 名：书信中国的限量礼物。

资料来源："冰雪寄语"书信中国文化传播活动. 光明网，https://topics.gmw.cn/node_142226.htm(2021-11-18). （内容有改动）

效果评估：

本次活动以书信为载体，面向全国征集献给冰雪项目运动员和北京冬奥会的书信作品，以期表达全国人民对冬奥会的祝福，对运动员的敬仰之情。这一次，书信再次化为人们沟通情感的桥梁，承载起中国人民的光荣与梦想。

本次活动共计收到 3500 余份信卡套装，最终活动评选出优秀奖 100 名、优秀组织奖 10 名以及幸运奖 1000 名。

活动自 2021 年 11 月开展以来，得到了全国各地邮政部门的广泛支持。在收回的信卡中，有来自安徽、北京、广东、广西等全国 32 个省、自治区、直辖市的作品，大家都在以书信的形式，为北京冬奥会和冬奥健儿们献上自己的一份祝福。

除此之外，为增强活动影响力，中国邮政还与中央电视台联手，在《冬日暖央young》节目中以第一视角带领观众体验冰雪运动的魅力，彰显了节目的价值与担当。

节目邀请到了邵圣懿客串，朱迅、王冰冰等央视名主持共同参与，以书信方式抒发对祖国和北京冬奥会的真诚祝福，以期引发更多人积极参与。

自"冰雪寄语"书信中国文化传播活动开展以来，全国多地通过举办形式多样的活动，寄语冬奥，展现了全民期盼冬奥、参与冰雪运动的热情。

资料来源：丛芳瑶. "冰雪寄语"书信中国文化传播活动：以"信"为媒 为情感增添时间的温度和记忆. 光明网，https://culture.gmw.cn/2022-05/09/content_35721425.htm(2022-05-09).（内容有改动）

第五节　学术界对公关策划程序问题的研究综述

近年来，大量公共关系学的理论与实务译著出版，为国内学术界的研究打开了新的视野，使学者们得以管中窥豹，了解国外同行的研究情况；国内不断出版的各种新的公共关系学的著作，也均在公关策划学方面着下重墨。虽然公关策划学方面的专业著作出版得较少，但这方面的研究也在逐年推进。毕竟公共关系学是一门具有极强应用性的科学，公关策划学正是这一科学中露出的"冰山一角"。

一、国外研究概述

纵观国外著作的研究情况，公关策划程序部分内容显得有些分散，缺乏国内学者的系统与严谨，但也不乏精彩的见解。在权威著作《有效的公共关系》一书中，作者从战略管理的高度来论述公关策划的重要性，提出制订公共关系计划与策划方案的一般步骤包括八个内容：第一，界定作用和任务；第二，确定关键性的结果区域，即决定在何处投入时间、精力和智力；第三，确定并使效果指标具体化；第四，选择和树立目标；第五，制订行动计划，具体包括制订方案、安排时间、编制预算、规定责任、评议和协调；第六，制定控制措施；第七，传播；第八，实施。[1]该书作者特别指出，公共关系的作用是帮助组织应对来自社会环境的威胁，提升组织的竞争优势，而且其根本作用是保持组织的名声和信誉。

---

① 格伦·布鲁姆，艾伦·森特，斯科特·卡特里普. 有效的公共关系（第 8 版）. 明安香译. 北京：华夏出版社，2002：314-315.

英国学者安妮·格里高利在所编的《公共关系实践》一书中认为，在处理公众关系时，调查研究对于任何一项公关策略来说都是重要的组成部分[①]，公关策略的方法主要有：投资或赞助慈善活动、网站信息交流、新闻通讯、居民会议或开放日、地区媒体、学校联系、地方政府和公共服务等[②]。在谈到如何策划赞助活动时，她认为具体步骤有基本商业原则、赞助策略、竞争力审核、赞助详细目录、最佳分析、合同协商、实施过程和活动评估[③]。

比较具体地阐述公关策划程序的内容是在《公共关系：职业与实践》一书中。该书作者认为，"公关计划既是战略性的也是策略性的。当制订一些近期发展方案时，人们往往能够考虑到公共关系。但是，公关人员自身必须从支持和实现战略性目标的角度出发设计出策略性计划"[④]。关于公关策划的基本构成有策略性计划、公众舆论调查、头脑风暴、情景构造。关于情景构造，该书作者指出其是指"事先构想出一个合乎逻辑的对未来事件的假想情景，从而研究各种不同选择带来的动态变化"[⑤]。该书作者随后设计出公共关系活动过程的基本元素（也就是公关活动计划书的过程步骤）[⑥]，如表 4-1 所示。

表 4-1 公共关系活动过程的基本元素

序号	基本元素	序号	基本元素
1	根据公司使命确定目标	7	为了实现目标制定战略
2	确定现在的环境	8	设计战略执行中的策略
3	确定实现目标的威胁和机会	9	设计评估方法
4	调研并选择目标受众	10	制定预算
5	为公共关系活动设计一个主题	11	制定时间表
6	为公共关系计划或活动制定目标	12	分配人力

一本专门论述活动策划的著作的作者，也对类似公共关系活动的程序提出了自己的观点——朱迪·艾伦认为，在开展活动的初期阶段必须要有规划，具体包括：确定活动目标、资金额度、活动愿景、活动体验的设计目标、初期规划、活动预览、预算监控、活动设计准则要点回顾。朱迪·艾伦进一步指出："了解活动之所以举行的原因有助于你（和客户）制定出公司目标或客户目标，即有形收益（短期收益）和无形收益（长期收益），以便于选择出适合于实现这些目标的活动的恰当类型。"[⑦]

---

① 安妮·格里高利. 公共关系实践. 张婧，幸培瑜，王嘉译. 北京：北京大学出版社，2008：126.
② 安妮·格里高利. 公共关系实践. 张婧，幸培瑜，王嘉译. 北京：北京大学出版社，2008：127-129.
③ 安妮·格里高利. 公共关系实践. 张婧，幸培瑜，王嘉译. 北京：北京大学出版社，2008：154-159.
④ 丹·拉铁摩尔，奥蒂斯·巴斯金，苏泽特·海曼，等. 公共关系：职业与实践. 朱启文，冯启华译. 北京：北京大学出版社，2006：136.
⑤ 丹·拉铁摩尔，奥蒂斯·巴斯金，苏泽特·海曼，等. 公共关系：职业与实践. 朱启文，冯启华译. 北京：北京大学出版社，2006：137.
⑥ 丹·拉铁摩尔，奥蒂斯·巴斯金，苏泽特·海曼，等. 公共关系：职业与实践. 朱启文，冯启华译. 北京：北京大学出版社，2006：138-145.
⑦ 朱迪·艾伦. 活动策划全攻略（第 2 版）. 卢涤非译. 北京：旅游教育出版社，2010：2.

这些观点对于我们深入研究公关策划活动及其类型，有一定的启发作用。

二、国内研究情况

国内学者关于公关策划程序问题有很多不同的观点，因为每一本公共关系学的书籍都会有专章论述公关策划的内容。但是，集中体现公关策划程序的研究观点，主要反映在一些公关策划学的著作中。

国内第一本公共关系学的著作《塑造形象的艺术：公共关系学概论》，对公关策划程序做了规定，认为制订公共关系计划有四个步骤，即确立公共关系目标、确定公共关系活动的对象公众、确定公共关系活动主题、制订具体行动方案。[①]这一观点对后来出版的公共关系学著作起到了框定轮廓、制定基调的作用，后面出版的各种公共关系学的著作，基本围绕这一框架展开。

在国内曾经有较大影响力、俗称"红皮书"的《公共关系学》，提出了公关策划分为两个阶段、七个步骤。两个阶段为准备阶段和策划阶段，七个步骤包括现状及原因分析、确立目标、设计主题、分析公众、选择媒介、预算经费、审定方案。[②]这一观点更加细致地阐述了公关策划的步骤，对实际的策划工作具有积极的指导作用。

在有关公关策划的专门著作中，相关论述值得关注。

较早出版的林汉川所著《公关策划学》一书认为"公关策划，就是公关人员通过对公众进行系统分析，利用已经掌握的知识和手段对公共关系活动的整体战略和策划的运筹规划"。林汉川进一步解释，"公关策划，不是具体的公关业务活动，而是公关决策的形成过程"[③]。在这样的理念之下，林汉川认为公关策划的一般程序为收集公关信息、策划公关目标、公关对象策划、公关策略策划、公关时机策划、公关决策与公关效果评价。

赵驹和王小玲的《公关策划》一书认为，公关策划的核心是要解决三个问题：一是如何寻求传播沟通的内容和公众易于接受的方式；二是如何提高传播沟通的效能；三是如何完备公关工作体系。[④]公关策划的工作程序为调研选题、情况假设、做好准备、开展调研、明确问题、分析条件、确立目标、策划创意、形成方案、论证选优、"推销"策划方案。

余明阳等的《公共关系策划学》一书对公关策划的构成要素做了归纳，认为凡是比较规范的公共关系策划都要涉及以下因素：策划人员、策划对象、策划目标、策划依据、策划方法和策划方案。[⑤]

蒋明军的《公共关系策划》一书，对公关策划程序的阐述更为精练。蒋明军认为"公共关系策划是一项复杂的脑力劳动，必须遵循一定的思维活动规律。根据策划工作提供的思维方式方法，一般可以把公关策划的程序归结为：公共关系策划的准备、公共

① 明安香. 塑造形象的艺术：公共关系学概论. 北京：科学普及出版社，1986：8.

② 熊源伟. 公共关系学. 合肥：安徽人民出版社，1990：220.

③ 林汉川. 公关策划学. 上海：复旦大学出版社，1994：6.

④ 赵驹，王小玲. 公关策划. 北京：北京大学出版社，2006：18.

⑤ 余明阳，等. 公共关系策划学. 北京：首都经济贸易大学出版社，2006：14.

关系策划的创新思维开发、公共关系策划的方案制订、公共关系策划方案与可行性评估四大基本步骤"[1]。

谭昆智等在《公共关系策划》一书中，对公关策划又做出了新的解释，认为"公关策划是找出事情的因果关系，衡量未来所采取的措施，作为目前决策之依据，即公关策划是实现决定做什么、何时做、谁来做。策划如同一座桥梁，它连接着我们目前之地和我们要经过之处"[2]。该书归纳的公关策划的实际步骤是分析公众、设计主题、策动新闻、媒介选择、预算经费、审定方案。

以上对于公关策划的不同理解及程序的独特设置，体现了学者们在公关策划问题上的深入思考与独特的观察问题的倾向性，为今后学者们的研究提供了更加广阔的思路与视角。

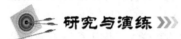 研究与演练 》》

一、理论研究

（1）公关策划中，策划主旨的确立发挥着怎样的作用？
（2）公共关系创意体现了公关策划的什么原则？创意对公关策划活动的意义何在？
（3）公关策划方案形成但没有实施时，为什么需要预先进行效果评估？

二、实践演练

（1）观摩学习本章的经典策划方案。
（2）古人云："纸上得来终觉浅，绝知此事要躬行。"在老师指导下设立一项公关策划活动，经过调研与创意然后撰写策划方案。

① 蒋明军. 公共关系策划. 上海：上海中医药大学出版社，2008：56.
② 谭昆智，汤敏慧，劳彦儿. 公共关系策划. 北京：清华大学出版社，2009：34.

第五章 公关策划类型划分

第一节 公共关系活动性质与分类

一、公共关系活动开展的必要性

公共关系活动是组织为了营造自身有利的生存与发展的环境，通过举办恰当的、与目标公众沟通交流的活动，实现被公众了解、认可及信任目的的一种过程。

对于一个组织来说，如果是处于完全无竞争的状态，不需要考虑与其他周边公众彼此关系的处理，自身还发展得非常好，那么这样的组织是不需要开展公共关系活动的。但是，这种情况在现代社会，几乎是不存在的。市场经济在全世界的普遍运用，将地球变成了一个个息息相关的"村落"，这种日趋加深的相关性使各国、各民族、各类型的组织之间彼此依靠或者咬合、嵌入，任何单位（组织）或个人都不可能脱离现存社会环境而孤立存在。政府也罢，营利性组织、非营利性组织也罢，它们均面临着要与周边社会环境中的各组织（包括合作伙伴或服务对象等）处理关系的局面。关系处理得好，该组织的各项工作进展顺利；关系处理得不好，则组织的工作推进困难，甚至会陷入孤家寡人、无人喝彩的境地，最终落得被迫收兵退场的尴尬结局。因此，重视公共关系早已成为各类组织的共识。

实际上，在非商品经济社会，一个组织（如政府、企业甚至学校等）的存在，也需要重视并认真处理与周边组织之间的关系，与之关系融洽与否，直接关系到这个组织能否生存与发展状态的好坏，只不过大部分情况下，这种关系的处理往往是通过人际关系来表现的，即一个组织的负责人必须事先深入思考、主动处理与周边环境中领导者之间的关系等。

开展公共关系有多种方式，通过各种各样的行为，即公共关系活动来体现，这是组织发展的需要，更是提升工作效率、实现组织目标的迫切要求。在举办公共关系活动前需要公关策划人员深入调查、精心设计与安排，全力关注活动的进展、效果和效益，活动一旦举行就要努力保证其成功，否则得到的就可能是负面结果。

二、公共关系活动的性质

公共关系活动从性质上来说体现了三个层面的含义。

1. 全面体现组织的公共关系专业水准

设计策划公共关系活动，是一个对组织关系十分重要的工作，因为这一活动关系到公众对组织的评价，以及组织未来发展的顺利与否，公共关系活动举办得大型或小型、短期或长期、简单或复杂、成功或失败，体现了一个组织公共关系的专业水准。通过举办公共关系活动，可以检阅一个组织或行业的公共关系专业素质，了解组织现有公共关系状态，发现组织的公共关系方面的问题，展示组织公共关系的水平。

2. 全面展示组织的开放姿态

一个组织开展公共关系活动，从本质意义上说，是一种开放姿态的展示，是组织主动向目标公众传递信息、引起公众注意、赢得公众认同的积极信号，活动的开展会吸引公众的参与，恰当的活动会激发公众的兴趣，影响公众行为，会在公众内心留下对组织的良好印象，因而，以公共关系的活动来体现组织的公共关系管理，是十分必要的。

3. 充分彰显组织的社会发展目标

任何组织在社会上的生存，都需要获得一个基本的存在价值，亦即对社会的贡献，而不是仅为自己牟取私利。在激烈的组织竞争中，展示组织社会生存意义是十分重要的，否则，无法赢得社会公众的关注，也就失去了组织生存的土壤。一定形式的公共关系活动，为组织彰显自身社会发展目标提供了机会，通过活动，可以让公众看到组织构建出的共赢意愿，由此对组织产生认同感与信任感。试想：如果一个经营业务具有良好社会效益的组织从来不与公众沟通，不让公众了解，没有公众支持，那么，组织想发展壮大，几乎是不可能的事。

三、公共关系活动分类

关于公共关系活动，其分类有多种方法。

1. 根据活动的规模来分

根据活动的规模可以分为大型公共关系活动与小型公共关系活动。

（1）大型公共关系活动包括大型庆典活动、大型公益活动、大型出访活动和大型宣传活动等。

（2）小型公共关系活动包括"制造"新闻、开放日活动、新闻发布会、内部资料编辑与发放、公关广告等。

一个组织应根据需要策划一定规模的公共关系活动。

2. 根据活动的表现特征来分

已知在国内最早提出公共关系活动类型（又称活动模式）的是李兴国等学者[①]，他们当时提出了 5 种活动模式，即宣传型公关、交际型公关、服务型公关、社会型公关、征询型公关[②]。后来学者余明阳又提出了十种公共关系活动类型（又称方式）。[③]

（1）维系型公关，是指组织公共关系活动在稳定发展之际不断进行巩固的一种活动。

（2）建设型公关，是指组织公共关系活动从无到有，或由不重视到开始重视的过程。

---

① 熊源伟. 公共关系学. 合肥：安徽人民出版社，1990：377.

② 熊源伟. 公共关系学. 合肥：安徽人民出版社，1990：235-238.

③ 余明阳. 公共关系学：战略、管理与传播. 北京：科学出版社，2010：155-156.

（3）矫正型公关，是指常说的危机型公关，即组织公共关系由坏到好的转变情况。

（4）宣传型公关，是指组织运用大众传播媒介开展对公众的宣传活动。

（5）交际型公关，是指组织领导者之间开展的交流与往来。

（6）征询型公关，是指组织以公共关系调查的名义向社会公众开展的主动沟通活动。

（7）社会型公关，是指组织向社会公众展示其社会责任，开展公益的活动。

（8）服务型公关，是指组织利用售后服务，或者现场开展优质服务来塑造组织声誉的活动。

（9）进攻型公关，是指组织打进新的市场，主动开展自我宣传的活动。

（10）防御型公关，是指组织以审慎、内敛、低调的状态维护自身声誉和社会影响的活动。

这十种公共关系活动类型划分得比较细致，在公共关系策划界有一定的影响力。但余明阳等在后期出版的《公共关系策划学》中，又提出公共关系策划主要分为战略策划、专题活动策划和危机处理策划的观点，认为专题活动策划主要包括新闻性专题、广告性专题和人际性专题等[①]。还有些学者在专题活动的划分上提出了其他一些新看法，如赵驹等学者认为可以分为会议型、庆典型和展示型等[②]，蒋明军提出新闻类、文化类、展会类、外事类、广告类、政府公关类和市场营销类等策划类型[③]，谭昆智等则提出公关广告策划、公关新闻策划、公关谈判策划、公关危机策划等类型[④]。这些观点反映了这些年来中国公共关系策划工作的一些特色，也是中国学者对公共关系策划模式不断思考总结的结果。

3. 根据活动的内容来分

多年来在组织公共关系活动的实际操作过程中，国内最常使用的活动类型往往是围绕以下六个方面的活动内容来展开的。

（1）日常型公关，组织自身（主要依靠公共关系部）开展的一些常规性公共关系活动。

（2）交往型公关，组织各个层面人员对外开展的交往沟通活动。

（3）庆典型公关，组织在特定时间举行的大型庆祝或纪念活动。

（4）公益型公关，组织开展的社会慈善与公益赞助活动。

（5）展会型公关，组织开展的展览、会议及促销等活动。

（6）危机型公关，组织应对突发的重大危机事件而开展的活动。

这六种模式将组织日常活动、特定事件、应急事件的诸策划类型囊括于其中，基本反映了中国公共关系策划业的发展景象，也不断在实践中得到了印证。

---

① 余明阳，等. 公共关系策划学. 北京：首都经济贸易大学出版社，2006：2.

② 赵驹，王小玲. 公关策划. 北京：北京大学出版社，2006：4-5.

③ 蒋明军. 公共关系策划. 上海：上海中医药大学出版社，2008：86.

④ 谭昆智，等. 公共关系策划. 北京：清华大学出版社，2009：5-7.

第二节　组织日常策划

一、组织日常公共关系活动的开展

一个组织，无论是经营性的工商企业，还是政府机构、事业单位、社会组织等，均需要开展日常公共关系活动，尽管一些组织并没有意识到这一点。日常公共关系活动主要是围绕平等沟通来展开的，如对内部员工的信息传达、对业务单位的沟通交流、对作为媒体的信息发布、对服务对象的信息告知以及包括对社会公众的调查与投诉反馈、对组织领导和内部员工的衣着形象包装、日常教育、组织文化的宣传等。这些工作几乎随时都在开展，成为组织管理不可或缺的组成部分。

（一）开展日常公共关系活动遵守的原则

每一个组织在日常管理工作中都会进行内外部信息沟通、员工教育以及组织文化氛围的营造，但如果组织的管理人员没有把握一些基本的原则，那么这样的工作未必就是真正意义上的公共关系活动。

1. 平等沟通原则

平等沟通是公共关系学的核心概念，没有平等沟通，就没有现代意义上的公共关系。例如，在一些组织中也有信息沟通，也有企业文化，也有对员工的形象要求，但是，其出发点不是平等的、互相尊重的、自然的，而是本着有利于管控对方、蒙蔽对方，或为自身谋利的动机来进行的，则这样的行为就不是公共关系活动。平等沟通不是知道了就能做到，只有把这一原则真正贯穿到组织的管理工作中，体现在每一个工作的步骤与细节中，才能称为公共关系活动。

2. 主动联系原则

日常公共关系活动体现在日常的工作中，如每天的信息发送、随时的电话联系等，作为组织，主动是一个特别重要的原则，公共关系活动的开展是组织自身发起的一个行为，不是被动等待公众上门沟通的回应，因此组织的公共关系工作人员应该本着主动积极的原则去做公共关系活动，如主动向员工发出通知事项，出现重大事件率先向新闻媒体说明情况，面对合作伙伴首先发出沟通的信息以赢得对方信任，等等。主动联系的原则可以避免组织在面对各种问题时处于被动甚至尴尬的境地，可以让组织把尊重公众的理念落实到实际的公共关系活动中。

3. 坦诚如实原则

在开展日常的公共关系活动中，保持正确的态度和基本的道德是一条必须恪守的原则，那就是坦诚不欺瞒，如实不作假，告知信息时把需要说明的一定如实说明，在沟通事宜时老老实实，不做半分的矫饰或夸张，只有这样才是负责任的行为。处于信息时代，沟通变得十分方便和快捷，但沟通的难度却并未因之降低，有时甚至更加困难：组织或对方态度的些微变化可能会引起另一方的反应，表述用语的不当选择也可能会激发媒体或社会公众的过激反应，等等。因此态度的坦诚和信息的如实表述就成为必须恪守的重要原则。

4. 及时反馈原则

日常的公共关系活动在开展时往往没有大张旗鼓的喧嚣，只是如日常工作一般按部就班地进行，这就需要组织的公共关系人员必须密切关注活动的进展情况，遵守及时反馈的原则，随时了解情况，及时做出调整，不可放任自流，不管不顾，应始终监测公共关系活动的进展情况，对相关的工作人员安排及其工作情况，应落实公共关系活动的随时反馈制度，发现问题，随时予以解决。实际工作中常常存在一些组织对日常公共关系活动重视不够的情况，有些管理人员认为工作一旦布置就表示工作已经完成，至于后面出现什么问题，似乎都不太重要，等到问题酿成大事件了才去处理，这样的情况要特别注意避免。

（二）开展日常公共关系活动的人员安排

日常公共关系活动的开展需要组织对公共关系人员进行周到的安排，尽管不同的公共关系活动有不同的工作特点，但常规的内容是一致的。

1. 制订工作计划与目标

日常的公共关系工作有大有小，都应该由公共关系人员提前制订好工作计划与目标。工作计划既可以根据年度计划来做，也可以在季度或数月前进行安排，如果临时插进日常公共关系工作，往往有两种情况，一种是为应对突发的危机事件或发布意外的获奖惊喜而举办的新闻发布会等，一种是组织临时穿插进来的活动。对于后一种情况，不论是什么原因都是不专业的，也是不应该的。在制订工作计划时，要确立明确的工作目标，为实现目标安排清晰的工作步骤，以保证目标的有效达成。这里特别要注意的是，不要把日常的公共关系活动当成是可以随意调整的工作，想安排就安排，有其他事情影响就可以随时推迟或取消，这样会严重削弱公共关系活动的效力，也会影响组织公共关系工作人员的工作积极性，影响该组织工作计划的严肃性。组织应该对日常的公共关系活动安排保持应有的重视。

2. 进行精心的设计与策划

日常公共关系工作如何进行，需要提前进行策划，尽管这样的活动不需要太多的人力与物力投入，但组织的公共关系部门也必须要高度重视，由专门的人员进行设计，经过反复的讨论和酝酿，报请上级部门的批准方可进入实施阶段。日常公共关系工作需要持续性创新，不可因循守旧，也不可以常规工作为由不思变革。人们常说螺蛳壳里也能做出大道场，日常的公共关系活动同样需要精心的谋划和安排。

3. 安排公共关系活动的实施

日常公共关系活动的策划方案获得组织上级部门的批准后，就可以进入实施阶段。组织的公共关系人员要选择具有某一专长的人员来负责落实。对于新闻稿与新闻发布会，应提前请擅长新闻写作的公共关系人员进行内容采写或通知媒体到场；对于公关广告要派人进行仔细的斟酌来选择广告载体，并确定刊出（挂出）的时间和具体操作的人员；对于公共关系调查则要派负责调查的工作人员提前设计策划调查的方式，培训参与调查的人员等；对于企业文化布置以及宣传，则应该由负责人员报请组织最高领导来决策，规划具体的内容和展示的方式；对于组织领导者以及员工的形象设计工作，则要提前由专门的人员做好预案，进行精细的设计或安排，保证这一工作的稳妥与有序；等等。

最后组织还应该做好日常公共关系活动的评估，由专门的评估机构对不同的公共关系活动实施效果予以恰当的评价。以此保持组织日常公共关系活动的连续性和递进性，推动组织公共关系管理工作不断走上新台阶。

二、策划组织日常公关活动的技术性要求

在对日常的公共关系活动进行策划时，有一些基本的技术要求需要注意。

1. 形成书面的策划方案

尽管日常的公共关系活动都属于相对小型的活动，所用人员与经费较少，但为保证活动顺利与成功举办，应该要求每一个活动都提交书面的策划方案，构建完整的活动步骤。千万不要以为活动是常规的工作，活动内容比较简单，就图省事，只在脑子里过一下就匆忙实施，这样做的结果，往往是在重要的细节上可能出现重大遗漏，造成不可挽回的损失，这样的失误在实际的公共关系活动实施中屡见不鲜。

2. 有明确的时间节点

日常公共关系活动是在组织的正常工作中推进的，特别注意要有时间节点上的要求，不可随意更改。恰当的时间做恰当的事才能保证最好的结果，日常公共关系工作不是组织特别的工作，不可使组织的一些所谓大事"冲击"了这些活动，组织必须要保证公共关系工作的稳定与常态化，强化其在组织中的重要地位，把时间节点及早固定下来，保证组织日常公共关系活动顺利推进。

3. 要由专门的人做专门的事

日常公共关系工作要保证其高质量完成，就要在人员配备上做到位，由专门的人做专门的事，最大限度地避免一人兼做多事。在有些组织中，公共关系人员队伍比较薄弱，公共关系部往往需要借用其他部门的人员来帮助完成一些日常公共关系工作，这种部门间的协作是正常的，但却是权宜之策，不是长久之计，组织应该考虑尽量健全公共关系队伍，保证每一项公共关系工作都能由专人高质量完成。

三、组织日常公共关系活动策划的类型

组织日常的公共关系活动内容比较多，不同的组织也有其活动开展时的特殊性，但一般来说，主要包括以下类型。

1. 公关新闻、新闻发布会与媒体开放日

公关新闻，这是比较典型的日常公共关系活动，是组织重要信息对外传递最快捷、可信度最高的公共关系工作。在信息传播极为便捷的时代，信息的庞杂与公众可选择性的多样，使各类组织都在极力争取广大社会公众的注意力，期望在重要的媒体上刊载有

利于自身的公关新闻，因此组织的公共关系人员必须努力提高自身的专业技能，能够写出优秀的公关新闻稿，将组织的重大、重要事件快速地传递给社会公众，保证组织社会声誉的建立。

新闻发布会是组织在特殊时期必须进行的一项公共关系活动，当组织有重大喜讯或突发重大危机事件时，新闻发布会是与公众沟通的最佳手段。公众想要获知事件的详情、组织想要告知事件的真情，新闻发布会就是组织面对公众的最好机会，新闻发布会往往伴随着记者招待会，新闻发言人及嘉宾不只是要公布必要的信息，也会与媒体记者进行面对面的交流和沟通，当然，在危机事件面前，新闻发言人往往也要接受媒体记者的诘问，回答各种不可预知的问题。这对组织的新闻发言人来说是一个严峻的考验，也是该组织接受的社会公众对其进行的一次重大检阅。一些组织为了让媒体记者更好地了解情况，或者更加体现诚意，会举办媒体开放日。媒体开放日可以增加组织的社会开放度和组织信息的透明度，让公众看得到真实的场景、见得到处于现场的人或亲身的参与者，等等。

公关新闻、新闻发布会及媒体开放日是组织非常重要的公共关系活动，对此，组织要善于运用、灵活运用，做得好，可以发挥四两拨千斤的作用。

2. 公关广告、宣传品与网络传播

公关广告是组织主要针对外部公众进行的传播活动，公关广告要广而告之的是组织的重要信息，与商业广告主要针对产品销售的情况不同。但公关广告同样是广告，需要付费传播，需要组织进行策划，公众也往往不需要辨识其是不是产品销售广告，而会一律视之为广告。宣传品既针对组织的内部公众，也会以活页纸的形式散发于广大的外部公众。宣传品主要发挥信息沟通、知识解读、答疑解惑的作用，在互联网传播时代，宣传品的传播仍然会发挥特别而重要的作用。

网络传播是每个组织都不可回避的信息沟通手段，网络传播的范围比较广，如组织的网站、APP（application 的缩写，应用程序）、公众号等均是通过网络传播形式与公众进行沟通的。近年来这方面的发展方兴未艾，大有后来居上之势，组织的公共关系人员需要快速提升网络传播的素养，有效运用现代网络传播技术提升组织公共关系的效果。

3. 领导者与员工形象设计

对组织来说，领导者与员工的形象就是组织的名片，公众对一个组织好与不好、管理规范与否的判断，往往是通过组织领导者和员工的外在形象——包括言谈举止来进行的。因此组织的公共关系管理工作自然包括组织领导者及员工的形象管理，这一工作日常是公共关系活动的一部分，既要定期培训与教育，也要平时进行监督与指导。特别是组织领导者和员工参加一些重大活动，就需要组织的公共关系人员进行精心的设计甚至排演，以保证万无一失。所以对这一工作不可掉以轻心。

4. 全员公关教育

全员公关教育是组织内部公共关系工作的重要组成部分，也是构建组织文化、营造组织文化氛围的重要内容。一个组织的管理主要在于人员的管理，在于对组织全体人员特定文化的渗透。全员公关教育的核心是声誉教育，是围绕组织特有的文化，对组织上

下全体员工公共关系意识内化为行为的培训与养成。这一工作要常抓不懈，持之以恒，如此才可能逐渐凝练出可以传承的组织文化，为组织的基业长青奠定基础。

5. 公共关系调查与咨询服务

公共关系调查是组织日常的公共关系工作，不仅是因为它是四步工作法的第一部分，更是因为组织需要提前对调查进行策划设计，将之视为传递组织信息、打造组织良好生存环境的公共关系活动。在调查中传播组织信息，影响公众对组织的看法，传递组织谦和、诚恳的印象。调查工作是一项需要长期开展的工作，组织需要定期对特定区域的公众开展调查，对组织所处的环境进行监测，调查结果要及时汇总分析，提交到组织的决策层以提供咨询服务。公共关系咨询服务主要依据调查数据来完成公众分析报告，帮助组织随时了解各类公众的动态变化，为组织的公共关系做好铺垫工作。

四、组织日常公关策划中存在的问题

1. 缺乏创新性

日常的公共关系活动，与大型或者专项公共关系活动相比，一般需要的人员少、活动经费少，活动时间也相对较短，由此组织的公共关系人员策划创新的动力不足，活动难以出彩，一些日常活动平淡无奇，很难吸引社会公众的关注，这对组织来说是一种机会的浪费。组织公共关系人员在策划日常公共关系活动时应该特别注意创新，克服工作倦怠，让每一次的公共关系尽量有特色、有新意。

2. 缺乏连续递进性

对于组织的公共关系人员来说，日常的公共关系活动有一种家常便饭的熟悉感，但往往停留在简单、同等水平的重复上，难以体现出连续与不断递进成长的进步。由此组织的公共关系人员需要具有宏观和大局的思维，注意从组织长远和阶段性的角度开展日常公共关系活动，让公共关系活动不断上新台阶，不断取得让社会公众关注的更大进步。

3. 缺乏操作严谨性

在策划日常公共关系活动时，有些组织考虑到这一活动的常规性，容易忽略活动操作时的严谨性，只求完成"规定"动作，不求质量，也不求对后续工作产生好的影响，结果活动是顺利开展了，但效果却没有显现；对组织上级交差了，对组织自身却亏待了；活动是进行了，人力、物力资源与时间却浪费了，没有什么收获。这是组织公共关系人员要特别注意避免的。

第三节　特定事件策划

特定事件是组织时不时要面对的一些特别情况，如纪念组织成立的周年日，参与国家传统节日的活动，举行组织创始人诞辰日或逝世日的纪念活动，借国际特别事件纪念日举办活动，祝贺组织获得重要奖项活动，以及主办或协办一些国际、国家或民间组织的重大活动或会议等。在这样的情况下，组织需要提前较长一段时间，安排一定的人力与物力，在规定或预定的时间内，保证活动的顺利完成。特定事件的策划往往需要提前几个月甚至一两年的时间开始筹划准备，需要外请社会上的专家或公关公司专业人员参与策划，策划的思路或方案需要反复斟酌、修改与论证，在获得上级决策部门的同意后，方可正式启动操作。

一、特定事件策划的必要性

特定事件是否有策划的必要？问题的答案似乎不言而喻，但很多组织面对重大活动却未必能从组织公共关系的高度来看待问题，未必能够从组织的长远发展视野来看待特定事件的特殊作用，有些组织可能认为，特定事件的活动只是一次特别活动的开展而已，没有什么特殊性，只要满足了上级部门或董事会的要求就万事大吉了，结果最终可能导致组织在活动的程序方面没有什么瑕疵，活动的社会声誉塑造却效果贫乏，一次千载难逢的机会从手边错失，最终只是捡了芝麻丢了西瓜。

（一）特定事件的举行对组织的社会影响意义重大

特定事件对组织来说是一次特殊的机会，这样的机会可能极为难得和稀有，错过了就基本上不会再有，比如纪念组织成立百年的大型庆祝活动或庆祝创始人百年华诞、协办国家大型会议或国际重要会议等。面对这样的特定事件，组织是绝不可以草率应对的，应深刻地认识到活动对于组织的社会影响。组织成功举办一次特殊的事件，就等于组织在媒体的探照灯下被几何倍数地放大观察，组织举办的大型活动不成功或者传出丑闻，带来的放大效应有可能几年、十几年都无法消除，甚至会使事件成为某一类不良事件的代名词。因此组织必须高度关注并积极对待特定事件的策划。

（二）特定事件的举办对组织的公共关系管理水平是一次提升

为特定事件而举办公共关系活动，与其说是对组织公共关系管理水平的一次检阅，不如说是一次极好的学习提升。要保证特定事件的成功举办，组织往往需要聘请社会上的专家或公关公司专业人员来参与共同策划，这对组织的公共关系部门及其人员来说是一次极佳的学习机会，因之可以吸纳专家意见，对组织的公共关系管理工作做一次很好的调整与完善。因此当组织公共关系部门策划特定事件时，要本着学习的态度与专家坦诚合作，努力把这一工作做到最好。

（三）特定事件的进行对组织工作的全面发展是一次推动

组织在面对特定事件时，尽管策划与实施工作只涉及部分部门，但物资与人员的准备以及与外部公众的信息沟通等则会涉及方方面面的人员，对组织文化的强化与内部员工的士气等也都有直接的辐射作用。组织要把特定事件的策划准备工作作为全体员工的分内工作，借此积极动员，广泛传播，以之作为一个凝聚人心、激发斗志的契机，让组织的各项工作均以全新的面貌展示出来。切不可有意缩小影响范围，仅把特定事件的公共关系工作局限在公共关系部门。假设一个组织在搞厂庆时，只有宣传部门或公共关系部门参与，其他人员完全与之没有关系，厂庆大会也只有少部分内部人员参加，那这样的活动无疑不是成功的公共关系活动。

（四）特定事件的开展过程对组织密切合作伙伴关系是一次强化

特定事件对组织来说往往是大事，也是好事，举办时组织一般会邀请合作伙伴作为嘉宾出席，来共同见证组织的成长与成就。因此特定事件的开展恰恰容易成为组织与合作伙伴进一步加强密切关系的良机，在组织的重要的时刻与合伙伴共同分享喜悦，有力地加强了组织的公众关系，是一举数得的善策。对此，组织一定要把握住这样的机会，把自己与各类机构以及合作伙伴的关系巩固好、建设好。

二、特定事件策划遭遇的困境

特定事件的策划对组织意义重大，但要策划好却不是一件容易的事，组织可能会遭遇一些严峻的考验。

1. 专业公共关系人员的缺乏

组织在承担举办特定事件的公共关系活动任务时，最大的考验可能就是专业而富有经验的公共关系人员的缺乏，组织在解决这一问题时，一般会选择聘请社会上的著名专家来参与活动，或者与优秀的公关公司合作。但如果一时难以请到好的专家来参与策划，或者与公关公司不能顺利合作，组织特定事件的策划就可能遭遇挑战。这一点必须格外注意。

2. 专项公共关系活动经费的缺乏

举办特定事件的公共关系活动，一般经费较多，参与的人员范围较广，准备的时间较长，组织必须准备出专项的活动经费。充足的活动经费是公共关系活动出彩和成功的保障。有些组织提出活动经费由公共关系部门自筹，或者经费方面不能全面保障，这对公共关系活动的策划者来说，可能是巨大的挑战，也会给策划者以极大的压力，活动的开展以及最后的效果就存在较大的变数。在这方面，组织决策层与公共关系工作人员必须提前做好研究工作，以能够及时解决问题。

3. 专项公共关系活动物资的缺乏

在组织准备特定事件的公共关系活动时，可能会遇到一些必要物资的缺乏，如专门的设备、特殊的工具、定制的材料等。对此组织必须要面对挑战，克服困难，快速予以解决，不能让问题拖延不决，努力保证特定事件的公共关系活动顺利进行。

4. 专项公共关系活动特殊技术的缺乏

在一些重大的或盛大的特定公共关系事件中，需要一些特殊技术的支持，这方面也会给策划工作带来困扰，对此，组织的公共关系人员要想尽一切办法予以解决。这方面既需要群策群力，动用技术人员进行攻坚克难，也需要组织派人遍访专家进行技术咨询或购买，以保障策划工作的顺利进行。

三、特定事件策划的类型

公共关系是舶来品，传进中国已经有 40 多年的时间，进入 21 世纪以来，中国的各级各类组织都普遍开始自觉运用公共关系手段处理与社会公众的关系，用心打造组织声誉,营造组织适宜的生存与发展环境,并取得了不俗的成绩。国家公共关系,在"讲好中国故事"的引领下,已经发出了影响世界的强有力的中国声音、塑造出了令世界瞩目的中国形象。各级政府机构建立了新闻发言人制度,并且通过 12345 市民热线和各种"市长日"、电视问政节目、政府官网专设"领导留言板""政府信息公开""网友留言台"等,打通政民沟通渠道,而各类企业、学校、医院、社会团体等也通过官网或者一些重要事件来开展公共关系活动。归纳来看,在我国特定事件的公共关系活动主要有以下类型。

（一）交往型公共关系

这种类型的公共关系活动特别常见。中国是一个有着 5000 多年文明史的国家,长期与周边国家和睦相处,非常看重关系的构建,"和为贵"早已内化到人与人交往、人与社会交往的规则文化中。同时交往活动也是人际往来、组织沟通非常看重的一种活动。在现代社会,组织的交往活动成为公共关系活动的重要内容。这主要包括政府之间的交往、工商企业之间的交往、组织内部或机构上下级之间的交往、跨行业之间的交往等。

（二）庆典型公共关系

庆典型公共关系是各类组织都普遍开展的公共关系活动,无论是政府机构举行的大型庆祝活动,还是企业、学校、医院及社会团体开展的重大庆典活动,这样的活动屡见不鲜,主要包括开业或上市庆典、节日庆典、周年庆典、庆功庆典和一些其他庆典活动。

（三）公益型公共关系

这是很多组织在主动承担社会责任的情况下积极开展的公共关系活动,主要包括在文艺、体育领域开展的赞助活动,在教育卫生领域开展的赞助活动,在大众传播媒介方面进行的赞助活动,在面对灾变贫弱时开展的赞助活动,对公共设施开展的赞助活动,对创新理念开展的传播活动,等等。

（四）展会型公共关系

这一类型活动也是今天很多组织经常开展的公共关系活动,主要包括举办各种展览活动、主办或协办会议活动和参加展销会活动等。

以上这些活动对组织来说都是特定事件,也是组织大型或者专项的公共关系活动,组织需要特别用心地进行策划和实施。

第四节 应 急 策 划

一、组织面临的应急事件

作为一个正常运转的组织,除了时而面对一些特定的事件,亦即大型或专项的公共关系活动之外,突发的应急事件,也是组织不时要面对的问题。应急事件因为来得急、发得猛，难以预防，因此对组织的公共关系能力的考验更大。对于应急事件，从公共关系角度则称为公关危机，因为不管什么样的应急事件都会对组织的声誉以及组织生存与发展的环境构成威胁。应急事件的应对是公共关系活动中唯一无法提前策划的，尽管组织可以提前制定危机公共关系预案，但再周密的预案也无法预见实际危机事件的特殊性和破坏性。公共关系人员在处理应急事件时，必然会受到严峻的公共关系能力与素质方面的考验。

二、组织面临应急事件的公关考验

当组织遭遇应急事件时，公共关系人员主要面对这样一些公关考验。

1. 回应网友与公众的质疑

应急事件的发生，不论是什么原因引起的，只要一发生，反应最快的是网友以及周边的公众，网友会在网上发声，表达一种关心与质疑，而住在周边的公众则会把对组织突发事件的怀疑传递给自己身边的人，令坏消息快速传播开来。组织的公共关系人员需要在应急事件发生后快速反应，以最短时间来回应社会公众的质疑，成为第一消息源，牢牢把握信息发布的主动权。但是，做到这样的回应并非易事，一些公共关系意识不强的组织公关部未必愿意第一时间曝光组织的灾难或丑闻，它们可能会自以为聪明地选择掩盖事件信息，以其他托词来淡化危机色彩，甚至编造谎言来蒙蔽公众，这样的事例在今天仍然不时上演。因此，面对应急事件，组织应秉承社会责任之心，为组织长远生存与发展考虑，在第一时间通过官微或官网发布信息，告知公众事实真相把谣言制止在萌芽中。

2. 回应新闻媒体的期待

当应急事件发生后，组织除了快速回应网友与社会公众的质疑外，对新闻媒体也应及时做出正式表态，这是组织面对外部公众，特别是面对政府、媒体、顾客以及合作伙伴等所作出的负责任的行为。组织需要提交给媒体正式的新闻通稿，让公众知晓组织面对应急事件的态度和行动，努力树立一个负责任的组织形象。现实社会中，常常可以看见一些组织在突发事件面前，采取鸵鸟战术，埋首不理睬社会公众的质疑，任由谣言或猜测满天飞，只在官方微博上简单回应了事，不对新闻媒体认真而真诚地表达自己的态度，结果可能导致组织在面对危机时，使危机进一步加重或扩散。

3. 回应内部公众的疑惑

应急事件的发生对组织内部来说也是一件非常需要情况告知与廓清疑惑的工作，因为不论组织发生什么样的突发应急事件，内部员工往往是亲历者或见证者，但并非能够对事件进行准确描述的表述者与定性者，反而他们不完整的陈述可能成为社会上捕风捉影的源头，因此组织的公共关系部门及其人员必须要认真对待内部员工的信息沟通工作，尽快召集全体员工，坦诚说明事实，回应内部公众的所有疑惑，把真相说明，把事件的进展情况告知员工，让每一位员工成为真实信息的自觉传播者。能够正确认识到这一点并不容易，因为有些组织在应急事件面前往往最容易忽略的就是内部员工，有些公共关系管理者想当然地认为员工身处事件之中，自然知悉事件的原委，很多时候不必说明，他们也自知，组织于是愿意拿出更多精力来应对外部公众的诉求，结果其实很多内部员工对事实真相的了解远不如外部公众了解得充分。所以，在应急事件发生后，组织真正的危机反而可能是来自内部员工的猜测与疑忌。

三、常见应急策划的败笔

面对突发的应急事件，当事者最可能出现的反应就是恐慌，在恐慌情况下做出的决定往往不是急中生智的妙招，而是违反逻辑的愚蠢举措，这样的决定有可能导致组织进一步坠入危机的深渊。特别是应急事件是由组织自身的失误带来的，而这一失误带来的伤害又主要针对组织自身的成员或者社会上小范围的弱势群体，那么，组织的公共关系处理方式就容易出现一定的缺陷或者瑕疵。以下列举的几种情况，在社会的某些组织中容易出现。

1. 封闭信息

对一个组织来说，当应急事件来自组织自身的失误时，有些组织的决策者可能认为封闭信息是控制危机影响的最好方法，于是本能地会选择封闭信息，让组织内部所有知情人噤声，以此让危机事件由有变为无。这样的决策理念其实是自欺欺人。纸里包不住火，没有不透风的墙，信息可以封闭一时，但不可能封闭一世，欺骗可以骗过一部分人，但不会骗过所有人。尤其在网络极为便捷的社会环境下，欲封闭信息，结果只能是欲盖弥彰。同时危机不会因为信息的封闭而消失无踪。当封闭信息的念头一起，真正的危机才刚刚开始。很多情况下，应急事件发生的灾难并不大，往往可能仅仅是一些由自身失误造成的损失，大的灾难却是组织决策者试图让所有人无视危机，保持沉默，这样做的后果可能是最终毁灭了组织。

2. 掩盖真相

当一个组织发生的应急事件来自组织内部的失误，事情的发生也被媒体曝光，那么组织为了推卸责任，就可能采取掩盖真相的方式来应对，这样的处理方式就是一种失败的公共关系。因为真相可以掩盖一时，却并不会有利于真正解决组织在管理上或决策上存在的问题，组织越是掩盖问题，越不利于问题的及早解决，而真正的问题就如潜伏的炸弹迟早会爆发，到那时组织再来解决这些问题就有些来不及了。

3. 淡化危机

一些组织面对突发的应急事件，心存侥幸，虽然承认危机，但表现出犹抱琵琶半遮面的不诚实态度，对发现的问题遮遮掩掩，面对媒体的质疑有意淡化问题的严重性，在回答记者提问时轻描淡写，以期大事化小，蒙混过关，或者在发表的声明中，雷声大雨点小，貌似真诚道歉，实则虚张声势，只是应付公众的情绪而已，这样做的结果往往是问题依旧在，危机难消除，组织迟早可能再次面对危机，这暴露出组织在公共关系问题上的初级化水平。

4. 制造谎言

这些年来，由于市场竞争的加剧，一些组织特别是工商企业，面对来自由自身问题引发的危机，会故意编造谎言，欺骗社会公众，拒不承认自身问题，掩盖危机，最终酿成组织声誉的坍塌。更加令人吃惊的是，其中不乏一些多年来在社会公众中口碑极佳的企业，它们竟然会长期作假，当真相被媒体曝光后，企业的公众关系也就彻底失败了。

2019 年，某汽车品牌因为涉嫌用软件造假方式让旗下数万辆汽车通过尾气检测，而遭到德国政府相关部门的调查，次年又在韩国因尾气排放数据造假收到了韩国有关部门的巨额罚单，对此，该汽车公司并未进行积极的回应或解释。这样的消息出来，自然会让全球消费者对好评如潮的该品牌汽车质量产生怀疑。

5. 毁灭证据

个别的组织在遭遇应急事件时会采取下下策来逃避公众与法律的监督，用毁灭证据的方式，希求避人耳目，消除组织失误的痕迹，以逃避媒体及公众对其责任的追究。这样的做法是掩耳盗铃，对组织的公共关系一定是毁灭性的打击，最终的结果往往是竹篮打水一场空，组织难逃法律的追究和公众的唾弃。

6. 转移话题

还有一种自认为高明的伪公共关系把戏，就是突发的应急事件发生后，当媒体质疑时，大言不惭地转移话题，"顾左右而言他"，答非所问地搪塞社会公众的质疑。这样的所谓公共关系，表面看是玩弄媒体于股掌之中，实际上只是自欺欺人，结果是欺骗了自己，失信于公众。

第五节　策划推进与管理

一、组织对策划管理的紧迫性要求

美国著名的管理学者彼得·德鲁克曾说过，没有组织就没有管理，而没有管理也就没有组织。作为一个组织，对组织的任何行为都应该有所管理，更何况是对组织影响巨大的公共关系策划活动。

1. 公共关系策划对组织未来的发展意义重大

公共关系策划，不论是日常的策划活动还是特定事件或应急事件的策划工作，对组织的影响意义都是巨大的，需要对其进行认真的管理。很多情况下，公共关系策划活动可能是组织年度规模最大或唯一的外界或内部活动，这样的活动不仅是组织构建良好形象的契机，也是组织与合作伙伴及各类公众拉近距离的至关重要的沟通与交流活动。对此，组织应该极为重视，密切关注公共关系活动的策划工作，不可仅仅交给公共关系部门任其自行安排或布置了事。

2. 公共关系策划方案必须保证万无一失

对公共关系策划工作的管理，离不开对策划方案的介入和审核。组织相关的管理人员从一开始就需要对策划方案提出指导意见，在策划方案形成中与形成后，提出高标准、严要求，保证策划的可行性与严谨性，要求策划方案在实施时能够做到万无一失，不可有任何瑕疵。管理学中，常常被人认可的一句话就是，99+1=0，哪怕是微小的失误在关键的时候也可能会带来全盘兼失的后果，在这一问题上，往往当局者迷，旁观者清。管理工作人员必须要有清醒的认识，对策划方案进行认真的审核管理，既不怀疑一切，全盘否定，也不可盲目乐观，听信一面之词，对方案"全单照收"。只有公共关系策划方案彻底完善了，才可能基本保证策划实施的顺利。因为公共关系活动的具体实施往往存在难以预测的变数，如果连方案都存在瑕疵，那实施时再叠加不可控因素的干扰，最后的结果就可能完全与组织想要的效果背道而驰。

3. 公共关系策划过程必须保证上级支持、经费充足，团队整齐

公共关系人员应该认识到，对公共关系策划工作的管理其实也是组织领导对公共关系策划过程的支持，这样的支持意味着上级主管领导对公共关系策划工作能够提供必要的资源，以保证公共关系策划工作顺利开展。当然，这一前提不仅是靠公共关系策划团队所在组织领导的高瞻远瞩，更是依靠组织公共关系部门的优良表现以及自身的努力工作。在很多组织中常常可以看到，组织领导对分管的所有工作都是"支持"的，但落实到具体的工作上，仍然要靠所在部门的积极主动，对公共关系策划工作的有效管理就是能够在领导的支持下，保证获得必要的经费，使策划工作顺利推进。更为重要的是，管理人员还应该为策划团队的班子建设做出努力，保证策划团队成员整齐，重要的专家能够尽快到位，团队成员没有频繁跳槽或缺勤，工作有序推进，这是对公共关系策划工作的最好管理。

4. 公共关系策划工作必须按时保质完成

其实，对公共关系策划工作的管理还包括一个重要的方面，就是使策划工作顺利推进，能够按时完成各项步骤。同时团队成员遵章守纪，策划方案内容充实，创意新颖，操作性强。这些看似是一个团队在工作中本身应该做到的，但如果有来自组织管理层的要求，那么实际完成的效率就完全不一样。现实中有些策划团队，因为组织内部管理不善，策划团队管理稀松，方案长期议而不决，拖延时日，最后工作严重超期，拿出的策划方案质量低下，让管理者无法向上级部门汇报，这些恰恰说明有效管理的重要性。策划工作的管理从表面上来看似乎是一个时间的管理，实际上更重要的是质量的监控。在要求按时完成每一个阶段工作的前提下，对每一个阶段工作质量的监测更为重要。

二、策划的推进监测

1. 目标监测

对公共关系策划工作的监测，第一个方面就是对策划目标的监测审核，因为目标如果发生偏离，那么后面的工作就会全部跑偏。一般来说，公共关系策划的目标容易出现以下偏差。

（1）把组织全年或者更长时间要达成的目标当成公共关系策划的目标。这样的做法最容易导致目标大而空，无法真正落实。因为期望通过一次特别事件的策划就能够把组织多方面的目标实现，其实是不现实的。

（2）把组织市场营销的目标当成公共关系策划的目标。以为公共关系策划活动完成得好，一定会带动销售任务的完成，只要销售额能够顺利达成，那么公共关系活动就算达到了目标。

（3）把公共关系策划的评估标准当成是公共关系策划目标。比如最后的评估标准是能够发表三篇新闻稿，当三篇新闻稿刊载在媒体上后，是否就说明公共关系策划的目标达到了？回答应该是否定的。

对公共关系策划目标的监测必须具体而明确，绝不可含糊不清，否则将导致公共关系策划方案的方向偏差。

2. 进展监测

公共关系策划全过程是有清晰的阶段划分的，对策划进展的监测，要求明确策划团队在每一个时期的工作内容。如第一阶段是策划的准备，应该完成信息收集和问题的定性等；第二阶段是策划的启动，应该完成最初创意与必要的铺垫；第三阶段是策划的展开，应该完成创意的延展与活动的高潮内容；第四阶段是策划的收尾，应该完成活动的收缩和效果的强化等。组织的管理人员对公共关系策划活动每一个阶段进行监测，其实是与策划人员一起来固定目标、锁定创意，保证进展的相互关联，夯实策划活动的效果。

3. 方案监测

公共关系策划活动最终的成果体现在策划方案上，因此对方案的监测就是对公共关系策划活动管理的深化。方案往往凝聚了策划团队的全部智慧，对方案的完成情况进行一定的监测，应该是一个有效的策划管控。尽管策划方案的诞生需要假以时日，最后的方案往往要多人参与才能完成，但将管理公共关系策划工作聚焦于方案，应该可以有效促进公共关系策划工作的开展，使方案日臻完善。

三、管理策划

1. 对策划团队的管理

对公共关系策划的管理，最关键的是对团队的管理，这里的管理更多指的是在公共关系策划工作中能够提供的一种服务，就是保持对策划团队的关注与关心，支持策划工作顺利进行。

（1）决策层有专门的人员来主管团队的构建。对策划团队的管理也可以说是组织决策层有具体专门的分工，有高级别的领导直接来领导策划工作，保证团队的一些创意与建议能够很快上传下达，得到反馈，策划团队的声音能够无障碍地传至最高层，出现的一些问题可以顺利得到解决。

（2）能够找到最恰当的专家或公关公司共同组建策划团队。特别是针对组织重要的特定事件，需要组建精干高效的策划团队，而且最关键的是确定牵头人，亦即著名公关专家或优秀的公关公司，由其牵头带领本组织的公共关系人员一起完成特定事件的策划。

（3）团队成员的待遇、生活条件、工作条件能够得到保障。面对一些策划耗时较长、参加人员较多的特定事件策划工作，组织需要在一开始就确定好策划人员的薪酬待遇、生活条件、工作条件等，让他们踏实工作，稳定工作，没有太多需要分心的因素影响其工作积极性，从而保证团队以最大才智、最大精力为组织的策划工作服务。

（4）本组织的策划团队成员做好资料准备和档案存档的基础工作。在策划工作中，本组织的策划人员要能够跟随专家做好各项准备工作，及时把策划工作所需要的资料准备好，对于策划工作中一些草案或编撰的材料要及时进行归档处理，做好保密和资料整理工作，为策划团队的高效工作提供有效保障。

2. 对策划必需条件的管理

要做好各种公共关系策划工作，组织要充分提供策划所需的资源，不可拖延或引起麻烦。比如策划工作所需的电脑、打印机、复印机、网络设备、演练厅、沙盘模拟设备、技术软件等，只要能够提供的均予以满足，尽最大可能为公共关系策划工作创造便利条件。

3. 对策划舆论环境的管理

当组织准备针对某一特定事件进行公共关系活动策划时，这一工作可能会成为万众瞩目的事件，该工作也会在一定程度上影响或关联组织的其他人员或工作，组织要管理好这一工作，就需要为策划工作营造良好的舆论环境。在策划工作初期，需要在组织内外部释放一些信息，激发公众对此的关注；在策划工作进展的中期，可以请团队负责人接受记者的采访，维系公众对策划的关注热度；到策划工作进入到尾声时，可以适当释放一些有创意的信息，让公众产生更大的期待。尤其是当其他一些事件与策划工作发生冲突时，管理者更要做好解释工作，积极营造利于策划工作的良好气氛，消除对策划工作的猜忌和不当攻击，保证策划工作始终处于积极的舆论环境中。

研究与演练 »»»

一、理论研究

（1）从性质上来说公共关系活动体现了哪些层面的含义？

（2）策划组织日常公共关系活动有哪些技术性要求？

（3）为什么说应急事件是对组织的公共关系考验？

二、实践演练

（1）查询近年来的一些应急事件，讨论其对组织发展环境所产生的影响。

（2）以策划班级一项公益活动来体会策划团队的管理过程。

第二篇 公关策划实务

第六章　日常型公关策划

第一节　公关新闻、新闻发布会与媒体开放日

一、公关新闻

（一）新闻与公关新闻

1. 新闻的特点

新闻是指通过大众传播媒介报道的新信息。新闻具有三个特点，即及时性（时效性）、新鲜性（新奇性）、公众性（公益性）。

新闻的及时性要求新闻一定是刚刚发生或发现的事情，如果已经发生很久，就成为旧闻，不具有新闻性了。因而常有记者"抢新闻"之说，指的是在最短时间内把新发生的事件报道出去。新闻非常讲究时效性。

新闻的新鲜性是指新闻内容必须具有新意，与身边每天发生的事情有很大的差异性，能令人感到新奇或值得对此进行关注，否则新闻就失去了其应有的价值。因此，选取新闻报道的内容、报道的视角、报道的形式都是非常重要的。

新闻的公众性则要求新闻的发布与新闻的内容对公众具有意义、与其生活有一定的关系，而不是哗众取宠地猎奇，新闻不能为某些商业集团服务，必须具有社会公益性质，新闻是给公众看的，应该具有社会价值。

2. 新闻的三要素

新闻是由三个要素构成的，即新闻媒体（记者）、新闻事件（被报道单位或对象）、新闻稿（图片或视频资料）。

1）新闻媒体（记者）

新闻媒体是报道新闻的主体或载体，记者是新闻媒体的执行代表。一篇新闻稿只有承载于特定的媒体上才能叫新闻。新闻媒体有平面媒体（又叫印刷媒体），如报纸、杂志等；有电子媒体，如广播、电视、互联网、手机等。新闻媒体登载新闻首先是由记者采访并撰写新闻稿，然后由媒体编辑层层审核，最后稿件才可能出现在媒体上。因而，公众在媒体上读到（看到、听到）的新闻，是记者眼中的事实，是由编辑（在新闻学上通常称其为把关人）整理和审查后的情况，因此，新闻可能是真实的，但不一定是如实的。由于绝大部分公众不可能亲眼看到、接触到所有的事实，因此公众会选择相信新闻。

2）新闻事件（被报道单位或对象）

从理论上说，每一篇新闻都应该言之有物，报道的内容是确定的事实，具有社会价值或意义，即新闻事件。新闻事件是发生在某时、某地、某单位（组织）、某人身上

的，因此，新闻往往与被报道的组织或某人背后的组织有密切的关系。正面新闻很受被报道单位的欢迎，而负面报道是被报道单位避之不及的。今天，一些个人由于其知名度较高，已经成为公众人物，因而关于他们的新闻也具有了与其他组织同样的社会意义。

3）新闻稿（图片或视频资料）

新闻稿是新闻的承载体，优秀的新闻稿会产生巨大的社会效益，而假新闻也会带来非常严重的社会负面作用。因而，提高新闻报道的真实性与稿件质量对新闻媒体来说具有神圣的社会责任。一般来说，新闻稿包括题目、时间、地点、内容、结果几大要素。

3. 公关新闻的特点

公关新闻是指一个组织为向公众传播自身信息主动通过新闻媒体发出最新的和真实的信息的活动。

公关新闻一般具有以下特点。

1）明确的新闻对象

公关新闻的发布有十分明确的报道对象——组织，绝大部分情况下，新闻的登载是该对象主动促成或形成的，而非新闻媒体记者因为其本身的新闻价值而报道的。公关新闻的发布是组织呼之欲出的，记者只是代其行使了这一职能。一篇普通的新闻，则是新闻记者主动报道，被报道单位往往在报道后才知晓的，二者的差异泾渭分明。

2）有目的的新闻内容

公关新闻的内容目的性很强，是为新闻对象即组织服务的，所以新闻的内容是精心设计与安排的，传播内容是专门向公众传递组织某一方面的信息，新闻的长短等表现形式均根据组织的需要而定。普通新闻稿则是根据新闻事件的实际情况，记者及编辑认为有价值的信息，才向公众传播，表现形式既根据事件的社会意义，也根据新闻载体的容量而定。

3）高效的新闻效果

公关新闻的关注点在组织，留给公众印象的不以新闻内容为主，而是以新闻报道对象为主，使公众在阅读、听到或看到新闻后，留下深刻印象的是组织。相比之下，普通新闻的关注点在新闻事件上，留给公众深刻印象的往往是新闻事件中的人或事，公众了解新闻后不会更多地想到新闻事件报道对象背后的组织。

实际上，任何一则新闻都有报道对象，有明确的目的，也在追求最大的新闻价值。但公关新闻因为有组织的主动参与，就增加了新闻的目的性甚至一定意义上的功利性，产生的新闻效果就与普通新闻大相径庭。当然，从根本上说，每一篇新闻都具有公关新闻的意义和性质，因为新闻报道总会涉及新闻报道中的人与事背后的组织。因此，只要新闻媒体做到足够公允，只要越来越多的组织具有公共关系意识，那么，在大众传播媒体上必然会见到（读到、听到）更多的公关新闻。

（二）公关新闻的写作

公关新闻与普通新闻在本质、形式上没有太大区别，但在其所体现的目的与内容上可以看出一些明显的差异。

1. 题目凸显组织名称

每一篇新闻稿均有题目，题目是新闻的眼睛。公众关注新闻首先看的是题目。因此，公关新闻的题目一定要十分鲜明，足够吸引人的眼球，着力凸显组织的名称，让公众对组织产生较深的印象或足够的注意，同时使公众产生对内容的探知欲望。

有些情况下，新闻的内容包含着上级重要领导、其他机构而非组织自身的重大事件的信息，但新闻的题目仍然要显示出组织的名称，这样的新闻对组织才有意义。

2. 内容体现社会价值

虽然是公关新闻，但新闻的内容绝不能表现出组织的功利目的，而应该集中体现新闻的社会价值，具有鲜明的社会公益性，不能释放出宣传组织自身的商业味道。这样的新闻才能被容许在媒体上登载，也才符合公共关系的职业道德。尽管目前有个别媒体发布所谓"公关软文"，以付费方式大版面宣传组织及其领导者，但这样的做法，既损害了媒体的公信力，公众也不会买账，宣传效果并不好。

3. 结尾淡化组织色彩

公关新闻的结尾要与新闻报道对象内容一致，不显示组织的功利色彩，应该提升新闻的社会价值与意义，将组织的色彩淡化，使公众读到（看到、听到）的是一篇真正意义上的新闻，从而在心中留下对新闻对象——组织的印象。

（三）公关新闻的意义

公关新闻对组织的生存与发展有重要意义。

1. 有利于组织被社会公众认识与关注

公众对于新闻的了解与信任建立在对大众传播媒介信赖的基础上。社会的广阔与信息的庞杂使公众不可能亲自去感知全社会，而只能是逐渐通过大众传播媒介了解社会，判断、评价社会中的人与事。新闻是公众认识社会最主要的窗口之一。新闻的快速、真实，使其在公众心目中建立起了极高的信赖度，组织有意通过新闻来激发公众对组织的关注，这对组织的发展是极其重要的。

2. 有利于组织及时与公众沟通

利用大众传播媒介通过新闻的形式，组织可以及时将自身的信息传递出去，极大推动公众对组织产生关注，无形中创造了组织与公众的相互交流沟通的机会，建立起了公众对组织的了解与信任，营造了组织生存与发展的良性社会环境。

3. 有利于组织在不利情况下的危机化解

每一个组织在发展过程中都有可能遭遇不测，当组织遭遇不利的情况时，及时通过新闻将组织的真实情况告知公众，会极大地帮助社会公众了解与体谅组织，有利于减轻公众对组织产生的猜疑与不信任，使组织能够尽快摆脱危机，从不利的舆论境况中走出。

（四）策划公关新闻

公关新闻可否被策划？这在今天已经不再是问题。

"制造"新闻曾被新闻界质疑，并令人产生其会影响新闻职业道德的深刻担忧。但实际上，无论是"制造"新闻，还是"策划"新闻，二者均是在遵守新闻职业道德的前提下来实现新闻的价值的，使用"策划"或"制造"的说法，无非是在凸显组织对新闻的高度重视及其强烈的新闻意识。早在一百多年前，爱德华·L.伯内斯就说："公共关系顾问不能只提供新闻内容……相比之下，制造新闻乃是公共关系顾问最主要的职能。"[①]

对于一个组织来说，公关新闻的形成是需要策划的。

1. 策划新闻主题

组织策划新闻，首先要精心策划新闻主题。新闻事件天天有，但如果没有敏锐的新闻意识，新闻事件很快就被淹没，无法形成新闻。如果以高度的公共关系意识关注组织每时每刻发生的事情，选择有利于组织生存环境营造、及时与社会公众沟通的新闻事件，则新闻就在身边。

新闻主题的选择主要有以下几种。

1）组织实力

组织实力主要是指有关组织历史、发展优势、拥有资源等的新闻事件。例如，有关组织的新排名，组织与国际著名机构的合作、交流、兼并等消息。

2）技术创新

技术创新是指关于组织的技术发明、创新者事迹与创新成绩，这在今天是组织重要的新闻点。

3）组织英雄

组织英雄是指着力推出组织领导者、劳动模范、抢险英雄、节能模范等人物加以宣传。

4）组织花絮

在需要的时候，将组织的一些奇闻趣事捕捉为新闻线索而形成新闻。例如，把组织的特定地域、建筑标志、应季植物等发为新闻，让公众因一些生活趣事而对组织产生好感。

5）社会公益

在社会贫病困灾的情况下，组织开展一定的慈善公益活动作为新闻事件进行宣传。如果是动用较大资金去开展，则需要另外策划，但形成新闻主题是可以提前策划的。

新闻主题还可结合社会热点等问题来选择，中心目的是为组织的公共关系目标服务。

另外，在必要的情况下，策划人物专访、连续的新闻报道、报告文学及编辑出版有关组织的发展史等都是很好的新闻主题。

2. 策划新闻时机

在有了新闻主题后，组织需要选择恰当的时机来发布新闻，时机选择不好，新闻效果就会大打折扣。在考虑新闻发布的时机时，要注意以下几点。

1）不与重大新闻事件时间重合

组织在推出新闻时，要尽量避开国家或地区的重大新闻事件，如人大会议、党代会、政治争端、外交冲突等。组织的新闻要等大型新闻事件的热度过去后再发布。

---

① 爱德华·L.伯内斯. 舆论的结晶. 胡百精，董晨宇，等译. 北京：中国传媒大学出版社，2014：160.

2）借重大新闻事件而传播

如果组织的新闻恰与重要新闻事件有一定的关联度，则在新闻事件的冷淡期，适时搭车发布组织的新闻，可起到借力使力的双倍功效。

3）选择社会热点或应季传播

在每一个时期，总有一些新闻热点话题。组织如果能将自身的一些事件与社会热点问题相关联，则会引起社会公众的关注；或者在一定季节，动植物的变化、天气冷暖等也可能触及组织的一些内部事务中的新鲜事，可借此形成一定的新闻事件，引起公众的关注。

4）选择社会新闻平淡或冷寂时推出

如果组织的新闻恰是十分新奇的一些花絮式事件，则可选择在社会新闻趋于平淡或冷寂时推出，效果会比较好。但这样的新闻绝不是制造噱头，或者哗众取宠，而只是与公众分享趣事，以激起公众对组织的好感罢了。

3. 选择新闻媒体

在策划公关新闻时，选择新闻媒介也是需要精心考虑的。传播组织新闻的媒介及媒介发布组织新闻的具体位置（栏目、版面、频道或时段等）直接影响到公关新闻的效果。

1）选择恰当的媒体

新闻媒体主要有报纸、广播、杂志、电视、互联网甚至手机等。不同种类与级别的媒体覆盖有不同的公众。正确选择目标公众所偏好的媒体，会使公关新闻发挥最大的效益。同样，随意发布新闻于不恰当的媒体上，将给公关新闻带来低效或反效果。

2）选择或确定媒体传播的版面（栏目）

每一种媒介都有登载新闻的位置、频道、时段及栏目。这也是公关新闻策划时要认真考虑的问题。例如，报纸要考虑栏目、版面及版面中的位置；杂志要考虑栏目及新闻排序的位置；广播要考虑播出时段、重复率等；电视要考虑播放频道、栏目、时间等；网络要考虑投放的网站、位置、点击形式等。这些问题均会对公关新闻的传播效果产生重要的影响。然而，要特别注意，"公共关系顾问提供给媒体的信息必须是真实的、准确的，并且具备新闻的时新性和趣味性特征。这些信息不仅必须具备一般的新闻要素，还要满足特定报纸的特定需求，甚至还要满足处理稿件的新闻部门中特定编辑的需求"[①]。

总之，公关新闻的策划，是在遵守新闻职业道德的前提下高效传播组织信息、针对目标公众开展的重要沟通手段。现实中几乎每一则新闻都是策划的产物。

公关新闻的策划恰恰体现了组织对目标公众的高度关注与尊重。

（一）知识要点

1. 公关新闻的定义

公关新闻是指一个组织为向公众传播自身信息主动通过新闻媒体发出最新和真实信息的活动。

---

① 爱德华・L. 伯内斯. 舆论的结晶. 胡百精，董晨宇，等译. 北京：中国传媒大学出版社，2014：168.

2. 公关新闻与一般新闻的区别在哪里？

（1）公关新闻是组织主动发出或主动邀请记者采写的新闻；一般新闻是由新闻记者根据所在新闻媒体的安排采写的新闻。

（2）公关新闻往往是由组织的公共关系人员所写；一般新闻是由新闻记者采写。

（3）公关新闻具有明确的目的性，主要突出组织的活动，其他均为陪衬；一般新闻则没有偏好，对各方面的信息均进行如实报道。

（4）公关新闻关注发出新闻的效果，希望通过新闻对组织产生持久的影响力，特别是良性效益；一般新闻的目的是报道信息，对后续新闻效果的关注是其社会影响力。

3. 公共关系新闻对组织的价值有多大？

从严格意义上说，每一篇新闻都具有公共关系的意义，因为每一篇新闻稿都是对被报道对象信息的传播，自从新闻诞生以来，新闻带来的价值从来就没有被低估过。当一个组织主动去报道新闻时，公共关系新闻就产生了。

（1）主动报道新闻对一个组织来说，可以让社会公众及时地关注组织；

（2）新闻具有的真实特性，可以让主动发出新闻的组织信息获得更快的传播；

（3）经常发出正面新闻的组织更容易获得公众的信任，有助于组织声誉的构建与提升。

（二）案例介绍

中国主题花车亮相荷兰花车巡游

随着一辆辆花团锦簇的花车缓缓启动，荷兰花车巡游活动近日在荷兰小城诺德维克市拉开帷幕。荷兰海牙中国文化中心策划的"春艺 2022·虎年中国风主题花车"，在数十辆花车组成的巡游队伍中精彩亮相。

花车巡游是荷兰的非物质文化遗产。今年（2022 年）的花车巡游活动以"欢庆回忆"为主题，行程约 40 公里，途经多个城镇，持续近一周时间。受新冠疫情影响，花车巡游活动已暂停两年。今年活动重启，受到当地民众的广泛关注。

中方主题花车包括两组，用约两万枝鲜花精心装饰。第一组以虎为核心元素，取其正义、勇猛、威严的寓意；第二组载有中荷建交 50 周年标识，象征中国的灯笼和象征荷兰的风车通过一座花桥连接，寓意加深中荷文化交流。

中方已多次受邀参加荷兰花车巡游。诺德维克市市长温迪·韦克雷表示，中方主题花车为荷兰花车巡游增添光彩，已经成为该活动的重要组成部分。中国驻荷兰大使谈践表示，在中荷建交 50 周年之际，希望通过参加花车巡游进一步推动中荷民间交往，促进两国民心相通。

荷兰花车巡游活动组委会主席威廉·海姆斯凯克说，花车巡游活动已成为荷中两国文化交流的重要平台之一。中方主题花车典雅别致，展现了中国文化的深厚内涵，受到荷兰民众喜爱。

格罗宁根市市民埃里克专程赶到诺德维克市参观花车巡游，在中国主题花车前拍摄了很多照片，"中国主题花车向荷兰民众展示了中华文化的独特魅力，给我留下了深刻印象。希望今后会有更多类似文化活动，进一步增进两国民众相互了解"。

资料来源：张朋辉. 中国主题花车亮相荷兰花车巡游. 人民日报，2022-05-01：03 版.

（三）案例评介

1. 问题提出

为什么说这篇新闻稿是一篇公共关系新闻？或者说，衡量一篇公共关系新闻的标准是什么？

（1）新闻稿的题目以组织的名称为核心。

（2）新闻稿的内容围绕组织来展开。

（3）该新闻产生的影响是有助于传播组织的良好声誉。

一篇好的公共关系新闻，就是要及时、清楚、明确地传递组织的声音，其目的是要打造组织良好声誉，营造有利于组织生存与发展的社会环境，增进社会公众对组织的了解与信任。从《中国主题花车亮相荷兰花车巡游》这篇新闻稿来看，公共关系的目的达到了。

2. 策划精要

来看看这篇新闻稿是怎么写的。

1）题目的点睛

题目是一篇文章的眼睛，新闻稿的题目更是要夺人眼目，在众多新闻中脱颖而出，令人过目不忘。"中国主题花车亮相荷兰花车巡游"这个题目，以活动参与者的名称开头，内容极具吸引力。第一，在荷兰花车巡游这一大型公共关系活动中，中国的花车参与其中，惊艳亮相，自然吸引眼球，十分新颖、很不一般；第二，花车巡游只在特别的时刻出场，这次中国的花车竟然跑到荷兰去巡游，很有新意，让人自然想一探究竟，看看这篇新闻稿到底说的是什么内容。当时正值疫情，又临近五一，中国主题的花车能够在异国展出，实在是非比寻常！第三，荷兰是世界著名的郁金香之国，它的花车巡游本身就具有很大的魅力，中国花车能够参加巡游，必然会吸引全球公众更多的目光，增进世界各国公众对中国的了解，这就使这篇新闻报道具有了跨越国界的公共关系意义。

2）第一自然段的概括

第一自然段字数只有短短的 90 个字，言简意赅却具有提纲挈领的作用：交代了花车巡游的地点、中国花车的名称，点出了中国花车巡游的策划主办方，说明了花车巡游的效果。全段两句话反映了三层含义：第一，荷兰花车的巡游活动；第二，参加巡游的中国花车的名称；第三，花车巡游的效果。

注意，写作公关新闻稿最易犯的错误有两点。

（1）主题不鲜明，常把出席活动的政府或其他人员而非公关新闻的主体——组织及其领导者的言行作为新闻稿的主要内容。

（2）内容拖沓，交代了很多看似重要（如出席人员、公众感受等）但实际与主题内容关联不大的信息，忽略了最重要的核心内容，如有关组织的重要信息等。

3）第二、三自然段的铺陈

当题目与第一自然段把新闻的核心内容阐述清楚后，后面的几个自然段就如卷轴画一般，渐次把新闻的其他内容展示出来。第二自然段介绍了 2022 年荷兰的花车巡游情况。第三自然段则专门说明参加巡游的中国花车的情况，包括两辆花车的主题及其象征意义。

4）第四、五、六自然段的丰富

第四、五、六自然段其实是对之前内容的进一步扩充和丰富，每一个自然段说明一个意思，如第四自然段通过花车举办城市诺德维克市市长和中国驻荷兰大使的一番讲话阐明中国参加这次花车巡游活动的公共关系意义，第五、第六自然段通过这次荷兰花车巡游活动组委会主席以及参加巡游活动的普通市民的感言来阐明荷兰海牙中国文化中心参加花车巡游的公共关系活动效果。

这样的写法是新闻学中典型的倒三角式写法，即新闻内容按重要程度由前向后推进，最重要的先说，不重要的依次在后面说明。

在后面段落里新手最易犯的错误如下。

（1）把第二自然段放在第一自然段，写新闻稿就像写日记，按时间顺序而不是按重要程度来写。

（2）写第四自然段时，在意义上容易拖沓，将其写成政治新闻，拔得太高，说得太大。看这篇新闻稿，语言平实，文字简约，以交代事实为主，只围绕公共关系活动主体内容——中国花车来阐述，丝毫没有哗众取宠之意，然而字里行间却能让读者读出荷兰海牙中国文化中心清晰的公共关系意识与高超的公共关系操作手法。

3. 效果评价

这篇新闻稿刊发在《人民日报》第 3 版要闻版上，说明了其分量，从新闻稿内容来看也是一篇内容翔实、效果良好的报道，特别是在五一这天，更增加了节日的喜庆气氛，正值中欧共建"一带一路"向纵深推进之际，新闻所体现的公共关系意义不言自明。

二、新闻发布会

召开新闻发布会是组织十分重要的日常公共关系工作。今天，各种组织在需要向公众传达其重要信息时，常会选择新闻发布会形式。

新闻发布会与记者招待会具有十分相近的功能。一般情况下，二者不作区别。

大部分情况下，策划新闻发布会只需要组织的公关部就可以完成。

（一）举办新闻发布会的条件

新闻发布会的举办，对一个组织来说并不是经常要做的事情。那么，在什么情况下举办新闻发布会?

1. 重大事件的发布

当一个组织在某一时期有重大事件需要向社会宣布时，新闻发布会就有召开的必要。今天的组织，无论是政府还是企业及事业单位，甚至是一个社会团体，已经不再是孤立地在社会中生存，其行为往往影响着社会中的其他群体或公共利益。例如，政府决策、上市公司的转型、学校或医院的重要决定、公益性团体的行业规则制定等，均会对相关的社会公众产生一定的影响。因此，当组织有重大事件发生时，就需要通过新闻媒体向全社会发布新闻。这里的重大事件主要是指重大的人事变动、重大决策变化、重要喜庆消息等。举办新闻发布会不仅是组织的公共关系活动，更是具有社会责任感的一种表现。

2. 重要发明创造的宣布

一个重要发明创造的诞生，是社会文明进步的表现，可能对推动全社会的科学技术进程或改善公众的生活带来重要影响，因此，拥有新创造发明技术的组织在必要的情况下，可举办新闻发布会将其予以公布，增强社会公众对组织的关注度、信任度，甚至民族自豪感。

3. 重大危机挑战下的说明

当一个组织突然遭遇重大危机，引起社会公众对组织现状的高度关注时，新闻发布会的召开就十分必要。在危机发生的情况下，组织需要以最快的速度通过新闻发布会的形式向公众说明情况，及时回应社会公众的关切，如危机造成的严重情况、组织应对的措施、危机原因的解释等。

现代社会，不只组织要通过新闻发布会的形式负责任地向公众公布组织的重要消息，一些公众人物或某些重要事件的当事人，也可能会以组织的名义在必要的情况下举办新闻发布会，告知公众关心的事宜，让社会公众及时了解情况，减少不必要的心理恐慌，提醒采取必要的解救或防护办法等，因此新闻发布会已成为全社会高效率信息发布、组织（含公众人物）与公众及时沟通的重要形式。

（二）新闻发言人的素质要求

新闻发布会的召开，核心人物是新闻发言人。因此，对新闻发言人要提出必要的素质要求。

1. 表达能力要求

新闻发言人是依靠语言表达来完成新闻发布会任务的。新闻发言人在语言表达上应该做到以下几点。

1）口齿清楚，吐字准确

原则上，新闻发言人应该讲标准的普通话。说话口齿清楚，吐字准确，发音正确，能够让在场的新闻记者听清楚其讲话的内容，不能语言表达不清，说话拖泥带水，让人听起来含含糊糊，无法做出正确的理解与判断，无法高效率地完成信息的发布。

2）声音洪亮，声调平和

新闻发言人在主持新闻发布会时，声音应该洪亮，能够让在场的每位记者听清楚讲话内容，即使绝大部分的场合，新闻发言人面前都是放着话筒的，也要声音洪亮，底气十足，体现新闻发言人的身体健康、自信坚定、令人信赖。同时，新闻发言人讲话的语调不能因声音洪亮而上扬，从而给人狂妄、自负的感觉，而应该声调平和，语气显得谦虚而不自负，沉稳而不张狂，使在场的新闻记者听得入情入理。

3）语言礼貌，言简意赅

新闻发言人在新闻发布会上，要言语礼貌，关照到各方面的新闻记者，特别是对于在场的特邀嘉宾，更要给予语言上周到的礼遇，对于记者朋友的特殊情况或特殊要求，也要细心予以必要的交代和诚心的解释。不忽视在场所有人的感性诉求，努力做到让每个人都比较满意。新闻发言人在讲话时，要遵守言简意赅的基本原则，语言不拖沓，说话不带口头禅，不反复重复一些话，讲话时头脑清醒，不随口解释或抱怨，更不擅自承诺，话语要严谨，语言要简洁，不给他人授之语病或口实的机会。

4）快速反应，语言幽默

新闻发言人面对公众媒体，实际上就是面对着广大公众，必须认真审慎地对待新闻记者的提问。当记者提问时，新闻发言人要做到快速反应，机智应答，适时幽默，巧避锋芒。注意不在某些细节问题上多纠缠，及时而沉稳地将记者的关注度吸引到组织期望关注的问题上来，努力保证新闻发布会的顺利举办。

2. 应变能力要求

新闻发言人在主持新闻发布会时，要有很强的现场应变与控制能力，不要让发布会现场出现冷场或令人尴尬的场景，保证新闻发布会的正常进行。

1）一般问题，从容应对

对于新闻发布会上记者提出的问题，新闻发言人一定要认真对待，不可大意。新闻发言人虽然可能已有准备好的答案，但也不可贸然回答。听到问题后要先思考一下，然后微笑作答，回答时要沉着、自信，表达出组织对公众和媒体的尊重与重视。应格外注意这样的情况：记者提出的一个显而易见的简单问题或看似荒谬的问题，实际上可能潜伏着下一个核心或敏感的诘问。因此，新闻发言人在回答一个看似简单的问题时，也要先想一想，注意提问者的动机，然后再从容作答。

2）刁难问题，冷静回答

在新闻发布会上，记者提出刁难性的问题，是十分常见的情况。对此，新闻发言人不能动怒和急躁，而是应该冷静、清醒，既要思考应答的措辞，进行积极的应对或反击，也要思忖媒体所代表的特定公众的特殊利益，努力给公众一个满意的答复。新闻发言人培养良好的心理素质非常重要，绝不能为某些媒体记者的不怀好意、故意刁难而雷霆大怒、情绪失控，导致新闻发布会不欢而散。发言人应始终保持清醒、冷静的头脑，在记者面前不表现出任何情绪化的回答，彬彬有礼，不卑不亢。

3）意外问题，谨慎应对

在新闻发布会上，如果记者提出一个令新闻发言人完全意外的问题，这时新闻发言人草率回答"不知道"，可能未必是一种负责任的态度，因此，对此应该十分谨慎地来应对，既不能怪罪媒体记者捕风捉影，也不能自责消息闭塞，而应该经过思考后谨慎回答，不给对方留口实，也不完全排斥对方的探询之意。

4）突发事件，镇定对待

在一些特殊情况下，新闻发布会也会发生一些突发事件，如停电，嘉宾情绪失控、昏迷，普通公众表现失常、暴怒或出现扔皮鞋、打出反对标语、喊出不恰当的口号等情况。对此新闻发言人首先要做到镇定、不慌乱，然后稳定会场秩序，相机采取适当措施进行应对，保证新闻发布会有序地进行或正常结束。绝不能面对突发事件，先慌了手脚，不经过大脑思考，草率处理，结果可能导致新闻发布会停顿或不欢而散，草草收场，变成一件丑闻。

新闻发布会对组织的影响十分重要。媒体记者是组织最重要的外部公众。他们的态度和判断直接影响着全社会公众对组织的看法和认知。因此，新闻发言人必须有责任和义务保证新闻发布会的顺利举行。

 观点链接

新闻发言人的素质要求

我眼中的新闻发言人是什么样？用通俗的话说：有人缘、会说话。他乐于与人打交道，友善平和，在人群中如鱼得水，特别善于与各色人等打交道，深谙沟通技巧；有成熟的处世经验，有丰富的人生阅历；对相关业务熟悉，对舆论敏感，有深入浅出谈问题的能力；熟悉国情民心，洞察社会心理，是化解矛盾的高手。

而记者与新闻发言人的关系，是互为桥梁的关系，以我媒介，传你内容，好的沟通能够共赢。通过媒体与社会公众沟通，新闻发言人的实践将改变信息不公开的历史。

今天，自媒体已经成为人们得心应手的监督工具，"防火防盗防记者"那一套还管用吗？媒体多元格局下，到处都是镜头，人人都是记者，防不胜防，以记者为敌，岂不是处处树敌？拒绝媒体、阻挠记者，显然是缺少智慧的举动。还是学习运用媒体吧，了解一点信息传播规律和舆论形成规律，好好说话，好好沟通。

我们不是敌人，我们也不是亲人。即使是做正面报道，记者也不是亲人。有的人觉得，和记者很熟，称兄道弟拍肩膀，但是，记者就是记者，亲人是什么关系啊？利益高度一致，护短，遮瑕，任性，不怎么讲原则。亲人能理解表达中的过头话、气话，能忽略不计。记者听到的任何一句都可以传播，就像警察听到犯罪嫌疑人说的任何一句话都可以当作证据。记者用他的新闻价值角度来判断传播意义。如果遇到不大靠谱的可能有麻烦的说法，记者没有义务像亲人一样去护短，他可能去传播。这样说，是提醒接受采访的人：有分寸。

资料来源：敬一丹. 我遇到你. 武汉：长江文艺出版社，2015：179、187-188.（内容有删节，题目为引者所加）

3. 掌控新闻发布会进程的要求

新闻发言人在新闻发布会上有一项很重要的能力必须具备，即对发布会进程的掌控能力——实现新闻发布会从开始到结束的有效管理。

具体来说：

1）保证良好的开端

新闻发言人是新闻发布会的主持人，也是新闻发布会全过程的管理者。因此，新闻发言人要让新闻发布会有一个良好的开场。

第一，向所有与会记者表示欢迎，以诚挚的态度拉开发布会的序幕，并在发布会之前与记者进行简单沟通交流，构建在记者心中的亲和力。

第二，新闻发言人要做好嘉宾的介绍，让所有参会的记者明晰嘉宾的身份、专长、出席发布会的任务。

第三，介绍新闻发布会的程序与内容。从一开始就让记者明晰整个新闻发布会的主题、议程、重点，使记者便于安排自己的工作内容。

第四，以简单语言调适新闻发布会气氛，有一个好的开场白，营造诚恳、亲切、严谨、有序的基本格调，为新闻发布会的顺利召开做必要的铺垫。

2）保证顺畅的过程

新闻发言人在新闻发布会进行中，要密切关注会议的进程，及时发现可能的隐患，快速排除可能的干扰，努力做到新闻发布会有序、顺畅地运行。

在新闻发布会上，可能出现的情况如下。

第一，新闻发言人或嘉宾被记者难倒，使新闻发布会陷入尴尬、难堪的境地。在这种情况下，新闻发言人必须急中生智，善于从不利的场景中摆脱出来，如以答非所问、引用古语或幽默笑话来转移话题或以坦诚态度应对记者的诘难，或以实事求是、义正辞严的态度表明组织的严正立场，以赢得更多新闻媒体的了解与认同。切忌故意敷衍、愚弄记者，招致记者的反感。

第二，有人故意破坏新闻发布会，搅扰会场。如果出现这样的情况，则新闻发言人要保持镇定，安排必要的工作人员维持会场秩序，适时揭露事情的真相或破坏者的不良用心，努力保持新闻发布会顺利举行。

第三，出现设备故障，导致新闻发布会停顿。例如，话筒出现问题、停电等。如果是这种情况，则根据当时的情况，认真考虑新闻发布会运行的可行性，确定是否正常进行或迁址或延期等。但不论设备发生什么情况，新闻发言人都要冷静、从容、不慌不忙，主动关照好记者的情绪。

3）保证圆满收尾

新闻发言人在掌控新闻发布会时，顺利圆满收尾也十分重要。

第一，要把握好发布会的时间，控制在 1～1.5 小时，如果记者提问踊跃，参会记者的级别较高，则可适当延迟结束。如果新闻发布会持续到中午或傍晚，则要及时收尾，留下余言未尽的感受。

第二，要把握好发布会的节奏。在高潮过后时即可结束，不要让人感到会议拖沓、松弛。一般来说，新闻发布会开始会有些冷清，然后随着记者的提问而逐渐气氛热烈。对此，新闻发言人要注意掌控发布会的节奏，在主要问题已经说明清楚的情况下，即可适时收尾，宣布发布会结束。

第三，要安排好发布会的程序。在新闻发布会上，要保持进程平稳有序推进，不要前松后紧，留给记者提问的时间有限，令记者不满。新闻发言人在开始时就交代清楚发布会的议程，留足记者提问时间，保证发布会圆满结束。

4. 个人仪表要求

新闻发言人是组织的形象大使，面对新闻记者，就是面对社会公众。新闻发言人的个人仪表已经不再是私人的生活问题，而是与组织的声誉、形象完全融为一体的职业素养问题，因此，在新闻发言人的素质要求中，仪容仪表是重要的内容。

1）仪表整洁正式

不论是男性或女性的新闻发言人，在仪容上，首先要做到衣着整洁，清爽干练，不给人留下随意、衣衫不整、不洁的印象。对新闻发言人第一印象的建立，在一定程度上影响新闻记者对组织的初步看法。

正常情况下，新闻发言人要着正装，男士西装革履、打领带；女士着西装或套裙，穿长筒袜、皮鞋。这样的装束体现了组织对所有参会记者的尊重，也体现了对广大社会公众的尊重。

2）仪容端庄亲切

作为新闻发言人，应该有一张端庄、明朗、自信、坚毅的面孔，让人看到这张脸，易于产生信任感。新闻发言人在主持发布会时，应表情自然、端庄、沉着但不失亲切。在各种突发情况或不良的气氛下，始终保持坦诚、积极、平和的表情，从中传递组织对大众传播媒介尊重、开放的积极信号。新闻发言人最忌摆出一副高傲、盛气凌人、冷漠的表情，给人一种拒人于千里之外的姿态，这会让新闻界对组织产生消极的印象。

3）仪态谦和有度

新闻发言人主持新闻发布会时，要注意仪态自然而不随意，谦和而不谄媚，体现出训练有素的良好职业风范。在台上需要做一些手势时，注意幅度小而有度，不做夸张动作；不做影响仪态的小动作，如理头发、提裤子、整理衣服或领带、搔抓身体的某一部位等。新闻发言人应令人感到谦和、儒雅，收放自然有度，以大方、潇洒的个人魅力展示组织良好的职业素养与形象。

（三）新闻发布会的策划

新闻发布会的策划是一件比较具体的工作，一般情况下本组织的公共关系部门或专门的新闻办公室就能完成这项工作，不需要聘请专门的公关公司来操办。在策划新闻发布会时，主要有以下几项工作要做。

1. 确定新闻发布会的内容

确定新闻发布会的内容是举办新闻发布会时首先要考虑的问题。新闻发布会的内容主要包括要公布的事项、说明的内容、解释的细节等。具体来说有几种情况，组织有重大消息需要向媒体公布的，如人事变动、公司重组、公司破产等；组织有重要消息向社会宣布的，主要指技术科研方面的成果或进步，如科技发明、专利申请、技术空白填补、新技术引进等；组织在重大事件面前需要尽快向公众解释的事情等。

一般情况下，新闻发布会的内容必须要形成书面文字，一则让新闻发言人事先有所准备，发言时有的放矢，语言表达准确，不出现明显语病或违规言辞；二则作为新闻通稿的原型，为送达给新闻媒体做准备，并在新闻发布会后，将书面内容经修改润色后交给记者。

2. 确定新闻发布会的出席嘉宾

新闻发布会的嘉宾是新闻发布会的主角，他们的出席对新闻发布会的成功起到十分重要的作用。因此，确定邀请出席嘉宾的名单是策划新闻发布会的重要工作之一。受邀出席的嘉宾应该具有这样的特性。

1）相关性

嘉宾应该与新闻发布会的内容有密切的相关性，如分管领导、主要负责人，或者是事件的直接参与者等。

2）高级别性

嘉宾一定是该工作或事件的主要负责人，管理级别应该比较高，显示组织对新闻媒体的尊重和对公众的负责。

3）代表性

参会嘉宾应具有很强的代表性，能够在某一方面具有权威性，其提供的信息具有极强的说服力，嘉宾的发言能够给公众满意的答复。

3. 确定新闻发布会受邀的媒体及记者

新闻发布会的客体是媒体及其代表记者，组织在确定记者所代表的媒体以及参加人数时，应该慎重。应着重从以下几个方面甄选记者。

1）媒体受众覆盖组织的目标公众

选择媒体要考虑媒体所服务的受众是否包含组织的目标公众。如果能够覆盖，则组织的新闻发布会可以邀请其参加。有些媒体看似覆盖面很广，但与组织的目标公众有很大差异，则不必选择。例如，若组织的目标公众是中老年女性，则不必通知一般的女性时尚杂志记者参加。

2）媒体辐射区域涵盖组织的目标公众区域

选择媒体时还要考虑媒体的辐射区域。如果组织的目标公众涉及全国范围，则可邀请全国性的媒体记者参加；如果组织的目标公众只是在本区域，则仅通知本区域的主要媒体记者到场即可，因为即使通知全国性媒体记者到场，对方也可能会明确表示不感兴趣。

3）先期报道组织的媒体邀其持续关注

对于先期报道组织的媒体，不论报道的是好消息还是坏消息，在举行新闻发布会时，都应特别邀请，请其继续关注组织，传递真实信息，以飨公众。

另外，新闻发布会不是参加的媒体越多越好、级别越高越好，而是恰当才好。只要组织本着诚信的态度，以现代公共关系意识积极地与目标公众寻求沟通与认可，则新闻媒体就会以同样的态度将组织推向社会公众，实现新闻发布会所期望的目标。

4. 确定新闻发布会的时间地点

策划新闻发布会时，还要考虑合适的时间、地点。在时间上，注意组织的消息发布不要与国家大事或其他重大事件相冲突，否则，一些重要的记者来不了，即使来了，消息或报道也难以在媒体的重要位置上登载。对于公众高度关注的突发事件，新闻发布会召开的时间越早越好，不可拖延，否则流言就会成为主流，媒体的关注度下降，组织在公众中的声誉就会降低，对于组织不利的负面报道就会占据主导。

关于地点，与组织重大事项或庆典事宜相关的新闻发布会，可选择在当地条件较好的酒店会议厅举行，方便就近餐饮或参观；而对突发危机事件的新闻发布会，则最好选择本组织的正式会议厅或事发地现场附近地点举办，这样，既可以让记者看到现场的情况，做出最真实的报道，也可以展示组织的诚意，击碎各种谣传或猜测。

5. 确定新闻发布会会场布置风格

新闻发布会不论在外租用酒店还是在组织内举办，都要事先确定会议布置的风格。应注意以下几点。

1）横幅标语的内容

一般的新闻发布会都要悬挂标语或使用多媒体大屏幕，标语的内容需要事先确定。例如，××组织新闻发布会；也有内容简单的，只是用投影仪打出五个大字"新闻发布会"，但大屏幕的背景颜色和图案需要谨慎选择，它对于营造新闻发布会的气氛和格调发挥着重要作用。

2）主席台的布置

主席台的摆放方式体现了新闻发布会的内容与性质。正常情况下，主席台摆放一排桌子，桌子台布的色调要与新闻发布会的内容有关联度。例如，重大喜庆事件，台布最好用红色或红黄颜色；重大伤亡事故的发布会，则可用黑色或白色等。

在重大科技创新发明的新闻发布会上，主席台可以不要桌子，只放几把椅子即可，椅子围成圆环状，便于嘉宾自由发言。主席台周围可根据情况放置鲜花或松柏，话筒最好是每个嘉宾面前放一个。

3）会场内的其他布置

新闻发布会除了在主席台体现发布会的风格外，还要根据会议内容及其情况，在会场两边或中间上空悬挂标语口号或其他装饰物。会议之前可安排暖场音乐，会议之后可以安排告别音乐，让出席的记者感到温馨、舒适。另外，新闻发布会必须安排足够的椅子或凳子，并在可能的情况下，装备有充足的现场报道设施及上网设施等。

6. 确定新闻发布会前后的接待与参观

新闻发布会的举办要周密安排接待工作，包括前期的电话反馈、服务值班电话的值守、信函的寄发、出席人数的核定、接车的安排、到会的签字、参会牌的制作与发放、新闻通稿的传递、一些特殊要求的处理等。这些工作正是考验一个组织公共关系管理水平和公共关系人员素质与能力的重要机会。接待工作的设计应细致而全面，事先尽量考虑周全，以防临时仓促，无法应对。

新闻发布会后，在可能的情况下，最好邀请新闻记者做一般性的参观。因为组织向媒体公开就是向社会公开，这个机会十分难得。但是参观工作是一件比较慎重的事情，事先要有所准备，在组织内部做好相应的沟通协调工作，明确参观路线，组织好参观队伍，在不影响组织正常工作的情况下，顺利地让新闻记者对组织予以全面的了解。

参观结束后，一般可安排记者工作餐。

7. 追踪新闻发布会后的报道

追踪新闻发布会后的报道工作在策划新闻发布会时就要提前考虑进去，并安排专人进行追踪。这是新闻发布会效果的检验，更是新闻发布会举办的目的。组织对新闻发布会后的工作要密切关注，及时与主要媒体的记者进行沟通，确定报道视角、报道时间及报道版面、栏目或频道，使新闻发布会的后续工作落实到位，最终实现新闻发布会的目的。

观点链接

官员答记者问的14个"不要"

我因为长期从事新闻工作，经常采访官员和参加各种官员举办的记者招待会，总觉得一些官员答记者问的水平还有待提高。这首先是一个认识问题、态度问题，然后才是技巧问题。答记者问是现代政治的一种运作手段，是政治文明的一部分，是主动提供信息、表达沟通意愿、争取民心、获得支持和改进工作的重要途径。切不可有应付、对抗的心理。以低标准来要求，起码须做到14个"不要"。

（1）不要做报告。答记者问是有问才答，不问不答。虽有时也可借题发挥，但不可太多。常见的毛病是不管人家问什么，只管念自己事先准备好的稿子，做了一个小报告。甚至是故意占住时间，怕人多问。

（2）不要抖家底。一些地方官，不管回答什么，总要不厌其烦地将自己所辖地的土地、人口、物产、产值，甚至山川、历史、气候，全都抖落一遍。这些并不能见报，也无人关心。

（3）不要居高临下。答记者问就是答客问。对客人要尊重、客气。和气生财，谦虚生威。

（4）不要环顾左右而言他。这样不礼貌，人家觉得你心不诚。相反，答问时你最好始终看着对方的眼睛，人和人的交流主要靠语言，而无言的交流主要靠眼睛。语言加眼睛，诚恳而生动。

（5）不要以不变应万变。不要用外交辞令，否则会给人"滑"的感觉，自以为得计，其实有损形象，吃大亏。

（6）不要有对抗心理。所提问题有时可能尖锐，但不必介意，不要立即摆出一副防范、抵抗状，这样问答将无法进行。

（7）不要念稿子。凡问答都是即时的，试想，你与亲人、朋友谈话，或者你年轻时谈恋爱，是否也先有一份稿子？有稿，就有其心不诚、其人无能之嫌。

（8）不要上专业课。答记者问就是通过媒体普及你的思想、你的观点。你讲得又专又深就等于白说。钱学森要求大学毕业生交两篇论文，一篇专业论文，一篇科普文章。真懂是能深入浅出。官员也要有两种本事：一是起草文件、写工作报告；二是动员群众，包括回答记者提问。

（9）不要假装幽默。幽默是宽余的表现，是达到目标的同时还有一点花絮，如篮球的空中扣篮、足球的倒钩射门。没有真本事，不要幽默。许多官员以为答问时幽默就能得分，结果身子能倒钩，球却进不去，弄巧成拙。

（10）不要借机捧上级。大型记者招待会，有时是各级官员出场，由最高官员主持。常有低级官员借答记者问捧上级，让人感觉很不舒服。

（11）讲话的前奏不要太长。答问，是接问作答浑然一体，如太极拳之借力发力，四两拨千斤，一开口即要接上记者的问话，不要自加前奏，自泄其气，反招人烦。

（12）讲话不要超过5分钟。长则有水分，长则惹人嫌。

（13）不要讲空话、套话。你要明白这些话统统不会见报，所有的记者都是挑最有个性的材料和语言来写稿。

（14）不要向记者发脾气，更不可动粗，否则弄不好身败名裂。就算已看出是对方设的圈套，也要机智地、有风度地绕过去。

这14个"不要"所否定的行为都是我在记者招待会上屡屡看到、现仍在发生着的。特整理奉上，以作为参考。

资料来源：梁衡.官员答记者问，起码须做到14个"不要".澎湃新闻，https://www.thepaper.cn/newsDetail_forward_1314269(2015-03-25).（内容有改动）

三、媒体开放日

对一个组织来说，当公众对组织经营的业务或产品、突发的危机事变、存在的特别现象等产生怀疑、兴趣或强烈的抗议时，组织策划媒体开放日就变得十分必要了。

（一）举办媒体开放日的条件

组织举办媒体开放日需要具备一定的条件，否则随意开展媒体开放日活动会因为条件的不具备而产生严重的后果。

1. 有向社会展示事情真相的必要

今天，作为社会公民之一的组织，其行为随时有可能受到全社会公众的关注，媒体的曝光会使组织立即被置于社会公众的高度关注或特别感兴趣的镁光灯下。那么，当组织感到媒体的曝光有失公允、公众对事情的了解程度有限、公众对组织存在明显误解、组织向社会展示事情的本来面目成为必需时，组织公关部就需要策划媒体开放日活动了。

2. 组织具备可以对外开放的条件

组织举办媒体开放日活动，这是一种重要的公共关系活动，要举办这种活动，组织需要具备对媒体和公众代表开放的条件。例如，有可以通行到达的交通条件，有可以公开展示的产品、厂区、车间、实验室、种植园、养殖场等，或者有未被破坏的事故现场等。只有具备这些条件，才可能让媒体记者或公众代表（消费者协会或非政府组织代表）亲眼看到事情真相，直接实地了解组织、理解组织，对组织有全面、真切、正确的认识。

3. 组织有表示正义或正当的充足理由

举办媒体开放日，是组织主动向社会公开自身、积极把自身放在公众视线下接受全社会检阅的重要事件，因此，开放日活动的举办，必须十分清楚地明确组织在要开放的事件中所处的正当性或正义性。如果不能肯定这一点，媒体开放日活动的效果就可能是负面的。对于具有争议性的现象或事件，媒体开放日活动的举行有可能会引发更大的争议，因而一定要审慎举办。

（二）策划媒体开放日

当组织确定举办媒体开放日活动后，组织公共关系人员正式进入策划工作阶段。

举办媒体开放日活动的主要步骤如下。

1. 确定参加媒体开放日活动的媒体与公众代表

举办媒体开放日活动，并不是只对媒体开放，大部分情况下媒体开放日应该邀请非媒体的公众代表参加，因为对媒体开放实际上是对全社会公众开放，有非政府组织的各种公益性组织或消费者代表的参加，更能体现组织开放的诚意，有利于增强活动的效果。

组织确定参加媒体开放日活动的媒体单位，主要应考虑以下代表性。

（1）媒体是否具有国际、全国或地方影响力？

（2）媒体是否在专业领域具有广泛的代表性？

（3）媒体是否在消费者或公众中具有较高信任度或美誉度？

在可能的情况下，组织还应该主动邀请一些具有敌意的媒体或公益组织代表参加媒体开放日活动，以便释疑解惑，消除误解。

举办媒体开放日活动，邀请的媒体要具有广泛性和代表性，数量可根据组织能够接纳的情况予以确定。

2. 进行参观安排

这是媒体开放日活动的主体内容，要求公关策划人员一定要精心安排。

（1）设计参观程序或路线图。组织邀请媒体记者和公众代表来访参观，是组织主动开放自身的一项重大举措，对组织未来的发展影响深远。因而，如何开放、怎样展示自身是需要认真研究布置的。

在设计参观程序或路线图时，要本着真实、真诚的态度，按照组织需要开放的内容顺序进行。参观的程序或路线图要合情合理、具有内在的连续性和层层递进性，既节约时间和体力，又科学有序，条理清楚，让参观者一目了然，内心信服。

设计程序或路线图最忌没有条理、杂乱无章，东一榔头西一棒槌，让参观者丈二和尚摸不着头脑，越看越糊涂，这样媒体开放日的活动就失败了。

（2）确定专人进行导引与讲解。在相对独立或封闭的环境中，组织在安排参观进程时，必须要确定专人进行导引与讲解，解答媒体记者和公众代表的疑问，澄清事实，展示真相。导引与讲解人员必须具有清醒的头脑，对开放日活动的重要性有深刻的认识，语言表达流畅，思维敏捷、回答问题具有针对性和分寸感。

如果是重大的动乱或自然灾害的危机事件，则不必专门设置导引与讲解员，可以让媒体记者和公众代表自己参观即可。但必要的注意事项或路线图需要提前准备好。

（3）设置专门的信息说明栏。在要开放的厂区、车间、实验室、养殖场或事故现场等地，安排设置关键信息的说明栏，将有关的历史、现状、原委等重要信息予以文字说明，有利于媒体记者和公众代表了解真相。事实胜于雄辩，实物场景的展示配以文字的说明，会具有极强的说服力。

（4）安排当事人、技术人员或亲临者现身说法。在媒体记者和公众代表的参观过程中，组织可在一些关键地方，如实验室、车间、种植园、养殖场、事故现场等，安排专门的技术人员、工作人员或事故亲历者进行讲解，由他们以专业的讲解或现身说法来证实组织的实际情况，以增加媒体开放日活动的说服力及效果。只有亲眼看、亲耳听，参观者才能真正地了解组织、认识组织。

（5）安排必要的休息区。如果参观区地域较大，则可安排必要的休息区，供参观者进行短暂的休息，休息区可为参观者提供饮用水或简单的茶点。这种细心安排对参观者感受组织的诚意、增进对组织的了解是有一定帮助的。

3. 召开新闻发布会

媒体记者参观之后，召开新闻发布会是必要的环节。与专门召开的新闻发布会不同，媒体开放日活动的重点是组织情况的对外公开。媒体记者和公众代表不仅是被邀请而来，更是有备而来，有些媒体记者或公众代表是带着质疑或对立的态度来的，这时，新闻发布会的召开才是真正交锋的开始。

1）充分准备新闻发布会

组织在举办媒体开放日活动时，丝毫不能对随后举行的新闻发布会有懈怠或放松，其重要性不亚于任何一次正式的新闻发布会。需要准备的内容有：新闻通稿的撰写；发布会现场的布置；新闻发言人的确定；落实邀请出席的嘉宾名单；对参观内容详尽情况的说明；可能遇到的刁难问题的准备；等等。

2）新闻发言人的出场亮相

一般情况下，媒体记者和公众代表参观完后，会有一种急切的想与新闻发言人见面的冲动，因而新闻发言人的到来在新闻发布会上能够起到一种十分"解渴"的作用。新闻发言人要对即将召开的新闻发布会有充分的准备，自信而沉稳，对事情的了解专业而定性准确，用词温和而立场坚定，具备廓清事态、明了是非、引导舆论、阐明实质的能力，能够帮助媒体开放日活动发挥出最佳效果。

3）嘉宾的选择

在新闻发布会上，记者的发问大多数情况下会有一些十分敏感或带有一定尖锐性的问题，因而，现场嘉宾的解答十分重要。嘉宾的选择主要是组织的主要领导、分管部门的负责人、行业协会的负责人，必要时还可选择社区代表、大客户代表等有关人员出席。

4）安排充分的提问空间

作为媒体开放日活动的组成部分，新闻发布会不仅是组织要"说"，也要让媒体记者或公众代表充分地"问"，只有这样，才能实现全面的沟通交流，达到媒体开放日活动的最终目的。因此，新闻发言人可以给媒体记者或公众代表安排宽松的提问时间，双方进行充分的对话交流，把媒体记者或公众代表原来有疑问的、参观中想到的一些问题一并解决。新闻发言人和嘉宾都要态度和善、语言精练、取向鲜明、解答耐心，努力与媒体记者和公众代表坦诚沟通。对于纠缠不清、蓄意曲解组织动机、故意为难组织的媒体记者或公众代表，也要有理有据有节地礼貌待之，让对方现出用意不良的本来面目。

4. 送别媒体记者与公众代表

新闻发布会结束后，可安排媒体记者和公众代表简单用餐。在条件许可的情况下，把媒体记者和公众代表安全送达其指定的地点，同时可告知电话或电子邮箱，以备今后继续联系。

5. 密切关注媒体开放日活动后的媒体反映

在媒体开放日活动结束之后，一般会有密集的媒体报道，组织要高度关注媒体的反映倾向，如有与事实有较大出入的情况发生，一定要及时出面澄清，千万不要作壁上观，以沉默待之，甚至期望事情会自然明了，总会有人出来为组织说话。只有组织积极地为自身的声誉做最大的努力，组织才能平安解决声誉危机。

今天，媒体开放日活动已成为组织公共关系活动的常规活动，及时、主动地开展媒体开放日活动，对组织亲和公众、化解危机具有十分积极的作用。

 案 例 观 摩

中国"嘉庚"号科考船在马来西亚举行公众开放日活动

经过半个多月的海洋科考和教学航行之后，来自中国厦门大学的"嘉庚"号海洋科考船（2019年8月）17日至18日在马来西亚巴生港举行公众开放日活动，吸引了近千名当地民众到访参观。此次开放日融合了海洋科普与海洋文化，也是中国科考船首次向马来西亚公众免费开放。

厦门大学马来西亚分校校长王瑞芳介绍，近百名师生志愿者通过在船上引导实验室参观互动等，向公众普及海洋知识，宣传海洋文化。参观者可通过近距离感受船上搭载的高性能声学探测和海洋采样等各类尖端设备认识海洋，关注海洋保护。王瑞芳表示，期待深化与马来西亚相关高校和科研机构合作，助推中马科教文化领域交流。

马来亚大学伊朗籍教师帕丽萨参观后表示，自己虽然长期在海洋学院工作，但也是第一次进入科考船实地参观学习，机会十分难得，很多海洋知识都形象地展现在眼前，让她对科学考察工作有了更直观、更清晰的认识。

马来西亚本地大学生阿什莉全家七口人都报名参加了开放日活动。中马两国学生志愿者全程引导他们参观，并用英文做了详细介绍。她和她的兄弟姐妹都认为参观活动"棒极了"！

资料来源：郁玮. 中国"嘉庚"号科考船在马来西亚举行公众开放日活动. 央视网，http://news.cctv.com/2019/08/18/ARTIKDocNT0RjiMKdU6FAHdd190818.shtml(2019-08-18).（内容有删节）

第二节 公关广告、宣传品与网络传播

一、公关广告的含义与特征

（一）公关广告的含义

公关广告是广告的一种，是指组织为了在公众中强化其声誉，实现组织更好地生存与发展而使用的一种付费宣传活动。公关广告不同于一般的广告，它是组织为实现公众对组织了解、认同，进一步传播组织声誉的重要手段。因此，公关广告承载着更多的社会责任。

（二）公关广告的特征

公关广告与商业广告有很大的不同。其特征如下。

1. 主体的广泛性

公关广告不同于商业广告的重要一点是，任何一个组织都可以成为公关广告的主体，都可以通过付费方式来向社会公众传递组织的重要信息。对于营利性组织来说，公关广告着重于向社会公众传递组织基本信息与核心信息；对于非营利性组织来说，公关广告带有明显的社会公益色彩，通过社会公益理念的宣传，显示组织的存在价值与社会责任。

2. 内容的非功利性

公关广告的内容与商业广告相比，一般体现在两个方面，一是组织自身，二是社会公益。公关广告具有非功利性特征，它以宣传组织的经营宗旨、使命、企业文化及社会公益理念等为目的，意在通过传播组织经营文化和社会先进理念，达成公众与组织的共同认知，着力实现传播组织声誉的广告目标。公关广告的内容应严谨、内敛，用词简洁，减少情节渲染与鼓噪。

3. 形式的稳定性

公关广告的内容一旦确定后，会在相当长时间内不再改变，因而在表现形式上，公关公告也会比较稳定、持久。不论是户外广告还是媒体广告，组织的公关广告都应保持一种恒久稳定的形象，以逐渐加深公众对组织文化和社会公益理念的认知。这与商业广告不同，商业广告常以及时变换广告形式为特征，老套的广告会被公众认为组织缺乏与时俱进的精神。

今天，许多组织都乐于运用公关广告来宣传自身。面对公众越来越厌倦商业广告的情况，公关广告无疑是效果更好的宣传形式。

二、公关广告的策划

策划一则公关广告不是一件随意的事情。公关广告不论是通过媒体与公众见面还是竖立在户外，对组织来说都是彰显组织声誉、引起公众关注、实现组织与公众双向沟通的重要手段。公关广告的策划步骤如下。

（一）确立广告目标

在策划公关广告时，首先要确立广告期望达到的目的及实现的目标。只有明确这一点，才能切实地策划好公关广告，公关广告的费用支出才不会浪费。

1. 公关广告的第一个目标——知

对于一家公众不了解的组织来说，首先确立的广告目标应是"知"，即让公众知道。这一目标的重要内容包括：通过公关广告让公众知道组织的名称、组织的性质、组织所在行业、组织领导者的名字、组织所在的地区或城市、组织的基本业务、组织的产品名称等。组织通过公关广告，将这些信息传递给公众，以此实现让公众对组织初步了解的目的。对于极少做广告或新成立的公司，以"知"为目标的公关广告是比较适合的。

2. 公关广告的基本目标——晓

有的组织成立多年，公众对该组织有一些零星的了解，这时，就适合做以"晓"为目标的公关广告。"晓"的内容包括组织基本业务、重要产品或服务、组织员工数量及构成、组织发展历史、组织宗旨或文化、组织领导者的基本情况等。通过这样的广告，公众对组织可以有比较全面的了解。今天有些组织会通过集中性的信息传播实现"晓"的公关广告目标，如在电视台偏冷的时段进行组织的专题性介绍、在公共网站上以漂浮图标形式链接组织网站、在杂志封二或封底进行组织情况介绍、在报纸上做整版的专门性组织文化介绍等。

3. 公关广告的根本目标——信任

做公关广告是为了广而告之，广而告之的根本目的是构建公众对组织的信任，这也是公关广告策划的高级目标，是组织努力要实现的重要目的。对于公众比较了解的组织，通过公关广告传播组织的核心理念、文化精神以及经营宗旨，构建公众对其的信任是十分必要的。另外，在组织知晓度达到一定程度时，组织的社会责任应该及时体现出来，主动担当传播先进文化、鼓励文明礼貌等的社会公益责任，在展出公益性广告的同时，传递组织的社会责任，也会很好地激发公众对组织的认同感和信任感，如"让我们做得更好"——飞利浦广告。尽管通过公关广告，未必能够立即实现公众对组织的信任，但信任一定是组织通过公关广告要达成的目的。在组织的优质产品、良好服务的基础上，公关广告应该始终传达给公众"值得信任"这样鲜明的信号。

4. 公关广告的最高目标——忠诚

当一个组织在内部管理、外部服务等方面都达到了最佳状态，也赢得了公众的普遍信任时，通过公关广告来确立公众对组织的忠诚是策划公关广告的终极目标。一则诉求表达明确、内容清晰精练、画面优美传神的公关广告，在相当时间段里可以持续、稳定地传达给公众组织的信息，起到强化公众对组织的认可、实现公众对组织信赖的目的。同时组织可以通过对社会公益理念的传播，以持续稳定的广告语向公众传递自身的追求与对社会的担当，赢得公众内心的好感与忠诚，如"科技以人为本"——诺基亚广告。

（二）设计公关广告的诉求点

公关广告的诉求点，是指公关广告要表达的主题思想和切入点。一般来说，广告表达的主题角度，可以分为理性诉求、感性诉求。从广告表达的手法来说，可以分为直白诉求、曲隐诉求。以下主要介绍从广告主题角度所表达的诉求点。

1. 理性诉求

理性诉求是指组织在制作公关广告时，向公众表达的内容是从引入直白的说理角度来阐述的，不使用或极少使用抒情描写的语言。理性诉求主要有以下这样一些角度。

1）组织文化

组织在公关广告的内容中，向公众传播的主要是组织文化，其中重点是组织精神、宗旨信念、追求目标、经营理念等。这些内容严肃而庄重，往往会给社会公众很深的印象，对增强公众对组织的信任感能够起到很大的作用。这在组织的官网上比较多见。

2）组织特色

在公关广告内容中着力突出组织的优势与特色，借此以不同于其他组织的突出优势强化组织在社会公众中的印象。如果这一特色成为该组织持续稳定的竞争优势，则组织的特色广告会成为该组织的代名词。例如：

两片，肠虫清——中美史克

有家有爱有欧派——欧派厨具

3）组织技术

如果组织的技术实力在同行中具有突出的优势，则通过公关广告可以将此优势传递出来，向公众表达组织在技术上的独特能力。例如：

格力，掌握核心科技

华为，双核时代的终结者

4）组织管理

有些组织拥有十分先进的管理手段，内部管理成为其核心竞争力，则公关广告可以将此凸显出来，给公众留下鲜明印象。

5）组织实力

组织，特别是企业，如果拥有较强的综合实力，是同行中的佼佼者，则可以通过公关广告向公众彰显组织的突出成就，给公众留下深刻印象。例如：

华为，不仅仅是世界500强

汾酒，中国酒魂

2. 感性诉求

如果说理性诉求的公关广告着重于以理服人的话，则感性诉求的广告偏重以情动人，即从感情描述方面去打动公众。在一定程度上，感性诉求的广告，同样具有很强的说服力。

感性诉求的广告可以从以下几方面来入手策划。

1）社会公益

将组织所应承担的社会责任作为组织公关广告的主要内容，以生动的语言描述社会公益事业的内在意义，在落款处表明组织的名称。这种形式的广告，有利于打动公众，便于唤起公众的合作感，激发公众的社会责任意识并认同组织所提倡的公益理念，同时公众会自然加深对组织的好感，这是一个非常有智慧的切入点。例如，中央电视台定期播放的一系列公益广告，如《打包篇》《爸爸的谎言》等为传播关爱患有阿尔茨海默病的父亲、关注父母健康等中国传统美德的理念而持续不懈努力，既发挥了中央媒体的引导作用，又在教育、影响年轻一代公众方面发挥了积极作用。

2）目标公众

组织从目标公众的心理需求角度出发，以某一情感话题唤起目标公众的心理认同，联想到组织所从事的业务或推出的产品，由此使公众产生对组织的信任与好感，强化对组织的认同感或良好印象。

3）组织经营理念

组织以富有表现力的语言向社会公众传递组织的经营宗旨及理念，以自身别具特色的理念来打动公众，赢得公众的认同，从而使公众留下深刻印象。例如：

蒙牛，只为点滴幸福

海尔，真诚到永远

相比之下，理性诉求是直白的描述，感性诉求常常是曲隐的表达，但二者的共同点都是通过广告形式让公众强化对组织的认同，加深公众对组织的印象。

（三）制作公关广告文案

公关广告文案的制作分两个方面，即文字方面与图画方面（影视表现）。一个优秀的广告要求这两部分都精彩、独特。

1. 文字部分策划

广告文案文字部分的写作，内容包容量大、文字容量小，因而要求字字斟酌，细细推敲，寥寥数语（字）皆要能恰到好处地体现组织所表达的信息。

1）准确传递公关广告目标

公关广告文案的文字不论是理性诉求还是感性诉求，都应该文字精练，准确传递公关广告的目标。这是成功公关广告的核心。广告文字部分应该是最初打动公众、清晰阐释广告内容、最后留下持久印象的部分，故而文字内容的设计一定要十分用心。

2）高度概括与凝练组织的信息

公关广告文案的文字核心是体现组织的信息，但一则广告能够容纳的文字很有限，因此，对于广告中描述的组织情况，在文字上要有高度的概括力和极强的凝练性，公关广告策划人员应努力做到在有限的时间或版面中，全面概括和良好包容地把组织信息传递给公众。

2. 图画（影视）部分策划

图画或者影视表现是公关广告文案的又一重要内容。一则公关广告除了文字部分的精彩之外，图画表现力能否达到精彩而精准、影视展现的内容或精神是否传神是十分关键的。

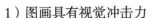

1）图画具有视觉冲击力

广告中的图画，主要指平面媒体的广告内容，如报纸、杂志、户外张贴广告等的图画部分。图画内容应该富有表现力，尤其是在视觉上有冲击力，在设计制作图画时，要色彩鲜明、图画独特、构思精巧、意境悠远，整体的表现力既要体现广告主题，意义所指明确，又要画面简单易懂，甚至拙中藏巧，富有幽默感。

2）影视表现生动传神

一些组织在制作公关广告时，会考虑选择使用电视或网络媒体形式。广告内容在文字说明之外，需要策划富有表现力的表演场面。因此，这部分的策划非常重要，需要根据广告内容，以独特、生动、引人入胜的场面吸引观众关注广告内容，传播组织信息，尤其是能够传神地表达广告的诉求点，给公众留下难以忘怀的印象。很多情况下，一则影视公关广告，看似朴素无华，但温情脉脉，感人至深，最后阐释出组织的深意，会令人难以忘怀。对此，公关广告策划人员发挥着重要的作用，需要下功夫认真研究。

3）谨慎使用明星

今天，有些组织为了要让广告吸引公众目光，因而花大价钱请明星出场，这已经是司空见惯的情况了。对此，组织要谨慎决策。请明星出场，为组织代言，虽然可以赢得公众对广告的关注，但负面作用是，明星的炫目亮相，往往抢了组织形象的风头，大部分情况下，公众记住广告，不是因为组织，而是因为明星，特别是一些明星代言多家组织，其自身形象已浸染了多重产品形象的色彩，公众很容易被明星干扰而影响对组织的关注，如果所请明星本身不为目标公众所喜爱，则让这样的明星代言，往往得不偿失。

（四）选择广告媒体

公关广告文案设计完成后，就要确定广告媒体。具体包括以下几点。

1. 确定广告媒体类型

将公关广告放在什么样的媒体上向公众传播，首先必须评估媒体在目标公众中的影响因素，其次了解不同类型媒体在目标公众中的占有率，最后要审视不同媒体在目标公众中的接触习惯。不论是平面媒体，还是电子媒体，决定因素不是组织的资金，而是目标公众的偏好。

2. 确定广告媒体级别

确定广告媒体级别即决定公关广告是投放在中央媒体、省级媒体还是地区级媒体上，如果是广告牌，则考虑放置的地点，是在闹市区还是高速公路一侧等。确定媒体的级别应根据组织计划要覆盖的公众目标而定。

3. 确定投放广告时段（频道、版面等）

在确定媒体时，要仔细考虑与评估所投放媒体的时段、频道或者平面媒体的版面位置、重复率等，户外广告要确定广告版面的大小和竖立的地点等问题。

好的公关广告，必须选择恰当的媒体为载体，才会保证如期的广告效果。

TCL 公关广告

（一）知识要点

公关广告是组织通过付费方式进行的信息传播活动，传播的内容包括组织的文化理念、整体实力、组织愿景、社会责任以及组织想要向社会表达的重要信息等。

（1）公共关系广告传递的核心内容是组织，商业广告传播的中心是产品，不要把公共关系广告与商业广告混为一谈。

（2）公共关系广告具有公益广告的宽广视角，又包含有组织希望社会公众关注的互惠信息，因此，公共关系广告经常与公益广告有交叉或一致的表现形式。

（3）公共关系广告主较一般商业性广告主要宽泛得多，政府、医院、学校以及公益性组织都可能成为公共关系广告主，其目的往往是传播新理念、展示新面貌、体现新格局、打造高信誉等。

（4）公共关系广告是组织的一种常规性的公共关系活动，设计精巧、创意独特的公共关系广告会高效率地传播组织信息，打造组织品牌，缔造组织声誉，发挥四两拨千斤的效果。

（二）案例介绍

有一则公共关系广告刊载在 2018 年 2 月 27 日《光明日报》第 8 版整版之上，排版为横版，广告由文字与照片组成，在广告正面位置的左上角由两个部分组成：靠左的是 TCL 集团的图标，即红底白字的 TCL，下面是一小行中英文字："创意感动生活，The Creative Live"，这是 TCL 集团的广告标志语，也可以理解为是企业的文化核心；右面是中央电视台推出的"大国品牌"节目的图标与文字，企业标志与中央电视台大国品牌的标志中间以一条竖线分割。这两个内容的下面是一行小字，上书"CCTV·《大国品牌》独家冠名企业"，意味着 TCL 集团为中央电视台"大国品牌"节目的独家赞助商。广告主体内容为两大部分，左面是文字：TCL 以「品牌自信」践行「文化自信」的昂扬姿态向伟大时代致敬。其中"向伟大时代致敬"字体号较大，占据左面中心位置，下面是一行同样内容的英文"TCL Salutes to A Great Era"，字号较小。字体下面贴近底线是一个略加虚化的图片，图片的中心是天坛祈年殿图案，其四周从左到右分别是美国的帝国大厦、英国的大本钟大楼、俄罗斯的喀山大教堂和法国的埃菲尔铁塔。右面是一幅巨大的 TCL 集团董事长、CEO（首席执行官）李东生的照片，照片左下是其亲笔签名。照片中的李东生，身着西装，双手背在身后，侧身凝视远方，精神饱满，气度不凡，令人印象深刻。

（三）案例评介

1. 问题提出

一则公共关系广告，可以传递什么信息？在今天的大众传播媒体上，可以经常看到一些组织发布的公共关系广告。这些广告或者表达社会责任的担当，或者体现组织的文化理念，或者表示对某一重要事件的态度等，不一而足。为什么？因为组织视自身为一个社会公民，拟通过公共关系广告，表达组织的声音，体现组织的姿态，引起社会公众的关注，确立组织在社会公众心目中的期望位置。因此，公共关系广告一般包含这样几个要素。

（1）组织的名字或图表符号要体现在醒目的位置上。

（2）广告内容一般言简意赅，微言大义，甚至有时只是一个图片，主题明确，简约大气。

（3）广告的播出或刊出比较突出，如果是报纸或者杂志，往往占据半版或整版的篇幅；如果是电视或广播，则会安排在黄金时段，一般时长为 10 秒左右。

（4）公共关系广告播放或刊登之后，效果一般不会快速显现，组织期待传播内容能如细水长流，涓涓流入公众的心中，随着时间慢慢沉淀。

2. 策划精要

中央电视台推出的"大国品牌"出自 2017 年 7 月 1 日开始在中央电视台综合频道（即央视一套）播出的《大国品牌养成记》（简称"大国品牌"）节目，该节目"首次使用第三方视角，从品牌的信用体系、产品、营销、渠道、消费者等层面，深度解析一批中国优秀品牌的核心基因、文化联想，对消费群体的影响，全面提升企业的品牌价值。"[①] TCL 成为当年这一品牌节目的唯一赞助商。2018 年 2 月 26 日，中央电视台大国品牌纪录片《时代》正式在央视一套首播，该片通过讲述 TCL 集团董事长、CEO 李东生与中国改革开放同行的创业之路，展示了以 TCL 为代表的中国实业践行"品牌强国"之路所取得的丰硕成果，并以此片向成就了大国品牌的伟大时代致敬。次日，《人民日报》《光明日报》分别以整版广告配合该纪录片的播出，这一公关活动令人拍案叫绝！

《光明日报》刊载的这则广告，品牌要素齐全，左上角 TCL 集团的标志语与广告语和中央电视台大国品牌的图标全部恰到好处地呈现出来，让人非常清晰地解读出 TCL 所要传递的信息。广告中心部位两个内容，文字内容"TCL 以「品牌自信」践行「文化自信」的昂扬姿态向伟大时代致敬"，展示出 TCL 集团以及董事长李东生先生在"时代"纪录片中所凝练出的主题，立意高远，气势宏大，思想深邃，催人奋进，充分体现了 TCL 集团坚定的民族自信和深厚的爱国主义情怀。左下角的五个建筑物图案，具有极强的象征寓意，天坛祈年殿图案体现了中华文明的悠久历史和博大内涵，美国、英国、俄罗斯和法国的标志性建筑则传递了 TCL 集团在海外的市场实力。

最令人印象深刻的是 TCL 集团董事长兼 CEO 李东生的照片形象。这张照片面积所占将近半个广告版面，在整版广告中给人强烈的视觉冲击，李东生侧立远眺，令人肃然起敬，展示出中国当代企业家的勇气与担当，堪称精彩。

---

① 《大国品牌养成记》CCTV-1 开播在即 众多企业联袂倾情推荐. http://1118.cctv.com/2017/06/07/ARTI7pUUIZrlzTz EOaEjqIiH170607.shtml(2017-06-07).

3. 效果评价

TCL 的这则报纸广告仅仅只在 2018 年 2 月 27 日做了一次，但如果是关注中央电视台《时代》纪录片的人，则会对这则广告的刊登有一种似曾相识的熟悉感。

今天，一个组织展现整版广告并不足奇，但是，能够给人留下深刻印象和持久回味的广告却寥寥。这则公关广告在早春时节，利用国内著名大报体现企业实力，应该会给人留下较深印象。

三、组织宣传物编辑与发行

在组织的日常公共关系工作中，编辑与发行宣传物是十分重要的内容。

（一）宣传物对组织公共关系工作的意义

组织宣传物是组织对内宣传、对外传播的重要载体之一，它对组织公共关系工作有重要意义。

1. 组织宣传物有利于组织内部的信息沟通

对于一个组织来说，内部信息的沟通非常重要。组织员工需要了解本组织的重大决策和工作安排，组织管理者有责任将管理内容、相关信息告知内部员工，只有这样，才可以实现全员一心、同心同德、工作推进有序、组织的凝聚力提升到有利于组织发展的高度、组织目标顺利完成的目的。在组织内部沟通中，内部宣传物具有重要的使命：一则组织宣传物时效性强，信息及时；二则宣传物成本低，利用率高，便于内部传阅；三则使用宣传物信息内容正式、严谨、规范、方便。因此，宣传物对组织公共关系工作有积极意义。

2. 宣传物有利于组织对外部的信息传播

组织在发展过程中，需要赢得外部公众的了解、理解以及支持，信息的及时传播是根本。组织宣传物能够有效地将信息传递给外部的目标公众，使外部公众及时、全面、完整地认识组织。这对于构建组织良好的生存与发展空间有积极意义。有些组织内外宣传物分别编辑，内外有别，对外宣传物针对性强、目的明确，可以有效地促进组织外部公众的了解与认可。

（二）组织宣传物的种类

在组织的宣传物中，常见的有以下几种形式。

1. 内部报纸

内部报纸包括厂报、公司报、院报、机关报等。其定期出版，可以反映组织近期的基本动态和情况，也可就某一专题进行讨论或阐述观点。

2. 组织简报

针对组织的日常管理工作，定期编辑简要消息，在组织内部散发。简讯一般不做综述或评论，大多具有会议情况概述、重要决定发布的职能，较多地反映组织运行情况或管理层的决策等。

3. 组织刊物

组织定期出版的杂志，可根据情况确定月刊、季刊或年刊等。组织刊物一般容量大，除一般通知性的信息登载外，还可设专栏在一些问题上进行深入思考、讨论，也可根据情况刊载组织年度或季度工作计划，或登载领导者的讲话或文章，便于内部员工的学习与资料留存。

4. 组织宣传活页

组织在某一时期针对一些重大事件而编辑印制的宣传物。宣传活页内容集中，容量少，阅读简便，成本低廉，便于传播。若编辑严谨、内容精当则传播效果更好。

5. 组织海报（电子显示屏）

组织海报（电子显示屏）是组织针对某一宣传主题所制作的重要信息承载物。海报时效性强，传播面广，也是组织对内重要的宣传物。随着技术进步，现在很多组织开始使用电子显示屏（LED①板），其功能完全可以替代传统的海报，而且更新方便，承载信息量大，受到很多组织的欢迎。另外，黑板报是传统的内部宣传载体，在一些基层单位仍然被继续使用，定期更换，与组织海报类似，也可对信息沟通发挥重要作用。

（三）组织宣传物的编辑

组织宣传物的编辑工作是一项具有公共关系意义的策划工作，不可因为是内部传播为主、不是正式出版的发行物而降低编辑水平。

1. 风格确定

组织宣传物在编辑时要根据宣传物的内容、阅读者、版面容量等因素先将宣传物的风格确定下来。

（1）报纸可以根据不同版面考虑风格，如一版严谨、二版专业、三版亲和、四版活泼。但作为组织的报纸，总的报纸风格应以体现组织特色为主。

（2）简讯的风格则以严谨、简约、大方、规范为佳。

（3）刊物的风格以专业性、知识性为主，要有基本的栏目分类。

（4）宣传活页则以集中刊载某一方面内容为主，风格简朴、自然。

（5）海报的风格则要活泼一些，以一些休闲、娱乐性的通知为主，版式往往与内容相配合，醒目而略带俏皮。

2. 版面设置

组织宣传物的版面情况根据内容与阅读者的层次而定，可因时因地制宜。例如，报纸版面一般以四版为主，头版刊载重大会议性的新闻事件或消息，其他版面分别登载专栏文章、专业内容以及文体娱乐活动、散文诗歌作品等。在一些特殊情况下，如重大庆典活动、重大危机事件、重要事件方面，可以出版号外或增加版面，以加大传播力度。

简讯的版面一般很少，多则3~5页，少则1~2页，起到通知和沟通信息的作用即可。刊物的版面根据杂志的规模、专业性确定，一旦设置了基本的版面，就要相对固定

---

① LED（light emitting diode），即发光二极管。

下来，遇有特殊时期可设增刊。在对外发行的刊物中，版面的要求更加严谨，专业性也更加突出。例如，高等院校的学报在版面的要求上特别强调符合规范性与学术性。宣传海报或活页在版面上比较随意些，根据内容可多可少，没有太多拘泥。

3. 栏目要求

对于编辑比较正规的宣传物来说，栏目的安排是必要的，也是重要的。可以给读者一个条理清晰的感觉。例如，内部刊物可分为营销动态、领导出访、内引外联等栏目。简讯有时也会根据常规性的内容设置会议信息、重要议题、人事动态、业务通报等。宣传活页与海报则因为内容集中而不必设置栏目。黑板报会根据某一时期重点主题设置一些小栏目板块。

4. 文章排版

当宣传物的风格、版式、栏目确定下来后，稿件的排版就显得很重要。一般来说，稿件排版会根据作者的权威性、文章的重要性、内容的时效性及版面的容量等诸因素来确定。在必要的情况下，应善于对稿件进行删节。稿件的选用要考虑质量、创新性以及原创性，尽量不选用已在其他出版物上发表过的文章，更不能出现剽窃他人成果的文章。

（四）组织宣传物的发行

宣传物制作完成后，其发行也需要一定的策划，因为只有快速而顺畅地发行，才会实现组织信息传递、顺畅沟通的职能。对于大型组织来说，可以建立稳固的发行队伍或渠道，保证宣传物快捷地送达组织的高层或基层员工手里，真正发挥组织宣传物的公共关系作用。为使组织内部能够顺利得到宣传物，一般发行渠道会与组织内部的层级关系一致。同时，要扩大宣传物的发行面，可以设置组织的公共信息平台，使组织内部每一个成员都可以便利地获取宣传物或宣传物内容，如公共阅报栏、公共资料发放橱窗（书架）等。对外部公众，组织一般可采用赠送的方式进行，如选择与目标公众接触的机会进行宣传并赠阅，在特定假日或节日（企业厂庆、消费者权益日等）集中发给公众，以最大范围地实现组织信息的传播。

四、网络宣传

对于一个组织来说，为了引起目标公众的关注，更加高效率地传递组织信息，为组织的生存与发展营造良好的社会环境，制作电子媒体的节目，是十分必要的，也是日常公关策划的内容之一。

（一）电视专题片的策划制作

电视专题片是指利用电视媒体，以宣传组织各方面信息为核心内容的电子视频材料。电视专题片需要大量音视频素材，通过剪辑形成完整的作品后方可直接播放。它的策划制作有以下几方面。

1. 视频素材的采集

如果电视专题片是以专门反映某一组织发展情况为题材的，组织策划人员的第一步就是要对组织历史、技术状况、产品、重大荣誉、领导活动、员工状况等进行录像拍摄，将之作为专题片的原始资料，以备后期编辑所用。

2. 专题片主题确定

在视频素材采集的基础上，确定专题片的主题，根据主题命名恰当的专题片名字、为系列专题片设置分标题等。专题片的制作主题要鲜明，全部内容要紧密围绕主题展开，不能随心所欲，让主题迁就画面或图片。例如，为了所谓的经典照片，而不顾及与主题的关联性，最后导致专题片主题分散，内容支离破碎。主题确定后，应对录像素材进行剪辑、编辑，形成专题片的基本雏形。

3. 解说词撰写

为配合专题片的主题与内容，需要撰写解说词。解说词的写作应该语言精练、优美，内容生动、深刻，并与专题片的画面协调一致，为专题片增色添彩。

4. 专题片配乐与解说

组织专题片，是一种具有极强表现力的媒体传播手段。在录像和图像资料甄选、编辑基本成形之后，应该精心选择与主题和内容恰当、匹配的音乐，配合音色端正、清晰的解说，使组织专题片达到内容饱满、表现力强劲的传播效果。有些组织会将厂歌、校歌或一些特定的乐曲作为配乐资料，这些如果与内容配合恰当，也会起到良好的视听效果。

5. 专题片预播放

在专题片制作完成后，可选择内部媒体予以试播放，在内部公众中广泛征求意见，进行修改完善，增加必要的背景说明，删去不必要的细节交代，使之不断完善。

6. 专题片播映

专题片制作完成、审核通过后，组织可以认真选择大众传播媒体及组织网站，在恰当时间隆重推出，正式播放，有条不紊地实现专题片宣传组织实力、传播组织信息、塑造组织声誉的目的。

（二）电视公关广告的策划制作

电视公关广告的特点在于，传播的广泛性和对公众的影响力，但公关广告时长较专题片要短、单位时间付费却很高，因而制作难度更大。故而，制作电视公关广告需要更加严谨、精巧。

1. 主题具有表现力

公关广告在主题上，应体现出鲜明的公益性、社会性、艺术性和沟通性。不论公关广告的目标是什么，其目的都是寻求被目标公众了解与认同，让公众在观看广告中了解信息、受到启发，获得精神升华，或者赢得内心的认同。公关广告主题最忌站在组织的角度看问题。因此，公关广告在策划时要十分鲜明地表现出组织的理念与追求，尤其是社会公益主题，展示组织强烈的社会责任感，体现出组织对社会关注、对人类关心的真切之意。

2. 画面具有吸引力

制作电视公关广告，在画面上要想吸引人，就要精心设计和策划广告的表现方式，让画面优美、清晰、动感、内涵丰富、色彩明快，让人过目不忘。否则，电视公关广告会因为没有特色而淹没在大量商业广告中，并被公众忽略掉，最后得不偿失，无果而终。

3. 语言、音乐具有震撼力

电视公关广告是通过最具有表现力的媒体来展示的，因而要充分利用十分有限的时间，在语言和音乐方面精心锤炼，努力达到震撼的效果。一则电视公关广告长则十几秒、短则三五秒。语言多则 50 个字左右，少则 10 个字以内。音乐更应具有清扬、独特的现场感觉。所以，策划语言与音乐必须惜字如金、精雕细琢，实现持久、深刻的视听效果。

（三）电视新闻片

组织根据自身发生的新闻事件，初步制作新闻报道资料片，经一定加工后报送电视台，配附新闻稿，由媒体决定是否采纳报道。

如今，组织与周边社会环境发生着许多联系，有许多新闻需要及时让公众知晓。如果组织的新闻报道都期待新闻媒体来上门采访报道，则记者的工作量是难以承受的。因此，组织公共关系人员在物质条件具备的情况下，将组织发生的新闻事件制作成电视新闻片，再由新闻媒体的编辑进行加工整理，这对组织新闻事件的快速播出是有帮助作用的。

1. 捕捉新闻事件

在组织的日常工作中，会有许多事情是有新闻性的。问题在于组织公共关系人员是否意识到其新闻价值。所谓的"制造"新闻，不是由组织公共关系人员或媒体记者去"炮制"新闻，而是组织的公共关系人员以新闻人员的眼光将刚刚或正在发生的事件确定为新闻，并及时报道出去，因此，制造新闻必须遵守新闻职业道德，绝不编造假新闻。平时，组织的公共关系人员要善于在工作中发现新事物、新信息，如果发现这些新事情具有新闻性，那么，就可以将之认定为新闻，以电视录像或照片等手段将之拍摄下来，再配以新闻稿，及时送达新闻媒体，如果被新闻媒体采用，则可以使组织的信息以最快的速度传递给公众。

2. 编辑新闻素材

当具有新闻价值的电视资料素材收集完毕后，要先对之进行编辑加工，从中删节无关紧要的画面，将新闻报道视点体现得更加突出与鲜明，使之更具有新闻报道价值。因此，组织的公关人员应不断增强新闻编辑能力，将组织的新闻片编辑得更加专业化，便于新闻媒体的采用。

3. 撰写新闻稿

电视新闻片基本制作完成后，新闻稿的撰写要同时跟进。新闻稿应该能够起到交代背景、阐述事实、提升意义的作用。一篇语言简略、措辞准确、表达清晰、与新闻画面基本匹配的新闻稿会有效地增强新闻媒体单位采稿的可能性，也会为组织的新闻报道起到锦上添花的作用。

4. 报送新闻单位

将制作完成的新闻片报送新闻单位，即电视台。报送前要仔细斟酌媒体单位，着重考虑两个因素：一是电视台的级别，如中央、省、市、县级电视台；二是电视台的频道及播出时间，如综合台、经济台、科教台、社会台等，播出时间是在晚上黄金时间，还是在白天等。在考虑媒体时，最重要的是依据目标公众接触媒体的习惯，只有让目标公众看到新闻片，组织的努力才算有了基本回报。因此，选择媒体十分重要。

5. 收集反馈信息

当电视新闻片报道播出后，公共关系人员应注意收集反馈信息，了解新闻传播的效果，分析新闻报道策划的得失，为今后的媒体报道及电视新闻片的制作打下良好的基础。

（四）广播剧的策划与制作

在电子媒体节目制作中，可以利用广播媒体将企业文化、组织发展历史、企业家个人传奇等内容，制作成故事情节丰富、具有极强吸引力的广播剧定期播放，传播组织的重要信息。

广播剧的策划主要包括以下内容。

1. 主题策划

策划广播剧，首先要确定其主题，让整个内容围绕并服务于主题。一般来说，主题应该具有鲜明的社会性、公益性和组织特性。社会性是指广播剧的内容适合社会公众收听，具有广泛的受众群；公益性是指可以使听众从中受益，获得更大的人生启发或鼓舞；组织特性则可以使广大公众从广播剧中，感受组织的独特文化，从而产生认同，最终实现组织在公众中的辐射力，实现组织的公共关系目标。

2. 情节设置

广播剧的情节需要具有感召力的故事性，否则无法吸引听众的注意。但情节的设置又不能太过曲折复杂，应该轻松简单而不失深刻和智慧，让听众获得愉悦的收听感受。广播剧的剧本编写要实事求是，同时不乏诙谐幽默。

3. 导演与排练

广播剧的剧本确定后，开始进入编排阶段。在公关策划人员的统一设计安排下，应由专业的导演进行专门的编排与演练，不同角色应精心安排妥当，使之达到较专业的录制水平。

4. 音乐与配器

在制作广播剧时，恰当的音乐伴奏必不可少，好的音乐伴奏可以增强广播剧的感染力。同时，还要根据剧情内容进行必要的配器伴奏，使之具有现场感。制作精良的广播连续剧，可以产生十分强大的社会影响力，如果可能的话，可以将广播剧制作成为品牌节目，以期产生更大的社会影响。

5. 选择媒体播放

广播剧制作完成后，组织可以选择能够覆盖目标公众的媒体，择机播放广播剧。如果播放效果反响良好，则可推出连续剧，将该档期节目做成精品节目，以产生更好的社会效应。

6. 监控广播剧效果

广播剧通过媒体播出后，需要密切关注播出效果，及时调整播出时段与播出内容。对不利的反映要迅速应对处理，切不可放任自流，不管不问。

（五）网页的策划与制作

在互联网时代，各类组织通过网络宣传自身已经成为常态。具有公共关系意识的组织，都会十分注意组织网站及网页的设计与制作，将之作为组织最重要的对外信息沟通与传播的窗口。网页的策划与制作是组织公共关系工作的重要内容。

在对网页进行设计时，要考虑这样几个问题。

1. 网页特色

设计制作具有特色的网页非常重要，它能给网友留下深刻印象。

网页特色主要包括网页版式的独特性、排版与画面的醒目性与网页内容的有用性。网页的独特性要求在网页的版式风格上能够令人耳目一新，与其他同类组织有较大差异性，主要包括色块的运用、版图的划分、图案的展示等方面；在网页的醒目性上，要求策划人员能够充分利用互联网的优势，使其在色彩、动感、栏目划分等方面展示出组织的特色，给人以较强的视觉冲击力；在网页的内容方面要求充分体现组织的行业特色、技术优势、文化特性等，给人强烈的吸引力，并能获得一种精神享受，展示组织的综合实力与长远的影响力。

2. 网页内容

组织公共关系人员在网页策划时要清醒地认识到，网页不仅要有动人的美感，更要有实质性内容，优秀的网站一定是内容为王。同时，网页工作人员必须保持较高的工作效率，仔细审阅信息内容，随时更新信息，第一时间把需要放置的内容上传。在网页内容的编排上面，策划人员要考虑内容的精选，更要体现内容的全面，还要关注网页每条信息的可点击性，使公众通过网站窗口，能够全面地了解组织的各方面信息，并对组织有鲜明印象。另外，一般情况下，网页文字内容应简单、有条理，令人基本知晓即可，不必详细展示。

3. 网页及网站维护

组织在设计完成网页全部内容后，要注意监测与维护，密切关注竞争对手的网站情况，及时对本组织的网页及网站进行公共关系方面的审核与评估，努力实现全天候与网友快速、便捷的互动。如今，当网页维护懈怠时，网友会及时发现，如一些公共事务的管理网站，信息内容陈旧，回复网友的帖子始终是同样的一句话，然后就不再有下文，网友的留言反馈仍然是三五年前的内容，这样只能说明该组织管理存在漏洞。组织应该有专人随时了解和关注自身网页及网站建设情况，及时进行网页更新与网站维护，始终保持组织网页及网站的高点击率，借此实现组织公共关系的目标。

搭建连心桥 为民办实事

（2022 年）4 月 15 日，党的二十大相关工作网络征求意见正式启动。人民网"领导留言板"与人民日报客户端一起，受权开设"我为党的二十大建言献策"专栏，再次成为网友建言献策的重要阵地。栏目上线 12 小时，"领导留言板"就收到有效留言近万件，截至目前已达数万件。

习近平总书记指出，各级党政机关和领导干部要学会通过网络走群众路线，经常上网看看，潜潜水、聊聊天、发发声，了解群众所思所愿，收集好想法好建议，积极回应网民关切、解疑释惑。

人民网"领导留言板"，是人民日报专门为中央部门和地方各级党委政府主要负责同志搭建的网上群众工作平台。打开人民网，或者"人民网+"客户端，进入"领导留言板"板块，群众就可以直接给"一把手"们留言发表意见建议或反映问题。

目前，31 个省区市全部开展了"领导留言板"群众留言办理工作，覆盖了 100% 的市州和 99.2% 的县区，超 1.2 万家职能单位入驻。党的十八大以来，人民网"领导留言板"上有 300 万件群众意见建议获得回复办理。"上留言板了解群众意见"已成为领导干部的一种习惯。

"群众在'领导留言板'上的留言，将自动推送给相关的办理单位。办理单位在及时知晓群众反映的问题后，就会做出回复，并予以解决。"人民网网上群众工作部主任杨佳说。

一条条急难愁盼问题，看似都是"门前小事"，背后关联的却是社会大群体。就这样，"领导留言板"把"群众工作"搬上了网。

产品滞销、欠薪欠款、环境污染……一个个留言反映的问题、难题及时得到解决。渐渐地，网上群众工作被以制度化的形式固定下来。31 个省份普遍建立了留言办理工作的组织体系、运作流程与监督机制，共同走好网上群众路线。

"中国逐步进入老龄化社会，留守老人与农村养老问题亟待解决。乡村振兴应该先从农村互助养老开始，让留守老人有归宿、让进城子女在城里能安心创业！"

2020 年的一天，内蒙古自治区达拉特旗基层干部李电波在人民网"领导留言板"上看到了"我为'十四五'规划献一策"栏目。结合自己平时的生活和工作，他提出了"互助性养老"的建议。

两个多月后，北京。

党的十九届五中全会通过了《中共中央关于制定国民经济和社会发展第十四个五年规划和二○三五年远景目标的建议》。其中写道："推动养老事业和养老产业协同发展，健全基本养老服务体系，发展普惠型养老服务和互助性养老"……

就这样，来自小乡村的声音"走进"中南海，"领导留言板"成为沟通上下的"连心桥"，也成为全过程人民民主的生动实践。

"上连党心、下接民心。在工作中，人民网想方设法为群众排忧解难。"人民网党委书记、董事长、总裁叶蓁蓁介绍，许多"领导留言板"上的群众留言，也成为人民日报开展监督报道的线索。目前，不但人民网各新闻采访部门纷纷以"领导留言板"的内容为线索进行有效监督报道，人民日报的读者来信版也与人民网"融"在一起，不断以留言为线索，选择人民群众最关心的问题，进行重点、有深度的监督报道，共同为群众服务。

下一步，"领导留言板"还将拓展下沉到乡镇街道社区，助力基层治理能力提升。

资料来源：金歆.党的十八大以来，人民网"领导留言板"上有300万件群众意见建议获得回复办理　搭建连心桥　为民办实事.人民网，http://politics.people.com.cn/n1/2022/0420/c1001-32403238.html(2022-04-20).（内容有删节，题目有改动）

第三节　领导者与员工形象设计

组织领导者及其员工，在对外的活动和日常经营工作中，自然被公众认为是组织的形象代表。领导者及其员工的一言一行、一举一动已不再是体现组织个人的风格与气质，而是集中体现了其所在组织的精神风貌、作风态度，同时折射出该组织的企业文化、理想追求、价值理念及对未来的信心等。因此，在公众场合，组织领导者及其员工的一言一行、穿着打扮都需要精心设计，决不可随心所欲，自以为是。

一、语言设计

语言设计主要包括组织领导者在重要的活动场所该讲什么话、如何讲话、怎样展示语言魅力；组织员工在与公众打交道时如何待人接物、使用礼貌用语等。经过设计的语言会增加领导者的个人魅力；经过培训的员工，在语言的运用方面也会让公众感到如沐春风，无形中提升组织的声誉，传递给公众对该组织的信心。

（一）领导者会议讲话

1. 正式会议讲话

在一个组织中，外部或内部经常会有一些重要的活动需要领导者出席到场，并且成为主要的发言人。发言分为致贺词、作重要报告、开场发言等。因此，领导者的讲话一般应该有发言稿。发言稿忌讲大话、官话、空话。因此，对领导者的讲话稿要进行认真设计。这是日常公共关系工作的一部分。

正式发言稿要精心撰写，努力使之成为言之有物、言简意赅、发人深省、令人印象深刻的佳作。

1）发言稿内容主题鲜明

在正式场合的领导讲话，首先应体现出开门见山、主题鲜明的特点，在向各位嘉宾问好后，应直入主题，不拖泥带水。大部分情况下领导的讲话内容有更多的鼓励性成分，会让人产生较为强烈的内心震撼和认同感。

2）发言稿语言简洁、深刻

现如今，正式会议上的领导讲话稿往往会印发给与会者现场阅读。因此，发言稿的质量要求很高。发言稿除了在内容上条理清晰、逻辑性强以外，在语言的表达上也要精心锤炼、仔细推敲，努力做到简洁、深刻，让公众感到值得回味与留存。

3）发言者声音洪亮、表达清晰

在正式会议上，主要领导上台发言，应该声音洪亮、语言铿锵、表达清晰流畅，显示身体健康、精神饱满、坚定自信、积极乐观的面貌，使与会者从中感受到一定的教育作用和来自组织的强大影响力，并对组织的经营现状充满期待。

2. 一般会议讲话

一般会议讲话是指组织领导出席组织内外一些会议时所做的临时讲话。这种情况下的讲话，大多数属于即兴演讲，不需要带讲话稿。对此，组织领导的讲话更要事先由公共关系人员设计安排。

虽然在一般会议上，参会人员并非社会知名人士或特别重要的公众，但即使是普通的听众，组织领导也一定要认真对待，不可草率应付，因为很难预料台下的听众中是否有组织中未来的重要公众。

公共关系人员为领导者设计讲话主要包括以下几点注意事项。

1）讲话思路清晰

公共关系人员为组织领导安排的即兴演讲，要有事先列出的一个演讲提纲，写明讲什么内容、讲哪几个方面、彼此的逻辑关系如何建立等，在构建一个讲话的完整内容基础上，公共关系人员要让领导者对之了然于胸，领会吃透。这样领导者的即兴讲话才能有的放矢，产生影响力。

当然，一般来说，一个领导者本身是具有在一般会议上即兴演讲的能力的，但是，站在组织全局的高度，理性地阐述问题、把握主题，却是组织公共关系人员能够更好地把握的。因为领导者毕竟有太多事情需要应酬与考虑，不可能面面俱到。特别是对于一些比较专业的小型会议，需要领导者去评价与推动，而领导者未必精通专业，很多专业术语也不一定熟悉，因此，公共关系人员事先的策划就非常重要了。否则，领导者没有一些基本的思路，在台上的发言就可能语无伦次，难以顺畅地传达自己的思想，结果可能会导致公众对组织的实力产生怀疑、对组织的信心产生动摇等不良效果。

2）内容简洁明晰

领导者在即兴演讲时，要紧扣会议主题，内容既要高度概括，又要言简意赅、高屋建瓴，让听众感到有思想、有内容、有高度、有深度，清楚、明晰，令人心服口服。领导者讲话切忌言语拖沓、离题万里、言之无物、让人不明就里，故而在必要的情况下，领导者的即兴演讲要进行一定的训练与排演。

3）语言抑扬顿挫

领导者讲话需要生动鲜活，注意与下面公众产生呼应和互动。根据公众的不同情况，在语言的运用上要情感丰富、抑扬顿挫，注意留给公众消化、吸收、思考、应答的间歇，让领导者的演讲成为带动公众情绪、影响公众士气、强化公众价值观的重要催化剂。因此，演讲中必要的引经据典和插科打诨是很重要的。在这方面公共关系人员应该予以一定的准备，让领导者在讲话时信手拈来，增强演讲的感染力。

4）表情亲切自然

组织领导者在一般会议上进行即兴演讲，是一个展示组织领导层人员素质、组织实力及组织文化的重要机会。因而，领导者在演讲时，也要注意表情方面的设计。讲话中要注意语速适中、表情自然、面带微笑、风趣亲切，让人感受其亲和力与内在的人格魅力，使聆听演讲成为一种享受。领导者在演讲时忌面无表情、双目无神、语调平淡、表情呆滞、语言乏味老套，这会让公众对领导者及组织厌倦或失望。

（二）领导者日常对话

领导者与公众的日常对话分为两种：一种是组织的基层员工、中层干部及媒体记者等到领导者办公室与领导者对话；另一种是领导者到基层与内部公众对话。对于这两种情况，组织的公共关系人员要进行一定的策划设计，确定基本的常规对话规范，充分利用这种便利条件为组织的发展铺设良好的基础。

1. 办公室对话

当组织的基层员工、中层干部及媒体记者等来到组织领导者的办公室与领导者进行商谈或对话时，领导者的语言表达需要进行事先的策划与设计。

1）平等温和

当组织的基层员工、中层干部及媒体记者等走进组织领导者的办公室时，领导者要以平等的姿态来接待，切不可以主人自居，居高临下，摆出一副官腔样子吓唬人。在与其他人交谈时，领导者应温和而平静、宽厚而礼貌，给人一种亲和、可以信赖的感觉。

2）谦和倾听

一般情况下，走进组织领导者办公室的人往往是来向组织领导者汇报、请示或反映情况的。因此，领导者面对他人的态度应该是认真倾听，谦和坦诚，让对方知无不言、言无不尽，讲对讲错都不必有顾虑，给所有与领导者接触的人留下良好的印象。

3）适度表态

领导者不是和事佬。在与他人对话中，组织领导者在适当情况下面对一些问题应该予以适度表态，对一些正确的做法或说法予以支持，对一些不合适的做法表示谨慎的不同意见。但不管怎样，领导者面对来访者，均要清晰传递组织信息，表明对某些重要问题的明确立场，给来访者以积极的信息，借此传递组织负责任的基本姿态。

4）礼貌接待

对于走进领导者办公室的人，领导者应展示出温良、宽容、礼貌、平和的心态，不轻慢任何一个来访者，让来访者感到温暖与尊重，树立起尊重、开放、包容、平和的领导者形象。

2. 基层访谈

当组织领导者下到基层与内部或外部公众（内部公众，如本单位职工；外部公众，如消费者、中间商等）见面交谈时，应该讲什么、怎样讲，也是组织公共关系人员要提前策划的内容，因为这是领导者在公众中确立组织声誉的重要时机。

1）谈工作，虚心听意见

领导在内部下基层常去的地方可能是职能部门或车间、工地等；在外部则更多的是与客户见面。在这些地方，双方谈的主要话题是工作。公共关系人员要提醒领导者多听少说，少做指示，多当"小学生"。当领导者与内部职工谈工作时，注意不要颐指气使、发号施令，而应该虚心听取下属意见，坦诚地与一线员工交流看法，全面了解清楚组织内部某一方面的实际情况。领导者给员工留下的印象应该是——工作作风朴实、工作态度虚心、决策讲求民主、对组织基层情况熟悉。

2）谈生活，真正关心人

组织领导者下基层与内部或外部公众交谈，除了谈工作外，一定要谈谈生活。这一方面需要公共关系人员的提醒与设计，另一方面也是领导者必须具备的平等心态。领导者与员工谈生活，首先要让领导者提前了解内部员工的一些基本情况，特别是一些值得关心的特殊员工，然后领导者在下基层时有的放矢地去关心下属，问询员工个人及家庭成员的生活、身体及父母等情况，专门看望特殊员工，不忘与基层员工合影留念，让员工感受到组织的温暖，展示组织领导者知人懂人关心人的魅力。

3）谈细节，彰显真功夫

组织领导者在与内部或外部公众交谈的时候，要注意把握细节。对某些问题，要有刨根问底的认真劲儿，不要浅尝辄止，让公众感到是搞走马观花的形式主义，而要抓住问题不放，执着探究事情的原委，直到彻底把事情搞清楚。公共关系人员要提前提供一些基本情况或难以解决的问题供领导者参考，让领导者下基层的目标明确，有效推动一些问题的解决，另外也可以使公众（主要是内部公众）知道不能敷衍领导，领导者具有明察秋毫的观察力，必须扎扎实实地把工作做好，从内心认同领导者。

4）问名字，深度了解人

领导者下基层与公众交谈，公共关系人员要提前提供一些重点关注的名字，让领导者心中有初步印象，然后在下基层后，就可以重点关注这些人，使领导者对他们有深刻的印象，领导者也可由此加深对基层的了解。同时，领导者在基层主动问询交谈对方的名字，是对公众的尊重，体现组织领导者亲和、热情的一面。这方面组织公共关系人员需要事先认真安排。

（三）员工语言运用要求

当员工以组织成员的身份出现时，就是组织的形象大使。员工的语言运用极为重要，一言不慎，得罪的可能不只是一个顾客或用户，而可能是所有的公众。因为在互联网时代，视频的录制变得极为便捷，员工得体恰当的语言未必会被公众注意或点赞，不得体或不礼貌的回答则可能会被迅速"抓取"而在网络上传播。因此，对员工语言的设计要认真对待。一般来说不同行业有不同的礼貌用语规范，大致可分为政府工作人员接待用语规范、服务行业工作人员接待用语要求、社交场合工作人员一般礼貌规范等。

1. 政府工作人员接待用语规范

政府工作人员代表国家和政府的形象，政府工作人员在语言的运用方面，应该慎重而认真，不可随性、随意。

1）语言平实，用语准确

政府工作人员在与公众沟通交往时，应该语言平实，不讲一些公众听不懂的专业术语，在讲解法律条文或政策时，要吃透法律、法规或政策，能够用普通公众理解的语言把问题解释清楚，同时又要用语规范准确，不随意解读或延伸，让公众听得明白，理解到位。特别忌讳因不当解释而给公众留下滥用政策的空隙，从而带来之后的管理问题。

2）语言委婉，有同理心

政府工作人员在工作中，会遇到各种各样的社会公众，他们很多有着急难愁盼的问题，因此在倾诉问题时往往在工作人员面前不加遮掩、大倒苦水。这样的场景来自公众对国家和政府的极高信任，而绝不可理解为是政府工作人员就应该服务好，甚至被解读成"好欺负"。因此，工作人员面对公众要特别有耐心，说话要委婉缓慢，学会认真倾听，要有同理心，体现出急民之所急、想民之所想的职业素养。

3）语调平和，声音低沉

政府工作人员面对公众的一些情绪释放，特别要理性冷静，不要受其影响。处置问题时要心平气和，不急不躁，忌讳大喊大叫。说话时要语调平和，声音低沉，温和节制，做到既不傲气也不气馁，要以理服人，不要以势压人。要让在场的公众或不参与的公众，都能看得、听得服气，体现出政府工作人员训练有素的职业操守。

2. 服务行业工作人员接待用语要求

服务行业工作人员是一个较为庞杂的社会群体，他们主要工作在酒店、商店、饭店、旅行社等以及各种交通运输工具如飞机、火车、公共汽车上等。这些服务人员在社会上随时可见、随处遇到。服务行业的工作人员所在单位一般都会有明确的规范礼貌用语，上岗前都会进行一定的培训。服务人员遵守好这些规范用语，有助于保障他们所在组织的服务质量。但要打造组织长久的声誉，从公共关系角度来说，还需要提出更高的要求。

1）礼貌用语发之于内，流露于外

服务行业的工作人员，尽管在上岗之前和日常工作中一般都会进行一定的接待用语培训，绝大多数工作人员会逐渐熟练运用服务用语，甚至将其作为日常接待工作中的一种表达习惯。但是在实际工作中常常可以看到一些服务人员对表达接待用语并不上心，接待用语随口就来，但接待的行为却不尽如人意。如说完"欢迎光临"就自顾自忙去了；一边说"您的满意是我们最大的追求"，一边在处理顾客投诉时态度强硬；等等。因此，服务行业的工作人员，在表达礼貌用语时应该真心说、真心做，应该对公众的尊重发之于内，语言的表达流之于外，这样才能避免口惠而实不至，影响公众对组织的印象。

2）服务公众不拘泥于本本，话语带有温度

服务行业的工作人员，在面对服务对象的语言表达中，要注意不要拘泥于服务规范要求，沟通话语要灵活运用，说出来的话要有人情味，让人听了自然、舒服，不要冷冰冰、硬邦邦。如在有些服务场所，工作人员尽管讲的是礼貌用语，但在被服务对象听起来却感觉像下逐客令，缺乏一种人情味。比方有些服务人员常常一问三不知，回答问题很快，却令人无语。服务行业的工作人员应该学会善于体察公众的心理需求，必要的时候多说一句、多问一句，注意沟通的细致与周到，这样才会让人感到温暖，由此对组织陡然激起好感。

3）处理冲突话语诚恳，不要攻讦

在服务行业中，经常会遇到一些冲突的场景，或是因为公众的原因，或是因为服务人员所在单位的一些缺憾。当冲突发生时，服务人员切忌在言语上表现激进，公众越是激动，服务人员越要冷静和理性，先听对方讲，不要抓住对方的一些话反唇相讥，更不能知道对方有过错或瑕疵，就理直气壮地顶撞对方。服务人员应该尽量话语诚恳，站在对方的角度考虑问题，不争不吵，有话慢慢说，可能的情况下等待单位负责人员或有关部门的工作人员来进行处理。这样可以很好地体现自身的素质，努力维护组织的良好声誉。

3. 服务行业工作人员社交场合一般语言规范

当服务行业工作人员离开工作场景，进入一般的社交场合时，公众仍然会将之与其所从事的工作产生自然的联系，甚至赋予其一定的刻板印象，如空乘人员即使是在饭店与朋友聚餐，朋友们仍然会认为他们的礼仪应该是无可挑剔的。因此，组织必须对服务行业的工作人员开展公共关系教育，提前进行必要的培训或提醒，告知他们，即使是在社交场合，并不从事自己的服务工作，仍然要注意自身的社会形象，在言谈举止方面，表现出一定的职业素养，自觉维护其所在单位的声誉，在言语交流方面展示出良好的公共关系素质。

1）亲友交流，亲切坦诚

服务行业工作人员在一般的社交场所，应该如何说话？当然不必像在工作单位一样表现得彬彬有礼，客套而生硬。回到熟悉的朋友或家人面前，他们可以很放松地进行交流沟通。在语言方面应该是自然而亲切，体贴而诚恳，不可表现得随意甚或放纵，对朋友或家人更应该周到细心，不要出现较大反差，否则会给自己所在的单位带来不良影响。特别重要的是不在亲友甚或刚认识的朋友面前批评所在单位或"曝光"单位的黑幕，这不仅对自己所在单位不利，同样也让亲友对自己产生不好的看法。

2）聚会发言，落落大方

服务行业工作人员在社交场所聚会时，可能会遇到一些讲话或发表看法的机会，对此，相关人员应该注意把握这样的机会，主动发言，落落大方，不只是袒露自己的心声，更要展示所在行业的风采，说话有的放矢，适当体现职业素养，在言谈中流露出自身的自豪感、责任感与自信心，在不经意间带给亲朋好友其所在组织的正面形象。

3）发生冲突，谨慎克制

当服务行业工作人员在社交场所与他人发生冲突时，要特别注意不要不管不顾，恣意释放，即使是自己占理，也不要气势汹汹，不给对方留有余地，否则容易影响自己所在单位甚至行业的整体印象。在很多情况下，服务行业工作人员在与他人出现冲突时，一旦被知晓身份，就比较容易令人产生职业联想，并进行概念化的定义。因此，服务行业工作人员要特别注意恰当处理冲突，即使并不是在工作时间、工作场所，也要克制而理性，不激化矛盾，多从对方角度考虑问题，尽快化解矛盾，自觉为自身所在的行业或组织加分、争光。

二、行为设计

组织的领导者与员工在行为上的设计，主要是指领导者与员工在举止上的表现，特别是在公共场所，他们的举止行为不仅体现了该组织领导者与员工的个人修养，更体现出其所在组织的整体管理水平与经营理念。古语说：听其言而观其行。行为往往比语言的表达更有说服力，在公众场合抑或组织内部的工作区域，领导者或员工的行为都需要谨慎而得当，必要时需要提前进行严格的培训与要求。

（一）工作场合的举止表现

组织领导者与员工在工作场所的表现，体现的是所在组织的整体素质和管理水平，并由此令公众推断组织的经营理念、管理水平和社会责任意识等。因此，领导者与员工的举止表现，均需要格外注意，并表现出训练有素的姿态。

1. 谦和而自信的站姿

领导者在工作场所出现的时候，往往成为众人关注的焦点，举手投足都被很多人关注，其一举一动都会被人看在眼里。因此，其站姿应该是谦和而自信，稳重而优雅的，既不显得孤单无助，又不显得傲慢自负。谦和的站姿要求领导者身体放松，自然而优雅；自信的站姿要求领导者身体挺拔，沉着稳重。员工在工作场所要展示出主动而有序的姿态，工作中听从指挥，遵守规范，按照要求认真完成必要的工作，不东张西望，不迟钝木讷，面对服务对象，要积极主动，大方亲切，展示谦虚而训练有素的形象。应特别注意以下几点。

1）不东奔西跑

在工作场所，除非正在处理紧急事宜，否则领导者或员工不要表现出东奔西跑的不安定姿态，否则会被认为经验不足，管理混乱。

2）两手不晃

在与人交谈时，领导者两手不要有太多动作，如说话打比方，肢体动作幅度不要太大；在与熟人打招呼、寒暄或告别时，动作点到为止，举止优雅大方；与人交谈中，站姿不松垮或身体不随意抖动；接听电话时沉着平和。员工在开展服务工作时，注意两手动作幅度要小，不要慌乱，尽量不要碰翻周围物品。

3）两腿沉稳

领导者与员工在站立时，都要注意不要有明显的摆腿或身体抖动的动作，不要出现上踢或下蹲等大幅度动作。女性人员更要注意举止缓慢、轻盈、规范、有度，不要有高抬腿部、双脚交叉站立的动作，否则会十分不雅。

4）腰身挺直

除非身体有病或腰部受伤，否则领导者与员工在站立时，腰身一定要挺直，身体不可左右扭动或前后摆动。因为腰身不挺拔，人整体就会显得萎靡不振或太过随意，这种站姿会传递给公众不规范甚或不负责任、玩世不恭的感觉。

2. 沉静而自持的坐姿

在工作或社交场合，领导者容易采用坐姿来开展工作。领导者坐姿的重要原则是：坐如松，即坐稳不晃，不频繁调整坐姿，坐下后上身挺拔，双腿平放地下，女性领导注意双脚放于侧方或前后交叉，两腿不抖。员工坐下后也要安静不动，不要交头接耳聊天或拿出手机玩。要摆出认真倾听的姿态等待上级的指示或准备服务于客人。沉静而自持的坐姿能够体现出一个组织的领导者及其员工的自尊与自信。特别要注意以下几点。

1）上身不松塌

不论是领导还是员工，都不要因为坐久了，就将上身松塌后泄，窝成一团，那样会显得精神不振，影响士气。

2）两脚不前伸

领导者与员工坐下后注意不要将双脚伸向前方，占用很大的空间，这样容易显示出一种随意或张狂的不恰当姿态。

3）双腿不抖不晃

有些人坐在座位上有抖腿或晃腿的习惯。组织领导者要特别注意这一点，尤其是与其他人共坐一条长椅时。普通员工在工作中更是要注意克服这个习惯。

4）目光平移

目光是与人交流的重要方式。一般来说，组织领导者在坐下后不应东张西望，或紧盯着一个地方不动，应该目有柔光，缓慢地与周边人员进行目光交流，当需要与人打招呼时，及时移向说话的人，头部的动作要缓而少。员工在坐下后如服务于客人，则要眼观六路，反应敏捷，及时以目光捕捉工作内容或服务对象的需求，看到有问题或有需要的探寻目光，应该迅速做出反应，及时走上前去提供帮助，如果是听从上级的工作安排，则要目光专注，眼神笃定。

5）手不指人

无论是否在工作场所，组织领导者说话时都要注意保持与他人平等交谈的态度，手的动作要少，一般情况下不要用手指指人，但不排除必要时做任务的安排需要这样的动作。但在与他人观点不同，发生争辩时，伸手指人会显得居高临下、举止傲慢，甚至有侮辱人之嫌。员工在工作场所则应该基本避免以手指人的情况发生。

3. 平静而节制的表情

领导者与员工在工作场合的表现，还包括对其面部表情的管理。它是与行为举止密切相连的重要组成部分。领导者和员工的面部表情在重要场合同样需要事先的训练与设计，否则，会造成难以预知的后果或误解。

在大部分的情况下，无论是领导者还是员工，其面部表情都应该保持平和、放松的状态。

1）面部沉静、温和

在正常的工作场合，领导者的面部表情要保持沉静、温和，给人坚定、沉稳、开放、自尊的感觉，看上去令人肃然起敬。普通员工如果是在服务行业，则需要保持发自于内心的微笑状态；如果是一般的工作岗位，则表情沉稳、平和即可。

2）去除不良习惯

在一些公众场合，领导者的表情是很多人关注的焦点。因此，领导者应注意克服一些不良习惯，如挠头、捏鼻子、摸下巴、皱眉、挤眼、鼻子抽动、咬牙、舔嘴唇等，也包括与人打招呼时，做鬼脸、夸张地大笑等。普通员工如果是出现在人前，则要特别注意自己的表情，按照组织的培训要求，做到端庄自然。

3）目光柔和而坚定

在与人接触中，领导者的目光容易给人留下深刻的印象。领导者应该双目有神，目光坚定、沉静、柔和、自然，讲话或安排工作时，目光尽量扫过在座的所有人。几乎所有的组织都对员工的表情包括目光有要求：做事专注，目光沉稳，随时展现灿烂的微笑。

4）勿大笑大叫

在工作的处所或公众场合，无论是领导者还是员工，高声交谈或大叫大笑都会给人留下十分不好的印象，这被视为严重的失礼行为。在遇到好友或处理一些事情的情况时，可在一隅单独进行，不要引起公众的注意。

（二）领导者公共场合的举止表现

在互联网时代，一些组织领导者很容易成为人们熟知的人物或"网红"。他们出现在公共场合，也容易被公众识别出来。因此，组织领导者在公共场合作为普通人，如作为顾客、食客、乘客、游客、司机、路人、听众及观众等出现时，都要注意自己的公众形象，一些不当的行为有可能通过网络传播开来。在作为普通人出现的公共场所，领导者要格外注意自己的言行。组织的公共关系人员也需要有意识地帮助策划或设计领导者的表现，使之在一些特殊的场合，不经意地为自己的组织添光增彩。

1. 做事低调

组织领导者在公共场合应尽量低调，不要招摇摆谱。例如，出门不要携带随从、秘书或保镖，不开豪华车或将车停在贵宾车位，尽量服从服务人员或工作人员的统一安排与调动，随遇而安，不搞特殊化，不要求特殊服务，尤其是在他人已认出组织领导者或有意主动提出特别安排时，更要显得谦虚诚恳，以普通人自居，悄然隐遁，不惊扰他人。

2. 举止内敛从容

组织领导者在公共场合的举止要内敛，举手投足幅度要小，在与他人打交道时，要显得自然、从容，不大张旗鼓，哗众取宠，更不要有意显示自己的特殊身份，举止上显得特殊或张扬，如独享公共资源、高门大嗓说话、出手付账生猛、因小事与人发生肢体碰撞等。若出现这种情况，受害的是领导者及领导者所在的组织。

三、领导者服饰设计

组织领导者在很多场合可被称为组织的形象代表。因此，不仅其言行与举止要由组织的公共关系人员进行策划设计，服饰方面也要进行策划与"包装"。

（一）正式场合

在正式场合组织领导者的服饰要注意以下几点。

1. 身着正装

男士一般是西装革履，打领带，全身整洁。西装应大小合身，熨烫平整，不打褶，不带油污，领带色彩偏素，与衬衣颜色相搭配，西裤干净平整，没有下坠或凸痕，后面（臀部位置）不显得光亮，皮鞋以深色为主，上面不得有明显油污。整体形象精神、大方、得体、文雅。

女士一般着套裙，长袜、皮鞋，色彩根据正式场合的内容而定，也要与自己的肤色匹配。套裙要收身得体，内衣与外套的颜色协调搭配，根据情况选择项链或胸针，穿套裙或一定情况下搭配得体的短裙时，必须穿长筒袜，最忌光腿光脚，高跟鞋的颜色要与套裙相协调，同时考虑与手提包的色彩相协调。套裙要挺括、平整，整体显得娴雅大方。

2. 饰物得当

不论男性领导还是女性领导，佩戴饰物已是一件比较平常的事情。但在正式场合，饰物的佩戴要注意得当。男性领导着西装可选择恰当的领带夹，上衣口袋可放置恰当的胸花，手上可戴结婚戒指，女性领导则佩戴合适的耳环、项链、戒指等。但不论男女领导，在公众场合，饰物都要少而精，更不可将价值昂贵的珠宝在正式场合戴出来，这样做既不合适，也不安全。

3. 慎用香水

在正式场合，领导者要注意慎用香水。女士香水不要太浓，否则令人窒息，男士适当使用香水，反倒显得有绅士气，但男女香水均要清淡雅致，不要影响工作氛围。

（二）非正式场合

1. 身着便服

组织领导者在非正式场合，着装上应该穿便装，甚至可以入乡随俗，与非正式场合相协调，衣着要普通、简洁，不要显示名牌或花哨。着便装不一定很考究，但要得体合身；不要太时尚，也不能显得落伍；不可太亮丽，但一定要干净、整洁，既显示出领导者的优雅风度，又让人觉得普通亲切。这样的形象在公共场合可以给人深刻的印象。

2. 饰物从简

在一般非正式场合，领导者在饰物上应该从简素雅，不张扬显摆，给人自然、从容，放松、随意的感觉。特别是女性领导，在朋友聚会或与家人团聚时，在饰物方面简约随意，反倒容易增加更多的亲和力，让公众平添几分对其所在组织的信任感。

3. 气味淡雅

在一般非正式场合，可根据情况喷洒一些香水等，以营造一种适宜、轻松的氛围，体现领导者优雅与浪漫的另一面。

案例观摩

（一）知识要点

对于一个组织来说，组织的领导者及其员工就是这个组织的形象代表或大使。在互联网时代，摄录他人后进行传播的行为无处不在。政府领导、知名企业负责人、知名院长、校长、学者、明星、网红等，也常常被看成是社会公众人物，亦即不仅代表自身所在组织及行业，而且还影响到社会上追捧他们、关注他们的人群。因此组织领导者与员工的一言一行都不再是只与他们自身有关，他们在社会中的表现不仅需要格外注意，而且需要所在团队的公共关系人员予以一定的设计，以彰显组织整体管理水平、道德素养、专业能力以及精神风貌等。

（1）领导者及员工的形象需要从内到外地考虑，不是仅仅修饰外在的面容和服饰。

（2）在领导者及员工形象的设计中，最重要的是他们的言行。重大场合的讲话、即兴发言，正式场合的举手投足等都需要提前有所准备或策划。

（3）领导者及员工的形象设计还要考虑在看似平常的公共场合的表现，因为在这些场合，人们更容易将他们的表现与其道德素养或职业精神联系起来。

（4）公共关系人员在参与领导者及员工的形象设计时，更多的是要传递给领导者与员工一种理念，即尊重公众，才能赢得公众的尊重；你不再是一个简单的你，你是你所在组织的代表之一。

（二）案例介绍

日本航空机长饮酒致多年形象毁于一旦

参考消息网（2019年）1月27日报道　2018年，日本航空公司多次发生因机长执勤前喝酒而影响飞行安全的丑闻，这一系列丑闻让日本航空公司苦心经营的形象毁于一旦，也在日本国内引起极大的质疑声。杜绝机长工作期间饮酒成为日本航空业亟须解决的问题。

2019 年 1 月 3 日,澳大利亚航空公司评级网站针对全球 405 家航空公司进行飞行安全评定后,公布了全球前 20 名最安全的航空公司,过去一直名列榜上的日本航空公司今年却落选了。

日本航空公司今年之所以没能名列前 20 名,主因是该公司最近发生的数起机长起飞前喝酒甚至因此被逮捕事件,造成外界对该公司的飞行安全疑虑,因此被踢出前 20 名。就在该排行榜公布数天后,1 月 9 日甚至还传出在 2017 年 12 月,该公司一名 59 岁的机长在进行执勤前酒精测试时,居然叫同组的部下代替酒精测试。

事关飞行安全,这个荒谬的事件传出,让外界质疑:日本航空的管理是否出现了问题?而机长酒精测试出问题,其实也并非第一次了。日本社会开始关注机长饮酒问题,是在 2018 年的 10 月 28 日,一名日本航空公司的副机长实川克敏(42 岁),在执行飞行任务前 50 分钟,酒精测试超标。一个月后的 11 月 29 日,伦敦法院判决副机长实川克敏有罪,并处以 10 个月的徒刑,日本航空公司也在隔日宣布将实川克敏开除。

报道称,这个事件震撼了全日本,也让日本航空公司苦心经营的形象毁于一旦。日本航空公司高层不但连日召开记者会向外界道歉,还同时展开内部调查。

日本航空公司社长赤坂佑二在 2019 年 1 月 1 日接受媒体联访时,也表明将防止机长饮酒列为新年度的目标,誓言将持续强化飞行安全。

资料来源:开飞机前先喝酒?日本航空业轻视机长饮酒问题　多年形象毁于一旦.参考消息,http://www.taihainet.com/news/txnews/gjnews/sh/2019-01-27/2229073.html(2019-01-27).(内容有删节,题目有改动)

(三)案例评介

1. 问题提出

领导者及员工个人形象对一个组织来说有多大影响?一个表现普通的领导者或员工,其个人形象的好坏对组织似乎看不出有什么影响;然而,一个领导者或员工在工作场合或公共场所的失礼或失范的表现,则会给其所在组织带来可能是灭顶之灾的影响。

每个领导者都有自己的喜好或为人处世的方法,这也形成了领导者的独特风格或魅力;每个员工也有自己的性格或情绪,但是要特别注意的是,领导者的行为不仅要符合社会通行的道德与行为规范,而且,还容易被社会公众严格要求成为这方面的典范,这丝毫没有不公平的成分,因为,组织的领导者既然能够享受公众对其的崇拜或敬仰,自然要在各方面对得起公众的信任。组织的员工也是同样的道理,当社会公众信任或十分认可一个优秀的组织时,自然会对这个组织的员工有高标准和严要求。

因此一个优秀的领导者或员工,他们的表现一定可以带给其所在组织巨大的声誉贡献,领导者和员工的形象设计就成为组织公共关系工作中必不可少的内容。

2. 策划精要

《开飞机前先喝酒?日本航空业轻视机长饮酒问题　多年形象毁于一旦》这则新闻,体现的正是员工个人行为带来的组织形象坍塌的后果。

2018 年以来，日本航空公司多次发生机长执勤前喝酒而影响飞行安全的丑闻，消息令人震惊，因为这是在一次乘坐数百人、素以高端服务、优质管理著称的飞机上。

日本航空公司发生这样的丑闻，只能给人日本航空管理机构疏于人员管理和日本空乘人员的职业操守距离公众的基本要求甚远的印象。

3. 效果评价

2018 年发生的日本航空公司机长饮酒丑闻在 2019 年初终于被高级专业评级机构曝光，这一涉及航空人员职业素养和个人形象的事件最终酿成全球公众对日本航空公司信誉的高度质疑。这一事件的影响应该不会很快过去，这一事件不仅震撼了全日本，让日本航空公司苦心经营的形象毁于一旦，而且让全世界的人感到吃惊——一向管理精良的日本航空公司竟然会出这样的事情！

一个领导者的形象靠什么塑造？当然不是靠出镜率，不是靠高门大嗓，而是靠行动，靠从领导者到员工的实实在在的表现。这个案例让我们知道，形象无小事，管理要细致，公共关系对组织的影响也至深至远。

第四节　全员公关教育

组织开展日常型公共关系活动中的一项重要工作就是对组织内部全体公众开展公关教育，这项工作对于组织内部有效提高柔性管理效率、提升凝聚力、塑造品牌和营造组织良好生存环境等都具有极为重要的意义。

一、全员公关教育的内容

对内部上下全体员工开展公关教育工作，主要包括以下内容。

1. 声誉至上教育

对于组织的成员来说，声誉教育是头等重要的事情。因为一个组织中比资产和技术更重要的是组织的声誉。一个组织的声誉就是这个组织的声名，是组织经过多年打造累积在公众心中的信任度与忠诚度，塑造声誉、维护声誉、为组织赢得声誉是组织中每个人的最高使命和义不容辞的责任。声誉教育是组织永远不能终止的核心教育。组织应该长期不断地加强声誉至上的教育，让每一个人都自觉地为维护组织的声誉而工作，为传播组织的声誉而尽责。一个具有公共关系意识的组织应该将声誉教育放在组织文化的核心位置中去宣传。在长期持续不断的宣传与教育中，将声誉意识内化成组织员工的自觉行动，使声誉教育成为组织文化软实力建设的核心内容。

2. 主动沟通教育

公共关系的核心是平等沟通。公关教育的一项重要工作就是主动沟通教育。具体包括组织中上对下的主动沟通、下对上的及时沟通、上下级之间以及同事之间的流畅沟通。要通过长期的教育使员工形成主动而平等沟通的公共关系素养，实现每个人都是组织的公共关系人员的最佳状态。由此，当组织员工面对外部公众开展各种各样的业务活动时，他们就会积极、主动地宣传自身，为塑造组织的品牌、传播组织的声誉自觉地做出贡献。

3. 尊重公众教育

对全体员工开展尊重公众的教育非常重要。尊重公众就是尊重他们的民族、习性、偏好，不论其年龄、性别、收入水平、职务、职业等；尊重公众就是要把公众放在心中最重要的位置。主要的教育使员工在从事自己的各种工作时，踏实、尽责、主动地站在公众的角度看问题，一切为公众着想，这样组织的发展才会稳定长久。

4. 着眼长远教育

在大部分人的工作理念中，往往只是为了眼前利益而着想，不会站在公众长远发展的角度来考虑。对组织全体员工的公关教育应着眼于长远的发展，不过分看重组织一时一事的得失。在组织产品生产、销售、社会责任承担等方面都应该加强质量意识、诚信意识、社会公益意识等方面的教育，不为眼前的利润指标而损害公众利益、丧失公众的信任。因此，对员工的教育要站在有利于组织长远发展的高度，将正确的经营理念贯彻到全体员工中去。

二、全员公关教育的形式

开展全员公关教育，其形式有多种。

1. 当面授课

当面授课由公共关系人员利用工作间歇、下班时间及周末等，集中对全体员工进行培训，将声誉教育、沟通教育、尊重公众教育、长远意识教育等灌注到员工的心中。当面授课的好处是可以充分交流，及时反馈，切中问题要害，及时发现问题、解决问题。

2. 电化教学

电化教学即运用多种电子传播手段进行集中播放收看，如电视专题片、专题录像片、电视讲座等。这种形式的教育一般来说内容生动，收视效果好，操作简单，传播面广，但无法了解反馈效果，不一定能对症下药，也易使公共关系人员的教育工作流于形式。

3. 资料发放

公共关系人员还可以有针对性地编辑一些公关教育资料，定期发给全体员工，让他们自己阅读学习。这种潜移默化的教育可以不占用员工的工作与休息时间，也能起到一定的教育效果。缺点是对文化水平较低的员工，资料的利用率会较低，有些人因为忙于其他事情会忽视这些资料，特别是如果缺乏监督机制，这样的教育会被各种事务性、私人性的事情稀释掉，效果无法评估。

4. 网络教育

如果利用组织内部网络开展员工教育，效果也不错。例如，定期更换教育内容，同时在线讨论、答疑，让员工学习与讨论主要的观点。这种形式兼具以上教育形式的优点，学习人数也会有较小的限制，如果参与的员工范围广泛，效果会很好。但可能有相当多的员工不接受网络在线的沟通方式，也很难监控在线学习的状况，学习效果可能很难保证。

当然，组织可以根据自身情况，选择一种或多种教育形式，提高学习效率，将全员公关教育工作长期不懈地抓下去。

第五节　公共关系调查与咨询服务

在组织的日常公共关系工作中，定期开展公共关系调查并提供专业的公共关系咨询服务，是公共关系人员的重要工作之一。

一、公共关系调查

公共关系调查是公共关系四步工作法的第一步，同时，策划一定主题的公共关系调查，并深入开展调查工作，也是一次公共关系的宣传活动。组织公共关系人员绝不能将公共关系调查仅仅看成一次普通的信息采集，而要从组织战略的高度，扎扎实实地做好公共关系调查工作。

从公关策划的意义上看公共关系调查，则在安排公共关系调查时，应做好以下几个方面的工作。

1. 做好公共关系调查主题宣传工作

每一次公共关系调查工作都要围绕一定主题或内容来开展，提前做好宣传工作对下一步公关策划活动的开展有十分重要的意义。组织的公共关系人员在开展公共关系调查之前，应该利用各种媒体将调查的主题传播开来，让目标公众周知，在开展公共关系调查时则可以进一步把公共关系的沟通工作做好。

例如，杭州市开展社区垃圾分类工作时，前期进行了大规模的宣传活动。其主要宣传标语如下：

垃圾分一分，环境美十分

配合垃圾分类，争做文明市民

举手之劳，资源永续的源泉

积极参与废电池回收

参与垃圾分类，保护地球家园，共创美好世界

垃圾分类益处多，环境保护靠你我

2. 做好公共关系调查的信息传播工作

组织开展的公共关系调查大部分情况下是调查人员直接与被调查者面对面进行的，如问卷调查、访谈等。在针对目标公众进行调查时，公众不仅会对组织的调查产生兴趣或疑问，也会对组织本身产生一些好奇，因而有可能创造组织员工与目标公众沟通交流的机会。对此，组织公共关系人员要利用调查工作积极宣传组织的基本情况，如调查的动机、调查工作对社会的公益意义等，同时可以适时介绍组织实力、经营理念以及人员素质情况等，让公众（被调查者）近距离地对组织予以了解。

3. 做好公共关系调查人员培训工作

开展公共关系调查工作，实际上是组织的公共关系人员——调查者与组织的公众——被调查者之间重要的人际沟通。不论是面对面请公众填答问卷，还是直接进行访谈，都要经过打招呼、问好、提问、解答疑难、完成调查、道谢、告别等过程。因此，组织公共关系人员的沟通能力是一项十分重要的能力，对组织的声誉、公共关系调查的顺利开展，都具有直接的影响。因此，有必要对公共关系调查人员进行一定的培训。

4. 做好调查资料整理与结果分析工作

公共关系调查工作完成后，要对调查情况进行汇总、整理，对调查数据进行分析，然后撰写调查报告，以之作为决策参考。同时在必要的情况下，要将调查报告向公众公布，并对调查中发现的问题及时做出处理。组织通过公共关系调查活动的策划与开展，可以充分向社会展示组织创新、负责任的形象，实现一次成功的公共关系活动。

二、公共关系咨询服务

公共关系咨询服务曾被美国的公共关系学者认为是公共关系中最重要的职能。因为它对组织生存的社会环境发挥着一种环境监测、决策参考的重要作用。毋庸置疑，组织公共关系部门所提供的咨询服务主要针对其决策层。公共关系部门应该在组织决策时提供所需要的相关参考资料。这些资料越真实越好，越及时越好，越详尽越好。这应该是组织公共关系部门日常的基本工作。

（一）公共关系咨询的内容

1. 目标公众的情况

组织的公共关系人员应在平时掌握尽可能详尽的目标公众情况，如政府公众的情况、顾客公众的情况、重要客户的情况、媒体公众的情况、社区公众的情况、内部公众的情况等，以便组织决策层在考虑问题时，将其作为重要的参考。

2. 软环境监测

在组织决定重要问题时，公共关系人员应该能够对组织的软环境提出咨询意见。组织的软环境主要包括：政策环境，即政府相关政策的变化情况；法律环境，包括国内外相关法律的最新变化；舆论环境，即一定时期内公众对一些重要话题的舆论反应；制度环境，即及时评估组织内外部有关制度的推动或制约作用；等等。软环境情况的搜集需要公共关系部门的工作人员平时注意积累这些方面的信息，随时准备在组织决策时提供参考。

3. 经验与教训评价

公共关系四步工作法之一——评估所具有的职能就是对组织已完成的重大事件予以客观评价。它对组织决策会起到重要的提醒、警戒作用。在重大决策讨论开始时，由公共关系人员提供以往工作的经验教训和评估结论，特别是从客观数据中发现的重大缺陷或失误，会对组织进行决策起到十分积极的参考作用。

（二）公共关系咨询的方式

1. 参与决策讨论

由组织公共关系工作人员直接参与决策层的重大决策会议，提供必需的参考资料，对重要问题提出意见建议，这样的咨询工作十分重要。陈述是最好的辩论，对组织来说，公共关系人员不参与决策，但参与决策讨论会对组织正确的决策起到十分积极的作用。

2. 提供参考材料

公共关系人员在某种情况下可以通过提供相关问题的参考资料来进行咨询服务，积极为领导决策提供重要的参谋帮助。参考资料包括一手资料报告、二手资料数据等。

3. 帮助征询意见

在一定的情况下，公共关系人员可以协助组织决策层将重大决策草案提交内部公众或股东讨论，向他们征求意见，然后将意见汇总分析，提出有建设性的思路与建议，供决策层再次决策时参考。

在组织的日常公共关系工作中，大量的工作是默默无闻地收集资料、持续不断地培训学习、点点滴滴地指导咨询、兢兢业业地品牌维护等。这些工作虽然没有轰轰烈烈的场面与巨大的财务开支，但对于组织的生存与发展环境营造来说，却是至关重要、不可或缺的。

 案 例 观 摩

（一）知识要点

公共关系调查既是组织开展公共关系活动的第一个步骤，又是一个常规的公共关系活动。人们常说，没有调查就没有发言权，公共关系调查对于组织来说，具有非常重要的战略性意义。

（1）公共关系调查是社会公众对组织了解、理解、认可、信任以及关于组织信誉的调研。对一个组织来说，产品卖得再好，如果信任度低，那这样的组织也仅仅是昙花一现，不会持久；反之，一个组织在社会上的公众信任度高，则即使暂时遭遇困难，也会迟早走出困境，重新振作发展。

（2）公共关系调查的结果，自然凝结成严谨、翔实的报告，成为决策者重要的决策参考。因此，公共关系调查必须要开展得深入、细致。

（3）公共关系调查报告不是数据的堆砌，而是问题的阐述，能够带给人们更多的思考。

（二）案例介绍

来看看 2022 年度"爱德曼信任度晴雨表"

2022 年是美国爱德曼国际公关有限公司发布"爱德曼信任度晴雨表"的第 22 个年头。该公司于 2021 年 11 月 1 日至 24 日对包括中国在内的 28 个国家，超过 3.6 万名民众进行了网络调查，并确保每个国家有超过 1150 份的问卷样本。根据统计结果，该公司评估民众对该国政府、媒体、企业和非政府组织的信任程度，发布年度信任指数报告。

美国爱德曼国际公关有限公司 2022 年发布的"全球信任度调查报告"有专门针对中国的报告。该报告显示，中国在此次调查中最为引人注目。中国民众无论是对国家的综合信任度还是对政府、企业、媒体、医疗机构和央行信任度，全部处于全球领先地位，在 28 个受访国中排名第一。

1. 全球信任度调查中中国信任度综合指数排名第一

调查结果显示，2021 年信任度综合指数下降幅度最大的是德国，获得的信任度下降 7 个百分点，降至 46%。此外，澳大利亚、荷兰信任度综合指数都下降 6 个百分点，分别降至 53%和 57%，韩国和美国的这一数字都下降 5 个百分点，分别降至 42%和 43%。

中国信任度综合指数为 83%，高居榜首，是 28 国中唯一信任度超过 80%的国家。美国信任度综合指数仅为 43%，中美两国信任度综合指数相差 40 个百分点，是爱德曼自 2000 年开展此项调查以来的最大值。

2. 五个分项信任度中国均排名第一

中国民众对政府的信任度高达 91%，较前一年上升 9 个百分点，为 10 年来最高水平。中国政府的信任度在 28 个受访国家中排名第一，美国政府的信任度仅为 39%，中美两国政府信任度相差 52 个百分点。

中国公众对企业信任度高达 84%，在 28 个受访国家中排名第一。英国、美国、德国、日本、韩国等国民众对企业的不信任程度过半，信任度统计数值分别为 49%、49%、48%、48%、43%。

中国公众对媒体信任度高达 80%，在 28 个受访国家中排名第一。美国、法国、日本、英国等传媒产业大国民众对媒体的信任度停留在 40%以下，分别为 39%、38%、35%、35%。

中国公众对医疗机构信任度高达 93%，在 28 个受访国家中排名第一。美国、法国、日本等医疗体系较为发达的国家，民众对医疗机构的信任度分别为60%、57%、55%。

中国公众对央行信任度高达 91%，在 28 个受访国家中排名第一，与排名末位的阿根廷，相差 59 个百分点。

3. 发达国家对经济前景缺乏乐观态度

在"相信我和我的家庭（经济前景）在 5 年内会过得更好"的调查中，中国有近 2/3 的受访者对经济前景保持乐观。日本仅有 15% 的受访者认为自己和家人将在 5 年内过得更好，法国、德国、意大利、荷兰、英国等西方国家的这一比例大多为 20%～30%，分别为 18%、22%、27%、29%、30%。

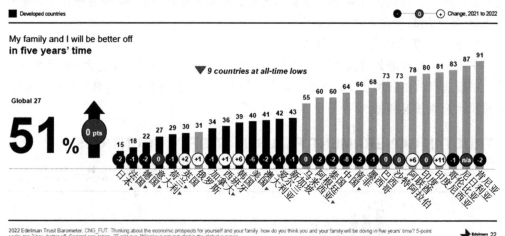

资料来源：中国又拿下多个"世界第一"！来看 2022 年度"爱德曼信任度晴雨表".聚焦中国 ChinaFocus，https://mp.weixin.qq.com/s?__biz=MzU5MDc0NTc0MA%3D%3D&mid=2247524070&idx=1&sn=35e90590995123d49c61dd8c6584dbfa&scene=45#wechat_redirect(2022-01-30).（内容有改动）

（三）案例评介

1. 问题提出

公共关系调查为什么是一项常规的公共关系活动？因为公共关系调查的过程是组织传播自身、增进公众了解、加强与公众沟通、获得公众认知的过程。作为一家全球知名公关公司，爱德曼国际公关有限公司（Edelman Public Relations Worldwide）连续 20 余年在全世界 28 个国家进行信任度的调查，这对公司本身来说就是一种公共关系行为。

百度百科与爱德曼国际公关有限公司官网提供的信息显示，爱德曼国际公关有限公司是世界上最大的一家提供公共关系咨询服务的独立公关公司，成立于 1952 年，专注于创新品牌营销、企业传播、利益相关者传播、科技传播、媒体关系、B2B 传播、新媒体互动营销、医药健康品牌传播以及可持续和企业社会责任传播。协助客户提升品牌信任、改变消费行为、引导受众互动，并最终帮助客户获得商业成功，意欲凭借创新理念和专业服务，基于对市场、品牌、受众和互动模式的充分了解，为客户提供系统解决方案并创造价值。1990 年爱德曼国际公关有限公司进入中国，是最早落户中国、发展最为迅猛的国际公关公司之一。

信任度的调查，是一个紧密关乎组织声誉的调查，是真正意义上的公共关系调查。无疑，"爱德曼信任度晴雨表"是一个较为严谨的公共关系调查报告。该报告指出此次调查时间共计 20 余天，调查范围覆盖 28 个国家，涵盖 2017～2021 年的时间段，调查对象超过 3.3 万名，调查开展对受访者进行了分类，选出一定比例的重点受访者（有识公众）和普通受访者（普通公众），同时对被调查国家的受访者进行了相对均衡的比例分配，保证了调查数据来源的一致性和较高可信度，因而调查报告具有一定的说服力。

2. 策划精要

爱德曼国际公关有限公司所进行的这份全球信任度调查中国报告，主要包括四个方面的内容，即全球信任度、中国公众信任度、中国品牌全球信任度及其建立信任度的机会，最后报告还给出了建议。这些内容都以图表形式体现说明。通过分析这些图表，我们可以看到这份调查报告所体现的公共关系价值。

1）关于全球信任度的调查

爱德曼国际公关有限公司调查报告显示，从调查数据看全世界是一个"充满不信任的世界"。2018 年与 2017 年比较，在被调查的 28 个国家中，有 20 个国家的信任度低于 50（可视为不信任，报告撰写者应该是以 100 为衡量度，低于 50 为不信任，大于 60 为信任，50～59 为信任度中性，笔者注），较 2017 年增加了一个。印度、中国、印度尼西亚、阿联酋连续两年保持信任，特别是中国 2018 年信任度全球第一。在不信任的国家中，变化最大的是美国，由 2017 年的信任度中性变为不信任，"是自信任度调查启动以来（变化）幅度最大的一次"。整体显示，全球信任度仍然没有超过 50，验证了"不信任世界"的结论。

对于受访者中的有识公众（即符合年龄在 25～64 岁、专科以上学历、家庭收入在所属地区的所属年龄层位于前 25%且经常阅读并参与讨论商业新闻的受访者），他们对全球信任的指数也略有下降，由 2017 年的信任降为信任度中性。在被调查的国家当中，印度、中国、印度尼西亚、阿联酋、新加坡、加拿大、墨西哥、荷兰均在 2017 年与 2018 年的调查中保持信任，其中，中国由 2017 年的第二位（指数 79）提高到 2018 年的第一位（指数 83）。

2017 年与 2018 年比较，公众对非政府组织（NGO）、企业、政府和媒体的信任度在有识公众和普通公众之间，基本没有变化。

2）关于中国公众信任度以及与全球比较

爱德曼国际公关有限公司调查报告显示，2017 年与 2018 年比较，从对非政府组织、企业、政府、媒体的信任度看，中国公众的信任度持续攀升，普通公众的信任度提升更加明显，在全球排名由第三位上升至第一位，其中对政府的信任度提升幅度最大，其次是企业、媒体和非政府组织；有识公众也呈现同样的趋势，而且指数更高达 83，全球排名由第二位上升至第一位。

调查显示，中国公众对政府的信任度表现突出，在 28 个被调查国家中，仅有 5 个国家呈现对政府信任，有 21 个国家显现对政府不信任，因此，中国作为排名第一的国家表现十分抢眼。

报告作者将美国与中国做了一个比较，美国的问题是，哪一个机构的信誉下降最严重，结果显示是政府，在四类机构中占 59%，中国的问题是：哪一个机构最有可能带来更美好的未来，结果显示是政府，在四类机构中占 68%。因而作者得出结论：美国政府的信誉度下降最严重，中国民众认为政府最能改善未来。

在非政府组织、企业、政府、媒体这四类机构中，中国民众对媒体的信任度最高，而在被调查的 28 个国家中也只有 3 个国家呈现对媒体的信任，有 22 个国家和地区的民众对媒体呈现不信任，从媒体信任度百分比和 2017 年到 2018 年百分比的变化中可以得出结论："全球范围内媒体的平均信任度最低"。对媒体信任的丧失会带来怎样的后果？调查中国民众的结果显示，有 30% 的人会感到"真相的匮乏"，有 43% 的人会出现"对政府领导者信任的流失"，有 46% 的人会出现"对企业信任的流失"。

在调查企业的信任度时报告图表显示，在被调查的 28 个国家中，有 16 个国家的民众对企业呈现不信任，其中美国的下降幅度最大（10 个百分点），只有 8 个国家呈现对企业的信任，中国在其中排名第三，2017 年到 2018 年中国民众对中国企业的信任度上升最为显著，提升 7 个百分点。

在对四类组织机构相关发言人的信任度调查中，报告指出，中国与全球相比，在 2018 年增长最明显的发言人依次是政府官员/政策制定者、记者、首席执行官、董事会、成功的企业家、学术专家、非政府组织代表、技术专家与金融分析师、普通大众。在信任度上，技术专家高居榜首，其次是普通大众、首席执行官、政府官员/政策制定者，处于不信任的发言人依次排序为：非政府组织代表、董事会、记者、金融分析师和雇员。中国在以上诸指标中都略强于全球平均指标。

3. 效果评价

"爱德曼信任度晴雨表"的发布，立即引起了社会的高度关注，《人民日报》《环球时报》《中国日报》、搜狐网、中华网等均进行了及时报道，体现出对爱德曼国际公关有限公司发布的调查报告的认可与重视。外交部发言人赵立坚提到："我注意到了有关报告，也注意到 2017 年、2018 年的'爱德曼信任晴雨表'显示，中国民众对政府的信任度在受访国中是最高的。今年中国民众对政府信任度为十年来最高。""作为一名中国公民和公务人员，我对此并不感到意外。"[①] 是的，每一个中国人对此调研结果，也都不感到意外。

---

① 中国民众对政府信任度蝉联全球第一　外交部回应. 人民网, http://world.people.com.cn/n1/2022/0120/c1002-32336159.html（2022-01-20）.

通过上文对调查报告的分析，可以看出爱德曼国际公关有限公司的调查工作进行得比较扎实，得出的结论具有一定可信度，提供的建议具有一定的参考价值。对一家全球知名的公关公司来说，持续22年开展全球信任度的调查，抓住了世界各国公共关系的软肋，这实在是一个非常具有智慧的公共关系活动。

研究与演练

一、理论研究

（1）新闻意识指的是什么？

（2）如何在公关调查中做好公共关系工作？

二、实践演练

（1）读案例巧分析。

CIPRA发布《中国公共关系业2021年度调查报告》

6月7日，中国国际公共关系协会（China International Public Relations Association，CIPRA）在北京发布了了《中国公共关系业2021年度调查报告》，同时发布了中国公共关系业2021年度TOP30公司榜单和最具成长性公司榜单。

调查显示，2021年度中国公共关系服务领域前5位分别是汽车、IT（通信）、互联网、快速消费品、制造业。汽车行业依然占据整个市场份额超过1/3，继续高居榜首，且比去年略有提高。IT（通信）、互联网、快速消费品排名不变，位于第2～4位。与2020年度相比，制造业对公共关系的需求增加，跃升到第5位。由此可见，中国制造业对品牌的意识正在不断提升。金融业从去年的第5位下降到第6位。娱乐/文化业、医疗保健业、旅游业、房地产业排名不变，分别位居第7至10位。

调查显示，2021年，面对持续的全球新冠疫情，中国公共关系市场开始恢复性增长。2021年全行业营业规模约为745.9亿元人民币，年增长率为8.3%。相较于2020年3.1%的年增长率，公关市场有了较大的恢复性增长。据美国近日发布的一份行业报告，全球排名前十的公关代理机构总收入在2020年下降了3%之后，于2021年也出现了迅猛的恢复性增长。

报告还指出了中国公共关系行业面临的挑战与机遇。

第一，公共关系行业分化趋势明显。第二，线上服务是大势所趋。第三，疫情持续凸显企业内部公关的重要性。第四，疫情背景下的国家形象传播，成为一个崭新课题。第五，资金问题依然是公关公司发展过程中面临的挑战。

2021年，随着中国对新冠疫情进一步有效控制，公关市场开始恢复性增长。公关行业如何利用自身优势，通过创新手段，帮助中国企业走出去，如何在"一带一路"沿线国家讲好中国故事，成为一个崭新的课题。

资料来源：CIPRA 发布《中国公共关系业 2021 年度调查报告》. 中国公关网，https://www.chinapr.com.cn/260/202206/3293.html(2022-06-07).（内容有改动）

（2）比较中国国际公共关系协会的这个调研报告与爱德曼国际公关有限公司的报告，二者有什么差异？

（3）日常型的公共关系工作如何最大限度地体现公共关系的价值？

第七章　交往型公关策划

第一节　政府间公关交往

一、公共关系意义上的政府交往

（一）国际关系与公共关系

在公共关系传到中国三十多年的时间里，对于公共关系学的核心内容及概念界定仍然存在着较大分歧与比较混乱的认识，将公共关系与人际关系、国际关系混为一谈的情况屡见不鲜。

1. 国际关系与公共关系内涵不同

国际关系研究某国与他国及多国之间政治、经济、军事等方面矛盾处理、实力较量、利益博弈等问题的应对与解决过程；公共关系则研究社会上某一组织构建与其他组织良好关系的管理手段。国际关系的内涵包括国与国之间政治关系确定、边界划分、势力范围分割、军事结盟、经贸事务及冲突解决等。国际关系的处理对一国的命运有深远影响。

公共关系的内涵是指围绕组织声誉的构建而进行的对组织周边社会环境的监测、策划沟通活动与具体实施、对目标公众的传播与影响，进而实现公众对组织的了解与信任等。组织公共关系的好与坏决定了该组织在社会中生存质量的高与低。

2. 国际关系与公共关系主、客体不同

国际关系在外延上只局限于国家与国家、国家与地区、国家与联合国等国际组织之间的关系处理。从事国际关系活动的主体是政府，国际关系的工作人员是政府高级官员或政府所授权委托的代表，国际关系工作的客体即对象是其他国家的政府及其官员。公共关系的主体可以是任何一个组织，其客体会涉及组织周边几乎所有公众，尤其是与之生存相关的顾客公众、政府公众、媒介公众、社区公众等，公共关系要处理的问题更加细致与多方面。

3. 国际关系与公共关系手段不同

国际关系的开展大多通过外交渠道进行，如递交国书、外交说明、外交照会、官方谈判，甚至军事威胁或打击等，国际关系中为了赢得有利地位，有的国家不惜使用十分隐秘的计策，或突然抛出秘密武器来压迫对方就范或让步，国与国之间的斗争，极尽斗智斗勇之策。公共关系的开展绝大多数情况下则是通过组织传播、大众传播、人际传播等来进行的，使用的手段全部可以公开，开展公共关系的组织（也包括国家）会非常注意遵守基本的职业道德和社会公德。

4. 国际关系与公共关系目的不同

国际关系实现的目标是确定一个国家在国际事务中的独立主权和政治地位，并维护国家权益；公共关系实现的目标是构建一个组织在发展中顺畅的生存环境，主要是与周边的其他组织建立稳定、良好的关系。因而，国际关系中，国与国之间不一定是平等的关系，而在公共关系中，双方是平等的。

国际关系与公共关系也有一些共同的内容，正是这些内容易使公共关系与国际关系陷入模糊之中。

（1）国际关系与公共关系都以与人打交道为主要工作方式。国际关系虽然与公共关系工作范畴不同，但大部分情况下二者均以代表各自组织的人际交往为主要工作方式，如二者都有互访、谈判等。

（2）国际关系与公共关系都使用大众传播媒介。绝大部分情况下，国与国之间的国际关系情况，会通过大众传播媒介来告知天下，但告知的内容会非常谨慎，很多内容对媒体是永远封闭的；而公共关系则将公开传播作为影响公众的最重要手段，只要是能告知的，都会广而告之。同时，国际关系公开的内容一般是事后结果，而公共关系则是事前计划。

（二）政府公共关系

政府公共关系是指作为公共关系主体的政府主动采取传播沟通手段针对目标公众进行营造组织生存与发展环境的战略性管理活动。

政府公共关系与其他组织的公共关系均是双向平等的沟通活动，其目标公众既可能是与自身相对等的其他政府，也可能是政府管辖区内的所有公众。

1. 政府公共关系的特点

政府公共关系与其他组织的公共关系有一定的差异性，其特殊点在于以下几方面。

1）权威性

政府是一个地区公共事务的管理者，对所辖区域的事务有垄断性的权威，政府对公共事务的决策会影响到一个区域内几乎所有组织及个人的生存与发展。政府之间关系的建立具有其他组织所没有的排他性。

2）非功利性

政府公共关系的目的是营造政府所在区域的良好生存与发展环境，表现为在社会公众中建立创新与亲民声誉，赢得当地公众的认同与合作，在其他地区或国家树立较高认可度和信赖度等。政府开展公共关系会投入很多的人力与物力，但其本身不会有直接的利益要求或功利性目的。

3）长远影响性

由于政府现阶段在一个地区或国家所处的独特地位，因此，政府公共关系的每一个举措都会对这个地区或国家的发展产生深远的影响，会在当地公众心中留下深刻的、正面的印象。因此，政府公共关系对促进一个地区或国家的发展具有十分重要的意义。

2. 政府公共关系的表现形式

1）重大庆典的举行

政府为重要的纪念日、重要事件、重要节日等举办大型庆典。通过这样的活动，增加公众对政府的了解与好感。

2）重要新闻的发布

将政府管辖内的重大事件及时进行新闻发布，让公众知晓、加深印象。新闻发布既有好消息，也可能有不好的消息。

3）政府领导出访

政府领导去其他政府管辖的地方访问，也可能是在自身管辖区域内考察，这样的活动对于树立政府良好的口碑、扩大政府在外部的影响力都具有十分重要的意义。

4）重大政策、举措等的推广

利用传播媒介针对所辖范围的公众，对欲推行的重大政策、举措等进行宣传与解释。

（三）政府交往活动的公共关系意义

政府之间的交往，其表现形式是政府主要代表人物（主要是最高领导者）的互访。在双方友好、平等交往的基础上，政府领导的访问具有公共关系意义。

（1）政府领导的互访有助于促进双方政府的了解，构建求同存异的友好关系。在现代社会，国与国之间、政府与政府之间，无法再奉行小国寡民般的闭门自守政策，而是要在一些需要共同面对的问题上，进行平等、友好的交往与协商，这有利于了解、理解彼此，达成基本的共识，解决共同面对的问题，政府尤其是主要领导者更需要积极主动地有所作为。

（2）政府领导的互访交往有助于推动地区与地区、国与国之间公众的相互了解。在现代传媒极为发达的环境下，政府领导之间的行为几乎无一遗漏地都被大众传播媒介跟踪报道，领导者之间商讨的重要议题、谈判内容等会通过媒体快速被各国或各地区的公众知晓。这为增进国与国、地区与地区、民族与民族之间的了解创造了十分便利的条件，也为缔结国与国、地区与地区、民族与民族之间的友谊奠定了重要的基础。

（3）政府领导的互访有利于扩大所辖地区或国家在对方国家或地区的影响力。国与国或地区间领导者的互访，对于扩大一个国家或地区在另一个国家或地区的影响创造了极为重要的机会，会对彼此间的经济发展、文化交流、和平相处等带来重要的影响，也会减少或消除彼此之间的误解、隔阂，化解郁结的矛盾，打开封闭的大门，增进互相了解，为推动由官方到民间的往来，带来十分积极的影响。

今天，政府领导的互访已成为政府公共关系的重要表现形式。

二、国与国之间国家领导人公关交往的策划

国与国之间在政府层面的公关交往主要是国家领导人之间的友好互访，互访的目的在于促进双方的了解、理解，通过直接沟通，达成或增进两国直接的友好关系。因此，这样的访问具有鲜明的公共关系意义。

策划国与国之间国家领导人公共关系交往活动，主要有以下步骤。

（一）新闻发布的预热

一个国家领导人的出访或来访，对出访国与来访国来说，都是一个重大事件，尤其是出访的国家或来访的国家在国际关系中分量很重，其意义会更加重大。因此，在本国领导人出访之前，或来访国领导人到来之前，应该进行前期的新闻发布预热。如果是本国领导人出访，则可以举办新闻发布会，介绍领导人将要出访的国家、出访的目的、随行的人员等。如果是他国领导人来访，则可以在主要媒体或政府网站上发布来访领导人的基本情况、来访国的情况介绍等。

新闻消息的发布既是外交上的基本礼貌，也是对本国公众与他国公众的尊重，可以引起社会公众对该事件的关注。

（二）相关资料介绍的铺垫

对于要出访的国家或要来访的领导人所在国家，如果本国公众了解得不多或原来有一些误解，则需要进行一定的情况介绍，尤其是出访国或来访国在外交关系上地位很重要时，资料的介绍和宣传是十分必要的。

具体的做法有：在平面媒体上推出一些访问国或来访国情况的介绍文章，着重报道该国的正面新闻；在电子媒体，主要是电视上，播放一些该国的资料片、电影或风土人情的新闻报道等，在政府网站上也可登载一些访问国或来访国的资料介绍等。

通过新闻报道或情况介绍，有助于营造比较积极、适宜的外交接待或出访氛围。

（三）国家领导人出访（或接待）的高调宣传

当本国国家领导人去他国访问或他国国家领导人来本国访问时，如果双方外交关系十分重要，则在新闻报道上应该高调宣传，即注重宣传他国来访的领导人情况，或本国领导人出访或接待的情况，让两国公众可以对这一重大外交事件及时了解。宣传内容包括核心媒体的新闻播报、报纸头版的大幅照片、特别推出的新闻通讯等。

（四）巧妙安排国家领导人与公众接触的机会

国家领导人的来访与出访，既是一次重要的外交活动，更是一次影响面宽广的政府公共关系活动，恰当利用这种机会，对于增进国与国公众之间的相互了解、促进两国公众之间的友好感情有极为重要的意义。

创造国家领导人与本国或当地公众的接触机会，可以从以下几个方面展开策划。

1. 参观活动

出访的本国领导人或来访的外国领导人去当地或本国参观著名的企业、学校、社区和景点等。在参观中，应精心安排领导人与普通公众交谈或直接接触的活动。如果领导人之前曾经到访或在将参观的地点生活过，则应该精心设置一些怀旧仪式，来表达对本国领导人或访问国领导人的特别情感。

2. 大（中）学演讲

大（中）学演讲即本国出访的领导人或他国来访的领导人前去大（中）学做演讲及

与大（中）学教师、学生进行交流。

策划国家领导人去大（中）学进行公开演讲，应注意挑选恰当的大学或中学。最好是与某一方领导人有某种联系，如是出访国领导人的母校，或是来访国领导人曾经读书的地方等。领导人的公开演讲是其展示个人及国家形象的重要机会，更是令公众了解这一国家情况的重要时机，因此，公关策划人员要高度重视，将演讲周到安排。万一演讲中发生一些意想不到的事情，如故意有人捣乱、现场出现有人昏厥、设施故障等问题，都应沉着应对，保证领导人展示应有的风采与气度。

3. 与企业家洽谈

当今社会，和平与发展成为国际关系的主旋律，各国领导人出访或来访，绝大多数情况下均把促进两国经贸合作或解决经贸合作中的矛盾作为目的之一。因此安排国家领导人与当地企业家会谈见面是一项十分重要的活动，在活动整个过程中要格外用心，既要对洽谈的意向内容有明确的说明，又要对本国随行的企业家或对方国家企业家的情况有充分的了解，要给出访或来访的领导人创造更多与企业家沟通的机会，促进本国经济与他国经济的进一步交流与合作，这样的活动，对于融洽国与国之间的外交关系具有深远的意义。

4. 与社区公众聊天

为体现国家领导人亲民、随和的真实形象，公关策划人员也可以安排出访或来访的领导人亲临居民社区，与社区的老人、儿童等进行交流。这样的活动通过媒体宣传报道，会起到很好的传播作用，易于引起两国公众的情感共鸣。

（五）离访后的收尾报道

当国家领导人访问结束、启程回国或离国时，公共关系人员也应做些收尾宣传的策划，如将访问中的花絮、感人事例等予以报道。这样的文章可以起到总结、回顾的作用，同时，预示着国家领导人公共关系活动的结束。

三、国内地方领导者之间公关交往的策划

国内地方领导者之间的公共关系活动具有邻里之间相互走动的亲和色彩。在国内，不同地方政府领导之间的相互交往活动，是融洽该政府与其他地区政府之间关系的重要举措。

策划地方政府领导与其他地区政府领导之间的互访，主要包括以下几方面的内容。

（一）做好事前沟通

地方之间主要领导者的互相来访，是发展本地区经济文化、促进本地区与其他地区相互了解、构建本地区更好生存与发展环境的重要举措。在主要领导者准备访问前，访问方的公共关系人员应做好充分的事前沟通，对访问工作进行周详的安排，具体包括以下几点。

（1）了解被访问方领导者的工作情况，商讨彼此合适的会晤时间；

（2）了解被访问方主要领导者的工作日程安排，确定具体见面时间、时长、会议议程、拟解决的问题等；

（3）与拟访问的单位进行充分沟通，确定对方具体安排的详细情况；

（4）告知对方己方访问人员的具体情况，如人数、性别、职务、民族、拟到访的具体事项等；

（5）告知对方己方的出发时间、行程时间、车辆详情等；

（6）必要的情况下，告知对方己方主要领导者的特殊要求等；

（7）了解对方地区或区域经济、政治、文化等方面的基本情况；

（8）了解对方政府领导的详细个人情况，如民族、癖好、工作节奏、性格、爱好等；

（9）如签订双方合作协议，要事先充分磋商协议草案，并准备好草案文本；

（10）准备先期的新闻宣传。

对于准备出访的一方来说，事先的策划与准备应该尽量细致而全面，不可有大的纰漏。因为如果领导者在出访前，拟出访的接洽工作做得不充分，对拟出访地区的情况了解得不够全面，则领导者的出访就容易出现各种问题（如对方主要领导者恰好出差、己方在当地的一些做法违反了民族风俗等），出访收到的效果会不好，公共关系的意义也就不大了。

（二）形成新闻热点

当一方政府主要领导者计划去其他地区访问时，公共关系人员应提前做好新闻宣传工作，积极形成新闻媒体的报道热点，引起两个地区公众的重点关注。

要做到这一点，具体策划的内容有以下5点。

（1）撰写新闻稿件；

（2）确定新闻媒体——争取在主客两个地区的主流媒体上被充分报道，如电视台、报纸及电台等；

（3）安排新闻报道的时段、频道、版面等，成为新闻头条，实现最大化的新闻宣传效果；

（4）报道及时、客观、充分，宣传讲究实际效果，不哗众取宠；

（5）报道突出领导者，但落点要放在影响两个地区社会经济文化发展的公益层面上。

（三）双方领导开展深度交流

国内不同地区政府领导的公共关系往来活动，一般是在行政级别相同的层面上开展。领导间的交流会谈是这一公共关系活动的核心内容。在安排双方会谈时，要事先经过双方工作人员的充分沟通，确定本次会谈内容，准备好必要的工作文件、协议等材料，做好双方交流会谈的铺垫工作。会谈一般主要包括文化交流、经贸合作、地方帮扶等方面的问题。为营造双方融洽的会谈气氛，公共关系工作人员应注意：列出清晰、简约的会谈提纲；提出初步的合作构想；标出协商的重点议题；等等。

（四）走访重点单位

在政府领导出访其他地区时，安排政府领导去当地基层走访参观，是增进其与当地公众了解、扩大政府领导出访影响的重要举措。访问方公共关系人员在与被访方协商安排后，可选择典型单位进行参观、调查、学习取经。如果访问方领导者恰有在被访问方区域工作或生活的经历，则还可用心而巧妙地安排其去该地旧地重游。在领导者一行参观时，注意安排现场的交流座谈，营造融洽的交流气氛。

（五）做出一定的公益奉献

政府领导间的访问，重点是增进相互的沟通与合作，同时通过这一活动，关注对方地区公众的生活与工作状况。在可能的情况下，可以做些社会公益活动，体现访问方地方政府对被访问方公众的关注与切实的关心。公益奉献应与对方认真磋商，选择好项目和受益公众，对项目的落实予以切实的监督，保证公益活动不仅在面上做好，更要让其真正发挥出效果，以期能够对当地公众产生长久的影响。

（六）低调离访

访问方政府领导一行，在完成与被访问方的广泛沟通交流后，可以低调离访。在新闻媒体方面，可以通过发表比较简短的新闻报道告知公众，注意不要搞大张旗鼓的欢送仪式惊扰百姓。在当地媒体上刊发人物专访、大篇幅的通讯等，把出访领导者的情况做一个总结式的宣传，给当地公众留下长久的印象，这应是一个恰当的安排。

 案 例 观 摩

（一）知识要点

国家公共关系以国家作为公共关系主体，针对目标公众开展一系列沟通交流活动。国家公共关系策划得宏大精妙，实施得广泛深入，对国家的影响深远持久。

（1）国家公共关系以国家名义发起，立足点高，辐射面广；

（2）国家公共关系在传播手法方面主要利用大众传播媒介，传播力强，效果好；

（3）国家公共关系面对的主要是其他国家领导人及其公众，同时也会对本国公众带来深刻影响。

（二）案例介绍

中国共产党与世界政党高层对话会海报发布

（2017 年）11 月 24 日，中国共产党与世界政党高层对话会海报《共饮一泓水》和《美美与共　和而不同》正式发布。两张海报以"茶"作为主要创意元素，巧借中国以茶会友、品茶论道的文化传统，寓意中国共产党邀请世界政党共议构建人类命运共同体的政党责任，共话建设美好世界的宏伟蓝图，生动诠释"构建人类命运共同体、共同建设美好世界：政党的责任"的对话会主题，营造会议良好氛围。

在海报《共饮一泓水》中，一盏青花瓷杯中盛着清茶，杯内茶水清澈，呈现出世界地图的映像，寓指各国人民"共饮一泓水"，世界是一个你中有我，我中有你的命运共同体。青花瓷茶桌上，以茶杯为圆心扩散出一圈圈涟漪，寓意"构建人类命运共同体、共同建设美好世界"的主张影响深远，必将吸引越来越多的认同者、支持者、同行者。

在海报《美美与共　和而不同》中出现中式茶杯、阿拉伯式茶杯和西式咖啡杯，象征着与会政党的广泛代表性，这些拥有不同国别背景、不同文化传统和不同意识形态的政党在中国共产党的倡议下坐在一起品茶论道、坦诚交流。三杯茶色泽清丽，水面呈现类似太极阴阳图形的明暗区隔，寓指中共构建人类命运共同体的主张与中国"和而不同""和谐相生""美美与共"等传统哲学观一脉相承的联系。

此次高层对话会采用海报这种传播方式，目的是通过引人入胜、生动易懂的形式巧妙体现对话会要传达的理念，扩大会议影响，同时增强会议场所的仪式感、时尚感和开放感。

资料来源：中国共产党与世界政党高层对话会海报发布. 人民网，http://cpc.people.com.cn/n1/ 2017/1129/c415498-29674497.html（2017-11-29）.

（三）案例评介

1. 问题提出

国家公共关系的特色是什么？国与国之间的外交活动算不算国家公共关系？回答是：当然不可以这样说，不能认为只要是国与国之间打交道，就是国家公共关系。

国家公共关系要符合几个条件。

（1）发生外交关系的其中一方，主动利用大众传播媒介，向全世界公开自己这方的外交行为，特别是有关于一方出访的信息时，会提前通过媒体宣布，同时会主动接受他国（主要是出访国）重要媒体的采访或利用对方媒体发表文章，表达自己的态度；

（2）国家公共关系活动一般由该国有关机构策划，安排重要的与公众接触的活动，如在大学公开演讲、拜访重要人物或家庭、参观重要企业、参与重要活动等，所有活动都不拒绝媒体的报道或采访；

（3）国家公共关系活动主要涉及两国或多国经济、贸易或文化交流等，会让双方公众受益，所有过程都可以对社会公开。

（4）国家公共关系活动也会涉及一些社会公益项目，如减免债务、资助贫弱等，以此增进彼此的了解与认同，赢得信任，加深友谊。

2. 策划精要

"中国共产党与世界政党高层对话会海报发布"案例是国家公共关系活动——"中国共产党与世界政党高层对话会"的组成部分。

中国共产党与世界政党高层对话会 2017 年 11 月 30 日至 12 月 3 日在北京举行，会议的主题是"构建人类命运共同体、共同建设美好世界：政党的责任"。大会安排有开幕式、闭幕式、全体会议，还有以"新时代的中国共产党与世界"为主题的中共十九大精神专题研讨会，及四场平行分组会。会前，主办方还安排了部分外国政党领导人到中央党校参观"砥砺奋进的五年"大型成就展，之后进行了座谈。

（1）在这次举世瞩目的对话会前，主办方发布了海报，海报的内容是"共饮一泓水"和"美美与共 和而不同"，二者贴切地表达了这次会议的主题。

（2）海报的表现内容均以茶作为载体，体现出中国的文化特质；茶杯以青花瓷为主要表现图案，彰显中国文化的包容与开放，也折射出这次对话会从容与淡定的基调。

同时，两个海报又各有不同的指向。

海报《共饮一泓水》中，青花瓷杯中盛着清茶，呈现出世界地图的映像，寓指全世界各国人民彼此共依共存的人类命运共同体，杯茶清澈见底，或许还寓意君子之交淡如水吧，同时，茶盘之下显出层层涟漪，既寓意共建人类命运共同体，实现美好世界的主张影响深远，同时也体现出人类与自然环境的天人合一。

海报《美美与共 和而不同》中，有三个茶杯，呈三角形放置的状态，既有中国传统文化与世界多种文化美美与共的寓意，又有三点为一个面的理论，从科学理论来讲，体现了世界一体、世界大同的内涵；三杯盛茶的茶杯形状不同，有中式青花瓷茶杯，有纯白阿拉伯式茶杯和西式图案的咖啡杯，体现着与会政党的广泛代表性，而同样的茶水均可盛在不同的茶杯中，反映出人类文化的共通性与包容性；最奇妙的是三杯清茶的水面，呈现类似太极阴阳图形的明暗水样，既体现杯水自然光线状态，又展现中国文化"和而不同""和谐相生""美美与共""张弛有道"的中国哲学智慧，也寓指中国共产党提出的构建人类命运共同体主张与中国传统哲学观一脉相承的联系；茶杯散淡的状态也体现出不同国别背景、不同文化传统和不同意识形态的政党均可以在中国共产党的倡议下坐在一起品茶论道、坦诚沟通。

（3）这次的对话会，少见地使用了海报的形式进行前期传播，体现出这次公共关系活动的强烈传播意识和主动沟通意识，也为这次活动增加了一种淡淡的优美诗意，强化了对这次会议的印象和传播力度。

3. 效果评价

中国共产党与世界政党高层对话会在 2017 年底召开，正值一年收尾，展望来年之时，会议召开得十分成功。无疑，这两张海报也恰逢其时，为这次盛大的国家公共关系活动增色不少。

第二节　企业间公关交往

在市场经济的机制下，以营利为目的、主动开展各种各样活动的企业是市场中最活跃的细胞。在企业开展的诸多活动中，为使业务扩大或保证业务正常、顺利发展，与自身有密切关系的组织开展广泛的相互沟通活动是企业最常进行的工作。沟通活动主要是在企业领导、企业核心业务负责人之间进行。

一、针对业务客户的公关交往策划

在企业里，与客户开展日常工作交往是一件十分平常的事情，彼此之间的沟通每时每刻都可能发生。但是，双方之间的沟通未必总是通畅的、顺利的。在某些业务工作中，发生沟通不畅的情况也是十分常见的，这就需要企业双方领导或业务主管通过面对面的沟通交流来增进彼此的了解，化解一些误会，推动业务工作更加顺利地进行。

策划企业客户间的公共关系交往，有两种情况：一种是与主要客户的单独交往，一种是与合作伙伴的集体交往。

（一）策划企业与主要客户的单独交往

1. 选择公关由头

企业与自身关系密切的客户保持通畅的沟通、交流是十分重要的。选择适当的时机进行面对面、深入的沟通是公关策划的主要内容。选择公关由头也就是寻找恰当的时机，使双方自然而愉快地走到一起交流。

1）一方发生喜庆之事

当一方单位或个人（主要是领导者）有一些重大好消息时，彼此见面分享快乐、表达谢意就成为自然而恰切的理由。

2）重要节日、纪念日

在重要的节日或纪念日，企业向重要的客户发出邀请，借节日或纪念日之名，双方见面叙旧话情。

3）生日祝寿

如果企业的公共关系人员留心，记住一些重要客户的生日，之后借给客户祝寿之名，诚请客户相聚，由此创造彼此交流的良机。

有时，公共关系由头的寻找是随机的，企业可以随时确定，积极创造机会，与重要客户开展交往型公共关系活动。

2. 参加重要活动

在企业邀请重要客户来访时，不仅是彼此见面交流，更重要的是让其参加企业的一些重要活动，如内部联谊会等，加强重要客户对企业的进一步了解，有利于强化企业与重要客户的合作关系。

3. 安排广泛接触

企业重要客户的到访，正是企业对重要客户开展公共关系的良好时机。因此企业公共关系人员要注意安排客户与企业各个层面的领导进行广泛的接触与了解，使客户自然地融入企业中，对企业的情况有更加深入的了解与认同，双方易于达成更多的共识，促进企业与主要客户长期、稳定的合作。

4. 进行深度交流

在与主要客户的交流中，企业要创造更多的机会，加深彼此间对业务工作的了解与认同，对一些双方合作中存在的误解或不同看法，广泛地交换意见，真诚、坦率地将自己的情况告知主要客户，加强客户的信任，真正实现双方稳固的合作关系。

5. 达成主要共识

与主要客户的见面交流，要有明确的目的性，努力为双方达成一定的重要共识而努力。例如，签订重要的备忘录、签订重要的补充性协议等，使公共关系活动结出重要的果实。

6. 深情道别

当重要客户一行离开企业时，要精心设计或策划真诚的道别仪式，表达企业与重要客户牢固的合作关系与深厚的友谊，给客户留下美好而深刻的印象。

要注意重要客户来访时，企业可能出现的一些不恰当的做法。

（1）将重要客户来访仅仅看成与主要对口业务部门的见面交流，将重要客户的活动范围仅仅局限在与组织高层及业务部门经理间的交往中，而不是让其广泛地与企业员工接触和交往。

（2）将重要客户的来访，仅仅看成吃一顿饭、喝一顿酒的事情，而不是当成双方深度交流，广泛与组织员工进行接触、交流的重要机会。

（3）将重要客户的来访看成个人关系的加深，而不是重要客户与企业的公共关系的加深，对客户的来访没有明确的目的性，对重要问题的讨论停留在议而不决的层面，使来访活动看似热情洋溢，实则劳而无功，甚至如果接待不周，还可能产生副作用，淡化重要客户与企业的关系，最终导致与重要客户关系的疏远或中断。

（二）策划企业与合作伙伴的集体交往

对于日常业务量十分繁忙的企业来说，在一定时段与全体合作伙伴进行统一集中的见面沟通，是十分必要的，也是较为高效的公共关系活动。

具体策划步骤如下。

1. 提前安排集体见面时间

企业要开展的与几乎所有重要合作伙伴的见面交流活动，对企业来说是较为重大的公共关系活动，必须提前数月或在年度之初就确定并较早向合作伙伴发出邀请，以便他们安排时间出席。

对于一家经营性的企业来说，重要的合作伙伴大致有以下类别：原料供应商、地区总经销商、银行重要负责人、对外贸易合作伙伴、法律顾问、专业调研机构、公关或广告公司业务负责人、新闻媒体业务负责人等。

企业每年选取一定时间或为某一重要主题与这些合作伙伴进行面对面的沟通交流，对增进双方了解，促进彼此联系，会起到十分重要的作用。

2. 举行隆重的欢迎庆典仪式

当八方宾朋齐聚企业时，企业的欢迎仪式可以策划得精心而周到，以表达企业对合作伙伴的期盼诚意。

欢迎仪式的策划，主要包括：

（1）现场的布置，如标语悬挂，彩灯、彩旗的设计与挂放，主席台的设计，嘉宾的签名，签字簿、台签的设计，安保、礼仪人员的周到服务，暖场音乐，小节目或乐队的配合等，形成让所有来宾感觉十分温馨、热烈的欢迎场面。

（2）仪式程序的安排，在仪式的安排上不仅要安排企业重要领导讲话、具有代表性的客户讲话，还可安排企业员工代表讲话、员工家属讲话、新产品展示、新获奖荣誉展示等，令人激奋、感动。

欢迎仪式的进行主要体现在两个方面。

（1）看重所有伙伴，展示组织的感恩之心，让每一位受邀者都感到自己被企业十分看重，企业有着感恩、仁义的君子待客之道。

（2）展示企业文化，让对方感受企业的凝聚力，在欢迎仪式上让内外公众深深体会到企业尊重、团结、积极、高效的企业精神，受到企业文化的熏陶。

3. 企业领导到会致辞

在安排企业领导出席的欢迎仪式上，领导的现场致辞十分重要。公共关系人员要对演讲词进行认真推敲、设计，努力使之激情洋溢又真挚感人，真正表达出企业全体员工对合作伙伴的欢迎之意。

4. 增进广泛的交流合作

这是公共关系活动的重要内容。由于到来的合作伙伴人数多、类型复杂，企业与合作伙伴的交流要有序进行，分类安排，忙而不乱，面面俱到，不冷落任何一位合作伙伴，不怠慢任何一位来宾，借此将平时彼此合作工作过程中存在的一些问题、疑问一一坦诚交流。

5. 参观企业与员工接触

在企业与合作伙伴的交流活动中，要创造条件让合作伙伴更多地了解企业，因此，参观企业是活动的重要内容之一，在参观企业的过程中，要安排企业员工代表主动向合作伙伴介绍情况，或者举行不同层面的座谈会、联谊会，加深参观者对企业的全面感知，联系他们与企业员工的感情，增强合作伙伴与企业持久合作的信心。

6. 举行专业性论坛或沙龙活动

针对企业与合作伙伴面临的共同话题，以及在理论上或实践中的重要前瞻性问题，企业可以举行专业性的论坛或沙龙活动，邀请著名学者或专家讲授前沿发展动态，学习研讨与交流对一些重要专业性问题的认识，提高彼此对问题的认识，传递企业文化，加深彼此之间思想的碰撞与交流，在互相研讨中促进彼此的深度认同。

7. 安排一定的文娱联谊活动

主要由企业专门的文艺团队进行表演，还可举行大型舞会、足球赛、桥牌赛等，通过文娱活动，放松精神，愉悦心情，融洽感情，增进友谊。

8. 诚挚道别

在交往活动的尾声，公共关系人员要有序地安排道别，特别是赠送有一定纪念意义的礼物来增进友谊，这种交往的公共关系意义是十分重要的，同时本企业的主要领导要送合作伙伴至机场、车站、码头等，做好公共关系活动的重要收尾。道别最重要的是心诚，要通过深情送别让合作伙伴获得一种自己在该企业中的重要感，为今后双方的合作铺垫下持久温馨的伏笔。

二、业务拓展中的公共关系交往策划

企业在业务拓展中，会遇到新的重要的合作伙伴，对此，企业需要专门去探访或诚请对方今后来访，以建立或巩固双方的合作关系。

具体策划要点如下。

1. 企业最高领导或业务主管亲自出访

对于业务拓展中新建立关系的企业伙伴，如果认为该业务伙伴十分重要，则企业最高领导或业务主管可以考虑专程出访，以表示本企业对新业务伙伴的重视及尊重。这样的出访会引起新业务伙伴的相应关注，有利于今后双方关系的稳固。

2. 举行双方高层会谈，达成合作协议

通过与对方公共关系人员的具体洽商，可以安排企业领导与新合作方的高层进行会谈，广泛交换对今后合作的看法，以增加双方了解，融洽双方关系，以期最终达成一定合作协议或为今后双方合作奠定稳固基础。

3. 安排企业领导演讲

企业领导的到访，不是简单的双方见见面认识一下，而是要达到彼此了解、求同存异、达成合作的目的。如果条件许可，公关策划人员可以安排到访的企业领导在新业务伙伴的管理层或主要业务部门中进行演讲，以阐述本企业的基本情况，提出企业对市场、技术和今后合作的看法，增加新合作伙伴中重要公众对企业的了解，进一步夯实企业与新业务伙伴的合作基础，为双方今后的合作打下扎实的基础。

4. 参观合作伙伴工作场所，与基层员工交谈

企业公关策划人员与受访企业协商，安排企业领导参观合作伙伴的生产与研发场所，了解合作伙伴的真实情况，借机与合作伙伴的员工进行一定的接触，增强合作伙伴对企业的认识与好感，实现双方进一步的了解与认同。

5. 安排答谢

企业领导可通过座谈会或宴会的方式，向新合作伙伴表达一定的答谢之意，也可借此阐释企业与合作伙伴开展合作的意义及合作内容，为双方今后的合作营造良好的氛围。

6. 真诚道别

企业领导与新合作伙伴真诚道别，互致留恋之意，难舍之情，也可交换下私人性的小礼物，来表达对彼此的敬意，由此揭开企业与新伙伴的合作序幕。

 案 例 观 摩

（一）知识要点

大客户公共关系活动是组织针对重要的合作伙伴开展的传播沟通活动。所谓的大客户，往往是对企业的发展非常重要的经销商、原料供应商或其他合作伙伴。

（1）大客户公共关系的核心是彼此能够坦诚相待，及时沟通信息，让目标公众感到组织对自己的信任或关照。

（2）开展大客户公共关系时，双方有着明显的互惠关系，但同时又不是简单的利益交换，双方最重要的是不断加深了解或理解，对一些问题或困惑能够坐下来沟通交流，而不是站在自己的角度采取不合作的行动。

（3）大客户公共关系或者是组织针对某一个目标公众来开展，或者是一对多，组织召集足够多的合作伙伴，开展沟通交流活动，如经销商大会等。

（二）案例介绍

浙派全国经销商大会彰显品牌力量

2018年3月31日，"厉害了，我的浙派"赢战2018浙派全国经销商大会暨2018战略发布在嵊州宾馆隆重举行，来自全国的近千名经销商身着统一的制服，靓丽出席，共襄盛举。"浙"里风景独好，延续浙商精神的浙派是浙江派系集成灶行业中的代表，展现着不世之业的非凡魅力。

感恩回顾，志在千里

一支刚柔并济的墨舞，古风古韵中开启了浙派2018全国经销商大会，董事长王俊先生上台致欢迎词。王董总结性地回顾了浙派品牌自诞生以来的发展历程和取得的荣誉，对社会各界合作伙伴及经销商表示最衷心的感谢，感谢政府各级领导对浙派寄予深厚期盼，王董表示将继续浙派打造中国高配厨电领军品牌的雄心壮志。

独具特色，品牌典范

嵊州市厨具协会秘书长张晓钟上台讲解了自己对厨电行业发展的认知，讲述了中国厨具之都嵊州厨电发展历史。浙派品牌的特色风格和创新研发技术的优势，赢得了张秘书长对浙派品牌高度认可，张秘书长熟知的浙派品牌是朝气蓬勃的，企业产品线丰富，一路延续着自身发展路径，足以被称为集成灶行业翘楚和品牌典范。

浙江派系，涅槃之路

浙商博物馆馆长、浙商研究会执行会长杨轶清教授深度解读浙派与浙商精神，新时代发展下的浙商精神被注入了更多切合当下的元素，杨教授从万向集团鲁冠球"实代表"、吉利汽车李书福"勇代表"、阿里巴巴马云"智代表"、娃哈哈宗庆后"信代表"、海康威视"仁代表"五大浙商事迹中形象解读浙商精神，凝练出浙商实在、勇气、智

慧、守信仁义的本色，这也是浙派立足浙江，布局全国的力量源泉。

浙派力量，忠于客户

品牌化营销体系管理咨询专家、浙商研究会副会长蔡丹红女士带来《互联网时代的品牌营销》主题演讲，讲解品牌的力量。蔡教授以生活体验为切入点引入品牌系统化时代的观点，从产品、形象、心理三要素解读品牌的塑造。如今，营销进入了客户倒向时代，传统营销与现代营销具有巨大的差异，互联网时代的营销是超越蓝海和市场需求，忠于价值，忠于牢固客户关系的营销。

颁奖盛典，踔厉奋发

2018 年度颁奖盛典上，浙派分别颁出厨电销售明星奖、销售飞跃奖、最佳形象店奖、最佳服务奖、总经理特别奖，每一位获奖经销商都是浙派家人励志的表率，颁奖环节的荣誉并不仅仅是对有作为的经销商们的奖励和感谢，也是对所有浙派经销商的一种激励和鼓舞，是期望大家都能在奋斗中收获成就的希冀。

品牌战略，浙是传奇

总经理闫红涛对 2017 年的营销工作进行了回顾，向大家展现了一个书写传奇的品牌。浙派"百城千县万镇"套装厨电战略的大行动在各大站点推进，浙派在品牌推广上也是不遗余力，请明星夫妇倾力代言，央视广告、地方卫视广告、网络推广、户外广告全面展现浙派品牌。2017 年浙派共完成 500 多家标准店、400 多家形象店、800 多家乡镇店的建设。

2018 年，浙派融入"中国蓝"的色彩元素，将蓝色作为品牌色，加深大家对品牌的视觉印象。除了继续实行 20 站百城千县万镇大计划，亿元媒体投放央视、地方卫视、高铁、机场、互联网等，增投亿元建立产品扫码赠送红包，助力浙派成为名扬四海的品牌。

闫总针对 2018 年的新产品，讲到浙派将推出多效合一的智能嵌入式洗碗机、纳米抗菌不沾油水槽、6.0 集成灶、智能 Wi-Fi 型油烟机、猛火节能灶具、全能蒸烤箱、净水机、0 冷水热水器，全品类厨房产品性能全面升级，为消费者带来更好的厨卫生活尊享，彰显着浙派智造的技术实力。

媒体签约，炫酷直播

全面宣传时代下，浙派与央视、高铁、地方卫视、互联网、地推等亿元级全媒体举行了签约仪式，浙派品牌借助广告平台的影响力，深入消费者生活层面，为经销商深耕终端市场提供有效的品牌支持。直播平台也随即开启，108 家媒体、156 人直播阵容、网红的直播宣传，用最前沿的传播，玩转时尚媒体，打造浙派炫酷盛会。

创世新品，签约不断

在浙派新品展示环节上，创新启用俊男靓女携新品模型走台展示，极大地吸引了大家的好奇心。新品发布会场外设置产品展示区，所有经销商满怀兴致在展示区体验浙派高端厨电。高额市场经费，多种专卖店宣传广告机、宣传车、装修费用等赠品公布，现场优惠政策公开后，燃爆所有经销商的热情，签单经销商络绎不绝。

感恩晚宴，精彩不断

晚宴上，所有来宾品味着美味佳肴，这是一种关于浙派的家的味道。太空漫步、国标舞、魔术表演、儿童拉丁舞等精彩表演，抽奖与互动活动不断，拉近了经销商与浙派之间的深厚感情，一天的精彩也浓缩在聚会的欢快之中。

资料来源：厉害了，我的浙派！赢战 2018 浙派全国经销商大会圆满落幕.科教网，http://www.kjw.cc/2018/04/03/131598.html(2018-04-03).（题目及内容有改动）

（三）案例评介

1. 问题提出

大客户公共关系对组织的意义何在？大客户对组织来说，应该具有战略意义，因为其对组织未来的发展有着举足轻重的作用。在组织的公共关系战略考量中，格外要关注大客户这个目标公众。

其实，大客户公共关系不仅存在于企业，而且也存在于政府或事业单位，大客户往往是组织的战略性目标公众，丝毫不弱于消费者、顾客及媒介公众。组织必须要高度重视大客户公共关系，他们甚至会直接影响到组织正在前行的脚步。

2. 策划精要

"浙派全国经销商大会彰显品牌力量"是一个针对大客户（经销商）的公共关系活动，这在一些大企业或集团公司中，屡见不鲜。但浙派公司在这次经销商大会中安排的活动，颇有新意，值得一说。

（1）正值开春，浙江浙派电器有限公司的 2018 全国经销商大会召开，来自全国的近千名经销商齐聚号称"中国厨具之都"的浙江省嵊州市这个并不太大的地级市，董事长王俊首先登台作总结性讲话。但经销商会议显然并不要中规中矩地举行，王俊董事长讲话之前，先由一段舞蹈开场，体现了这次经销商大会的文艺范。之后则请出了行业协会的领导来为经销商大会助威，嵊州市厨具协会秘书长张晓钟在大会上介绍了嵊州厨电发展的历史，并对浙派企业的发展予以肯定。

（2）随后这次大会的亮点出现，浙商博物馆馆长、浙商研究会执行会长杨轶清教授走上讲台，以生动案例为经销商大会解读浙派与浙商精神，加深了与会经销商对浙商以及浙派企业的了解，之后省内知名的品牌化营销体系管理咨询专家、浙商研究会副会长蔡丹红教授从营销角度阐述了品牌的力量。这两位学者高屋建瓴的讲话，既为这次经销商大会提气鼓劲，更提升、增加了这次大会的品位与深度，带给与会经销商足够的精神食粮。

（3）在大会带给经销商的精神大餐之后，隆重热烈的颁奖环节开始，这应该是精神荣誉与物质奖励的集合，令参会的经销商精神为之一振，不论是是否能够拿到厨电销售明星奖、销售飞跃奖、最佳形象店奖、最佳服务奖、总经理特别奖等，表彰均会对所有经销商产生激励与鼓舞作用。

（4）浙派公司的总经理闫红涛对浙派工作进行了总结性发言，干货满满，默契地配合了董事长的讲话。讲话中既展示了 2017 年的工作业绩，又汇报了企业的营销战略实施情况，还安排了 2018 年浙派市场发展的规划任务，同时适时推出了浙派的新产品战略，极大地提振了全体经销商的信心，也充分体现了这家厨具生产企业后起之秀的雄心壮志。

（5）浙派公司还向经销商们展示了企业的传播战略，无论传统媒体，还是新媒体；无论是广告手段还是直播网红，全面开花，体现了这家年轻的企业正朝气蓬勃地走在快速发展的道路上。

（6）经销商大会，新产品的发布与展示必不可少，企业很用心地搭建 T 台，以俊男靓女烘托产品形象，同时，以新产品体验和促销策略吸引经销商勇于下单，当即收获市场拓展的战果。这样的技巧与沟通方式看来十分有效。

（7）经销商大会的收场以晚宴结束，同时伴有文艺节目与抽奖活动，将一天的大会推向了高潮，无论对于企业来说，还是经销商，大家的收获都是满满的、愉悦的，这样的公共关系活动，应该算比较圆满地收场了。

3. 效果评价

浙派电器有限公司在中国厨具之都嵊州不算知名的大企业，但企业的气势很大！首先，企业的名称很大气，既凸显浙商的特质，又跳出嵊州，面向全国，让人自然生出一份信任。其次，企业经销商大会选择初春 3 月召开，拉开一年搏击市场的大幕，很是亮眼。这样的安排，避开了企业年底收官的年庆热闹，在众多企业开始新一年工作启动的时节，才开始全力拉弓放箭，闪亮登场，自然吸引了众人的关注。最后，经销商大会安排得环环紧扣，内容丰富，既有打开思路的课堂，又有炫目的荣誉授予，更有新产品的亮相，还有企业的规划，这样的精心策划，拉近了企业与最重要的合作伙伴——经销商的距离，为企业未来的发展，打开了广阔的通道。

第三节　上下级间公关交往

在一个组织中经常存在着上级与下级之间的礼节性交往活动，要使这些活动具有公共关系的价值，就必须进行精心的策划，以公共关系活动的理念和操作手法进行安排，而不能将之视为常规性的上下级之间的简单来往。

一、上级对下级的公关交往策划

上级对下级的公共关系交往，一般是上级深入基层的调查活动、上级对下级的看望，或是上级对下级工作的监督检查等。如果作为公共关系的交往活动，则具体安排的工作较之常规出访要有所区别。

1. 了解所探访、调查的下级单位的基本资料

当上级领导要到下级单位走访时，要先让上级领导对欲造访的基层单位有比较全面的了解，对其人员、业务、以往成绩或问题、突出的特点和现存问题等有较全面的掌握，以便实地考察时有的放矢。

2. 指导下级安排简约、热情的欢迎仪式

欢迎上级领导走访是下级单位的必然之举，但欢迎仪式切忌搞得隆重奢侈、劳民伤财甚至哗众取宠。例如，个别单位在欢迎上级领导到来时，不惜动用大量人力、物力、财力来烘托气氛，实则虚张声势，弄巧成拙。因此，对上级领导的造访，要通过自然巧妙又简约大方的形式来展示，表现出下级员工对上级领导的敬重而不阿谀、欢迎而不谄媚的态度。

3. 与下级负责人亲切交谈、坦诚沟通

安排专门的会议室举行调查、沟通与恳谈活动，上级领导以倾听下级汇报为主，先不对问题发表意见，营造一种积极、热烈、开放的会议氛围。

4. 对下级重点与亮点工作进行调研参观

上级部门领导来访，重要内容之一是对一些重点或亮点工作进行实地考察，了解进展程度、面临的问题、遭遇的困难、取得的成绩等，鼓励已取得的成绩，并现场提出指导建议，帮助协调一些难以疏通的关系，有效推动基层工作。

5. 安排与普通员工交谈、接触的场合

上级领导走访基层，并非止于领导层面的见面，而是要在基层员工中打造上级主管领导亲切、随和、关爱下级的良好印象。因此，安排上级领导与下级普通员工的交流、接触，应是这一造访活动的中心内容，而绝非走过场。

与普通基层员工的近距离接触，有以下形式可以选择。

（1）邀请上级领导做专题讲座；

（2）安排上级领导与员工在工作场所交谈；

（3）举办上级领导参加的员工座谈会；

（4）举行联欢会、员工生日会、单位某一节日庆典或国际性节日的纪念活动；

（5）安排上级领导与劳动模范、先进团队或后进变先进员工见面交谈；

（6）举办有员工代表、退休员工、伤残员工等参加的茶话会、宴会等；

（7）邀请上级领导观摩各种劳动竞赛、业余文化活动、游艺活动等；

（8）安排上级领导通过内部网络与员工在线沟通、交流、答疑解惑等。

6. 召开基层干部参加的正式会议

在所走访的单位，召开有基层干部参加的干部大会，请上级领导对当前形势、该单位及其他同类单位存在的一些紧迫性的问题做重要讲话：对好的做法予以肯定，对不好的现象予以严肃的批评，勇于揭短，对今后工作做出重要的指示，提出目标，指出方向。

7. 低调告别

上级领导走访基层单位结束后，应悄然离去，不张扬，不惊扰下级普通员工，不影响下级单位的正常工作，留下的仅是基层员工对上级领导的美好回忆。

8. 全程新闻关注

在可能的情况下，对上级领导的公关交往活动应进行全程新闻关注，在当地媒体上进行及时的新闻报道，让更多相关公众了解此事，知悉上级领导指示的重要精神。

9. 内部与外部媒体的及时报道与综述

当上级领导离开所走访的下级单位时，组织内部与外部的媒体，应及时报道，并进行较有深度的综述。让上级领导的公关交往活动影响力持续延伸。

二、下级对上级的公关交往策划

下级对上级的公关交往活动，一般被视为下级对上级领导的请示和汇报，虽然对下级来说，向上级领导汇报情况并接受指示，本身也需要认真准备与安排。但这样的行为应成为真正的公共关系活动，而不是一般性的简单拜访和接受指令。

1. 与上级主管领导的工作秘书协商公关交往活动

下级领导在确定对上级领导开展公关交往活动前，要先由具体负责的公共关系人员向上级领导的工作秘书了解拟拜访的主要领导的日程安排、最近工作情况等，以确定是否为最佳的拜访时机，如果领导近日工作忙碌或有出差事宜，则拜访活动要推迟。

2. 确定准确的拜访时间

在没有其他事情冲突的情况下，将具体拜访时间确定下来，地点一般在上级领导的工作场所。

3. 准备必要的汇报资料

下级人员不要把对上级领导的拜访看成是拉关系、送礼物、与领导去套近乎、为小集团谋取私利等，而应该将之视为下级对上级领导正常而必要的沟通交流活动。因此，下级要认真精心地准备对上级的汇报资料、沟通的诸事项内容等，以期通过面对面的沟通交流，使上级对下级部门情况有全面的了解，对下级人员的处境和需求有切实的体会，能够面对问题做出全面而审慎的决策性指示。在必要的情况下，下级还应该提供一定的实物佐证，如产品样品、农业种子、照片等一些有利于说明问题的材料，以利于上级领导全面地掌握情况，做出决定。

4. 安排在上级领导出席的干部会上发言

下级部门领导在对上级领导的公关交往活动中，要努力争取参加上级部门领导主持的干部会议并获得一定的发言机会，争取让更多职能部门的领导对下级部门情况有充分了解，这样的机会必须主动创造，以推动下级单位的情况被上级各部门领导所了解、关心，以赢得上级各职能部门对下级工作的日后支持。

实际上，下级人员对上级的公关交往活动最主要的内容就是下级面对上级各职能部门的这次发言机会，这一次活动的安排是此次公关交往活动的核心。

5. 去上级重要部门拜访分管领导

下级领导对上级领导的公关交往活动，需要专门安排下级领导对上级重要相关部门及领导的拜访活动，以便将下级遇到的问题积极主动地与上级部门及分管领导进行汇报、沟通，赢得上级部门与领导的了解与支持，为今后工作打好基础。

6. 举行必要的答谢告别宴会

在完成诸项汇报、请示工作后，下级有必要通过举行比较正式的答谢宴会，向上级领导表示答谢告别。在中国传统交往文化的影响下，通过比较正式的宴会表达下级部门的谢意是被普遍接受的一种做法，也是公关交往活动结束的信号。这样，下级人员的公关交往活动可以完美收场。

7. 下级内部刊物或媒体的报道

下级人员对上级领导的公关交往活动应全程记录，保留必要的资料，交往活动结束后，应及时通过组织内部的传播媒体如内部刊物、电视台、电台、网站等进行报道，并专门将有关报道情况送达上级领导了解、知晓，使这一公关交往活动被下级单位全体员工周知，增强全体员工的信心和凝聚力。

8. 保持与上级各部门领导的请示汇报联络机制

下级领导对上级领导的公关交往活动不是一次性的特殊活动，而应该成为彼此沟通的常态，下级部门应主动建立或保持这种正式、通畅的沟通渠道，使之常规化，并实现长期的稳定性，使下级单位始终处于与上级部门透明、通畅的交往状态中。

第四节　跨行业间组织的公关交往

在组织的公共关系活动中，不仅有同行间的、上下级之间的公关交往，还有跨行业间组织的公关交往活动。这是应组织发展需要营造其生存与发展环境而开展的必要的公共关系活动。常见的跨行业间的公关交往有企业对政府的公关交往、政府对企业的公关交往，事业单位与政府的公关交往、事业单位与企业的公关交往。

一、企业对政府的公关交往

企业对政府的公关交往是指企业作为公关交往活动的主体，在必要的情况下对当地政府、本国政府或他国政府开展的公共关系沟通拜访活动。

要做好企业针对政府的公关交往活动，事前必须精心策划、周密安排，借助媒体影响公众，努力获得最大的社会效益和较好的经济效益。其具体步骤包括以下几个方面。

1. 企业领导亲自出访

当企业在经营中认为需要与当地或本国政府建立相互了解、理解和信息沟通的关系时，企业领导就有必要主动拜访当地政府领导；同样，当企业在开拓海外市场、需要赢得某国政府的了解、接纳和信任的时候，企业领导就需要策划去拜访某国政府领导人及其主管领导的活动。

这里有两点需要注意。

（1）企业领导去拜访或邀请本地、本国或外国政府主要领导见面，绝不能使用昂贵的礼物或豪华的宴席，否则明显有行贿之嫌。

（2）企业最高领导应该亲自出访，以表示企业的最高礼遇与尊重。

在企业领导确定拜访政府主要官员时，前期的了解是十分重要的。在与政府的工作人员反复接洽、商议的过程中，公关策划人员需要提前确定准确的时间、地点、谈话主题等，这些必须要提前做好安排。

2. 争取与最高领导见面

企业领导出访当地、本国或外国政府部门，其公关交往的目标是沟通企业情况，了解政府的相关政策、法规，增进政府对企业的了解、认同与信任，为企业的发展创造良好的生存、成长环境。因此，当企业领导要对政府部门开展公关交往活动时，就要努力实现政府最高领导出场会见的目标，因为企业最高领导与政府最高领导的见面与沟通，可以最大限度地实现政府重视、公众关注的公共关系目标，进而赢得政府其他相关部门的支持，获得最高的公关交往活动效率。

3. 开展社会公益活动

在企业领导开展与政府部门的公关交往活动时，企业可配合开展有力度、有创意的社会公益活动，由此表达企业优秀社会公民的诚意，赢得政府的好感与对企业的信心。

4. 安排与当地公众的联谊活动

企业领导针对政府开展的公关交往活动，绝不是不可曝光的私下活动，而是正大光明地与政府及当地的社会公众的全方位接触。因此，由企业最高领导出面同当地的公众接触，进行轻松愉快的联谊活动，是企业增进公众了解和认可、赢得信任的重要举措，更是此类公关交往活动的重要内容之一。

5. 实现媒体全程跟踪报道

企业可首先通过新闻发布会向媒体说明这次公关交往活动的基本情况，激发媒体报道兴趣，然后进一步推动媒体全程报道企业领导的公关交往活动，形成新闻报道热点，让更多社会公众知晓和关注企业。

6. 制作专访报道节目或在线沟通

在公关交往活动中，要特别安排企业领导在当地有影响的媒体如电视、网络上亮相，集中介绍企业情况，展示企业领导的风采，扩大企业影响力，让公众对企业有更全面、深入的了解与认识，获得这次公关交往活动的最大社会效益与较大经济效益。

（一）知识要点

企业对政府的公关交往活动是指意在扩展更大市场的企业针对当地（或本国）政府开展的公共关系活动，这种交往活动以拜访性的沟通交流活动开始，以清晰的商业目的为目标，以双方直接的见面为内容，在可能的情况下，与本地的内部公众或消费者代表进行对话或联谊。企业对政府的交往活动对企业的未来发展，必将产生积极而长远的影响。对于一个非政府的组织来说，官方机构或者说是政府公众，都是组织重要的公众之一。企业只有处理好与政府的关系，在当地生存与发展才能有重要的保障。当一个企业要开拓海外市场时，其交往的目标公众对象首先是这个国家的主要领导人或主管部门领导。

（1）企业对政府的公关交往活动，必须准备充分，目标明确，交往的目标公众是政府主要或主管领导。

（2）开展与政府的公关交往活动，同时要注意与当地公众的接触，让公众能够感受到来访者的个人特点与魅力。

（3）成功的企业交往活动，其前提是企业所从事的业务内容能够为当地公众带来可预期的实际利益。

（4）企业与政府的公关交往活动必须由这家企业的最高领导人亲自参与，既彰显企业的交往诚意，又能够有助于交往目标的实现。

（二）案例介绍

马斯克"闪电访华"

美国特斯拉公司首席执行官埃隆·马斯克一行的"极速访华之旅"在 2023 年 6 月 1 日落下帷幕。

从 5 月 30 日抵达北京，到 6 月 1 日离开上海，人们将马斯克的中国之旅精准到分钟、小时来计算。在这 44 个小时里，马斯克先后被工信部、商务部等重要部委领导接见，深夜前往上海超级工厂鼓舞员工，被上海市委书记接见，马不停蹄。在此期间，马斯克与宁德时代创始人吃饭、乘坐 Model X 前往部委，都被广为流传。

马斯克此次访华能带来哪些改变，也引发了人们无限关注，例如此前未能在中国落地的完全自动驾驶（Full-Self Driving, FSD）。马斯克此前多次提及，未来特斯拉可以用更低的价格出售车型，在车型上获取更少的利润，但是通过 FSD 来获取更多利润，某种意义上向"软件商"转变。而中国作为特斯拉的第二大市场，FSD 这根利润支柱能否在中国"支棱起来"尤为重要。

马斯克在抵达中国的第一天晚上，就已经收到了本次访华的附赠礼包：特斯拉股价大涨，市值一夜激增 1800 亿元，马斯克重回世界首富之位。

资料来源：作者根据网络资料整理而成。

（三）案例评介

1. 问题提出

企业在开拓一个新的市场时，为什么要先行与当地政府官员进行交往？因为政府公众是企业重要的、不可忽视的目标公众。政府是市场秩序的管理者，是市场规则的制定者，企业要在市场的汪洋大海中游弋，先要获得管理者的准入，特别是对于一个非本国的企业来说，获得市场管理者的了解与认可将十分有助于企业的健康快速发展。2020年开始的、影响全球的新冠疫情，令很多企业领导者拜访政府领导的出行止步，企业与政府的沟通大多在线上进行，交往的质量大打折扣。随着疫情的消散，一些企业的领导者纷纷选择亲自上门拜访，以加速企业与当地政府的联系，为企业的进一步发展创造良好的外部环境。

2. 策划精要

这一案例从其主要内容看，几乎全部集中在对政府官员及合作伙伴的交往活动上：受到中国工信部部长、商务部部长等的接见；到达上海公司所在地后，被上海市委书记接见等；利用晚餐时间，与重要的合作伙伴宁德时代的创始人、董事长进行了交流。直到深夜，马斯克才抽出时间前往上海超级工厂与员工见了个面。

这次特斯拉公司首席执行官马斯克的来访，有些不寻常，超出了一个普通跨国公司领导者与当地政府领导的交往常规。

（1）马斯克的"极速访华之旅"是低调的，完全没有接受来自官方媒体的采访及报道。公众对马斯克来华的了解主要是在外交部例行新闻发布会上得知他已经到达中国，其次是在接受会见的部委的官网和在两天后的企业高管微博上看到其晒出的类似上海"全家福"照片等。一般来说，企业领导者出国到访其他国家，会高调亮相，特别是安排企业领导者与当地公众有近距离接触，会有主流媒体的专访等。这次马斯克的出访活动却比较特别。

（2）马斯克的访华之旅的行程是密集的，也是高规格的。尽管马斯克的来华没有新闻媒体的跟踪报道，但其活动内容被有序而紧凑地做了安排。在精心策划之下，马斯克顺利地被中国的重要部级领导接见。次日他又获得上海市委书记接见的机会。中国重要部级领导的接见带给了马斯克以及美国有关方面极为重要的信号，那就是中国坚持高水平对外开放的道路是坚定不移的；中国对相互尊重、和平共处、合作共赢的中美合作态度是坚定不移的；中国支持新能源产业发展，致力于为各国打造更好的市场化、法治化、国际化营商环境也是坚定不移的。

（3）马斯克的这次出访，被赋予了超过其商务活动的意义。

3. 效果评价

这次马斯克的访华活动，策划的效果如何，媒体已经给出了答案——在抵达中国的第一天晚上，股市闻风而动，特斯拉股价大涨，马斯克重回世界首富之位。市场给出的利好信息说明了一切。不仅如此，马斯克的访华也把中国令人着迷的魅力带给了全世界，马斯克走了，西门子公司董事会主席博乐仁来了，曾经的世界首富、美国比尔及梅琳达·盖茨基金会联席主席比尔·盖茨再次来访中国！当然，今后还会有更多的跨国公司的领导者首次、再次、多次走进中国。

二、政府对企业的公关交往

政府对企业的公关交往是指政府主要领导去企业视察，与企业员工开展面对面双向沟通的活动。政府与企业的公关交往对双方都具有积极的公共关系意义：一方面，政府主要领导需要深入基层调查了解典型企业的实际情况，通过现场办公，解决企业中存在的宏观环境方面的问题，为政府决策提供实证依据，同时会增加公众对政府的了解；另一方面，企业能够接待政府领导的来访，是政府对企业的巨大支持与鼓舞，企业得以有机会与政府领导面对面沟通交流，对营造企业在当地良好的生存环境有极大的益处，更有利于推动企业一些需政府协调解决问题的快速处理。

1. 通知企业政府领导来访的行程安排

从政府角度来说，主要领导要去企业调研考察，一般会提前通知企业方面，企业会将各方面工作做好，安排好必要的接待事宜，以接待政府领导的来访。

2. 政府与企业员工接触：视察企业

政府领导一行到达企业后，企业一般会组织一个简短而热烈的欢迎仪式，这是政府领导与企业员工的近距离接触，政府领导可以主动与企业主要领导和员工代表握手并致以问候，企业领导与员工代表要表现得积极大方。

简单地与企业员工寒暄后，政府领导一般会对企业的生产车间、科技研发实验室、员工生活区、附属医院及学校等进行参观、视察，了解企业概况，与一线工作人员简单交谈，对企业某些方面的问题进行实地了解，现场办公。

3. 政府领导与企业领导层沟通交流

政府领导一行视察结束后，与企业领导层面对面的交谈就开始了。虽然政府领导可以对企业的工作进行指导，但从公共关系角度看，双方的交流是平等的，交流应该是坦诚的，是相互学习的。政府对企业的公关交往中，要实现平等、顺畅的沟通，氛围主要是由来访的政府领导营造的。

在政府领导到企业调研的过程中，企业可以抓住时机，将企业目前的情况予以全面的介绍，情况说透，问题说足，既让政府领导对企业有信心，也要使政府领导感到自己的责任与使命，双方交流可能时间不多，但效率要高。

4. 政府领导与企业员工的全面接触

政府领导对企业的公关交往，核心内容不是与企业领导的见面，而是与企业员工的近距离接触，这是现今很多政府领导到企业视察时容易忽略的地方。政府工作人员要提前安排好领导与企业员工全面接触的场合或聚会，让政府领导的影响力深入企业的基层。具体内容如下。

1）对全体员工的主题演讲

政府领导以企业大会的形式面对企业全体员工做振奋人心的演讲，会让基层员工感受到政府的支持与关怀，了解政府在企业所在行业的政策和指导意见，了解政府应对问题、解决问题的勇气与做法，感受政府领导的魅力，由此对政府和企业产生信任与忠诚。

2）召开企业骨干参加的座谈会

政府领导通过这样的座谈会可以在较大层面与基层员工深度接触，双方通过平等、坦诚的交谈，让政府了解到更多基层员工的情况，也使政府领导在骨干员工中产生较大影响力，由此，使政府领导及政府形象通过骨干员工传播到企业其他大多数的员工中去。

3）深入某一典型班组进行交流座谈

在企业难以召开全体大会的情况下，政府领导也可选择一个先进或典型的班组，走进去，坐下来，与班组的全体员工进行近距离的亲切交谈，了解情况，沟通信息，亲切交谈，嘘寒问暖，将政府对企业员工的关怀体现出来。

以上三种形式在条件允许的情况下，可以通过电视转播、电话会议形式、网络在线实况播放等，让企业未能参加的员工及全体企业甚至全社会公众了解与知晓，并实时参与活动，将政府对企业的关心与关注辐射到社会的其他企业及全体公众身上。

5. 媒体及时报道

政府领导深入企业调研与考察，公关策划人员应提前通知新闻媒体做好报道准备。记者在现场可适时参与采访，捕捉新闻点予以及时报道，新闻报道既要考虑到政府领导，又要对企业基层员工予以关注，对领导来访的反馈可及时采集资料，进行加工报道。

6. 企业内部情况反馈

当政府领导一行对某一企业的公关交往活动结束后，政府相关部门还应适当关注企业方的反馈。企业可及时将反馈情况通过内部简讯、报纸、电视、刊物、网络等形式报道出来，然后将内部媒体反馈的情况向上级政府汇报，实现公共关系活动效果的追踪与评估。

三、事业单位与政府的公关交往

事业单位是中国社会单元的一种特殊组织，其经营与管理的模式介于政府与企业之间，既在人员管理上归国家统筹，又在经营方面具有较强的自主灵活性；既承担着社会服务的公益职能，又具有一定的市场竞争性和营利性的内在动力，成为中国市场经济进程中保留的最后一块特区。今天，典型的事业单位主要是医院、学校、研究机构等。

（一）事业单位对政府的公关交往

事业单位是具有较强社会服务性与学术研究性的组织。它们与政府的公关交往主要在直属的上级单位及当地政府相关的管理部门间进行。因此，事业单位对政府的公关交往活动具有比较明确的目的，即沟通信息、增进了解。其具体策划的步骤包括以下几方面。

1. 确定出访领导

无论是学校、医院，还是研究机构，事业单位如果与上级主管单位（如教育厅、卫生厅、科技厅等）或当地平级单位（如市政府、区政府等）需要就某些事情专门进行沟通协调时，必须是该事业单位的最高领导或主管领导亲自带队，除非有其他特殊情况。随行出访的成员应是负责相关工作的中层干部，既要了解情况又要卓有见识。

2. 准备相关汇报材料

拜访政府机构之前，应由事业单位公共关系人员对拟汇报的情况做充分的准备，撰写完整的汇报材料，同时与政府相关部门的公共关系人员进行沟通对接。这样一方面有利于出访人员汇报时条理清晰、头脑清醒，与政府主要领导——拜访对象的沟通交流更加充分；另一方面，有助于政府领导及主管部门负责人了解比较全面的信息，对事业单位产生信任和好感，也更体现事业单位来访的认真与慎重。

3. 确定恰当的时间

事业单位领导在决定拜访政府有关部门及领导后，应由公共关系人员与对方单位有关人员进行充分的沟通与交流，确定好双方见面的时间，以便政府提前安排工作日程迎接事业单位领导一行的来访。

4. 安排领导做学术讲座（演讲）或者召开相关人员参加的交流恳谈会

事业单位领导一行人到政府及有关部门进行拜访，不是人与人之间的感情增进，而是事业单位与政府及相关部门的正常工作往来，其目的是希望政府部门能够对该事业单位有更加全面、深入的了解，因此，交往性活动不能走马观花式地只与主要领导或部门负责人见见面、吃吃饭就结束了，而应该让这次交往活动的影响面扩大至政府相关部门的最大多数的公众中，因此，事业单位的来访人员可以通过校长、院长或所长等的学术性报告，向政府机关介绍学术前沿动态，并将本事业单位取得的研究成果和发展情况系统地介绍出来，这样做不仅影响力度大、效果好，更能巩固这次公关交往活动的效果。也可以通过与业务对接部门举行交流恳谈会进行深度的沟通了解，让这次交往活动取得更深、更持久的影响。

5. 开展坦诚交流

开展与政府主管领导或部门负责人的坦诚交流是公关交往活动的核心内容，对此，事业单位领导一行应精心准备，在交流中既表现出理性、严谨的工作思路，又展示出温和、亲切的沟通诚意，将与政府交流、协调的内容充分地谈出来，努力促进出访活动的成功。

6. 简单告别

在完成与政府有关领导或部门负责人的沟通交流后，事业单位出访一行人既可以通过打招呼而轻松告别，还可以举办简单的答谢酒会表达对政府部门的感谢，进一步加深感情，增进了解，权作告别仪式。

7. 一定的媒体报道

事业单位一行人结束公关交往活动后，应通过内部媒体进行报道，同时将有关情况反馈至政府部门，为之后的进一步来往打下良好的基础。

（二）政府对事业单位的公关交往

主管或管辖区内的政府部门，对事业单位具有重要的管辖或监督权力，因而适当的下访调研与交流是十分必要的。策划政府工作人员对事业单位的公关交往，需注意以下几点。

1. 提前与被访问事业单位公共关系人员确定活动

政府重要领导或部门负责人及其工作人员要到事业单位访问，相关的公共关系人员或负责此事的工作人员应提前与被访的事业单位公共关系人员进行联系，以便安排具体相关事宜。

2. 确定访问时间与时长等

一般情况下，访问行程安排会比较紧凑，特别是重要领导的访问，时间要求更加严格，因而要事先向事业单位通知好访问者一行的具体情况，包括领导级别、随行人员情况、到访时间、停留时间、参观场所、其他活动等。

3. 安排新闻媒体随行报道

根据政府部门访问领导的行政级别、访问事项等，通知相应的新闻单位进行随行报道。

4. 通知被访问事业单位的有关部门准备好接待

在确定好政府领导一行到被访问单位调查与视察时，要提前安排拟参观的部门、科室、实验室及设计研究室等做好接待准备工作，同时要求各部门的工作人员表现得热情大方、诚恳、礼貌。

5. 安排政府领导现场即兴演讲

为扩大政府领导对事业单位调研的影响力，将活动做实，应该安排来访的政府领导即兴演讲。演讲的内容主要是针对事业单位的工作提出努力目标、要求与希望，这些讲话通过外部与内部媒体传播出去，可以有效提升政府领导的公关交往活动的影响力。

6. 开展政府访问领导与被访事业单位领导的会谈

政府访问领导与被访事业单位领导的会谈是此类公关交往活动的最主要内容，政府领导的指示将会对事业单位的各方面工作起到重要的推动作用。事业单位主要领导应积极全面地将本单位工作向政府领导进行口头汇报及多媒体演示，努力给到访的领导留下良好的印象。

7. 关注媒体报道与被访事业单位反馈

政府部门在公关交往活动结束后，还应关注媒体的报道，同时了解被访单位的反映，评估该次调研情况，为今后公共关系活动积累经验。

四、事业单位与企业的公关交往

如今，事业单位的对外发展，与企业的交往变得十分频繁，如研究所、高校的技术成果转让，专业技术与能力的社会服务，中小学教学设备的配置，医院的药品采购、医疗设备的增设、维修与淘汰等，都离不开与专业企业的交往，因此，事业单位与企业之间开展一定的公关交往就显得十分必要。但是，由于事业单位与企业之间具有跨行业的特性，发生业务往来也仅局限于彼此某一方面的范围，因此，它们之间的公关交往一般比较简单。

1. 事业单位对企业的公关交往策划

（1）事业单位主管企业业务的负责人带队出访；

（2）通知被访企业安排接待；

（3）事业单位出访一行参观企业，与一线工人交谈；

（4）事业单位出访者与企业最高领导见面，与相关部门领导会谈及签约；

（5）出访者与企业相关部门工作人员座谈，增进了解；

（6）简约告别。必要情况下，举办答谢晚宴。

2. 企业对事业单位的公关交往策划

（1）企业主管相关业务的负责人带队出访；

（2）企业出访一行确定与事业单位有关负责人见面的时间；

（3）企业来访一行与事业单位相关负责人会谈及签约；

（4）企业负责人举行小范围的产品说明会或意见咨询会；

（5）企业方举办茶歇会或答谢宴会，增进双方了解；

（6）简单告别。

　　事业单位与企业之间的公关交往活动对双方的发展都具有十分积极的作用，这样的活动要精心安排，用心创意，努力实现双方更加全面的了解和稳固的合作。

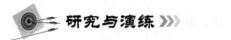 研究与演练 》》》

　　一、理论研究

　　（1）交往型公关策划诠释了公共关系怎样的价值？
　　（2）跨行业间组织的公共关系交往为什么成为组织发展的必然选择？

　　二、实践演练

　　（1）精心策划一起交往型公共关系活动：代表你所在的院系去拜访学校附近的企业或社团组织，达成合作意向事宜。
　　（2）利用假日，走访久未联系的亲戚或同学，注意用心策划一下。

第八章 庆典型公关策划

第一节 开业庆典

一、举办开业庆典的目的

按照传统惯例，如果一个公司准备开业或上市，会事先认真地做些准备，然后约一些至亲好友或者主要的合作伙伴，到场举办一个或大或小的仪式来庆贺一下。

现代社会，每一个组织都面临着一定的生存竞争压力，其生存与发展都依靠其周围的目标公众，组织的每一个重要举措都可能会与周边公众发生密切的关联，对于开业或者与开业活动相类似的公司上市，重大工程的开工，重要铁路线、河道或航空线路等的开通，这些对组织的生存与发展极其重要的活动，通过特别的庆典形式来引起公众注意就变得很正常了。

（一）举办开业庆典是对公众的尊重

每一个组织，都不是孤立地存在于社会，其生存与发展都要依靠周围其他组织或公众的认可与支持。要做到这一点，首先需要让公众了解组织。让公众了解组织的前提是尊重公众。

对于一个商业企业来说，开业是事业的第一步，是极为重要的开端，好的开端等于成功的一半，举办相对隆重的庆典，表面上看是企业大张旗鼓自我宣扬，深层次看则是企业对自己目标公众的尊重，是以这样的形式表达企业主动开放自身的心迹。对于一个从事制造业或高新技术产业的企业来说，上市意味着企业正式步入现代企业管理的行列，同时意味着公司的事业从此向纵深发展，上市也成为企业进一步前进的重要里程碑。对于一家铁路公司、河道管理公司或者航空公司等来说，线路的开通就是新业务或新发展的起点，意义非凡。不论是开业还是上市或开通线路，组织通过举办庆典，邀请重要人物及媒体代表出席，都是对公众的尊重，是向社会证明组织在重要事件上对公众的重视。

（二）举办开业庆典是对公众的告知

举办开业庆典是组织发展的大事，必须要让组织的目标公众知道，特别是要让周边——主要是社区公众和自己未来的目标公众知道，这一活动也是组织向全社会展示自己积极、开放、接纳、友好的一种姿态。因此，组织要认真策划，通过举办恰当的庆典活动开一个好头，给目标公众留下良好的印象。

（三）举办开业庆典是对声誉的构建

对组织来说，举办开业庆典，意味着帆船即将远航、行者准备上路，新的事业马上开始，从根本上说，是组织声誉的正式构建。因此，开业庆典的举办意义重大。策划严谨、进程顺利的开业庆典不仅意味着组织对社会公众的高度重视，更意味着组织对自身声誉的倾情打造。反之，则一定程度说明组织对公众的忽视和对自身声誉的不自信。因此，有责任感的组织往往都极为重视开业庆典的策划，绝不会将之看成可有可无的事情。

二、开业庆典的策划

策划庆典，可由组织的公关部或临时组建的策划团队来完成，也可以由特聘的公关公司进行策划，庆典策划要根据组织实际，始终与组织的主管领导进行密切的沟通交流，使策划工作得以顺利实现。具体策划工作包括以下几个方面。

（一）确定开业时间

万物择日而行。在开业的重要时刻，要慎重选择良辰吉日。需要注意以下方面。

1. 注意回避传统节日或重大纪念日

因为这些时间可能是法定公休日，或者被告知特别关注，所以，组织开业庆典的日子要尽量避开或错开这样的时间。

2. 注意回避特别的纪念日

今天，我们面对的纪念日很多，有些纪念日的意义与组织开业的内容冲突，要格外注意回避。例如，烟草公司不能在世界无烟日搞开业庆典，男装商店不在"三八"妇女节开业，儿童食品店不在重阳节开业，等等。

3. 选择恰当的公休日

公休日一般是公众出门购物、心态闲适之时，在这样的日子举办开业庆典，普通公众可以闻讯参加、观览，重要嘉宾也可以抽空出席，现场气氛会比较热烈。

4. 选择民间认为的吉日

在传统文化的影响下，开业或上市庆典作为组织的重大事件，也要符合当地民俗，不可无所顾忌。例如，农历逢三、六、九，公历逢 6、8 的日子，都可积极考虑，努力做到皆大欢喜。

（二）确定嘉宾及参加人员名单

开业庆典的举办，邀请嘉宾到场是其主要的内容之一。

1. 邀请行业或政府主管领导

他们的出席对开业庆典的规模及档次具有决定性意义，也在某种程度上是对主办者重要的心理支持。

2. 邀请组织的重要客户

通过对重要客户的邀请，体现主办者对客户的感谢和重视，更是标志着组织与之业务合作的序幕拉开或合作的深化。

3. 邀请相关媒体人员

媒体是社会公众呼声的反映者和社会进程重要事件的记录者。对媒体的重视，也是对公众重视的一个反映。要选择与组织业务有较强关联度的媒体工作人员参加，借此扩大组织开业庆典活动的影响力。

4. 邀请内部或外部公众代表

在组织员工中有一些具有很大影响力的员工，如劳动模范、老员工等，可邀请其作为嘉宾出席，组织外部的公众如顾客、邻居、社区代表等，也可以作为嘉宾出席。

5. 邀请社会公益的受益者

若组织在开业活动中安排公益活动或之前已开展了公益活动，则可在此时适当邀请受益者代表出席，如受扶助学生、受资助群众、受关照的清洁工人或残疾人士等。

（三）创新活动形式

开业的活动形式是开业庆典的重头戏，活动形式决定了庆典的质量，因此，要认真策划有新意的开业形式。具体要求有以下几方面。

1. 形式独特但不哗众取宠

开业的活动形式要尽量表现独特，不要仿效他人，让人耳目一新，印象深刻，但切不可为追求独特而做出令人啼笑皆非的事情，否则会在众多嘉宾和公众面前贻笑大方。

2. 内容健康但不平庸流俗

开业的活动形式是庆典内容的集中体现，因此，在构思创意时必须保证活动内容积极向上，但同时活动的表现形式又不能平庸而普通，更不能迎合社会的低俗需求，必须保证在活动现场气氛热烈、形式健康、活动新颖、过程顺利。

3. 现场隆重但不奢华张扬

在开业庆典活动上，既要营造出比较隆重热烈的气氛，又不提倡动用大量钱财搞一些过分奢华、令人惊诧的活动，让人感觉组织出手大方但不善于理财，更显得张扬或霸气。这样的印象将是庆典活动的失败。

（四）策划活动报道

新闻报道对于组织的开业庆典意义重大。它可以很快扩大组织的影响力，引起广大层面社会公众的关注，产生较为广泛的影响力。因此，对活动报道的策划是开业庆典活动策划中的重要一环。这些年来，关于开业庆典的报道早已不成新闻，难以引起社会公众的关注，所以，要实现庆典的新闻报道，必须注意从以下角度做好工作。

1. 选择报道视角

一个纯粹的开业庆典，很难引起新闻界的注意，成为记者报道的内容，但开业活动背后蕴含的丰富信息或信号，会成为新闻关注的热点，如行业背景、经营特色、经营团队、消费者关注的热点等。

2. 确定报道话题

策划开业庆典的组织要从社会公众需求，特别是媒体的角度确定新闻报道的话题，挖掘出庆典的社会价值或意义，由此引起社会公众对组织开业的关注。

3. "制造"报道热点

有创意的开业庆典容易吸引新闻媒体的眼球，并因之成为报道的热点，尤其是具有公益性的活动或者是激发社会良好风尚的开业活动形式，都会成为新闻报道的热点，引起全社会对此庆典的关注。

（五）确定活动程序

这是开业庆典的全部过程安排。对程序的精心设计前提是保证活动顺利、圆满完成。活动程序的确定，既要按一般庆典形式符合基本常规形式，又要有一些特别的颇具感人意味的内容安排；既要让在场的人感到意外，积极参与，受到感动或震动，又要符合心理上的预期，合情合理，巧妙而快乐，增加开业庆典的影响力。

（六）策划场景布置

一般来说，开业庆典的现场往往布置得热烈而令人眼花缭乱，但重要的是，在红旗飘飘的掩映下，宣传口号的内容是否有吸引力或震撼力，是否具有积极社会意义，是否有更大涵盖度的公益性公共关系目标。如果现场没有提示庆典内涵意义的标语体现，再热闹的场景布置，在所有现场公众看来，都不过是过眼烟云，印象模糊。因此，场景布置要特别体现开业组织者的用心，展示更多的社会关爱和社会责任。

（七）策划活动收尾

开业庆典的收尾也很重要，不要给人锣鼓一响/鞭炮一放/礼物一发、拍腔走人的不良印象，而要努力做到意犹未尽、意味深长，让嘉宾和现场的观众印象深刻。尽管开业庆典已经结束，却是组织事业的开始或新台阶的里程碑。因而，活动收尾时，也要精心设计，如深情的告别仪式、有序的离场、悠长的音乐、令人爱不释手的小礼物等。

（八）策划纪念品

大部分情况下，开业庆典都会设计纪念品。因而，纪念品的设计也十分重要。对此，以下几点需要把握。

1. 纪念品要有长久的留存性

纪念品应能够成为日常有美感、有展示性质的物品，使之长久留存。

2. 纪念品不要成为消费品

如果纪念品是日常消费品，则很快会被遗忘，所以工艺品常被作为纪念品。

3. 纪念品设计要独特

由于太多单位用工艺品作为纪念品，因而使用一般工艺品作为纪念品已不再被很好地珍惜，而有特色、有长久留存价值的纪念品必须要精心策划。

4. 纪念品不要成为奢侈品

不要把纪念品定位在价格昂贵、装饰豪华的奢侈品上，否则会让公众对组织产生不良印象。

总之，开业庆典是组织第一次面对公众登台亮相，是一件十分重要的事情。这一亮相很大程度上决定了公众对组织未来的初步期望与印象，因而策划好开业庆典意义重大。

（一）知识要点

开业庆典是组织选择在正式开业、上市或线路开通等的节点举行的重要庆贺仪式，通过这种形式可彰显组织的文化与经营理念，促进目标公众对组织的了解或认同，为组织今后的发展铺垫重要的基础，因此，开业庆典是组织一次重要的公共关系活动。

（1）开业庆典需要策划一定的仪式，以显示庆典的隆重或庄严，更引起社会公众的普遍关注，如果仪式落入俗套，则很难产生想要的公共关系效果。

（2）开业庆典举行时，组织的主要领导者应该参与，并要邀请特别的嘉宾，以提升组织的影响力。

（3）开业庆典在可能的情况下要进行一定的媒介宣传，在事先或事后营造一种必要的广告氛围，获得更大的社会知名度。

（4）开业庆典也是组织彰显组织文化或经营理念的重要机会，组织必须要高度重视，不可小视。

（二）案例介绍

习近平同通伦共同出席中老铁路通车仪式

中共中央总书记、国家主席习近平（2021 年）12 月 3 日下午在北京同老挝人民革命党中央总书记、国家主席通伦通过视频连线共同出席中老铁路通车仪式。

全国政协副主席、国家发展和改革委员会主任何立峰主持仪式。

中老双方有关部门和地方负责人、工程建设者代表、有关国家驻昆明总领事、驻老使节等分别在中国昆明站分会场、老挝万象站分会场参加仪式。

老挝副总理宋赛和中国国铁集团负责人分别向两国元首汇报通车准备情况。

两国元首分别致辞。

习近平代表中国共产党、中国政府和中国人民对中老铁路通车表示热烈祝贺，向两国建设者致以崇高敬意。

习近平指出，2015 年，我同老挝领导人一道，作出了共建中老铁路的重大决策。开工 5 年来，中老双方齐心协力、紧密配合，逢山开路、遇水搭桥，高水平、高质量完成建设任务，以实际行动诠释了中老命运共同体精神的深刻内涵，展现了两国社会主义制度集中力量办大事的特殊优势。习近平指出，中老铁路是两国互利合作的旗舰项目。铁路一通，昆明到万象从此山不再高、路不再长。双方要再接再厉、善作善成，把铁路维护好、运营好，把沿线开发好、建设好，打造黄金线路，造福两国民众。

习近平强调，中老铁路是高质量共建"一带一路"的标志性工程。近年来，中方以高标准、可持续、惠民生为目标，不断提升共建"一带一路"水平，实现了共建国家的互利共赢，为世界经济发展开辟了新空间。中方愿同老挝等沿线国家一道，加快打造更加紧密的"一带一路"伙伴关系，共同推动构建人类命运共同体。

习近平强调，几天前，我收到几位曾在中国上海学习铁路专业的老挝留学生写来的联名信。他们一致表示，要把在中国学到的本领贡献给中老铁路的运营和发展，我对此感到非常高兴。中老友谊的未来在青年，互联互通的根基在心心相通。中方愿为中老友谊之路培育更多栋梁之才。

通伦表示，今天是一个值得自豪的时刻，老挝各族人民终于梦想成真。感谢中国大力支持，老挝终于告别了没有火车的时代，拥有了现代化铁路。老中铁路是老挝"陆锁国"变"陆联国"战略深入对接"一带一路"倡议的纽带，是老挝现代化基础设施建设的一个重要里程碑，将极大促进老挝国家经济社会发展。在两国领导人重视关心和各方大力支持下，双方克服疫情等诸多挑战和困难，按期圆满竣工并交付通车，这是老挝各族人民迎接建国 46 周年的宝贵礼物和庆祝老中建交 60 周年的盛大喜事，是老中"好邻居、好朋友、好同志、好伙伴"精神和老中命运共同体精神的生动写照，也是老中两党两国和两国人民友好关系的伟大标志，必将为老中两党、两国关系注入新的重要内涵。老挝愿同中方一道，维护、运营好老中铁路，为两国和地区人民带来更多福祉，为促进地区互联互通和发展繁荣作出贡献。祝中国不断创造新的辉煌！祝老中友好合作关系万古长青！

万象站列车驾驶员报告：发车准备完毕，请通伦主席下达指令。

通伦下达指令："发车！"

昆明站列车驾驶员报告：发车准备完毕，请习主席下达指令。

习近平下达指令："发车！"

中方客运列车 C3 次在昆明站 1 道、老方客运列车 C82 次在万象站 1 道同时发车。

通车仪式在《中老人民友谊之歌》中圆满结束。

丁薛祥、刘鹤等出席上述活动。老挝总理潘坎、国家副主席巴妮、副总理吉乔在万象站出席。

中老铁路北起中国云南昆明，南至老挝首都万象，是第一条采用中国标准、中老合作建设运营，并与中国铁路网直接连通的境外铁路，全长 1035 公里。通车后，昆明到万象 10 小时可通达。

资料来源：郑明达. 习近平同通伦共同出席中老铁路通车仪式. 新华每日电讯，http://www.news.cn/mrdx/2021-12/04/c_1310350962.htm(2021-12-04).

（三）案例评介

1. 问题提出

一个组织的开业、上市或者线路开通等要举行庆典仪式能够说明什么问题？仪式是一种正式的礼仪形式，开业庆典活动是组织于众人面前的首次亮相，只有那些精心专注于此事、决心把事情做成事业、为梦想努力拼搏的组织，才会极为看重这个"头一回"的出场。这个出场，是组织与公众的第一次正式的沟通，组织当然应该进行精心的策划。

在策划开业活动时，组织要把它看成是一次重要的公共关系活动，须特别注意三点。

（1）不要图热闹，或者哗众取宠。因为挥金如土引起现场众人惊呼或喝彩的，常常会带来负面的社会影响。

（2）策划开业庆典不要请来了新闻媒体，却难以提供具有新闻价值的素材，结果只是组织者与参与者的自嗨自闹，那么最终也难以获得媒体的青睐。

（3）策划开业庆典的活动形式既不要违反民族风俗与价值观，迎合低级趣味，展示低俗、庸俗和媚俗，更不能违反国家法律，拿别人的缺陷或隐私，甚或野生保护动物来获取众人围观。否则收获的不是关注，而是臭名远扬。

2. 策划精要

"习近平同通伦共同出席中老铁路通车仪式"的案例，是一个具有重要历史意义的铁路开通仪式活动，它不是一条普通铁路线路的开通，它是中国在全世界第一条采用中国标准、由中老合作建设运营，并与中国铁路网直接连通的境外铁路，更是老挝建国46年来拥有的第一条铁路，老挝由此改变了陆锁国的境况，升级成为陆联国。中老铁路的开通也意味着中国提出的"一带一路"倡议结出了又一丰硕的成果。

1）不寻常：一条铁路线的开通由两国领导人同时发出"开车"指令

这次中老铁路开通仪式的举行，由两国元首参与，本身就体现了其极不寻常的意义。中老铁路由两位国家领导人共同决策，双方共同努力，历经5年时间，如期建成开通，从此强化了中老两国互联互通的方式，两国不仅在人员与货物运输方面极大地缩短了时间与成本，而且开创了人民沟通交往的新时代。这条铁路线的开通，对双方都具有重要的历史意义。因此才有了两国元首出席开通仪式，同时发出开行指令的场景。这一场景令人激动，令人震撼。

2）不容易：一路连中老，山川变坦途

中老铁路的开通，使两国人民就如同亲戚一样可以常来常往，这种只有在梦里才有的事情，短短5年的时间就变为了现实，令人惊叹。据媒体报道，中老铁路地处云南西南部和老挝北部山区，该地地势倾斜，地形起伏剧烈，山高谷深，最高点与最低点相对高差达2900米，有约70%的地区属于山区，桥隧占比高达87%以上，这条铁路也被称为一条"不是穿行在洞中就是穿行在空中"的铁路①。难怪老挝国家主席通伦说，老挝各族人民终于梦想成真，这是老挝各族人民迎接建国46周年的宝贵礼物和庆祝老中建交60周年的盛大喜事。老挝实现了从"陆锁国"向"陆联国"的历史性飞跃，中老铁路开通的是铁路，也是一条连接两国人民更加友好往来的心路。因此，铁路开通仪式以高规格、高标准来举行。

3）不简单：中老铁路的建设是中国标准、两国建设的结晶

中老铁路的建设是完全的中国标准，它标志着中国铁路走出国门、服务世界的新时代已经到来，中国独立自主的步伐踏实、坚定、自信、豪迈，得到了其他国家的高度认可。这是一件多么不简单的事！2013年习近平总书记提出"一带一路"倡议以来，中国

---

① 訾谦. 12月3日，中老铁路全线开通运营——一路连中老 山川变坦途. 光明日报，2021-12-04：03版.

以互联互通、合作共赢的和平发展理念，不断赢得越来越多国家的积极回应，取得了大量丰硕的成果，中老铁路的开通也被看作"一带一路"倡议的标志性成果而令世人瞩目。

3. 效果评价

无疑，中老铁路开通的报道，不仅被国内各大媒体转发报道，也瞬间引燃社会公众出行老挝游览东南亚的激情。澎湃新闻指出："在不久的将来，中国游客可以乘坐火车赴老挝、泰国、马来西亚等国旅游度假，激活沿线旅游业一池清水。"老挝国立大学中国研究中心研究员素里耶·莫那拉认为："老中铁路是泛亚铁路重要组成部分，未来可以与泰国、马来西亚等国铁路连通。"[1]进一步发展空间十分广阔。新加坡时政评论员翁德生也认为，中老铁路即将试运行，不仅是中国和老挝之间，而且是中国与东盟之间的又一件大好事，是"一带一路"实实在在成果的体现，是在新冠疫情背景下，中国坚持积极作为，加强与亚太区域各成员合作，维护供应链产业链稳定的体现。[2]一条铁路线的开通，预示着一个新的时代的来临。

第二节　节　日　庆　典

一、节日的分类

节日是因传统、事件或发起者特别的目的而确定的专门日子。从古至今，节日总在人们的日常生活中发挥着重要的作用，人们会以不同的方式来庆祝节日。

节日一般分为以下三类。

1. 传统风俗节日

这种节日是由某一地世代生活的人们在生产、生活中自然形成的一个重要节点，或者是与当地的宗教活动、图腾崇拜等有密切联系的纪念日。在中国，民间的节日非常多，如一年的开始是春节，然后是清明节、端午节、中秋节等。宗教活动形成的节日，如基督教的圣诞节、复活节、感恩节等，伊斯兰教的开斋节、古尔邦节，佛教的成道节（腊八节）等。

2. 国际组织或国家确定的节日

在民主与环保运动不断发展的过程中，国际组织不间断地规定了一些特定的日子作为纪念与推动这些活动的重要形式，如"三八"妇女节、"六一"国际儿童节、世界无烟日、世界环境日、全国爱牙日、国际戒毒日、植树节、"五一"国际劳动节等。各国政府也在公共事务管理中规定了一些重要节日，如国庆节、建军节、国耻日、重要人物诞辰日及去世日、重大事件纪念日等。

---

① 缪超. 中外对谈. 中老铁路通车，将对东南亚地区产生怎样的影响？ 澎湃新闻，https://www.thepaper.cn/newsDetail_forward_15713712(2021-12-05).

② 章建华，王媛媛，王亚光，等. 东南亚看好中老铁路"黄金机遇". 参考消息，https://baijiahao.baidu.com/s?id=1718025846809382059&wfr=spider&for=pc(2021-12-02).

3. 日常生活或当地文化经贸活动节日

日常生活中有些节日是被人们逐渐约定俗成，或者被一些特定人群关注而形成节日，如情人节、愚人节、母亲节、父亲节等。这些年，某些地方又开始掀起一些经贸活动节日，如风筝节、荔枝节、苹果节、服装节、啤酒节等，这些节日逐渐成为当地文化经贸活动的重要载体。

二、举办节日庆典的目的

从以上三类节日中可见，举办特定节日庆典的纪念活动，一般有三类主体，一是国家（含地方政府）或国际组织、宗教组织等，或合二为一；二是一些企业或商家；三是个人、家庭或小团体组织。

1. 国家或地方政府以及宗教团体举办庆典的目的

从政治上说，国家或地区政府举办庆典是为了巩固政权、增强国民的凝聚力与向心力，并向外界彰显自身的实力；从经济上来说，是政府为了创造商贸交流的机会，借此扩大业务，促进经济快速发展；从文化上来说，政府或宗教团体举办节日庆典是为了追溯传统，纪念先贤，传承文化精髓。很多国家都会举办国庆节、建军节等，一些宗教国家和宗教团体会每年举办与宗教有密切关联的节日。因此，确定举办节日庆典是一件十分重要的事情。

2. 企业或商家举办庆典的目的

节日庆典的举行总是蕴含着一些商机，因此，企业或商家是节日庆典的重要推手甚或主要策划者，通过对节日的隆重纪念，可以借机传播企业的名声，扩大企业或商家的业务，形成商业销售的热点，同时他们的行为不自觉地承担起了一定的文化传播的社会义务。例如，中国的端午节、西方的情人节等。

3. 个人、家庭或小团体组织举办庆典的目的

特定节日的庆典还是家庭聚会、朋友交往、个人传情达意的重要载体。中国春节、西方的圣诞节等，都会被家庭成员精心策划，成为心灵放松、精神调适、沟通交往的最佳时机。

因此，不论是由谁发起的节日庆典，其总会推陈出新地进行认真策划，使之实现希望达到的目的。这里我们重点阐述政府、企业或事业单位针对节日庆典进行的策划。

三、节日庆典策划

节日庆典是一件隆重而喜庆的大事，对一个组织来说则是需要高度重视的公共关系活动。在组织确定要在节日期间开展一些特别的纪念活动时，公关策划人员就到了全力以赴开始工作的时候了。

（一）节日气氛的预热——策划新闻事件

在某一节日到来之前，组织要提前开始营造节日的气氛，传递举办节日庆典的信息，让公众对之有所了解、有所准备、有所期待。

　　预热一般有两个方面，一方面是做好举办庆典活动现场的各种物质准备或资料介绍，另一方面是开始在宣传舆论上造势。

　　对庆典活动的策划者来说，要把庆典的预热气氛营造起来，需要策划 1～2 个新闻事件，以此推动公众对组织拟举办节日活动的关注。

　　具体可以从以下几个角度来挖掘新闻策划的切入点：

　　（1）介绍庆典活动举办地的风俗民情；

　　（2）报道庆典活动举办方的准备情况；

　　（3）介绍与庆典有关的节日由来、传说故事等；

　　（4）报道公众对庆典活动的期待和看法；

　　（5）政府颁行与节日庆典相关的一些政策、法规，以及商家推出的特别优惠等。

　　如此，通过新闻媒体的报道与节日庆典活动准备工作的介绍，可以营造节日到来的气氛，吸引公众了解与关注该节日，达到对该节日庆典活动积极关注和期待参与的目的。

（二）节日活动的创意

　　开展节日庆典活动，要把独特的公共关系创意作为实现庆典活动成功的前提。庆典活动的策划者在进行创意构思时，必须把握以下几个原则。

　　（1）创意的形式与内容要与节日的特点有关系。例如，春节是团圆欢聚的主题，儿童节要以儿童为中心，愚人节以荒诞怪异为主格调等。如果公关策划人员对主题或中心把握不好，再精彩的创意也只是南辕北辙。

　　（2）创意的形式要与传统表现方式有内在的承接性和某种延续性，符合人们的心理接纳习惯。公共关系人员在进行创意构思时，最核心、最有难度的是创新，创新必须与继承相联系，二者不能割裂。因此，在创意构思时，策划人员必须要对某些重大节日的庆典活动在表现形式上准确把握或具有传统或历史的延续性。例如，圣诞节要有圣诞树、圣诞老人，中秋节要有月饼，情人节要有玫瑰等。否则，离奇的创意将会因违背公众的心理接受习惯而遭到冷落或受到公众的抨击。

　　（3）创意的主题要表现节日的文化内涵。在开展节日庆典的创意时，创意主题的确立是首先要明确的。创意主题不仅需要精练概括，更需要策划人员能够精彩地用短语表现出来。既然每一个节日都是某种文化的集中表现或主旨强调，因此，节日庆典的主题应该鲜明地表现这一节日的文化内涵，在创意时不偏离主题，使活动的表现形式服务于主题，如此才能保证节日庆典获得成功。

　　（4）创意应体现出层次与辐射面。在开展节日庆典创意时，策划者应特别考虑创意体现出的层次与辐射面。在庆典活动中，要有起承转合的节目安排及节日主题的递进与多元化表现力，节目与节目之间既有内在联系，又有清晰的边界，节目的影响力要能够覆盖到不同的公众群体，让组织的公共关系活动目标真正得以实现。

　　（5）创意活动要避免商业气息与功利化色彩。不论是什么样的组织发起的节日庆典，在策划时都要特别注意回避展现商业化或功利性的目的。节日庆典是影响社会公众日常生活的公益性活动，不是专门为某一组织服务的工具。不论是传统的节日，还是由地方政府或国际组织新设立的节日，都是从让广大公众受益的角度出发的。因此，在构思创意节日庆典活动时，非常忌讳将之与企业产品宣传、商家促销、主办方自我宣扬相挂钩。否则，这样的公共关系活动其效果就可能是负面的。

总之，庆典活动的创意是节日庆典最重要的内容，在创意时必须把握一定的原则，不偏离公共关系活动的总目标，努力实现组织的根本目的。

（三）节目时间的安排

在策划节日庆典时，要对活动的开展时间进行认真的安排。一般的人可能认为，节日庆典举办的时间应该是节日的当天，实际上应视具体情况而定。

1. 重大节日应遵从传统习惯安排庆典

中国的春节、西方的圣诞节等，庆典仪式的举行都是在晚上。各国的国庆节、普通的国际性节日如"五一"国际劳动节，各国的经贸节日如服装节、啤酒节等，庆典仪式则在上午举行。因而，在节日庆典活动的时间安排上，要符合社会公众的传统习惯，以保证公众参与度高、活动效果好。

2. 企业或商家主办的活动最好提前举行

如果是企业或商家要借特定节日来举行庆典，则最好是提前数天拉开序幕，并且庆典的高潮要避开节日，让过风头，给公众留下自我享受节日活动的余地，也能在公众心中留下对企业或商家的良好印象。

3. 某些公益性节日可推后举行

对于一些国际组织确立的公益性节日，则可以略加推迟举行，拉长公益活动的推广时限，将公益活动向纵深推进。植树节、世界无烟日、世界心脏日等，都可以在相关协会或社会公益组织的支持下推后进行，以便将这一活动的宣传工作做得更加深入、普及。

4. 媒体宣传活动的配合

在策划节日庆典活动时，媒体的配合宣传是重要的策划内容之一，也是保证节日庆典公众参与活动与扩大社会影响的重要保障。做好媒体宣传要注意以下几方面内容。

1）有序安排新闻通稿的写作

要让媒体做好节日庆典活动的宣传工作，组织公共关系人员必须对新闻通稿做总体的安排，而非由新闻记者自己报道，否则可能影响整个庆典的效果。

2）精心安排记者招待会

对于记者招待会的安排，庆典活动的策划者要事先谋划，不要等很多记者要求时才举办，更不能等新闻媒体爆料时才被迫召开。组织应该根据庆典活动的总体安排，在恰当时间主动召开，让媒体感到各项活动的安排是有序的，是充分关心与尊重媒体及公众的。

3）随时接受媒体的专访与问询

在策划节日庆典的宣传工作时，要确立主动积极接受媒体采访的态度，组织新闻发言人可以随时接受一些重要媒体的采访，公共关系人员也可安排组织领导者接受媒体的专访，由专人解答媒体提出的疑问与探询，为媒体的报道创造一切方便条件。

4）对突发事件主动配合媒体报道

如果节日庆典活动因有一些原因发生了意外，给这次活动的顺利举行带来了一些困难，策划者也应本着诚实、开放的态度，协助媒体主动报道此事，绝不隐瞒真相或擅自解释一些原因，而是在维护组织声誉的前提下，配合有关部门积极解决问题，协助媒体做好报道与宣传工作。

5. 节日道具、礼品的设计

在重大节日庆典活动时，准备庆典活动的专门道具与礼品是不可或缺的。组织在提前设计活动用道具与礼品时，除了道具与礼品的形式独特、内容与节日有密切关系外，还应注意以下几方面问题。

1）表现的内容积极健康，不庸俗不媚俗

在现代社会，一些设计者在设计庆典道具或礼品时，不仅追求式样新颖，而且更有一些过分夸张的表现力，迎合一些低级趣味、庸俗媚俗的东西。因此，在道具、礼品的设计上，要彰显积极向上的表现内容，体现主办方的组织文化与核心价值观，传递组织经营理念与节日本身的内在相关性，塑造组织的良好社会声誉。

2）内容与形式要服务于环保与社会和谐

在道具与礼品的设计上，策划者要本着环保与促进社会和谐的理念来进行，在相当长的时间里，社会环保与社会和谐发展始终是政府提倡、公众响应的主题。因此，道具的设计要考虑使用与回收的方便，礼品的设计要彰显社会和谐、天人合一的主导思想。努力使道具与礼品的表现性有助于节日庆典活动的良性效应。

3）投入的资金要适度

节日庆典的举行，一般要本着量入为出的原则，不铺张浪费，不浮躁哗众。因此，庆典使用的道具要简洁、朴实，不夸张浪费。设计礼品时要本着意蕴丰富、风格简约的思路进行，切忌一掷千金，显富摆谱，招摇过市，给嘉宾及公众留下不善理财的印象。

6. 节日庆典活动的收尾

节日庆典一般有两种收尾方式，即缓慢退出和戛然而止。

对于一些重大传统节日，组织采取缓慢退出方式更合适一些，即慢慢将活动规模缩小，宣传报道也逐渐减少，直到节日气氛愈来愈淡，活动再完全停止。

对一些社会公益性节日或政府组织的一些节庆活动，则宜采取戛然而止结束的形式，在特定时间开始，在规定时间结束，不拖泥带水，不留尾巴。在活动收尾时，也要仔细设计过程，达到完美落幕的目的，努力将组织的庆典活动与社会公益活动完美结合，给社会公众留下美好的印象。

（一）知识要点

节日庆典是组织在一些重大节日或纪念日举行的面对目标公众的庆祝活动，这些活动有助于传播组织信息、增进公众对组织的了解，联络组织与公众的感情，实现公众对组织的亲近或信赖。

（1）节日庆典要求活动围绕节日特色来举行，通过庆祝节日来彰显组织宗旨或文化。

（2）策划节日庆典可以根据节日特色，既可以大规模隆重举行，也可以简约而深入地开展，不要哗众取宠，虚张声势。

（3）组织在节日庆典上要注意活动形式的多样性，还要关注公众对组织活动的参与度，保证活动丰富多彩，效果显著。

（二）案例介绍

中央广播电视总台 2022 年中秋晚会播出获赞

（2022 年）9 月 10 日晚，《中央广播电视总台 2022 年中秋晚会》陪伴全球华人度过一个温暖人心、唯美浪漫的中秋团圆节。

截至 9 月 10 日 22 时，总台全媒体多平台直播《中央广播电视总台 2022 年中秋晚会》，受众触达总量达 2.38 亿次。收获全网热搜超 500 个，#央视中秋晚会#主话题阅读量超 66 亿，相关话题阅读总量超过 77 亿，相关视频全网播放总量近 9 亿。通过各平台收看秋晚的海内外受众点赞称："央视中秋晚会美到了我""传统文化与新技术的结合太梦幻""没看够，好有意境，央视审美就是牛""看秋晚，想家了"……

直下看山河，欢聚中国人首个"太空中秋节"

晚会中，一颗从太空"穿越"而来的星星引发网友热议。节目《银河中的星星》中，远在太空的"出差三人组"陈冬、刘洋、蔡旭哲为总台秋晚独家录制问候视频，向全球华人送上来自太空的中秋祝福。

神舟十四号航天员刘洋在太空中每天折一颗星星，放进来自地球的"漂流瓶"。晚会现场，刘洋手中的一颗星星，从空间站"飞"向了表演嘉宾的手里，实现了"银河中的星星"的天地互动。网友纷纷表示："来自太空的祝福简直是宇宙级浪漫""这是一颗真正的来自银河的星星""秋晚用黑科技送给我一颗幸运星"。

当歌手唱响《如愿》，屏幕上出现了此前秋晚剧组收集的众多网友与父母的合照，瞬间唤起了万千游子深埋于心对亲情的温暖记忆；当表演者吟唱起《念奴娇·中秋》，画面中依次出现竹笛、山石、枯树等，让观众领略古人欢度中秋的传统雅韵；当演唱嘉宾置身于一轮圆形钟表中娓娓道来《平凡的一天》，转动的时针让人想起的是烟火缭绕的幸福生活片段。

在近 30 个饱含深情的节目中，晚会在天地相望、古今相续、人景相融的壮阔意境中，为全球受众奉献了一台彰显中华历史之美、山河之美、文化之美以及新时代中国龙腾虎跃的生活之美的高品质文化盛宴。

人家尽枕河，技术解锁传统文化，奉上江南秋晚浪漫

秉持向科技要效果的创新理念，今年总台秋晚着力突出"思想+艺术+技术"融合传播，以山水实景为舞台依托和创作素材，深度挖掘录制地江苏省苏州张家港市的历史文化、传统民俗、人文风貌，将声、光、电、影、音多重演艺元素整合为舞台视听语

言，并借助技术特效的细腻渲染，营造出穿梭时空甬道、驰骋宇宙苍穹的大气意境，带受众领略融入岁月、山水、人文的情感表达与艺术呈现。

中国作家协会副主席阎晶明评价中秋晚会："新时代文化与皎洁月光相映成趣，传统元素焕发出勃勃生机。科技与艺术的交融，更让中华文明的瑰宝更鲜活地展现在舞台上，也为晚会增添了时代特色。"

创新设计上，晚会通过外景拍摄和虚拟制片，将饱含江南底蕴和生活质感的场景融入节目，带来惊喜的呈现。《声声慢》中，表演者一脚踏入苏绣，穿梭于细密的针脚当中；《这一生关于你的风景》中，表演嘉宾在烟雨江南中漫步、相遇……如梦似幻的画面令人沉醉。晚会以虚实相融、古今交织的多变场景描画出一幅流动的现代版《姑苏繁华图》，网友评价"看总台秋晚好像是在看电影""这样的表演太新奇了""在节目里真切地看到了技术创新"。

视觉呈现上，总台秋晚匠心巧思，在暨阳湖的湖面上构建了一个圆中有圆、三圆相嵌的360度全景舞台，并把苏州园林和江南水乡的典型元素融入其中。借助水面透视，超级月亮、拱桥、曲桥、灯笼、莲叶、月亮门等元素在晚会中一一展现，呈现一幅天上、地面、水中处处皆可赏月的视觉景观。秋晚播出后，观众自发加入"数月亮"的队伍，解锁总台秋晚里的中秋浪漫。

今年总台秋晚还首次采用8K超高清技术和三维菁彩声技术制作播出，并首次通过"百城千屏"超高清公共大屏传播体系播出。中秋夜，不少观众在全国70个城市的270余块户外地标大屏上同步观看8K秋晚画面，并通过"云听"客户端收听到与视频同步的三维菁彩声晚会电视伴音，大呼"很有意思，视听效果震撼""在户外看秋晚感受独特"。

天涯共此时，与全球华人共赴佳节团圆之约

时至今日，和家人一起看总台秋晚已经成为全球华人中秋节必备的一项"新民俗"。

今年中秋晚会在美国中文电视台、美国旧金山26电视台、加拿大魅力中国IPTV、欧洲华文电视台、日本主流视频网站NICONICO、阿联酋中阿卫视、肯尼亚斯维奇电视台、马来西亚八度空间电视台等海外媒体，以及香港无线电视台、澳广视、澳门有线电视同步播出。

资料来源：中央广播电视总台2022年中秋晚会播出获赞. 中国新闻网，http://www.chinanews.com.cn/cul/2022/09-11/9850096.shtml(2022-09-11). （内容有删改）

（三）案例评介

1. 问题提出

节日庆典能带给组织什么？节日庆典是一个喜庆快乐的事情，对于开展节日庆典活动的组织来说，不能仅仅将之看成是一个热闹的活动而已，而是应该把节日庆典看成为是组织传递自身信息、加深目标公众对组织了解、理解和信任的、极为重要的公共关系活动。节日庆典不可能经常有，这样的机会十分难得，公众并不是总会对组织关注，只有在一些特殊的节日，才可能使双方有交集碰撞的机会，因此，组织对节日庆典的举办一定要高度重视、精心策划，切不可让大量庸俗的娱乐节目冲淡掉节日庆典对组织的特殊意义。

特别注意：

（1）通过有明确主题的专题性活动，把庆典节日办好，办出高层次、高质量的公共关系意义。

（2）不要让大量雷同性的娱乐节目冲击掉组织公共关系活动的目的，导致花了大量钱，没有办成事，甚至还有副作用，那就得不偿失了。

2. 策划精要

"广播电视总台 2022 年中秋晚会播出获赞"呈现的是一场十分精彩的节日庆典活动。这场活动创意新颖、策划精细，主题鲜明，画面美轮美奂，令人难以忘怀。

1）以技术创新支持创意策划，呈现精彩中秋晚会

年年月相似，岁岁情不同。每年的中秋晚会，中央电视台（2018 年 4 月后改为中央广播电视总台）都要担纲策划一台高质量的晚会节目。2022 年中秋节晚会（以下简称秋晚）公众普遍感到这台晚会唯美、震撼，看起来养眼，听起来舒畅（"看总台秋晚好像是在看电影"）。晚会场景的布置、歌者的声音、背景的灯光、收放自如的礼花等等，都令人耳目一新。这均得益于科技的支持及精彩的创意。难怪晚会被专家评价为"科技与艺术的交融，更让中华文明的瑰宝更鲜活地展现在舞台上，也为晚会增添了时代特色"。

2）以水乡、美景、美歌、美舞相互融合烘托思乡与团圆的秋晚主题

2022 年秋晚选择在江南水乡、历史文化名城张家港举行，这座苏南小城小桥流水，曲径长廊，粉墙黛瓦，园林人家，加上精选的歌曲与演员，还有虚实结合的场景变换，把深含中国传统文化的思乡团圆、家国情怀的秋晚主题衬托得十分浓烈。正如主持人所说："天下之本在国，国之本在家，家之本在身。"国泰民安是每个人的期望，也是每个人应为之尽的责，在中秋之夜，笙歌之间，寄托的是天下华人对亲人美好的祝福，也是对国家安康之治的深情赞美。晚会精选的歌曲与舞蹈都充分融合进了中国文化的内涵，音乐与歌词精致精美，令人无不沉浸其中，深受感染。

3）以全新技术制作播出、结合公共大屏传播体系同时播放，呈现极佳的视听效果

2022 年秋晚不仅在节目制作上采用新技术，而且更加注重社会公众的收视听效果，在节目的播放环节也下了大功夫，即首次采用 8K 超高清技术和三维菁彩声技术制作播出，并首次通过"百城千屏"超高清公共大屏传播体系播出。这种关照公众感受的理念，是这次秋晚活动策划大获成功的重要因素。尤其是恰当地把正在太空"出差"的中国三位宇航员的祝福也带给了所有公众，令公众评价"很有意思，视听效果震撼""在户外看秋晚感受独特"。2022 年秋晚从主办方广播电视总台以及数家赞助单位角度来说，通过这次的公共关系活动，它们与公众走得更近了。

3. 效果评价

2022 年中秋晚会落下了帷幕，好评如潮，从这篇新闻报道中就可见端倪：受众触达总量达 2.38 亿次，收获全网热搜超 500 个，#央视中秋晚会#主话题阅读量超 66 亿，相关话题阅读总量超过 77 亿，相关视频全网播放总量近 9 亿，等等。尽管互联网让传统媒体的影响力面临被分散的挑战，但融媒体的力量仍然能够牢牢锁住社会公众的眼球，前提是节目策划、制作得足够精良。

第三节　周年庆典

对于一个国家、企业、学校，甚至一个城市来说，都十分重视其自身的创建日或成立日。每到一定时间，如五年、十年及其倍数时，都会被隆重地纪念，这样的重大活动，即周年庆典。

一、周年庆典的公共关系意义

举办周年庆典，对于一个组织来说意义非凡。

1. 可以使组织引起外部公众的高度关注

对于绝大部分的组织来说，不论成立或存在的时间长短，其往往不会被太多的人关注，其个性与特点会被淹没在大量同类的组织中。通过举办周年庆典，组织可在平凡的同行中脱颖而出，显出独有的魅力，或通过活动使自身独有优势凸显而令世人尊敬，或因为品质持久非凡而备受信赖等。因而，周年庆典活动可以给组织一个自我宣传的平台，组织可以借此将自身推向社会公众的聚光灯下。

2. 可以提振内部公众的信心，提升自主竞争力

对于一个组织来说，在发展的一定时期很需要选择一个节点来进行内部历史的回顾、成果的总结、经验的归纳以及对未来的展望，周年庆典则是一个重要的契机，可以在一个较长时间段（每隔 5～10 年）内，对组织的历史进行回顾，对员工进行教育与鼓励，并从中凸显组织的竞争力，增强员工对组织的信心。

3. 可以拉近与密切组织重要公众的关系

一个组织的周边有很多对组织发展有重要作用的公众，他们或是组织重要的支持者，或是组织不可或缺的合作伙伴。在组织周年庆典时，可以借机表达对这些重要公众的感谢之意，进一步巩固与密切同这些公众的联系，增进这些公众对组织的认知，这对组织的发展必然会带来更加稳固的支持。

二、周年庆典的策划

（一）周年庆典的预热

一个组织不论是大到国家，还是小到一个店铺、学校，要举行周年庆典，对其来说都是一件十分重大的事。组织公共关系人员可能会提前几个月或一年的时间来准备。

1. 时间的确定

如果是一个国家或庞大的机构，则庆典的时间往往是其当时成立的时间。在决定举行庆典时，时间上应该已经明确了。但对于某些成立时间特别久远的机构或单位，则需要事先认真地追溯、考证，然后才能确定下来。例如，全聚德举行庆祝创建 160 周年的纪念活动，就需要认真考察其成立的时间；山西省太原市举办建城 2500 年庆典活动，更需要经过细密的考证，经市委、市政府研究后方可确定。

2. 宣传造势

周年庆典的举行是组织的重大事件。宣传的造势是要认真策划的。一方面，组织庆典的策划者可以有序地将组织的历史资料进行传播，在公众中宣传组织发展历史、企业文化，激发公众对组织的了解，增进公众对组织的好感与信任，加深公众对组织庆典日的期待；另一方面，策划者要有序地将庆典的准备工作通过不同媒体传播给内部与外部公众，逐渐营造组织庆典的气氛。

3. 物质环境的营造

在重大周年庆典举行前，组织周边内外环境都需要进行一定的设计与整修，通过修缮、布置和绿化等，令届时到访嘉宾有耳目一新、赏心悦目的感受，增进公众对组织的好感。

（二）周年庆典的策划与设计

为成功地举行周年庆典，组织的策划者需要认真、精心地为庆典活动进行策划与设计。

1. 庆典主题的确定

虽然一个组织每隔一些年会举行同样的周年庆典，但是由于时间不同，举办庆典的主题会有很大的差异。因此，庆典主题的确定是一件十分重要的事情。只有确定了主题，庆典活动的色彩、现场布置的格调与气氛、活动的内容与形式、邀请的嘉宾与媒体记者等才能确定下基本的框架与原则。

主题的表达是庆典活动的灵魂，应以简单、凝练的口号式短语作为表达的主要形式，让人读后容易记忆，从而成为活动的符号代表。

2. 庆典活动内容的创意

组织的重大周年庆典，不论是 1 周年还是 100 周年的活动，要保证精彩与成功，最关键的是创意独特。

当然，周年庆典都会有常规性的议程安排，如剪彩仪式、文艺演出、研讨会、参观游览、晚宴等。但庆典让人难忘的一定是有亮点出现。要实现这一点，需要做到以下几点。

（1）活动内容的表现形式令人耳目一新。这种表达方式或运用了他人从未有过的形式，或动用了高科技的手法，表达的效果令人震撼、感动或心悦诚服、印象深刻。

（2）活动内容紧扣普通的公众，具有极强的公众性。在周年庆典上，组织向公众传递的信息主要是感恩与答谢，活动影响的对象应该是公众，公众应具有很强的代表性，能唤起现场及传播受众的高度认同感，对组织产生较好的美誉强化作用。

（3）活动现场具有较强的公众自觉参与度。不能认为组织举办周年庆典活动是组织的一个自卖自夸活动，也不能认为当地公众的参与似乎意义不大。实际上，组织是社会肌体的细胞，组织健康发展，得以举办重大庆典，也印证了社会发展的良性态势，其成功也会让社会多方群体受益。因而当组织在举办周年庆典时，如果能有更多的公众主动关心并参与其中，对组织来说就是一种最高的奖赏和最大的信任，也无形中证明了活动内容与形式的成功。

3. 庆典现场的布置

周年庆典现场的布置也是策划的一个重要组成部分。在布置现场时，要表现出格调高雅、气氛热烈、风格简约、内涵丰富，不搞复杂而招摇的游戏，不铺张浪费，同时要选择安全且空间容量足够的地点，保证嘉宾与代表及参加者的参与，并兼顾硬件设备的先进及局部活动时的季节与天气。

另外，庆典现场的布置不要太多俗套，应予以适当创新，具有良好的公益表现力和新闻性，恰当体现庆典活动的主题。

4. 庆典程序的安排

一个组织举办周年庆典，其程序的安排虽然有一些常规内容，但也要根据组织的性质、邀请的嘉宾、庆典活动内容等予以恰当的考虑和综合的安排，最忌讳落入俗套，虎头蛇尾，或者前松后紧，首尾脱节。庆典要尽量做到内容紧凑但不显得程序凌乱，进程推进稳妥但不拖沓，保持善始善终，完美收场。

5. 礼物的设计

周年庆典选择并设计礼物，也是策划的重要组成部分。

礼物在设计时，除了要考虑组织的标志、周年庆典的核心内涵之外，还要特别注意礼物的实用性与持久影响力，要便于嘉宾在今后对礼物进行留存、对外展示，要使礼物能够永久性地传播组织的信息，持续扩大组织的影响。在今天科技快速发展的条件下，礼物的设计已成为嘉宾参加庆典的一个重要期待，设计的礼物要尽量能够让所有人满意，值得留存。

6. 媒体的传播与沟通

在举办周年庆典时，要及时坦诚地与媒体沟通，努力为组织营造十分积极、正面的公众舆论环境。对于媒体，公关策划部门应在事先安排专人与媒体联络，比较恰当的做法是：在周年庆典之前，先召开新闻发布会，向社会公开即将举行的庆典信息，引起媒体对组织的高度关注。在举行正式的周年庆典时，邀请主要媒体到场，并安排组织重要领导者接受媒体采访，向新闻界提供充足的组织信息；在周年庆典举行的全过程中，应有专人协助媒体进行各种采访，全方位将组织的庆典活动向社会发布，借此扩大组织的影响力，将庆典活动传播给更加广泛的社会层面，为组织未来营造更加良好的生存与发展环境。

庆典活动过程中，可安排一定的信息收集工作，为今后的评估工作做好准备。

（一）知识要点

周年庆典是指组织针对某一重大事件或人物在若干年之后举行的纪念活动。组织通过这样的纪念活动，弘扬组织文化与精神，强化内部公众的向心力与凝聚力，增强外部公众对组织的了解与认同，获得组织更大的社会关注度与信任度。一般周年活动是逢五或十举行，这样的纪念活动往往对组织来说意义重大，是一次极为重要的公共关系活动。

（1）举行周年庆典活动组织需要提前予以策划，在新闻媒体传播方面也要予以充分的准备。

（2）周年庆典往往是具有一定历史的事件或人物，因而要对历史及其资料予以回顾或整理，以便以史为鉴，激励后人。

（3）周年庆典的活动要结合所纪念的事件或人物的特点，选择恰当主题，开展得当的纪念活动。

（二）案例介绍

青春激扬中国梦——庆祝中国共青团成立95周年

今年（2017年）5月5日是中国共青团成立95周年的日子。在五四青年节期间，各级共青团组织认真学习贯彻习近平总书记在中国政法大学考察时的重要讲话精神，广泛开展"不忘初心跟党走"主题团日活动，引导广大团员青年认真学习领会习近平总书记对青年一代的重要要求和殷切期望，励志勤学、刻苦磨炼，不忘初心跟党走，在实现"两个一百年"奋斗目标、实现中华民族伟大复兴中国梦的激情奋斗中绽放青春光芒、健康成长进步。

第一时间组织学习，主题团日形式多样

5月3日，习近平总书记在中国政法大学考察时的重要讲话发表后，团中央第一时间组织来京参加五四主题活动的第二十一届"中国青年五四奖章"获得者、2016年度"两红两优"代表、2017年"全国向上向善好青年"代表召开学习座谈会，认真学习习近平总书记的重要讲话精神，来自全国各地的优秀青年代表和团干部代表踊跃交流发言，结合自身成长发展经历，畅谈学习收获和体会。

5月4日，团中央书记处召开专题学习会，认真学习领会习近平总书记重要讲话的重大意义和精神实质，研究部署全团学习宣传贯彻工作。各级团组织按照团中央的统一部署，广泛开展集中学习交流、研讨座谈、故事分享等活动，引导广大青年牢记习近平总书记嘱托期望，牢固树立"不忘初心跟党走"的坚定信念。

五四当天，团中央与中宣部、教育部在中央电视台共同举办了2017年"五月的鲜花"全国大中学生文艺汇演，展现了当代青年不忘初心跟党走、弘扬向上向善正能量的时代风貌。团中央还推出《入团第一课》教育视频，成为团组织开展团前教育和团员教育的鲜活教材和"必修课"。

各地团组织"不忘初心跟党走"主题团日活动也纷纷展开。河北团省委组织青年读书班，采取线上线下相结合的形式，在团员青年中开展集中学习；北京团市委举办了"95名95后对话建团95周年"主题交流活动，围绕学习习近平总书记重要讲话精神集中开展主题团课；宁夏团区委召开"青春激扬红五月·不忘初心跟党走"主题座谈会，组织全区各族各界青年代表交流所思所悟……

在组织好集中入团仪式、上团课等活动的同时，各地团组织还组织了宣讲交流、青春故事汇等，增强团员意识和团员的先进性、光荣感，增强团的吸引力和凝聚力。

网上活动如火如荼，学习讨论气氛热烈

在网络空间，各级团组织也广泛开展线上五四主题团日活动，营造了"青春喜迎十九大·不忘初心跟党走"的浓厚氛围。

——通过"青年之声""团团带你学""团团小课堂"等新媒体平台，团中央与青年网友互动交流主题教育内容，网上"点亮团徽"活动当天吸引近百万青年参与。

——团中央与中央网信办联合举办的"我与网络强国"青年演讲活动，收到来自全国各地互联网企业的参赛演讲作品360余部，活动专题页面浏览量达510万人次。

——团中央官方微博开设的系列话题，总阅读量过亿人次，25万人次参与讨论。"我的青春我的梦"征集活动，面向社会征集了一大批体现共青团元素的图片、原创音视频和故事、文章。

在地方，河南团省委开展了线上佩戴团徽宣读誓词的主题团日活动，通过H5页面广泛传播，在网上引导团员青年回顾团史、重温誓词，激发团员光荣感；福建团省委发起了"我与团旗、团徽合个影"线上活动，吸引了众多网友参与和点赞；辽宁团省委发起"我的青春格言"网络话题，动员青年网友通过编发微博微信，分享青春故事与感悟，表达爱党之情、报国之志。

资料来源：李昌禹.青春激扬中国梦.人民日报，2017-05-05：04 版.（内容有删节，题目有改动）

（三）案例评介

1. 问题提出

周年庆典要纪念的是什么？时间的长河可以洗刷尽尘埃，却洗不去留在人心中的丰碑。对一个组织来说，总有些历史值得纪念，总有些人应该永远怀念。这就是周年庆典的意义。这个意义首先对内部公众具有特殊的重要性，可以让老人获得宽慰，可以让新人受到教育，可以借此唤起他们对组织的自信与自豪，可以激发外部公众对组织形成一种崇敬与认同。

特别注意：

第一，周年庆典既要大张旗鼓，又要脚踏实地，对组织历史要有深刻的敬畏，千万不可戏谑历史或先人，拿组织的经典历史开玩笑，否则要贻笑大方，自取其辱。

第二，周年庆典要由组织的领导者亲自参与活动，动员多种资源，形成新闻热点，让内部公众受到一次组织文化的洗礼，让外部公众产生深度的了解与感知，最忌活动搞得很大、很铺张，但仅仅是一些请来的嘉宾热闹，与内部公众没有太多关系，在外部也没有形成影响，那就只剩下遗憾了。

2. 策划精要

"青春激扬中国梦——庆祝中国共青团成立95周年"案例是共青团中央在五四青年节上开展的庆祝活动。在这个节日中，团中央精心安排了各种活动，吸引大量目标公众参与。

（1）五四青年节前夕，举行"中国青年五四奖章"获得者、"两红两优"代表、"全国向上向善好青年"代表学习座谈会。在这样一个青年人的重要的节日，请青年群体中

涌现出来的杰出代表来谈体会、说理想，是一件非常必要的事情，可以很好地起到带动青年、引领青年人进步的作用。

（2）进行专题学习。五四青年节这一天，从团中央到基层团组织，均开展重要的专题学习活动，学习领会习近平总书记重要讲话的重大意义和精神实质，将广大青年的思想统一到正确的中心上来，坚定信念，不忘初心。

（3）举行青年人喜闻乐见的文艺节目和课程学习，十分对路。在五四青年节这一天，团中央与中宣部、教育部在中央电视台共同举办 2017 年"五月的鲜花"全国大中学生文艺汇演，还推出《入团第一课》教育视频，成为团组织开展团前教育和团员教育的鲜活教材和"必修课"。

（4）推动基层团组织开展丰富多彩的节日活动。各地团组织纷纷响应，结合自身情况开展形式多样的庆祝活动。

（5）开展网上的庆祝活动。在现代传播发达的环境下，充分利用网络媒体实现沟通传播活动是组织的必选行动，团中央在青年节期间，也充分利用新媒体如"青年之声""团团带你学""团团小课堂"等进行重要信息的传播。

（6）在新媒体平台上与中央网信办合作举办"我与网络强国"青年演讲活动，把线上线下活动有机结合。

（7）以微博形式开展系列话题讨论，以"我的青春我的梦"为主题进行共青团元素的征集活动，收集积极向上的图片、原创音视频和故事、文章等，增加青年人的参与，沟通感知时代的进步与发展。

（8）同时推动地方基层组织在线上开展丰富多样的教育与传播活动，把五四青年节过得充实而快乐。

3．效果评价

团中央的这次五四青年节的活动是比较成功的，大家进行了精心的策划，在线上线下开展了大量丰富的教育和健康的文艺活动，参与的青年人十分积极踊跃，《人民日报》专门进行了报道，可见活动效果良好。

第四节　庆　功　庆　典

如果组织中的某个人或某个部门取得了巨大荣誉，则需要通过庆典的形式来庆祝和弘扬。举行庆功庆典策划其过程，一般程序类似于其他方面的庆典，此处不再赘述。但举行庆功庆典有其特殊性的方面，具体包括如下几方面内容。

一、庆功庆典策划要点

策划庆功庆典的基本内容有以下十点。

（1）确立庆功的内容，凸显该荣誉对组织的巨大价值和意义。

（2）确定表彰的功勋人员或团队及部门名单，拟定给予功勋人员（团队成员）或部门的奖励内容，其奖励的力度保证具有足够的激励性和对其他员工的吸引力。

（3）确定庆功庆典举行的时间，一般在正常工作日，可选择在工作的间隙举行，时间不适宜太长。

（4）确定出席庆功庆典的嘉宾名单，主要有直属上级部门领导、与荣誉颁发有关的社团负责人，或者与取得荣誉有关的合作伙伴和单位领导等。

（5）确定参加庆功庆典的成员范围，如功勋人员所在部门员工，或全体员工等。

（6）设计具有特色的庆祝形式，包括功勋人员出现和登台亮相的程序、颁奖过程、庆功庆典结束的方式等，以及去其他地方进行宣传展示等。

（7）安排媒体宣传，包括之前的新闻稿、现场的记者采访、随后的新闻专访，以及之后的追踪报道等。

（8）确定庆功庆典的地点，一般选择在组织内部的大礼堂或会议室举行。

（9）布置庆功庆典的现场，要求会场大方、庄重、朴质、喜庆，可适当增加鲜花与红地毯点缀。

（10）设计和准备与庆功相关的材料，如锦旗、奖杯、奖状等。

二、策划庆功庆典要注意的问题

在策划庆功庆典时，容易出现三方面的问题影响庆功庆典的效果。

（1）庆典策划的形式太过简单，对内部公众的影响轻微。例如，庆功庆典的举行流于俗套，变成了一般性的会议，如领导讲话、获得荣誉者经验交流、年轻的后来者表决心等，如此这般，会令参加者感觉平庸，内心没有受到触动。

（2）给予功勋荣誉者奖励太少，力度太小，不仅让获得荣誉者感到积极性受到挫伤，而且，对参加者也不会起到激励作用，甚至会令其产生反面的理解，对组织今后的发展无法起到应有的积极作用。

（3）庆功庆典程序设计过于夸张，给内部公众一种华而不实的感觉，则庆功庆典的作用也会适得其反。例如，在庆功庆典时，过程设计过于铺张与隆重，形式过于复杂与夸张，会让公众感到反感或难以产生认同感。

因此，在策划庆功庆典时，应注意把握分寸，将策划过程安排得既对功勋人员有极大的激励作用，又能对内部公众产生良好的教育与启发作用，同时通过媒介宣传，也能在很大程度上对外部公众产生一定的积极影响，进一步增进其对组织的信赖。

（一）知识要点

庆功庆典是组织针对内部部分（个别）公众所取得的重大成绩或获得的突出奖项而举行的盛大表彰活动，这一活动主要针对内部公众，同时也向外部公众展示组织的文化与价值取向，是组织的重要公共关系活动。

（1）庆功庆典的策划一般要隆重而喜庆，庄重而盛大，彰显组织对取得重大成绩人员的表彰与激励，是组织文化的重要体现。

（2）庆功庆典的举行一般由组织最高领导出席并亲自颁奖，表示对取得成绩的工作人员的最高礼遇。

（3）在庆功庆典活动中，对取得重大成就人员的表彰，既要有精神的激励，也要有物质的奖励，让获奖人员在这样的场合得到最大的荣誉，让所有内部公众对取得荣誉者表示真诚的敬仰。

（4）举行庆功庆典的同时，各种媒体应及时予以报道，以便让内部公众进一步增强对组织的凝聚力，让外部公众深化对组织的了解。

（二）案例介绍

全国抗击新冠肺炎疫情表彰大会侧记

人民殿堂迎来英雄人民的代表！

2020 年 9 月 8 日，人民大会堂二层宴会厅内，华灯璀璨，气氛热烈。

9 时 20 分，热烈的掌声响彻宴会厅，习近平等党和国家领导人来到这里，亲切会见国家勋章和国家荣誉称号获得者，全国抗击新冠肺炎疫情先进个人和先进集体代表等。

习近平总书记面向大家挥手致意，2000 余名受表彰人员向总书记报以热烈的掌声。

在过去 8 个多月时间里，中国经历了一场惊心动魄的抗疫大战，经受了一场艰苦卓绝的历史大考。

在这场斗争中，中国人民挺过来了！习近平同志为核心的党中央带领 14 亿中国人民，以生命至上凝聚万众一心，以举国之力对决重大疫情，以人类命运共同体共克时艰，取得了抗击新冠肺炎疫情斗争重大战略成果，创造了人类同疾病斗争史上又一个英勇壮举，涌现出一大批可歌可泣的先进典型和感人事迹。

这一刻，人们相聚在这里，千言万语化作掌声如潮。相机快门按下，记录下无比珍贵的历史瞬间。

同大家合影留念后，习近平总书记站起身来，向身边的钟南山院士问候道："身体还好吧？"

"好！我还要向您请战，继续在呼吸系统疾病和突发性公共卫生事件防控上为祖国贡献力量，不负国家给予的重托。"钟南山回答道。

10 时整，全国抗击新冠肺炎疫情表彰大会在人民大会堂大礼堂开始举行。

奏唱中华人民共和国国歌、向新冠肺炎疫情牺牲烈士和逝世同胞默哀、宣读习近平签署的中华人民共和国主席令……一项项庄严肃穆的议程，将会场气氛逐渐推向高潮。

6 名号手吹响仪式号角，4 名礼兵手捧共和国勋章、国家荣誉称号奖章正步走上主席台，铿锵的步伐在人民大会堂大礼堂内久久回荡。中华人民共和国国家勋章和国家荣誉称号颁授仪式开始了。

军乐团奏响《向祖国英雄致敬》。这首专门为国家勋章和国家荣誉称号颁授仪式创作的乐曲，如交响诗一般雄壮激昂，深情讴歌那些为共和国事业作出杰出贡献的功勋模范人物。乐曲声中，"共和国勋章"获得者钟南山，"人民英雄"国家荣誉称号获得者张伯礼、张定宇、陈薇先后走上主席台。习近平总书记为他们一一颁授勋章奖章，并同他们亲切握手、表示祝贺。

在全场热烈的掌声中，在人们崇敬的目光注视下，4 位国家勋章和国家荣誉称号获得者受邀到主席台就座。

随后，大会对全国抗击新冠肺炎疫情先进个人和先进集体、全国优秀共产党员和全国先进基层党组织进行了表彰。受表彰的个人和集体代表胸戴大红花，走上主席台，从习近平等党和国家领导人手中接过奖章、证书、奖牌。

全场以一次次热烈的掌声，向他们表示衷心祝贺、致以崇高敬意。

这是永放光芒的精神财富——

"由衷感谢党和国家把这份荣誉授予我们 4 位医务工作者，这是党和国家对全体医疗卫生工作人员的充分肯定。"钟南山代表国家勋章和国家荣誉称号获得者发言，"欣逢盛世当不负盛世。面对尊崇和荣誉，我们将始终牢记党和人民的重托！"

这是无畏勇毅的崇高境界——

来自北京协和医院的全国抗击新冠肺炎疫情先进个人、全国优秀共产党员刘正印，分享了驰援武汉的难忘经历："当日夜守护的病人一点点好起来，一个个康复出院，大家再苦再累、再困再乏，都值了！"

这是无怨无悔的人民情怀——

全国抗击新冠肺炎疫情先进集体、全国先进基层党组织代表、湖北省武汉市青和居社区党总支书记桂小妹牢牢记得习近平总书记来他们社区考察时的嘱托。她说："疫情期间，社区没有一户一人吃不上饭、用不上药。武汉'解封'时，居民在阳台集体高唱《我和我的祖国》。"

先进个人和先进集体代表们的发言，感动着在场的每一个人。当听到白衣战士脸颊被口罩勒到溃烂、双手被污水浸到泛白、十几个小时不敢吃饭不敢喝水，只为把更多希望留给患者时，不少人潸然泪下。他们的名字和功绩，国家不会忘记，人民不会忘记，历史不会忘记，将永远铭刻在共和国的丰碑上！

在全场热烈的掌声中，习近平总书记发表了重要讲话。

这是对抗疫大战的全面回顾——面对突如其来的严重疫情，党中央统揽全局、果断决策，以非常之举应对非常之事；中国人民风雨同舟、众志成城，构筑起疫情防控的坚固防线；广大医务人员白衣为甲、逆行出征，舍生忘死挽救生命……夺取了全国抗疫斗争重大战略成果。

这是对抗疫精神的高度概括——生命至上、举国同心、舍生忘死、尊重科学、命运与共……伟大抗疫精神，同中华民族长期形成的特质禀赋和文化基因一脉相承，是爱国主义、集体主义、社会主义精神的传承和发展，是中国精神的生动诠释，丰富了民族精神和时代精神的内涵。

这是对抗疫经验的深刻总结——抗疫斗争伟大实践再次证明，中国共产党所具有的无比坚强的领导力，是风雨来袭时中国人民最可靠的主心骨；中国人民所具有的不屈不挠的意志力，是战胜前进道路上一切艰难险阻的力量源泉；中国特色社会主义制度所具有的显著优势，是抵御风险挑战、提高国家治理效能的根本保证……

总书记的重要讲话通过电视网络直播信号传向五湖四海，激起现场一次次热烈的掌声。

中国工程院副院长王辰院士表示，当前，疫情仍在全球肆虐，夺取抗疫斗争全面胜利还需要付出持续努力。我们要坚持常态化精准防控，慎终如始、再接再厉，善于在危机中育新机、于变局中开新局。

资料来源：陈芳，张晓松，胡喆.英雄的人民，人民的英雄——全国抗击新冠肺炎疫情表彰大会侧记.光明日报，2020-09-09：04版.（内容有删节，题目有改动）

（三）案例评介

1. 问题提出

庆功庆典传递给公众什么信号？庆功庆典并不是组织经常开展的公共关系活动，对于一个组织来说，只有取得了重大成绩或奖项的时候，才会举行盛大的颁奖仪式。正因为举行得少，所以往往会十分难得与特别。

庆功庆典活动的举行，是组织企业文化的具体体现，组织弘扬什么、鼓励什么，通过这样的活动可以看得清清楚楚，因此，组织在庆功庆典的策划方面，要不遗余力，大张旗鼓，要让尽量广泛的外部公众知晓组织的事迹或成就，更要让所有内部公众深度了解取得成绩的成员的事迹或奖项情况，在组织内部形成弘扬先进的良好风气。

庆功庆典的策划要特别注意：

（1）不要仅仅对需要表彰的人员发放奖金、颁发荣誉证书等而已，要给予这些组织的功臣以足够的精神激励，要让内部公众不仅看到物质奖励，更重要的是产生对获奖人员付出辛勤劳动的敬仰和赞赏，庆功庆典活动最后的效果一定要落实在组织对这种行为的激励上。

（2）庆功庆典的策划不要只关注创新团队的成绩，更要充分突出团队领导或核心人员的个人作用，既要认同集体的智慧，更不能忽视带头人或核心人员的领导才能与个人魅力。不要让某些有个性的团队成员感到奖励不公平或有失落感，如果那样的话，庆功庆典的作用就起到反作用了。

（3）庆功庆典的激励要足够吸引人，荣誉要让人倾慕，真正起到精神激励与物质奖励的作用。

2. 策划精要

《英雄的人民，人民的英雄——全国抗击新冠肺炎疫情表彰大会侧记》尽管是"侧记"，却完整地记录下这次庆功庆典活动策划与实施的全过程。十分有创新和影响意义。

1）特殊时期特别的表彰大会

2019年底，一种新的传染病——新冠肺炎开始在全世界流行，中国最早吹响了警报，并以举国之力展开了伟大的抗疫斗争。经过8个月的艰苦努力，终于扼住了病魔的肆虐，决定性地打赢了这场艰巨的战役。在这场抗疫斗争中，中共中央总书记、国家主席、中央军委主席习近平出席统筹推进新冠肺炎疫情防控和经济社会发展工作部署会议，通过视频直接面向全国17万名干部进行动员部署。在党中央的正确领导与部署下，1月24日开始，全国共调集346支国家医疗队、4.26万名医务人员、900多名公共卫生人员驰援湖北省和武汉市，数百万名医务人员战斗在全国抗疫一线，其中 2000 多人确诊感染，几十人以身殉职，14 亿人民齐心协力，共同参与[①]，创造了可歌可泣的英雄颂歌。当新冠肺炎疫情的威胁仍然存在的特殊时期，党中央召开这样一个表彰会，怀念逝者，表彰英雄，意义深远。

2）庄严的仪式献给来之不易的胜利

全国抗击新冠肺炎疫情表彰大会的举行是在我国抗疫取得重大战略成果的时刻召开的，这次表彰大会既庄严肃穆又令人激奋感动，所以仪式安排十分特别，首先奏唱中华人民共和国国歌，然后向因新冠肺炎疫情而牺牲的烈士和逝世的同胞默哀。之后是宣读习近平签署的中华人民共和国主席令：授予钟南山"共和国勋章"，授予张伯礼、张定宇、陈薇"人民英雄"国家荣誉称号。随后由国家主席习近平向这四位获奖者颁授勋章奖章。随后宣读《中共中央、国务院、中央军委关于表彰全国抗击新冠肺炎疫情先进个人和先进集体的决定》《中共中央关于表彰全国优秀共产党员和全国先进基层党组织的决定》，党和国家领导人习近平等为受表彰的个人和集体代表颁奖。庄严的仪式有条不紊地推进，令在场和收听、收看的所有社会公众深受感染。每一名中国人都知道，我国取得这次抗疫的胜利是多么不易，付出了多大代价。

3）最高的荣誉给予最突出的英雄

在这次全国抗疫情表彰大会上，把"共和国勋章"与"人民英雄"的至高荣誉奖给了医务工作者，这是史无前例的。这不仅仅是分别奖给了钟南山、张伯礼、张定宇和陈薇，而是对全中国几百万医务工作者为抗疫胜利作出的巨大奉献的极高褒奖。正如钟南山代表国家勋章和国家荣誉称号获得者发言说："由衷感谢党和国家把这份荣誉授予我们 4 位医务工作者，这是党和国家对全体医疗卫生工作人员的充分肯定。"这个奖项的设置带着敬意、带着感谢、带着赞扬、带着祝福，具有极大的引领示范作用，令社会公众非常信服和感动。颁奖后在全场热烈的掌声中，在人们崇敬的目光注视下，4 位国家勋章和国家荣誉称号获得者受邀到主席台就座。"共和国勋章"获得者钟南山曾说："其实，我不过就是一个看病的大夫。""人民英雄"获得者张伯礼说："国有危难时，医生即战士。宁负自己，不负人民。"在这次全国抗疫情表彰大会上听到这几位获奖者这样说，令人动容。

4）让英雄来传播英雄的故事

在颁奖环节结束后，先进个人和先进集体代表们上台发了言，令在场的每一个人深受感动。人们仿佛又回到了抗疫的现场，看到了那些抗疫英雄们的身影。正如报道中所说："他们的名字和功绩，国家不会忘记，人民不会忘记，历史不会忘记，将永远铭刻在共和国的丰碑上！"而这些英雄们的回答更是铿锵有力："作为医生，救死扶伤是我的天职；作为共产党员，冲在前面是我义不容辞的责任。""一线医护人员要像加速旋转的

① 中华人民共和国国务院新闻办公室. 抗击新冠肺炎疫情的中国行动白皮书. http://www.scio.gov.cn/zfbps/ndhf/42312/Document/1682143/1682143.htm(2020-06-07).

陀螺，继续为拯救每一位患者而努力。"（华中科技大学同济医学院附属同济医院呼吸与危重症学科主任赵建平语）这些平凡英雄的誓言成为激励社会公众不断为国家作出贡献的强大精神力量。[①]

5）领袖讲话高屋建瓴

最后，中共中央总书记习近平作了重要讲话。总书记的讲话对抗疫大战做了全面回顾，对抗疫精神做了高度概括，对抗疫经验进行了深刻总结，总书记的重要讲话激起现场一次次热烈的掌声，更通过电视网络直播信号传向无数人的心中。总书记的讲话有万字之多，极为厚重丰富，正如总书记的讲话中指出的："在过去 8 个多月时间里，我们党团结带领全国各族人民，进行了一场惊心动魄的抗疫大战，经受了一场艰苦卓绝的历史大考，付出巨大努力，取得抗击新冠肺炎疫情斗争重大战略成果，创造了人类同疾病斗争史上又一个英勇壮举！"总书记最后说："一个民族之所以伟大，根本就在于在任何困难和风险面前都从来不放弃、不退缩、不止步，百折不挠为自己的前途命运而奋斗。从 5000 多年文明发展的苦难辉煌中走来的中国人民和中华民族，必将在新时代的伟大征程上一路向前，任何人任何势力都不能阻挡中国人民实现更加美好生活的前进步伐！"[②]

3. 效果评价

新冠肺炎疫情期间，我国牢牢守住抗疫防线，坚持抗疫不松劲。回顾 2020 年的这次表彰大会可以看到，正是因为有这样的国家、这样的党、这样的领导人、这样的医务工作者、这样的人民，中国才在完成摆在各国政府前的同一份答卷时，取得了"优秀"！志不求易者成，事不避难者进，路遥才知马力，日久方见人心。我们为生为中国人而自豪！

第五节　其他庆典

在一个组织中，除了举办重大节日、周年纪念活动外，还有一些事件对组织来说也十分重要，需要组织策划庆典活动予以安排。这些事件主要有高级别领导来访与政治性庆典等。下面分别阐述。

一、高级别领导来访

在组织中有时会有上级领导甚或极高级别的领导来访，也有合作伙伴中的高级别领导的访问。对此为接待领导来访，组织公共关系人员需要精心、认真地策划，争取借此机会让来访的领导满意、让重要的目标公众了解和关注组织，进而缔造组织声誉，并增强组织内部公众对组织的信心与忠诚。

---

① 陈芳，张晓松，胡喆. 英雄的人民，人民的英雄——全国抗击新冠肺炎疫情表彰大会侧记. 光明日报，2020-09-09：04 版.

② 新华社. 全国抗击新冠肺炎疫情表彰大会在京隆重举行. 光明日报，2020-09-09：01 版.

（一）策划接待领导来访

1. 来访领导名单的确定

到组织来访的高级别领导，一般有三种情况。

（1）国家领导人、国家主管部门的主要负责人、国际组织官员等。

（2）组织重要合作伙伴的最高领导，如外资企业的董事长、合作办学的校长、合资企业的领导等。

（3）组织欲合作或加入的组织的重要负责人，如某医院拟合作的著名医院的院长、企业谋求合作的大公司总裁等。

来访的领导一般有人数不等的随行人员，因此组织的公共关系人员要事先将来访的领导一行确定好人数，及时妥当安排他们的吃住行。

2. 来访领导活动的日程安排

来访的领导一行一般情况下会明确告知他们的行程计划，包括到达与离开时间、期间可能的工作安排等，因此，组织的策划人员应根据来访领导的行程计划，做好访问期间的日常安排，做出详尽的来访行程表，规定好必要的会商、谈判时间，同时安排必要的旅行与休闲时间等。

3. 送往迎来领导者

组织在接待来访的领导者时，根据领导者的级别和与组织的密切程度，要妥当安排好对他们的接送工作。

1）迎接领导的到来

迎接重要领导来访，组织可策划不同类型但极为妥帖的接待方式：①本组织最高领导远道迎接。若来访的领导级别非常高，对本组织的发展有极为重要的作用，则组织领导应该携随从远道前往迎接。②组织最高领导或次高领导亲赴机场或车站迎接。若来访的领导是组织特别重视的客人，则可给予极高的礼遇，可由组织最高领导或次高领导专门到机场迎接，如认为必要，还可在机场或车站安排一定规模的欢迎仪式，包括礼宾人员列队奏乐、礼仪人员敬献鲜花、组织领导及来宾在机场或车站发表演讲、欢迎人员载歌载舞等。③组织的领导在驻地门口恭候。如果来访的领导已到访过组织，或者级别较低，则组织可派相当级别的部门负责人下楼或到大门口迎接，以示热情欢迎之意。

2）安排领导的住宿起居

对于来访领导，如果需要住宿则事先确定好人数、性别、民族及特别禁忌等，将领导一行妥善安置于酒店、招待所或条件优良的地方，令对方感到如意、舒心、愉快。

对于一些级别极高的领导，应提前将领导的生活习惯了解清楚，排除禁忌，精心策划一些生活偏好方面的细节接待工作，让来访者有宾至如归的感觉。在下榻酒店，如条件允许，可悬挂欢迎标语或符合对方国家风俗的装饰物等。服务人员提前进行培训，在语言、表情、饮食起居等方面精心安排，令来访者感受到组织的一片热忱之心。

3）欢送领导的离去

当来访领导要离开时，组织策划人员要用心设计欢送仪式，努力让来访者高兴而来，满意而归。常见的欢送重要来访者的方式有：①召开欢送宴会。宾主讲话，组织成员组成隆重的欢送队伍，将来访者送上行程。②组织最高领导或次高领导亲自上门与来访领导一行道别，将来访者送至机场或车站。③组织派与来访领导级别相当或略低的负责人到来访领导住处，将其送至机场或车站。

需要注意的是，第一，当来访者离去时，送行者要施以目送之礼，直到汽车行远、飞机飞离视线，切不可客未走，送行者已经先行乘车告退；第二，来访者离去时，应关注其行程状况，直到发回平安信息后，方可告一段落。不可人走茶凉，对来访者离去后的情况漠不关心。

（二）策划领导来访的活动

在确定了来访领导一行的日程后，就进入来访领导的活动策划阶段。具体包括以下几点。

1. 对组织的参观

虽然对组织的参观是一件看似走马观花的事情，但如何让来访的领导一行对组织留下深刻印象，却仰仗于策划的精巧。领导的来访往往次数极少，机会难得，因此，对组织的参观是组织向上级单位、同行或合作伙伴展示自身形象的重要机会，切不可随意对待，怠慢准备。

具体准备的工作有以下几点。

（1）亮点的凸显。面对来访的领导，要事先进行精心策划，将组织最具优势的地方着力烘托出来。需要准备的方面包括专业解说人，以及必要的展板说明、图片、实物展示、广告片制作等。

（2）员工整体素质的展示。对组织来说，员工队伍是其最主要的资源，因而，当领导来访时，员工队伍的展示是需要认真谋划的。具体包括员工礼仪表现、员工业务能力展示、员工应对意外突发事件的反应，以及面对参观队伍表现出的温和而训练有素的状态。

（3）组织整体环境的布置。整体环境的布置实际上反映出一个组织的文化导向，体现了组织文化的核心价值观与经营理念。因此，当重要领导来访时，整体环境的布置都需要充分体现出组织的核心理念与经营宗旨，营造出组织浓厚的文化氛围。

（4）隐匿性细节的设计。领导在参观组织时，通过细微处就可以对组织的管理与经营状况做出评价，因此，在组织环境的隐匿之处，也要格外进行细节安排，不能因小失大、功亏一篑。例如，员工休息间、卫生间、换衣间的布置，门口保安的接待，工具间的卫生情况，等等。这些方面往往不是安排的参观之处。但却可能是参观者目光所及的范围。因而，这些地方应事先考虑与有所设计，对组织留给来访领导的印象是极其重要的。

2. 与组织的会谈或谈判

高级领导造访某一组织，非常重要的议程是双方的会谈或谈判，因此策划富有建设性的会谈或谈判过程十分重要。

对于组织的上级领导来访，需要进行正式的会谈或会见。

（1）上级领导对组织主要负责人接见。上级领导到访组织，会对组织领导进行亲切接见，并做重要指示，因而组织要对会谈地点、会场布置、参加会谈人员等进行缜密的安排。第一，确定会谈的地点。根据领导来访的人数与组织的规模，确定参加领导接见或会谈的人数，根据人数确定地点。会谈地点一般选择在光线明亮、空间适当、环境安静、通风良好的会议室，便于双方的会谈。第二，设计会议场所的布置。来访领导一般有两类，一类是政府领导，一类是本组织的上级。因此，组织可根据来访领导的情况，细心布置会场。会场整体要求整洁、大方、肃穆，台布的颜色可注意与来访领导的身份与偏好协调，既不要太艳丽，也不要太死板，注意装饰物的摆放，使会议环境显得温馨而不呆滞，大方而不轻浮，让每位与会者感到赏心悦目。第三，确定参加会谈的人员。高级别领导的来访，决定了会谈的级别与档次，也成为确定参加会谈人员情况的依据。在考察参会人员时，要注意将组织有代表性的优秀分子包括进来，并对参加人员做好礼仪等培训工作，保证会谈中本组织的人员落落大方、彬彬有礼。

（2）会商与谈判。组织合作伙伴或平级的领导来访，则要认真策划双方的谈判，使谈判的议题具有较好的建设性，推动会商或谈判有所建树，取得有效成果。第一，确定会商内容。当同级高级领导来访时，双方最主要的议题是会商或谈判，因此，公关策划人员要事先确定会商的内容，安排好会商的具体议程，列出会谈的要点，以及重点讨论的议题等，提交双方了解、考虑，如有不周之处，再作调整。第二，策划会商氛围的营造。双方高层会商或谈判，往往在表面友好关系之下包含着利益的协调、平静中暗含敏感的交锋。因此，会商时的氛围营造十分重要。在布置会场时既要考虑典雅温馨，又要兼顾周边环境的安静与优雅，让每个人怀着友好、愉悦的心情参加会谈，使谈判渐入佳境，向和谐、合作的方向发展。

3. 题字或题词

高级领导来访，可能是组织的一项值得纪念的大事，在条件许可的情况下，可以谨慎邀请来访的领导为组织或为有感而发的某件事情题字或题词，这有利于组织在更大范围内扩大影响，提升组织在业界的地位。题字或题词的策划要提前有所准备，有的放矢，不可贸然提出，仓促从事，以免令领导尴尬。

二、政治性庆典

在我国，某些时候会有一些重大的政治性活动需要通过举办庆典活动进行参与或表达一种政治姿态，因此，政治性庆典也在一定时候需要组织的公共关系人员进行策划。

政治性庆典分为两类，一类是政治性事件的发生需要举行庆典，另一类是政治性的文件发表或会议召开时举行庆典祝贺。

（一）政治性事件的庆典

当一件重大的政治性事件发生时，如果其对国家、对组织所在行业会产生重大影响，有必要通过庆典方式表明态度。

策划庆典活动主要包括以下几方面。

1. 最高领导出席参加

国家或当地发生的重大的政治性事件是一件影响组织生存、发展社会环境的重大事件，组织应高度重视，组织领导要积极参与，以此向社会表明所在组织的政治立场或态度，同时，组织的其他一些干部，如中层管理人员等都应届时出席参加。

2. 组织的生产经营正常运行

举行政治性庆典时不需要太多工作人员参加，组织的生产经营可正常运行，一般行政人员可不必出席参加。

3. 对外宣传积极配合

在举行政治性庆典时，组织的对外宣传要积极跟进。例如，组织大门口要张贴宣传标语、组织自办媒体、网站、微博、公众订阅号以及联合外界有代表性的媒体，都安排进行传播，及时将组织的庆典活动对外昭示或报道。

4. 时间短、过程简

举行政治性庆典活动，不掺杂其他内容，因而时间要短，过程要简，形式的东西要少。传播的内容要明确，把相关发言安排好。

5. 及时向政府部门汇报

政治性庆典的举行，是组织对政府工作的支持，因而举行庆典要向政府部门汇报，表明自身的积极的政治态度。

（二）政治性会议或文件的庆典

在特殊的时期，政治性会议的召开或文件的颁布，也会在全国或行业中产生重大影响力，对此，有必要策划庆典以示庆祝或纪念。

1. 会议结束或文件颁发后举行庆典

如果错过会议结束或文件颁发的最佳时间，庆典的意义就不大了。

2. 庆典过程简约而隆重

对于政治性会议或重要文件的颁发，一般情况下，均是意义十分重大、内容十分重要、对今后的影响十分深远的事件，因而有必要通过庆典形式予以突出，并表示高度的重视。因此，庆典过程与庆典内容可以十分简约，只要把会议或文件的意义突出即可；形式可以比较隆重，参加的人员最好是组织全体员工或绝大部分成员；场面可以比较宏大、热烈，但时间不要很长，以不影响组织的日常工作为原则。

3. 庆典报道及时

策划庆典时，要注意新闻报道及时跟进，并尽快见诸媒体，以便产生相应的影响力，庆典活动的时效性必须高度关注。

4. 庆典后的学习安排

庆典结束后，要组织全体员工认真学习会议精神和文件内容，把对会议或文件的重视落在实处，不停留在表面的形式上，让其真正对组织产生积极而深远的影响。

 研究与演练 >>>

一、理论研究

（1）组织举行大型公共关系庆典很有必要，但如何保证庆典能对组织今后的发展具有深远的意义呢？

（2）大型庆典活动往往"墙里开花墙外香"，那么，庆典如何影响组织内部员工，激发起关注与参与的积极性呢？

二、实践演练

（1）模拟并真实演绎一次大学同学毕业十周年庆典活动。

（2）根据报纸上的广告通知，去观摩商场、学校或工厂的一次年度大庆活动。

第九章　公益型公关策划

第一节　对文艺、体育的赞助活动

一、公益性赞助的公共关系意义

对一个组织来说，承担社会责任，令公众认可十分重要，它不仅影响公众对组织的评价与接纳，更直接影响到组织自身在社会的生存与发展。没有社会责任感的组织迟早要被社会排斥，勇于担当社会重任的组织，也需要在做好社会公益事业的同时，主动开展公共关系工作，将组织的良好行为公之于社会，打造组织的美好声誉。

因此，组织在一定时候仗义疏财、甘于奉献的赞助行为，对于组织的未来具有十分深远的公共关系意义。

1. 有助于将组织的名声传播于社会公众中

公益性的赞助行为，在大多数情况下是救人于危难之中的雪中送炭之举，一旦做出，就会使一方公众受益，组织的声誉由此会深刻地烙印在受益者心中，起到商业广告无法起到的作用。因此，组织应积极参与公益性的赞助活动，让组织积极承担社会责任的好名声传播得更远、更深入、更持久。

2. 有助于化解公众对组织的不良印象

一个组织如果在某些时候，因为自己的不当行为或他人的诬陷，在一定区域的公众中造成了不良印象，则做出公益之举是最有效、最经济、最便捷的矫正形象的方法。在组织做公益的过程中，误会可能就会化解，公众也可以逐渐建立起对组织的好感与信任。

3. 有助于协调与政府的关系

组织在社会需要有人出手相助时，能够积极担当，为政府排忧解难，承担解忧济困的职责，会十分有利于组织与政府的关系，赢得政府对组织的好感，有利于组织在该地区的业务发展，为自身生存与发展创造适宜的外部环境。

4. 有助于凝聚内部公众之心，丰富组织文化

作为具有道德感、责任感的社会成员，组织能够在社会或他人需要时，勇于疏财解困，这一行为本身就具有极强的教育意义，对内部公众能够产生一种震撼，员工会对组织决策层的举动表示高度的认同，无形中有助于增加组织的凝聚力，增强组织员工的自尊感与自豪感，也会一定程度上丰富组织文化，形成组织文化中的一笔无形财富。

5. 有助于在同行中胜出，提升组织的竞争力

组织在一些特定时刻，出资赞助，仗义疏财，扶危济困，做出令社会公众关注的善举，十分有利于其在同行中脱颖而出，其行为本身就是一种十分具有竞争性的举动。如果组织长期坚持社会公益行为，则会有效地确立自身在行业中的有利地位，极大地提升竞争力。这比大手笔地开支广告费要有效得多。

因此，对组织来说，关注社会公益，策划公益型公共关系活动，对组织的健康发展具有十分重要的意义。

二、赞助文艺、体育活动的策划

当组织选择赞助文艺或体育活动时，主要的目的是通过所赞助的文艺或体育活动，增加公众对其的关注度，为组织良好的声誉塑造打造一个平台或机遇。

其具体策划步骤如下。

（一）选择赞助项目

组织选择赞助项目，并非一个简单的问题，尤其是文艺与体育活动，因其有十分丰富的内容而需要组织谨慎决策。

在选择赞助文艺活动时，很多组织着重从保护即将消失的民间戏曲艺术或处于经营困难的文艺团体的节目或者是有一定影响力的文艺赛事等入手。近年一些组织选择赞助民间艺术传承人或历史文化传承人的文艺表演活动，对保护民间艺术等起到了积极的社会作用。

组织在选择赞助体育活动时，可以从体育运动的种类、对象、级别等方面考虑赞助的项目，同时结合组织自身所在行业、业务内容等确立较为恰当的形式与类别。一些在国际大赛中表现优秀的体育项目及团队或者社会公众关注的、需要加大气力发展的体育项目容易被组织选为赞助项目。

在选择赞助项目时，组织既要考虑所帮助对象需要组织赞助的迫切性，又要考虑赞助对象今后发展给组织带来的传播影响力，努力通过赞助合适的项目，为组织的声誉传播发挥积极的作用。

文艺与体育活动具有极强的彰显性，对某一文艺团体、戏曲种类或体育团队的赞助，必须考虑其可持续发展能力和对国家、社会的贡献度，以此赢得社会公众"爱屋及乌"的公共关系效应。

（二）确定赞助金额与物品

在选定赞助项目后，组织开始考虑赞助的金额或物品。赞助的金额或购置、赠送的物品既要量入为出，不至于给赞助企业造成额外的负担，又要对赞助对象起到施以援手、雪中送炭或锦上添花的作用，另外还要考虑受赞助的对象对组织声誉的反哺能力，同时要注意不能以纯粹功利的动机来选择赞助项目、确定赞助金额或物品，这样极可能导致赞助活动的失败。

在确定赞助金额或物品后，最好通过社会公益性的慈善组织，帮助建立必要的管理与监督机制，保证有效地使用赞助金额或物品。

（三）设计赞助仪式

对于数额较大的赞助行为，为了扩大组织的社会影响，有必要认真策划赞助仪式，让这一活动既对组织自身产生积极的宣传效果，又能让受益一方见证这一行动，亲身感受组织赞助社会公众的义举。

赞助仪式主要包括如下内容。

1. 布置现场

布置赞助仪式的现场，应凸显赞助活动的公益性主题，将受赞助单位或个人的基本情况予以书面介绍，体现赞助活动的必要性。现场布置应简洁且大气，热烈而又朴素，体现一种积极向上、温情关爱的气氛。

2. 确定参加仪式的嘉宾

参加仪式的来宾主要包括赞助企业的主要领导、受赞助的文艺或体育单位领导及公众代表。一般情况下，赞助仪式上赞助一方的领导与被赞助一方的领导均要上台讲话。

3. 策划仪式的过程

赞助仪式过程应尽量不落俗套，有所创新，从中体现出组织积极赞助文艺或体育活动的良好愿望，同时显示出被赞助的组织或团队对赞助者的感谢之情。组织可以通过正式的赞助仪式、视频资料、文娱表演或体育活动等来阐述赞助的理由或赞助方的社会责任心，以此影响或感染参加赞助仪式的所有人。对于出资数额巨大、捐助物品价值昂贵的赞助，在仪式现场还可通过举行奠基纪念碑、以赞助者名字命名或揭牌等仪式，彰显组织赞助活动的义举，表达受赞助方的感谢铭记之意。

4. 确定媒体单位

组织开展对文艺或体育的赞助活动，是一种传递爱心、承担社会责任的善举，具有一定的新闻性，因此，有必要通知媒体予以报道，通知媒体数量不必多，但代表性要强，个别情况下，可适当安排个人专访或组织深度报道，以期使组织的赞助行为被更多的人关注和了解。

5. 发放赞助款项或物品

赞助活动是一项社会义举，必须以诚信为依托。因此在确定赞助事宜后，要认真落实赞助款项或物品，做到言行一致，不欺不拖，把事情做好。在必要的情况下，可以当场把赞助款项或物品发放到受赞助的对象手中。

（四）关注赞助款项或物品的使用

赞助仪式之后，组织要注意与被赞助的单位或团队保持联系，关注赞助款项或物品的使用，努力做到钱尽其用，物尽其用。必要情况下，设立专人或机构管理，或者委托公益性慈善组织监督，保证让该受益者受益，让组织的公益行为发挥切实的效益，把组织的良好声誉深入长久地传播下去。

（一）知识要点

组织对文艺、体育领域某一个项目、品种、团队或赛事的赞助是一种十分常见的公共关系活动，通过对文艺领域或体育活动等的赞助，组织可以跻身这一领域，借助所赞助项目的高知名度、高关注度获得高曝光度与高信任度。因此，赞助文体活动，往往被一些商业性机构认为是十分经济的公共关系活动。

（1）组织在决定赞助某一项文体活动、团体，或者重大赛事时，必须经过审慎的选择与权衡，不可有丝毫的疏忽或想当然，否则可能给组织带来巨大的风险。

（2）组织赞助文体活动或团队，往往持续一定时间，投入巨大金钱，受到社会公众的高度关注，在任何一个环节发生问题，都可能给组织带来负面影响。

（3）组织能够获得某一文艺或体育项目的赞助资格，也要经受较为严格的审核，因此，对组织来说也需要对自身有严格要求，赞助期间在产品、组织文化、经营运作等方面不能出现明显瑕疵，否则也会对所赞助机构或项目带来不良影响。

（二）案例介绍

中国乳业品牌牵手世界杯

（2017 年）12 月 20 日上午，蒙牛集团与国际足联在北京国家会议中心联合宣布，蒙牛正式成为 2018 年世界杯全球官方赞助商。蒙牛旗下四大品类产品分别获得了"国际足联世界杯官方饮用酸奶""国际足联世界杯官方预制冰淇淋""国际足联世界杯大中华区官方牛奶""国际足联世界杯大中华区官方奶粉"的殊荣。蒙牛是国际足联在全球赞助商级别首次合作的乳业品牌，也是中国食品饮料行业第一个成为世界杯全球赞助商的品牌。

向全球展现中国乳业

将于 2018 年 6 月 14 日至 7 月 15 日在俄罗斯举办的世界杯足球赛，是明年全球最具影响力的体育赛事之一。这届世界杯将有 32 支顶级球队参赛，200 余个国家和地区超过 30 亿观众将通过各种渠道观看比赛。成为世界杯全球官方赞助商后，蒙牛将通过这一舞台向全球消费者介绍天然、营养、美味的蒙牛产品。

"牛奶与足球一样，能够为大家带来健康与快乐。成为国际足联世界杯全球赞助商，是国际足联对蒙牛品牌及其产品品质的高度认可。对于蒙牛来说，这是一次走向世界的商业机遇，更是向全球展现中国乳业的重要机会。所以这不但是蒙牛的骄傲，也是整个中国乳业的骄傲。"在发布会上，蒙牛集团首席执行官卢敏放这样表示。

品牌形成"明星阵容"

作为国内率先出海的乳企，蒙牛产品已经远销蒙古国、新加坡、缅甸、柬埔寨等国外市场和中国香港、澳门地区，涵盖常、低、冰三大业态，深受海外消费者喜爱。海外销售连续 3 年年均增长突破 30%。在香港，"优益 C"已成为第二大乳酸菌饮料品牌。

在缅甸，蒙牛冰品快速打入 10 个主要城市，增长速度迅猛。在东南亚市场，"纯甄"在没有广告投入的情况下获得消费者青睐，同比增长近 3 倍。

与世界杯的携手，会推动蒙牛更多的优势产品和明星品牌走进全球视野。在国内市场占有率领先的蒙牛低温酸奶，目前也在新加坡等市场售卖，今年创新推出的"优益C-LC37 乳酸菌"和"冠益乳 BB-12 酸奶"，加上此前的蒙牛大果粒、蒙牛老酸奶等，形成了豪华的"明星阵容"。借助世界杯，蒙牛低温酸奶将代表中国高品质酸奶打开世界市场大门。

近年来，蒙牛与许多"一带一路"建设参与国家和地区开展了奶源、研发、生产等方面的合作，以匠心打造全球乳业的质量标杆。借助世界杯的澎湃能量，蒙牛的国际化引擎将在 2018 年继续加速，在更多"一带一路"建设参与国家开展产业链布局，让全球更多消费者品尝到天然、营养、健康的蒙牛产品。

让足球文化激发正能量

"参与 2018 年世界杯，为蒙牛带来的绝不仅仅是巨大商业机遇，更是蒙牛积极服务国家战略的重要依托。"卢敏放表示，蒙牛愿意与国内外各有关机构密切合作，尽己所能推动中国足球事业发展，帮助更多中国青少年，特别是贫困地区青少年享受足球乐趣，让积极向上的足球文化成为国人实现中国梦的正能量。

发布会上，国际足联首席商务官菲利普表示，蒙牛是世界顶级乳企之一，也是中国乳业领先品牌。国际足联致力于在世界范围内推广和发展足球运动，中国是我们工作的重点区域，很高兴在这里又牵手了一家实力雄厚的官方赞助商。菲利普同时表示，国际足联希望能够借助蒙牛在儿童与青少年群体中的影响力，获得一个培养新一代球迷并与其开展互动交流的平台。

据了解，作为全球官方赞助商的蒙牛，四大品类 27 个产品品牌都将共享世界杯权益，其产品将在俄罗斯世界杯现场让来自全世界的消费者品尝，中国的蒙牛将成为世界的蒙牛。世界杯期间，蒙牛还将邀请幸运消费者亲赴比赛现场，共享俄罗斯之夏的激情与欢笑。

资料来源：宋晓侠. 中国乳业品牌牵手世界杯. 人民日报，2017-12-25：22 版.

（三）案例评介

1. 问题提出

赞助文体活动或团队给组织带来什么好处？为什么很多企业对赞助大型赛事趋之若鹜而不得？文体活动或团队，往往是社会公众极为关注的对象，如春节联欢晚会、全国青年歌手大奖赛、奥运会、世界杯，或者是国家京剧院、黄河艺术团、国家跳水队、国家乒乓球队等，赞助商借助于公众对文体活动或团队的热衷及"围观"，自然可以借名出名、搭车上路，迅速蹿红。然而，想要获得这些重大活动或知名团队的赞助资格，也十分不易，首先，名额极其有限，往往只是个位数，其次，赞助资格审核严格，任何被赞助者都不希望与声誉不好的赞助商沾边。因此组织能够获得赞助，既是一种信任，也是一种荣誉。

策划赞助项目时必须注意以下两点。

（1）前期要经过认真细致的调研，不要只看名头、听名气，所赞助的项目与组织经营的产品或业务要有密切或自然的关联度，要考察赞助的项目是否在公众心目中有稳定的信任感、所赞助的项目在运作过程中是否会出现重大问题等，否则，就可能导致组织人财两空，得不偿失。如赞助的团队出现丑闻或退赛、公众对某些重大比赛的规则或举办有争议等等。

（2）策划赞助项目必须量力而行，真诚坦荡。由于对重大文体活动赞助要涉及高额的资金，因而组织必须根据组织自身的财力，有序开展，赞助款必须及时到位，赞助期间销售的产品必须质量过硬，组织的传播行为必须公开、合法，只有这样，组织才能从赞助活动中获得应有的收益。

2. 策划精要

"中国乳业品牌牵手世界杯"是一个十分引入瞩目的赞助案例。因为世界杯足球比赛是中国公众非常关注的世界顶级体育赛事之一，蒙牛能够获得世界杯全球官方赞助商的资格，成为中国食品饮料行业第一个世界杯全球赞助商的品牌，国人既为之惊喜，也为之骄傲。这样的选点非常高远，体现了蒙牛集团全球性公共关系战略决策的视野。

1）搭上世界杯的快车，冲上全球知名品牌的大道

2018年俄罗斯世界杯足球赛将有32支顶级球队参赛，有200余个国家和地区超过30亿观众通过各种渠道来观看一系列的精彩比赛，这对赞助商来说，是一个非常经济而高效的传播名声的机会。获得官方赞助商资格的蒙牛集团可以通过这一平台，快速地向全世界的消费者介绍自己的产品，从这个意义上来说，拿到这个机会实在非常难得和宝贵。

2）赞助世界杯，彰显组织自信

赞助重大文艺或体育赛事，不仅体现了组织借名出名的战略举措，更是组织张扬自信、表现个性的机会把握。对于一个正在海外快速发展的企业来说，成为官方赞助商，传递给世界各地公众的是一种信心与骄傲：让那些喝过蒙牛产品的消费者，更增添了一份信赖，对那些没有喝过蒙牛产品的公众是一种潜在提醒或建议，因而，这样的信息传递，带来的是锦上添花般恰逢其时的满足，也是蒙牛集团的精彩创意所在。

3）以享受体育带动品牌信赖

体育比赛最大的吸引力是带给公众惊心动魄的震撼感与酣畅淋漓的快感，尤其是世界杯足球比赛，更是让一些球迷癫狂。与这样巨大魅力的体育赛事相联系，无疑会带给赞助商以极高的出镜率与关注度。蒙牛集团借助这样的机会，将会在媒体上多次呈现，传播自身对体育，特别是足球的关心，展示自身在公益事业方面的投入与成果，强化公众对蒙牛集团的认同度与好感度，对蒙牛集团在全球品牌的传播与信赖，可以产生极为深远的影响。这步棋走得好！

3. 效果评价

蒙牛集团2017年底成功拿到2018俄罗斯世界杯足球赛的官方赞助商资格，这样的

消息让很多人感到意外，随后一想，又感到是意料之中，认为蒙牛作为中国著名、世界知名的乳制品生产厂商应该是实至名归。蒙牛牵手世界杯的消息被国内各大媒体登载，如人民网、新浪、网易、搜狐等，体现这一信息对国人的影响，也一定程度起到了消除国内公众对乳制品企业的误解与疑虑的作用。

第二节　对教育卫生的赞助活动

一、组织最普遍开展的公关项目

多年来，组织往往选择教育卫生行业作为出资赞助的首选赞助领域，其原因如下。

（一）赞助教育卫生行业受惠面广，发挥作用持久

组织愿意在教育与卫生行业开展赞助活动，主要原因是教育或卫生行业发展十分稳定，受益的公众面很广。对教育行业来说，不论是幼儿园还是中小学及高等学府，均能够持续发展，延绵不断。例如，赞助一个教学楼或一套教学仪器，可以被一批批的人享用，受益于广大社会公众，是一件大德之事；赞助卫生行业，主要体现在医院的医疗大楼或医疗设备方面，受惠的人群无数，发挥的效益令患者在无形中铭记，而且一套设备或一座大楼使用的时间不受社会、政治、经济变化的影响，长者百年，短者也能三四十年，因此这是功在当代，造福后世的事情。

（二）赞助教育卫生易通过公众口碑传播，提升组织社会声誉

要让公众形成对组织的口碑，最好的方式是让公众对组织有真切的了解，能够从组织提供的物质条件中深受其惠。在教育行业，赞助活动一般体现为资金形式，而卫生行业则较多地表现为医疗设备。当一代代学生享受着某组织（较多表现为企业）提供资金建设的教学大楼或教学仪器，或者当一批批患者使用赞助的医疗设备或从被赞助的大楼进出时，组织的名字自然会"润物细无声"地被公众所记忆、感知，甚至激发人们进一步的了解与今后的仿效，带来的经济效益是无法估量的，社会效益也十分深远。

（三）社会需求高，赞助受到政府支持

教育与卫生行业是政府向社会提供的公共服务的重要部分。但是我国社会公共事业存在地区发展不平衡等问题，有些方面缺口甚大。例如，一些地方幼儿园严重缺乏、小学教育设施不足、中学教学仪器不全、大学缺乏后续发展资金等；而医疗事业的发展也不均衡，大城市医疗设施及其他硬件设施比较齐备，而偏远农村则医疗设施匮乏，条件简陋，无法满足实际需要。因此一些组织将一定的剩余资金投向教育或卫生行业，解社会发展之困，助社会进步之力，是深孚民心的大好事，会深得政府的赞赏与支持，有助于组织与政府关系的融洽与和谐。

（四）赞助项目显性，便于组织良好形象的树立

赞助教育卫生项目，一般都非常显性，如组织赞助后会被所赞助的学校树碑、命名等，或在被赞助的医疗仪器上标明赞助单位，或在被赞助的大楼上以赞助者或组织名字命名，即使没有接受组织赞助的人也会感受到组织的善举，十分利于传播组织名声，对树立组织良好的社会声誉发挥着永久性的作用。赞助教育卫生项目与组织大量广告费的投入、自吹自擂的宣传方式等相比，效果要可靠得多，影响持久得多。因此，选择教育卫生行业作为组织赞助领域被很多组织广泛采用。

二、策划教育卫生赞助活动

策划教育卫生赞助活动与文艺体育赞助活动有一定的类似，但也有其自身的特殊性。

（一）选择赞助项目

选择教育卫生行业的赞助项目，需要根据赞助组织自身情况来确定。其主要依据如下。

1. 组织从事的行业

如果组织从事的行业与要赞助的教育或卫生行业有较密切的关联度，则应该考虑最接近的行业。例如，生产文具的企业，可以选择赞助学校；生产医疗器械的企业，可以选择赞助医院。如果所在行业与教育卫生没有关联度，则可根据组织未来关注的方向来考察确定。

2. 组织的资金情况

如果组织目前的资金有限，但又很希望做些赞助活动，则可选择赞助本地的幼儿园、小学、中学等，或者赞助当地医疗站、医院等；如果组织目前的资金情况良好，则可考虑选择赞助大学、一定区域的大型医疗单位等。

3. 企业家的理想

组织确定赞助活动与企业家的理想有密切联系。一些企业家有深刻的教育或卫生情结，希望在力有所逮的时候为社会做出贡献，因而，组织在确定赞助项目时，可以考虑企业家或组织领导的个人理想，将之与组织的内在文化结合在一起，确定好赞助项目。

（二）确定赞助金额或设备（器械）

组织在选定赞助项目后就开始确定赞助的金额或设备。一般来说，要考虑两方面的因素，一方面要考虑组织自身的财力。组织进行金额或设备的赞助，应该量力而行，不要盲目贪大给组织今后的发展带来不必要的负担。另一方面要考虑赞助的效益，赞助的项目一定要能够取得足够的社会效益与一定的经济效益，否则不如不做。毕竟赞助活动不是仅仅花钱买好名声，而是组织战略决策中的一项重要决定。这一决定要保证为组织未来的发展发挥重要的公共关系作用。

（三）设计赞助活动的仪式

赞助活动对受赞助的教育单位或医疗机构都是一件十分重要的事情，甚至一项赞助

活动可能对一所学校或医院的发展起到至关重要的作用，因此，举行一定形式的赞助仪式是十分必要的。

1. 确定赞助仪式的主题

在举行赞助仪式时，应该确定一个恰当的主题，体现这次赞助活动的社会意义。活动策划者要根据赞助的项目、内容、针对的赞助对象等，确定一个令人振奋、让人内心认同的感恩主题，来提升赞助活动的精神追求，影响与感染赞助者内部员工与赞助对象，使之产生积极的社会效应。

2. 布置赞助仪式现场

组织公共关系策划人员要对赞助仪式举行的现场进行认真布置，一般要求整体格调简洁而肃穆，热烈而大方，会场根据参会人数选择合适的地点，地址最好选择在所赞助的学校或医院内，在会场内凸显赞助主题，弘扬社会正气。

3. 确定出席仪式的嘉宾

在赞助仪式上，要确定邀请的嘉宾，主要有社会公益团体的负责人、政府相关组织的负责人、被赞助者的领导与主要成员，还有本组织的主要领导与员工代表。一般情况下，主要嘉宾应现场讲话，以烘托赞助仪式的现场气氛。

4. 通知媒体报道

在举行仪式前，公共关系人员要通知相关主要媒体记者前来报道，及时就组织的赞助活动进行传播，发挥更大的社会效益。同时可就被赞助单位情况、赞助单位与企业家等，进行深度报道。

5. 设计现场活动

在进行赞助活动时，尽量不要落入俗套或毫无特色地按俗套进行，要尽量在仪式上有所创意，增加新颖性，形成具有打动人心的高潮，使之发挥这次活动的最大公共关系效益。现场可增加互动环节，把对教育或卫生的赞助活动落到实处，不哗众取宠，不以博取名声为目的，注意做实事、说实话，让组织良好的公益形象真实地走进公众心中。

6. 安排仪式细节

在设计仪式时要注意细节的安排，把好事做好，如关心照顾小学生、幼儿园孩子，关爱贫困学生，关注孤寡老人等，仪式上准备必要的雨伞或阳伞及生日礼物，为老年人或残疾人准备轮椅、方便座椅等，保证赞助仪式安全、顺利地进行。

（一）知识要点

对教育卫生的赞助是指组织针对教育或卫生行业的某些机构开展资金或物资方面无偿帮助的一种公共关系活动，组织通过这样的一种付出，希望赢得受帮助机构以及社会公众的好感，逐渐形成组织的良好口碑与社会声誉。

（1）选择对教育或卫生机构开展赞助活动，是比较容易达成组织公共关系目的的公共关系活动，因为，教育或卫生机构在一些欠发展地区，其资金或物资相对欠缺，组织能够雪中送炭，解教育或卫生机构的燃眉之急，自然可以赢得社会公众的好感。

（2）策划对教育或卫生机构的赞助活动，注意选择确实是条件艰苦、资金或设备严重短缺的学校或医院，赞助对象一定是对方迫切且难于解决的问题，选择的点一定要恰当而到位。

（3）实施对教育或卫生机构的赞助活动时，既要高调与社会媒体联系，使其对活动予以报道，也要关照被赞助者的自尊，赞助的方式要使对方乐于接受，乐于对外展示。

（4）赞助教育或卫生机构时，资金或物资要提前准备就绪，根据事先的承诺，按时送达到位，保证好事做好。

（二）案例介绍

让孩子跑进绿茵场

党的十九大报告提出，"广泛开展全民健身活动，加快推进体育强国建设"。体育强则中国强，国运兴则体育兴。体育承载着国家强盛、民族振兴的梦想。作为一家有着雄厚实力、丰富资源以及巨大品牌影响力、号召力的企业，中国平安一直在推动公益体育的发展和壮大。

希望小学迎来"大球星"

（2017年）10月30日，北京房山区平安希望小学迎来了一群特殊的客人。他们当中，既有经常出现在电视上的国安俱乐部"大球星"，也有中国平安的公益支教人员。

希望小学新建成的操场上，大明星和小学生们一起奔跑、传球、射门，比赛有板有眼，孩子们汗涔涔的小脸满是欢欣……这是"中国平安+"足球公益计划的一部分。

党的十八大之后，中国平安积极助力青少年健康成长"足球计划"。

"中国平安成立三十载，始终不忘践行企业社会责任，而作为平安公益计划的核心，足球公益一直被摆在极其重要的位置。一是响应国家政策，二是推动资源匹配，三是契合公益理念。"关于"足球+公益"这一举措的初衷，平安集团资深副董事长孙建一在2017中国平安中超联赛颁奖典礼上表示，"中国足球崛起的关键在于壮大青少年足球队伍，所以我们要从娃娃抓起，从基层抓起，从群众性参与抓起，这正好也契合平安'专注为明天'的公益理念。"

以此次"中国平安+"足球公益计划为例，平安联合中超俱乐部，以"结对子"的模式，为114所平安希望小学提供"1对1"的足球公益支教，内容涵盖足球梦想启蒙、师资培育发展、足球硬件设施、足球运动保障等等。此外，中国平安还联合中国足协，对平安希望小学的老师和支教志愿者进行专门的足球培训并开设足球课程，提供校园足球保险及硬件设施援助，进一步提升校园足球基础教学水平，挖掘具有天赋的足球少年。中国平安还向中国青基会捐赠了1亿元保额的"校园足球保险"，应对学生在足球训练中可能出现的意外伤残风险。

为足球提供全方位支持

为夯实足球事业发展的文化根基，中国平安始终致力于中国足球文化的普及。作为中超联赛2014—2022年官方冠名商，随着与中超联赛的合作不断加深，中国平安也将视线更多地落在中国足球长效机制上，如组织足球儿童成为中超赛事的牵手球童；安排青少年足球爱好者现场观看中超比赛；在平安希望小学举行"足球冬训营"活动；今年暑假在全国开展更加专业系统的"中国平安球童暑期成长计划"，通过集中培训和选拔，让更多热爱足球的学生走进中超俱乐部。

"只有当足球成为人们日常生活的一部分，成为满足文化需求的选择，成为孩子们健康成长的推动力时，中国足球才算有了扎实的社会基础。"孙建一认为，当前，需要更多优秀的企业站出来，建立人本位的中国体育核心价值体系，建立政府、市场、社团的"三元治理"结构，建立工具理性与价值理性统一的体育操作内容体系。

"对于中国平安而言，足球首先是推动全民健身的体育运动，其次才是刺激广告、拉动经济的竞技项目。将中国足球与中国国情相适应，最佳的方式就是将其置于公益性事业的视野与地位。"平安集团董事会秘书兼品牌总监盛瑞生表示。面向未来，中国平安将继续加大对中国足球的支持力度，发动广大客户和员工积极投身于足球运动中，并倡导健康生活理念，让体育精神内化于心、外化于行，让更多的国人拥有明朗的面貌和强壮的体魄，让中国足球走向世界的舞台，推动中国体育全面发展。

资料来源：让孩子跑进绿茵场. 人民日报，2017-11-17：14 版.（内容有删节，题目有改动）

（三）案例评介

1. 问题提出

组织为什么愿意对教育卫生机构进行赞助？

（1）对教育卫生机构的赞助，是最令人心暖的良心举措。十年树木，百年树人，教育是一个国家发展的大计，教育可以改变受教育者的命运，教育推动社会进步。如果一个组织帮助推动当地教育的发展，那么，这样的举措对国家、对社会、对受益者都影响深远。

医疗部门，特别是医院，也吸引着很多有财力的人愿意倾心资助，帮助完善设备，健全体系。因为，医者仁心，帮助一家医院，就等于帮助无数病痛者，这样的举措对国家、社会以及今后的受益者都十分有利。

（2）赞助教育卫生机构，容易形成社会公众最真切的口碑，也有最为持久的公共关系效果。一般来说，对学校的赞助，金额多者，会为赞助者立碑或命名，赞助少者，也会在受益者心里留下深刻烙印；对医院的赞助也具有同样的显性效果，如以赞助者名字命名医院或大楼，或对所赞助的设备刻上名字等。这样，赞助者会被永久性地铭记。

（3）组织对教育卫生机构的赞助相对简单容易。对学校或医院的赞助，一般容易获得被赞助者及其上级管理机构的接纳，赞助的操作过程也相对简单。这些年来，我国在教育医疗方面投入巨大，但在欠发达地区，教育与医疗的发展尚难以满足当地公众的要求，呈现比较落后的状态，因而，对教育与医疗机构的赞助仍然具有雪中送炭的公共关系效果。

特别注意两点。

第一，策划对教育或医疗机构的赞助要经过认真的调研，给予的资金或物资要正如所需，如果不了解情况，则公共关系效果会大打折扣。如给的资金太少，如同杯水车薪，则没有效果，给得太多，一时难以花销，会导致资金浪费；或者提供的教学用品或医疗设备非学校或医院所需，那发过来的大量物资就可能最终闲置成为垃圾。

第二，对教育或医疗机构的赞助，一定要真诚、守信，不可以为是白白付出的，就可以随意而轻慢。如没有按时把赞助款打到受赞助者的账户上，甚至向媒体曝出的赞助金额其实组织无力承担；或者提供的赞助物资是组织的残次品、不合格产品，那么这样的结果，就把好事做成了坏事。

2. 策划精要

"让孩子跑进绿茵场"案例是中国平安保险（集团）股份有限公司（以下简称平安集团）所进行的一个比较精彩的公共关系案例。这个案例的精彩之处在于：选点好，实施认真，社会效果好。

1）选择助力青少年健康成长"足球计划"

我国在发展足球事业方面长期进行投资与关注，社会公众也一直期望三大球中，足球能够崛起。因此，平安集团非常恰当地选择了这个项目。而且，平安集团十分有远见地考虑"从娃娃抓起"，直接对青少年的足球发展事业予以赞助，十分符合国家政策导向与公众期望。

2）扎实推进公益事业

平安集团在落实足球公益方面下了功夫，做了实事。比如安排国安俱乐部的球员到偏远郊县的小学校教孩子们踢球；联合中超俱乐部，在114所平安希望小学开展"1对1"足球公益支教工作；联合中国足协对平安希望小学的老师和支教志愿者进行专门的足球培训和开设课程，同时提供校园足球保险及硬件设施援助；向中国青基会捐赠亿元保额的"校园足球保险"，以应对中小学生在足球训练中可能出现的意外伤残风险，等等。这些工作，既发挥了平安保险公司的业务所长，又把赞助的项目落到最需要资助的那个点上，赢得了政府与社会公众，特别是受益的孩子与家长的真心赞誉。

3）开展滴水穿石的持续公益工作

平安集团在针对青少年足球公益事业方面，不仅注意做出一些容易产生社会关注的大事，如体育明星互动、公益支教、足球培训以及大额捐款等，而且还致力于长期持续性的公益"小"事，让无数爱好足球的少年儿童真正受益。比如组织足球儿童成为中超赛事的牵手球童、安排青少年足球爱好者现场观看中超比赛、在平安希望小学举行"足球冬训营"活动、在全国开展专业系统的"中国平安球童暑期成长计划"等等，这些工作的长期推进，必然会对培养中国新一代足球运动员做出十分难能可贵的贡献，而且也让平安集团走进了更多社会公众的心中。

这样的公共关系工作十分值得点赞！

3. 效果评价

平安集团的"让孩子跑进绿茵场"案例发表在《人民日报》第14版《企业天地》栏目上，文章不是企业广告，而是不加粉饰的企业报道，除了各大媒体转载外，国务院妇女儿童工作委员会的网页还专门对其进行了登载，可见对这篇报道的重视。这个公共关系案例，不在于有多少媒体关注，而在于有多少公众受益。从案例描述的情况看，很多小学校的孩子们正受益于平安的足球公益项目，这让多少孩子高兴啊，也让多少孩子的家长放心呐！

第三节　对大众传播媒介的赞助活动

一、组织选择赞助大众传播媒介的理由

现代社会，大众传播媒介承担着信息传播、文化交流、舆论监督、生活娱乐等作用，生活在现代的人们，几乎无时无刻不受到媒介的深刻影响。媒介对人们的工作、学习与生活，发挥着十分重要的引导与影响作用。因此，组织有效地利用大众传播媒介，出资赞助某一媒体中的栏目或节目，会对组织传播声誉、增进公众对其的了解、促进组织顺利发展起到十分重要的作用。具体来说有以下几方面。

（一）赞助大众传播媒介，可以借助媒体的影响力传递组织的名声

面对在社会生活中发挥重要作用的媒体，组织为扩大自身的声誉，引起公众对组织的足够重视，可以选择在某一领域具有代表性的一些媒体，赞助其中与组织从事行业或经营范围有一定关联度的栏目等，将组织的名声有效地传播开来。

（二）赞助大众传播媒介，可以提高公众对组织的关注度

大众传播媒介对人们的工作与生活有重要的指导作用，今天人们几乎无法离开媒体，组织如果通过赞助某一媒体的栏目，在公众关注媒体内容的同时关注组织，则会为组织创造更多的商机。媒体独具优势的彰显性及与公众的密切性，使其自然成为组织十分青睐的赞助对象。

（三）赞助大众传播媒介，可以为组织今后发展创造更加良好的舆论环境

组织赞助大众传媒，不是要大张旗鼓地做广告，也不是要影响媒体的内容与方向，而是以比较低调的方式，比如在媒体的某一栏目上相应体现出组织的存在，以提醒性的方式，让公众了解组织的发展情况，为组织良好口碑的确立以及有利的舆论环境的营造发挥一定作用。

二、策划赞助大众传播媒介

组织要赞助大众传播媒介，需要公共关系部门认真而精心地策划，不可草率行事。

（一）选择赞助的媒介

当组织确定要赞助大众传播媒介时，首先考虑的是，选择什么样的大众传播媒介。大众传播媒介的种类主要有以下几种。

1. 纸质媒体

1）报纸

报纸是组织选择赞助的最主要对象之一。选择赞助报纸主要针对报纸的某一栏目或某一时期设置的专栏版面。赞助报纸媒体易于读者保存、反复识读，但在互联网普及的情况下，读纸质报纸的人士锐减，报纸销量大幅减少，赞助报纸的效果很多时候不如电子类媒体好。

2）杂志

很多组织会考虑选择赞助杂志。因为杂志专业性强，目标公众集中，杂志较报纸更易于保存，因此一般情况下，被赞助的杂志会定期登载组织的一些信息资料，并适当配合公关广告，效果也会很好。

2. 电子媒体

1）电视

电视是很多组织首选的赞助对象。电视所具有的可视性、生动性以及由此而形成的普及性，使其具有极好的传播性，组织如能选择好恰当的频道与栏目，则会收到较好的效果。但是，应该看到，在年轻公众中，越来越多的人远离了电视而青睐互联网，这使电视媒体的影响力受到很大影响。

2）广播

广播的传播效果也很好，因为广播受众集中，传播效率高，广播内容可以反复播放，接收信息不受时空限制。组织选择广播作为赞助对象，更看重的是广播固定时间段播出的节目，通过赞助合适的节目，吸引相应的目标公众，会激发社会公众对组织的关注与好感，起到便捷而高效的传播效果。

3）互联网

今天，互联网因其信息量大、查阅方便、互动性好、便于下载保存等优势，在人们生活中发挥着越来越重要的信息传播与相互沟通的作用，组织通过与某一网站的合作，赞助其某一方面的栏目内容，会易于引起组织目标公众的注意，促使其进一步点击而加深了解，并可能与组织建立起一定的联系，带来与组织深度沟通的重要机会。特别是近年微信的异军突起，为公众打开了极为便捷的获取信息的渠道，一些传统媒体也都通过微信公众号来传播信息、影响公众，如果组织继续借助大众传播媒体或大型网站来传播信息，则还可以建立更加方便的直接链接渠道。

今天，各类媒体单位众多，组织在赞助媒体时，要特别注意选择与组织有较强关联度的媒体、栏目或节目，以便通过借助优秀媒体的良好信誉，来树立组织的社会声誉，增强组织的知晓度与信赖度。

（二）确定赞助款项或物品

组织赞助大众传播媒介，一般是以较大的资金额来体现的，个别情况下也会以赞助主持人服装、电脑、节目道具等显性物品的方式来表现。组织公关策划人员可根据组织情况，确定恰当的赞助款项或赞助物品，了解媒体运作特点，注意规划好赞助款项或物

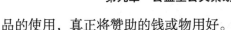

品的使用,真正将赞助的钱或物用好。

（三）选择一定的赞助仪式

组织选择赞助媒体,本身具有极好的传播条件。在赞助方与被赞助方均同意的情况下,可举办一定形式的赞助仪式,并通过被赞助的媒体机构报道出去。但赞助活动得以被报道的前提是赞助的仪式具有报道价值——新闻性,因而,赞助仪式的举行,需要认真策划。策划仪式时,除了具有一般赞助活动的仪式内容外,还需要注意以下两个方面的问题。

1. 赞助仪式上要有社会公益性内容

赞助大众媒介,没有明显的社会公益色彩,但对组织的形象传播具有重要的影响力,同时赞助媒体是组织承担社会责任的一个表现,在可能的情况下,可以帮助媒体改善工作条件,提高社会传播的质量与水平,促使媒体更好地完成传播工作。组织的这种公益性通过媒体进行有效报道,是十分必要的。

2. 赞助仪式不必铺张与高调

赞助媒体,具有良好的显性,在组织的赞助仪式上,可以便利地借助媒体进行宣传,因而,赞助仪式可以简略而讲求实际,不必铺张与奢华,表现形式点到为止,宣传报道也要低调而含蓄,重在体现组织对媒体赞助的诚意,而不能有借此贿赂媒体、试图操纵媒体之嫌。

（四）确定报道的视角

赞助大众传播媒介,意味着组织与某一媒体结成了较为永久的合作关系,在赞助仪式举行或此事确定后,媒体的报道传播是必要的,但要注意报道的视角,应重在凸显组织关心媒体发展、勇于承担社会责任的义举。因此,把握好报道的视角格外重要。报道的篇幅不必大,但内容要精,选点要准,重在给社会公众留下深刻印象。

（五）规划好赞助款项或物品的使用

当赞助事宜确定后,组织要通过一定的制度或机制将赞助款项或物品的使用妥善安排,保证善款善用、善品善用,以期今后能够与媒体保持长期友好的合作关系,为组织公共关系目标的实现做出贡献。

（一）知识要点

对大众传播媒介的赞助是组织借助有影响力的媒体节目,以冠名的形式予以赞助,从而提升组织的高品位和高知晓度。对大众传播媒介的赞助是一个比较显性的公共关系传播活动,可以在一定时期内,借助高收视（听）率或高阅读率的媒体节目,提升组织的高曝光度,因此,策划对大众传播媒介的赞助,要格外认真与审慎。

（1）组织要选择权威度高、影响力大的媒体作为赞助对象，如果组织的市场份额大、占有率高，但选择的媒体档次较低，则高额的赞助费就可能打了水漂。

（2）组织要特别甄选媒体的节目、时段、栏目或版面等予以赞助，尤其是要注意，这样的栏目与组织的经营业务或产品有某种内在的关联，如性质、品位、风格、地位、传播取向等有共通之处，否则会给人不伦不类的感觉。

（3）赞助大众传播媒介，尽量选择独家赞助，如果有多家企业均在这个栏目、或节目、或版面上予以赞助，则会冲淡组织的赞助效果，甚至会带来公众的反感。

（二）案例介绍

青花郎再度携手《经典咏流传》

2021年1月2日，作为献礼建党100周年的首个大型节目，由青花郎独家冠名播出的《经典咏流传》第四季盛大开播，青花郎以极致品质携手诗歌文化经典，一起献礼建党百年，唱响英雄赞歌。

2018年，《经典咏流传》首季开播，迄今为止这档央视打造的高品质大型音乐文化类节目已经迎来了第四季，用"和诗以歌"的创新性形式将传统诗词经典与现代流行音乐相融合，俘获了大量的观众的心，也引发一场全民传唱经典的文化热潮，已成为央视人气最旺、最具含金量的节目之一。

今年，《经典咏流传》由访谈嘉宾与经典传唱人和故事讲述者一起深入交流，解读历史，分享创作背后的故事。以明星歌手为代表的经典传唱人用流行歌曲的演唱方法重新演唱经典诗词，带领观众在一众唱作歌手的演绎中领略诗词之美。

绚烂烟火只能昙花一现，唯有经典代代相传。自2020年以来，青花郎就一直是这档具有极高品质的音乐文化节目的亲密合作伙伴。流行的综艺节目有很多，但青花郎选择与《经典咏流传》同行，就是为了让真正的经典、真正优秀的高品质文化深入人心。

在致敬经典，追求极致品质这一点上，青花郎与它的伙伴《经典咏流传》不谋而合。品质是郎酒发展的根基，也是郎酒品牌的底气。郎酒始终坚持"正心正德，敬畏自然，崇尚科学，酿好酒"的发展理念，用精益求精的态度潜心研究有生命的酒体，打造消费者喜爱的产品。在做好极致品质，酿造消费者喜爱的好酒的基础上，郎酒强化品牌创新和品位赋能，让青花郎与志同道合的文化经典节目《经典咏流传》携手。二者气质相投，相得益彰，相映生辉。

资料来源：传唱经典　致敬英雄　青花郎再度携手《经典咏流传》. 雪球，https://xueqiu.com/2994748381/167539614(2021-01-04). (内容有删节，题目有改动)

（三）案例评介

1. 问题提出

为什么组织会选择对大众传播媒介进行赞助？在组织开展公共关系传播活动时，有很多途径，在面对社会公众，快速传播组织的品牌知晓度时，恐怕最经济、效果最好的就是通过赞助大众传播媒介来实现了，因为大众传播媒介的覆盖面最广、可信度最高、传播力最强，这也算作借力使力。

但在对大众传播媒介进行赞助时，要特别注意两点。

（1）不要选择一些正在被公众所遗忘的媒介。在传统媒体处于衰退的态势下，大量年轻公众开始远离传统媒体，因此，在投入大量资金赞助媒介时，要特别关注组织针对的目标公众是否仍然是拟选择的大众传播媒介的忠实拥趸。

（2）不要选择收视、收听、阅读率较低的媒介的节目、时段或版面等，因为这些节目（版面或时段）恐怕已经被大量的目标公众排斥在接触范围之外了。在传播多元化时代，越来越多的公众已经与新媒体捆绑在了一起，除了手机，他们已经很少静下心来听听广播、读读报纸了。

2. 策划精要

"青花郎再度携手《经典咏流传》"案例十分鲜明地体现了优秀企业与优秀媒体、优秀节目的强强联合，展示了今天的企业对媒体赞助的理性与冷静，同时也可以看到权威媒体对优质企业、驰名品牌的甄选，双方经历了一个互相选择的过程。

对国内著名的酒类生产企业四川郎酒集团有限责任公司的决策者来说，他们认为《经典咏流传》是一档主题鲜明、内容精致、质量顶尖、策划宏大的优秀电视节目，既可以吸引大量青少年公众，更是大量中老年目标公众最易构建忠诚度的节目，"就是为了让真正的经典、真正优秀的高品质文化深入人心"，因此，双方一拍即合，水到渠成。

四川郎酒集团有限责任公司选择赞助这样的节目，可以说是匠心独运，选点精准。

3. 效果评价

《经典咏流传》节目自 2018 年开播以来，特别是 2021 年重新包装出炉，效果出奇地好，"成为唯一囊括星光、白玉兰、亚广联三项大奖的电视综艺节目"，仅在 2021 年 1 月到 5 月的时间里，"11 期节目，酷云实时平均收视破 1%，青花郎'经典咏流传'单季微博主话题#经典咏流传#阅读量破 16 亿，总话题量突破 62 亿，品牌话题#青花郎经典咏流传#阅读量破 1 亿，……腾讯播放量超 1700 万，爱奇艺热度值 2434，优酷热度值 2200，一度位居综艺榜单前列。"[①]这对四川郎酒集团有限责任公司来说更是吉信，在节目的开始与每一次节目的封面，都醒目地把四川郎酒集团有限责任公司的 logo（企业标志）"青花郎"放置在醒目位置，公众在对节目高度赞赏与认可的同时，也自然对青花郎有了进一步的认可，这样的三方（组织、受赞助者、公众）满意是最佳的公共关系效果。

第四节 对灾变贫弱的赞助活动

一、对灾变贫弱赞助的公共关系价值

在人类进入 21 世纪之后，各种灾难发生的频率十分密集，无论是自然灾害还是人

---

① 16 亿人次唱响「经典咏流传」青花郎冠名纪念酒闪亮登场. 凤凰网，https://finance.ifeng.com/c/868lChc3ryO(2021-05-11).

为的各种事故，受到灾难影响的人群数量也急速增加，而全球各国及各类组织面对灾难时的应对能力却显得捉襟见肘，灾难发生时需要国家出面、全社会出力或组织伸出援手的情况已经成为常态，随之对灾变贫弱的赞助也就变成众多组织公共关系活动的一种形式。因此，组织对灾变贫弱的赞助就具有很高的公共关系价值。

（一）对灾变贫弱的赞助，可以帮助全社会增强抵御灾害的能力

灾变的发生往往是突如其来的，尽管事先会在很长一段时间里有先兆或预示，但人们总是在灾难发生时才意识到灾害的严重性，灾害的发生易于造成贫弱人群的产生。当重大灾难降临时，需要全社会动员起来，共同应对灾难的发生，减少贫弱人群，使人们尽快渡过难关。如果组织在灾变贫弱发生时，能够勇于站出来出资、出力地赞助，这对全社会有效抵御灾害是十分有益的。

（二）对灾变贫弱的赞助，可以赢得全社会公众的好感

当社会发生灾变导致一些人陷入暂时的贫弱时，有能力的组织能够雪中送炭，及时伸出援手，与政府及其他组织一起弥补灾害带来的巨大损失，救他人于水火之中，会让全社会公众产生内心的极高认同感，公众对组织的赞助行为会予以高度评价，也会给受助公众留下深刻印象，这种好感可以持续很久甚至终生。

（三）对灾变贫弱的赞助，可以获得政府对组织的肯定

灾变贫弱发生后，政府往往需要解决很多问题，但很多时候问题无法一下子全部解决。当组织勇于出手相助时，其会为政府分担一定的重任，因而会获得政府的积极回应，得到政府的肯定，这为组织协调与政府的关系创造了良好的契机，有利于组织在灾难过去后在政府管辖区域内更加顺利地开展业务。

（四）对灾变贫弱的赞助，可以为组织营造良好的生存与发展空间

当一个区域发生重大灾难时，有能力的组织主动出手相助，救人于危难之中，这种行为是一种十分高尚的仁义举动，会为组织在该区域的发展，创造一种无形而友好的社会氛围，有利于组织今后的生存与发展。

二、对灾变贫弱赞助的策划

（一）在最短时间确定赞助事宜

对于灾变贫弱的赞助，最重要的是在灾变发生的第一时间确定赞助事宜。因为时间不等人，时间就是生命，对灾变贫弱救助的延误，就等于失去赞助良机，赞助的效果会大打折扣。一般情况下，赞助事宜需要组织策划人员具有敏感的公共关系意识，及时将灾变贫弱的具体情况与组织需要赞助的地区、人员、内容等确定清楚，以便组织决策层及时进行战略决策，尽管决定赞助的时间很短，但对赞助的策划却丝毫不能慌乱，而应该有条不紊地进行。

（二）确定赞助的金额或物资

赞助事宜确定后，要相应确定赞助的金额或物资。组织可以根据自身的财务状况确定恰当的赞助金额或者赞助物资，以最大可能帮助受灾地区或人群解决困难。赞助的金额应该通过社会公益组织来传递，赞助的物资也最好与公益组织或当地政府沟通协调好，保证以最快时间、最短途径送达到灾区。特别应该注意的是，赞助的物资一定是灾变贫弱的地区及人们最需要的东西，而且要注意提供的物资一定是质量过关的优质产品，绝不能提供伪劣产品。

（三）最快时间将赞助款或物资送达赞助地区

组织在条件允许的情况下，可在最短时间里将赞助款或物资送达受灾地区，以此表达组织对发生灾变贫弱地区的关心与救助。赞助的物资，如果可以的话，可通过当地政府或公益性组织直接送达需救助者的手里，将赞助的效果快速发挥出来。

（四）在所赞助地区举行赞助仪式

如条件许可，组织可以在救助现场举行赞助仪式，由组织的主要领导出席，召集当地受灾群众共同参加，仪式可以简单，但赞助仪式的安排要认真而一丝不苟，充分体现组织的社会责任感。特别是不能在赞助仪式上流露出财大气粗与临危施舍的傲气，一定要体现出真诚而义不容辞的无私气概。

（五）媒体及时予以报道

在组织进行赞助的过程中，应及时协调媒体予以跟踪报道，如实反映组织在灾变贫弱救助过程中的表现，不吝笔墨，予以真实报道。组织要有专人开展赞助活动的传播工作，以新闻发布会和举办赞助仪式等方式，对组织的赞助活动进行及时的报道和传播。

（六）关注赞助款项或物品的使用

当完成赞助活动的各项工作后，组织还要关注赞助款项或物品的发放与使用，监督赞助款项或物品的有效管理，保证组织的善款、善物真正发挥出雪中送炭的作用，让需要救助的人获得确实救济或有效帮助，使组织的良好声誉走进公众心中。

（一）知识要点

对灾变贫弱的赞助是指组织针对受灾或因重大变故而贫困、衰弱的公众所进行的及时救助，这种公共关系活动是一种雪中送炭，十分容易获得社会公众的称赞，有利于为组织赢得良好的社会声誉。

（1）组织策划对灾变贫弱的赞助活动时，所赞助的对象一定针对的是迫切需要救助的对象，这样既符合公众的需求，也符合组织公共关系活动的目的。

（2）对灾变贫弱的赞助，尽管具有一定的临时性和突发性，但也要纳入组织长期的公共关系计划之中，只有长期持续不断地对灾变贫弱进行赞助，才能逐渐构建起组织良好的社会声誉。因此，一些优秀的组织会设立专门的扶贫基金或成立基金会，实施长期性的扶贫计划，为改善社会某些人群的生活窘况倾尽绵力。

（3）对灾变贫弱的赞助既要通过媒体进行一定的传播，也要注意关照被赞助对象的感受，认认真真把好事做好。

（二）案例介绍

红旗扶贫梦想基金全面启动　首座梦想智慧学校落成

2018 年 4 月 12 日，中国一汽"红旗扶贫梦想基金"全面启动暨首座梦想智慧学校落成仪式在江西省于都县车溪中学举行。中国扶贫开发协会、中国扶贫基金会、中国少年儿童文化艺术基金会的领导，于都县委、于都县教育局、车溪中学的领导和来自全国的媒体记者共同出席了落成仪式。

党的十九大报告明确指出：不忘初心，牢记使命，高举中国特色社会主义伟大旗帜，决胜全面建成小康社会，夺取新时代中国特色社会主义伟大胜利，为实现中华民族伟大复兴的中国梦不懈奋斗。"三扶"脱贫论提出：扶贫先扶志，扶贫必扶智。而作为中国汽车品牌的代表，红旗以国家战略为己任，主动而为，精致施为，坚决打赢、打好脱贫攻坚战。此次首座红旗梦想智慧学校的落成不仅是中国一汽在脱贫攻坚领域取得的又一个重要成果，更是中国一汽践行企业社会责任的一次开创性行动。

2017 年 9 月 21 日，中国一汽（集团公司）党委书记、董事长徐留平在北京正式宣布"红旗扶贫梦想基金"启幕，中国一汽和红旗品牌将帮助更多人实现梦想作为自己的责任。2017 年 12 月 28 日，中国一汽与中国扶贫开发协会签署了精准扶贫战略合作框架协议，同时携手中国扶贫基金会、中国少年儿童文化艺术基金会正式开启了"高举红旗，精准扶贫，走好新时代长征路"扶贫梦想基金项目。2018 年 1 月 8 日，在人民大会堂举行的新红旗品牌战略发布会上，中国一汽郑重宣布："新红旗将承担更多的社会责任，在之前对口扶贫的基础上，新成立的'红旗扶贫梦想基金'，未来三年将投入 1.5 亿元，帮助贫困儿童和青少年实现学子的梦想。"

多年以来，中国一汽在努力推动中国汽车产业发展的同时，将践行企业社会责任作为企业发展的核心理念。据了解，仅在过去五年，中国一汽在公益方面就投入了 3.6 亿元，支持了一百多个项目，覆盖四川、西藏、青海等偏远地区，直接或间接帮助超过 10 万余人脱离了贫困，受益人群超过 150 万人。中国一汽和红旗品牌将秉持对国家、对社会、对环境、对未来负责任的坚定理念，与大家一起，让梦想成真。

作为"高举红旗，精准扶贫，走好新时代长征路"项目的重要实践者，中国一汽将在 2018—2020 这三年"攻坚克难、啃硬骨头"的关键时期中，在长征路沿线 105 个国家级贫困县的深度贫困县开展教育精准扶贫，资助 10500 名"建档立卡"的贫困家庭高中生完成三年学业，从师资力量、新型智能图书馆、艺术课堂、特困生帮扶、红旗梦想自强班、打造社会扶贫平台等多个方面发力，共同建设"红旗梦想智慧学校"。

首座梦想智慧学校的落成标志着"红旗扶贫梦想基金"全面开启。如今，中国一汽和红旗品牌在共创美好出行生活的同时，与全社会共担责任，持续践行企业社会责任，帮助更多人摆脱贫困与苦难。红旗不仅要让中华民族的汽车工业腾飞，更要让中国青少年的梦想成真。

资料来源：杨立坤. 红旗扶贫梦想基金全面启动 首座梦想智慧学校落成. 中国一汽，http://www.faw.com.cn/fawcn/373694/373706/547521/index.html(2018-04-13).（内容有改动）

（三）案例评介

1. 问题提出

组织对灾变贫弱的赞助能够帮到被赞助对象吗？现代社会，是一个危机频发、然后被快速传播的社会，因此，组织对灾变贫弱的赞助，最重要的是把握一个字"快"，只有快，才能帮到人，才能让被赞助者感到组织的温暖，如果时间把握不好，耽误了最佳救助时间，则公共关系活动无疑是失败的。

因此，组织对灾变贫弱的赞助一定要注意把握四点。

（1）灾变贫弱发生的第一时间把组织的资助物资送到需要救助者的身边，救助越及时，对被救助者的帮助越大，公共关系效果越好。

（2）组织的救助一定要快速到位，如资金要立刻可以被救助者使用，救助物资恰是被救助者最需要的东西。

（3）救助的物资质量一定过硬，绝对不可把不合格的产品送到灾区或救助者手里。

（4）救助工作最好与社会有关机构合作，如中国红十字会、中华全国总工会、中华全国妇女联合会、中国青少年发展基金会等，这样可以有效保证救助工作的有序高效。

2. 策划精要

"红旗扶贫梦想基金全面启动 首座梦想智慧学校落成"案例是中国一汽集团开展的一次扶贫救助的公共关系活动。这项工作的开展，经过了精心的策划与实施。

1）启动项目

2017 年 9 月，红旗扶贫梦想基金项目一定是经过企业反复精心的考量后启动的。中国一汽集团是中国汽车企业的代表性企业，也承载着中华民族汽车工业腾飞的梦想，公益项目的实施应该具有极强的示范与引领作用。中国一汽集团的扶贫项目以具有特殊意义的红旗为名，首先在革命老区江西于都——中央红军长征集结出发地展开，选择建设梦想智慧学校，这样的公益行为把组织的经典品牌与沿红军长征线路展开扶贫项目贴切结合，颇让人感慨！

2）与社会组织联合

公益活动，特别是如一些扶贫济困的项目，如果组织自己做，往往杯水车薪，难以发挥真正的作用，而与社会组织联合进行，则有利于把组织的资助项目与社会组织的整体计划相结合，会发挥出四两拨千斤的作用。因此中国一汽集团在这次扶贫项目中，联合了中国扶贫开发协会、中国扶贫基金会、中国少年儿童文化艺术基金会一起开展，效果必然令人期待。

3）明确活动主题

红旗扶贫梦想基金的主题确立得十分有意义："高举红旗，精准扶贫，走好新时代长征路"。这个主题结合了党中央的精准扶贫战略，暗示了组织的经典品牌，张扬了组织公共关系活动的追求目标，辐射出组织蓬勃向上的企业文化，给人一种昂扬向上的活力。

4）稳步推进实施

纵观这次公共关系活动，在时间安排上可以看到十分有序稳健。2017 年 9 月在北京宣布红旗扶贫梦想基金启幕，12 月底与中国扶贫开发协会签署精准扶贫战略合作框架协议、与其他合作的社会组织一起正式宣布开启扶贫项目；2018 年 1 月在人民大会堂举行新红旗品牌战略发布会，宣布企业的扶贫资助计划，4 月份，在江西省于都县车溪中学举行首座梦想智慧学校落成仪式。整个公共关系活动层层推进，目标不断聚焦，最终把企业宏大的扶贫济困、教育公益等工作向世人展示。

中国一汽集团的这项扶贫济困公益项目，计划宏大、实施时段较长、目标明确，主题鲜明，实施工作正有条不紊地进行，十分令人期待。

3. 效果评价

中国一汽集团开展的"红旗扶贫梦想基金""高举红旗，精准扶贫，走好新时代长征路"立意极为高远，令公众眼前一亮，国内媒体对之进行了大范围的转载报道，影响巨大，可见企业这项公共关系活动从策划到实施都十分成功。

第五节　对公共设施的赞助活动

一、组织赞助公共设施的必要性

在没有灾变事故的情况下，在一时难以确定贫弱人群进行资助时，组织的一些公共关系活动常常会选择公共设施进行赞助，如植树造林、建立街心公园、设置方便椅座、搭建凉亭等。赞助这些公共设施会为当地公众的生活带来很大的方便，也会为组织在公众中的声誉传播创造有利的条件，其必要性是十分明显的。

（一）组织赞助公共设施可以为当地公众创造一定的生活或学习环境

组织出资赞助公共设施，设施一旦建立，一般会保留很长一段时间，短则一年，长则数年，这些设施可以为当地人们的生活创造一定的便利，营造有益的生活、工作或学习环境。组织在赞助公共设施时，可以在这些公共设施的显眼处标明组织的名字与标志，使人们在享受公共设施便利的同时，赞誉组织的这种行善之举，因此赞助公共设施比较有利于组织在当地的经营与发展，会易于形成良性的人文环境。

（二）组织赞助公共设施可以帮助拉近与当地政府的关系

组织出资赞助公共设施的建设，解决公众生活与工作上的一些不便，实际上是在帮助政府解决问题，因而，自然会得到政府的好感，拉近组织与政府之间的关系，易于赢得政府对组织的信任，也有利于创造组织在当地的生存与发展环境，甚至可能获得政府在政策上的倾斜与支持。

（三）组织赞助公共设施可以彰显组织的社会责任，增强组织竞争力

组织对公共设施的赞助，是一种社会责任的体现，在全体社会公众面前，会体现出组织较高的道德觉悟与理想追求，对组织员工也是一种很好的教育，有利于增强组织自身的凝聚力，同时，有助于组织在社会竞争中脱颖而出，使之成为一种强有力的软实力，赢得公众好感，扩大组织的影响力，获得竞争的优势。

（四）组织赞助公共设施可以吸引媒体目光，优化组织的名声

组织对公共设施的赞助，可以吸引媒体的注意力，使之主动地对组织的公共关系举措予以报道，通过媒体组织可以扩大影响，优化名声，吸引更大范围社会公众的关注，有利于组织营造未来生存与发展的空间。

二、策划组织对公共设施的赞助活动

组织对公共设施进行赞助，需要做好以下几项工作。

（一）确定赞助对象

组织在开展对公共设施的赞助时，首先要考虑的是"赞助什么"。社会的公共设施范围比较广阔，只要涉及人们公共场所活动的设备或环境构成，都可以成为组织赞助的对象，大到河道治理、房屋建设、公园设置、城市美化等，小到桌椅安置、果皮箱设置、自动饮水机安装等。在确定赞助对象时，应考虑以下两个原则。

（1）赞助对象与组织经营业务或从事的工作有密切的内在联系，可以让公众在享受组织赞助的成果时，对组织所在行业、所做业务或工作产生好感甚或敬意，如造纸行业主动出资营造公园中的生态林等。

（2）赞助对象便于组织利用自己的技术或工作优势予以操作。对大部分组织特别是企业来说，生产的产品均会与公众的日常生活发生联系。例如，钢铁企业为社区公众建造公交候车厅、交通岗亭、安全岛等。

在这两个原则之下，组织的赞助工作就容易产生良好的社会效应与今后潜在的经济效益，赞助工作才不至于成为组织的累赘而是组织发自内心愿意从事的活动。

（二）确定赞助金额

赞助金额的确定根据组织自身的财力，可以有两种支出方式，一种是一次性投入，如在固定地点安装城市雕塑、设置自动饮水机等，还有一种是分期投入，如分期分批在一些公共空地设置自行车遮雨棚、城市绿化带等。公共设施的赞助，是组织根据自身公共关系需要与所在区域发展的进程而自发做出的行为，因而，金额的考虑依财力而定，不必一次性进行大额支出。

（三）协调赞助事宜

赞助工作的开展一般都需要与政府有关部门进行协调，这方面工作是赞助活动的重

要内容之一。例如，与市政规划部门、绿化管理部门、交通运输部门等协调有关赞助事宜。虽然组织是主动地进行公共设施的赞助工作，但也要明确，所有的活动都需要在法律范围内、在政府的统一规划下进行，不可擅自行动；在赞助工作中，如涉及其他组织，也要进行专门的沟通协调工作。例如，在公园中设置饮水机，则要与公园主管领导沟通，在学校附近设置遮雨棚，则要与学校进行一定的沟通，使得安排更周到、合理。

（四）落实赞助工作

在确定赞助事宜后，组织要把这一工作进行认真的落实，保证在一定的期限内，有条不紊地把赞助工作做好，实现好事产生好效果。赞助工程或事项一定要保证质量、保证安全，使其能够长久发挥作用，一旦发现有安全隐患，要及时排查，绝不能发生任何不良后果，否则会对出资赞助的组织产生恶劣影响，留下沽名钓誉的坏名声。

（五）彰显赞助业绩

在开展赞助活动时，要特别注意在赞助的公共设施上，体现组织的印记，标明赞助的具体情况，如赞助时间、赞助事项、赞助规模或范围等，甚至将赞助项目以组织的名字或企业家的名字来命名以此彰显组织的业绩，引起公众对组织的关注，激发公众对组织的了解与好感，发挥赞助活动的公共关系效益。

（六）保证赞助效果

对公共设施的赞助，是一项十分显性的公共关系活动，组织在开展这项活动时，一定要注意保证赞助效果，如赞助事项的质量、安全性，赞助实施过程的规范性，赞助后期的效果维护等。在赞助项目完成后的几年里，仍然要注意监控所赞助的公共设施情况，保证其能够长久，泽被后人。

（七）适当的媒体宣传

赞助公共设施，是一件受公众欢迎、得公众人心的大好事，因而适当时候通过媒体做些介绍性宣传是必要的。组织的公共关系人员应主动联系媒体，将赞助事宜告知有关记者，在恰当的媒体平台上，把组织的赞助情况传播出去，以影响更多的社会公众，使之对组织产生良好的印象，最大范围内彰显组织的社会责任感与善行善举。

 案 例 观 摩

BMW 美丽家园行动

2022 年 5 月 22 日是"国际生物多样性日"。宝马中国当天宣布，携手中国绿化基金会及中国教育发展基金会-宝马爱心基金，正式启动"BMW 美丽家园行动"项目，对辽宁辽河口国家级自然保护区实施一揽子资助计划。今年宝马中国将从"支持提升保护区管理"、"提升公众生物多样性保护意识"和"支持保护区科普宣教"三方面入手，

实施向保护区提供巡护车辆并捐赠动物救护车、在保护区建设生态观鸟屋、开发自然教育课程、开展自然教育培训等一系列行动。这意味着，秉持"家在中国"理念，宝马集团在中国以前瞻性的思维拓展可持续发展战略利益相关者领域，以创新性的行动履行企业社会责任，加大对中国生态文明建设的贡献。

"BMW 美丽家园行动"项目在 5 月 22 日当天开启直播通道，邀请公众一同云端探访辽宁辽河口国家级自然保护区的多彩生态环境，共同见证第一期项目的正式启动。辽宁辽河口国家级自然保护区位于渤海辽东湾顶端，辽河在辽宁盘锦入海，成就了中国最大的滨海芦苇湿地。集中连片的芦苇沼泽湿地为多种珍稀濒危野生动物提供了适宜的栖息环境。5 月的红海滩已经开始泛红，群生的翅碱蓬长出地面，红绿相济，与数以万计的珍稀水禽和一望无际的浅海滩涂构成了全球罕见濒海红海滩景观。

2022 年，"BMW 美丽家园行动"第一期项目，从支持辽宁辽河口国家级自然保护区开始。宝马将引入可持续设计理念，在保护区建设生物多样性公众教育基地生态观鸟屋，同时向保护区提供三辆新 BMW iX3 用于野外巡护，并捐助两辆野生动物救护车。宝马还将委托专业机构开发一套自然教育课程，在广大利益相关者中开展生物多样性教育，组织多种形式的自然教育培训和湿地课堂，带动利益相关方和公众广泛参与。通过线下实地探访、线上传播等丰富的互动形式，强化公众对生物多样性保护的认知，并进一步引导公众付诸保护行动。

BMW 相信：卓越的企业不仅仅注重于业绩与盈利，而应更多地"联结"利益相关方，共同解决切实的社会问题，贡献于本地社会。密切关注并深刻理解中国政府及社会关注的社会议题，BMW 企业社会责任聚焦"文化保护"、"社会发展"和"环境保护"三个社会议题，通过"BMW 中国文化之旅"、"BMW 儿童交通安全训练营"、"BMW 童悦之家"及"BMW 美丽家园行动"四个旗舰项目，持续为更美好的中国社会做出贡献。

资料来源：BMW 美丽家园行动. BMW 中国官网，https://www.bmw.com.cn/zh/topics/experience/csr/csr_environment_protection.html.（内容有删节）

第六节　对创新理念的传播活动

一、公共关系推动进步理念的传播

社会在发展，历史在前进，人类文明在反复抉择中艰难进步，在进步中战胜着落后。进步的思想需要传播，文明的行为需要推动，这一过程中，主体既可以是企业，也可以是媒体，更可以是政府。回顾改革开放四十余年的发展历史，中国全社会的进步，确实离不开各类组织做出的巨大贡献与努力，而进步理念的传播及文明的行为，绝大多数是通过成功的公共关系活动实现的。自然这也是一种公益性的公关策划活动。

（一）进步的理念需要组织——公共关系主体的发起与推动

文明的进步从来不是自然而然实现的，需要外在强大力量的推动，因为落后的思维习惯与行为具有巨大而顽固的惯性。回顾"不随地吐痰"这样的文明习惯，直到今天仍然难以普遍养成，可见旧习惯的顽固。因而，在社会发展的一定时期，总会有一些组织如企业、学校、医院、媒体以及政府，登高疾呼，成为传播文明思想与行为的发起者，号召公众参与到文明的思维与行为中来。

（二）传播进步理念最有效的方式是通过大众媒介

大众传播媒介在推动社会进步的历程中发挥着无可比拟的重要作用，因为媒介面向社会大众，信息传播面广、速度快、信誉度高，对公众的思维与行为具有强大的影响力，效果往往立竿见影。公共关系活动中均运用大众传播作为最主要的沟通手段。因此，进步理念的传播、文明习惯的建立，都是公共关系主体借助大众传播媒介实现的。

（三）公众对从事进步理念宣传的组织怀有好感

在正常的社会环境下，公众是欢迎并积极接受进步的思想与行为的，他们对发起与推动进步理念的组织会产生一定的好感，并能较快增进对其的信任度。在以恰当的方式传播进步理念的活动中，如果方式得法，公众会富有热情地参与，社会进步的步伐因此而加快。

推动社会进步，传播先进理念，不是简单地喊口号，宣传的方式方法需要得当，传播的过程要认真地策划，活动的安排要让公众深得其益。

二、进步理念传播活动的策划

（一）确定现存问题

一个组织拟意发起一项公共关系活动传播进步的理念，首先源于发现存在的问题需要解决。但在确立问题的具体情况时，需要进行深入、全面的公共关系调查，以准确地把握问题的实质，并努力寻求解决问题的途径。进步理念的传播，一般来说，社会公共问题偏多，可能涉及与传统文化的冲突或对固有习惯的改变，看似微不足道，实则意义深远，因此，确立问题的核心，也有很大的难度。例如，中央政府提出宣传"八荣八耻"理念时，主要针对的是社会上令人极为忧虑的价值观混淆问题；牛奶企业在推广牛奶前，首先面临的问题是中国人长期以来形成的理念：健康的成人是不需要喝牛奶的。因此，公关策划人员在调查人员提供的数据面前，要进行专业的分析，经过严谨的研究，最终确立问题，明确解决的思路。

（二）明确传播主题

当确定通过传播进步理念来解决面临的问题时，策划人员要认真筛选、提出传播的主题。与其他策划活动一样，主题的提出应该十分鲜明，语言简略，内容明确，具有口号式的上口易记特点，能够有家喻户晓的通俗性。同时，因为这一主题是要对几乎全社会的人进行一种观念的教育或良好习惯的培养，主题必须具有较强的冲击性，并有极强的靶向攻击力，因此，主题的设计需要深思熟虑。

（三）创意传播形式

面对传播进步理念的艰巨性，在传播形式方面，需要下很大功夫。这类的公共关系活动不似其他活动有一定的趣味性，而是具有较强的严肃性和长期影响力，形式可以活泼，但不能随便诠释其含义；内容可以多彩，但却要维系其长期不断的理性效力，因此，传播形式可以着手从以下两个方面进行创意与创新。

1. 大众传播媒介

充分利用大众传播媒介进行全面、及时、普及的传播。在传播媒介的选择上，要特别注意针对性与传播的表现力，把握目标公众的收视特点，发挥专业传播机构的作用。例如，动用央视网、中国之声、《南方周末》等有影响力、权威性的全国媒体，以及一些地方核心媒体，多管齐下，发挥深入人心的作用。

2. 人际传播媒介

为把传播工作做到位，要善于充分发挥人际传播的作用，如派出一些精干的宣传队伍，深入街道、菜市场、社区、公园等地，通过各种方式，人与人之间面对面地沟通，起到深入、持续、及时反馈、富有针对性等的独特优势效果。今天，微信的传播力量十分强大，组织在传播进步理念时，可以充分发挥微信朋友圈、微信公众号的作用，把制作生动而有说服力的新思想、新观念以人传人的方式快速传播出去。

 案 例 观 摩

（一）知识要点

对进步理念的传播是组织针对一些新的观念或思想面对目标公众开展的传播沟通活动。一个社会的进步，往往依靠观念的更新，一些机构为改变人们的旧思想会着力进行新理念的传播。这样的公共关系活动既会推动社会的进步，也会为组织的发展营造极为有利的社会环境。

（1）对进步理念的传播需要前期进行持续不断的传播工作，否则，难以撼动旧的观念或错误认识。

（2）组织对进步理念的传播需要形成一段时间内的强大的传播氛围，最终推动一些旧的观念的改变。

（3）组织在传播进步理念时，需要有明确的主旨与步骤，层层推进，最终改变人们的不正确的看法。

（二）案例介绍

肿瘤医院举办"2018年全国肿瘤防治宣传周"活动

由国家卫生健康委员会疾病预防控制局指导，国家癌症中心、中国抗癌协会、中国癌症基金会主办，中国医学科学院肿瘤医院承办的"2018 年全国肿瘤防治宣传周活动"于 4 月 15 日正式启动。此次活动的主题为："科学抗癌 关爱生命——抗癌路上 你

我同行"。旨在帮助癌症患者正确认识癌症，与医院和社会各界携手努力战胜病魔，提高生存率。

现场举办了全国肿瘤防治宣传周启动仪式、肿瘤防控院士高峰论坛、百名专家现场义诊、健康大讲堂、防癌健康查体、专业咨询、心灵音乐会等活动。5000 余人到现场参与了活动。

全国肿瘤防治宣传周启动 二十四载不忘初心

早上 9 点，全国肿瘤防治宣传周启动仪式正式开始。中国抗癌协会理事长、中国工程院副院长樊代明，国家癌症中心主任、中国抗癌协会副理事长、中国医学科学院肿瘤医院院长兼党委书记赫捷，中国癌症基金会理事长赵平，中国科学技术协会科普部部长白希，国家卫生健康委员会疾病预防控制局监察专员常继乐等领导共同出席了活动并致辞。中国医学科学院肿瘤医院患者服务中心分别接受了国家癌症中心主编的《癌症漫画系列科普丛书》以及中国抗癌协会主编的《癌症知多少》科普读物的捐赠。随着樊代明理事长宣布"第二十四届全国肿瘤防治宣传周活动正式启动"，为期一周的全国各地肿瘤防治公益活动拉开了大幕。

启动仪式后召开了媒体见面会。樊代明理事长、赫捷院长、赵平理事长以及中国抗癌协会副理事长、天津医科大学副校长、天津市肿瘤医院党委书记李强，国家癌症中心副主任、中国医学科学院肿瘤医院副院长石远凯，中国抗癌协会科普宣传部部长支修益共同出席并就全国肿瘤防治宣传周的情况与国家肿瘤防控形势做了介绍。

院士论坛话肿瘤 高峰论剑议防控

国家癌症中心主任、中国医学科学院肿瘤医院院长兼党委书记、中国科学院院士赫捷与中国工程院院士孙燕、程书钧、林东昕共同出席了肿瘤防控院士高峰论坛。

赫捷院士首先介绍了中国医学科学院肿瘤医院六十年来对推动中国肿瘤防治事业扮演了领军者的角色，他指出：我国在肿瘤防治与大数据平台的结合方面不断实践创新，国家级肿瘤大数据平台也在有条不紊地建设中。孙燕院士作为中国内科肿瘤学开拓者和奠基人之一，介绍了我国肿瘤内科学事业在学科建设、治疗模式、新药研发、人才培养等方面的开拓发展历程。程书钧院士介绍了我国癌症防控的总体形势以及癌症的发生发展的新趋势，并对我国未来肿瘤防治的重心提出了建议。

百名专家现场义诊 肿瘤防治答疑解惑

8：30，义诊正式启动。医院门诊楼前摩肩接踵，患者自觉排成队列向专家问诊。由各科主任亲自率队、正副主任医师组成的百名专家团队，为患者和家属进行现场咨询。专家们认真听取咨询者的病史，细致分析检查结果，为患者提供专业的诊断和治疗建议，还耐心解答患者提出的各种问题。义诊专家分为头颈组、脑肿瘤组、乳腺组、妇瘤组、肝胆组、胰胃组、结直肠组、肺癌组、食管癌组、淋巴瘤组、止痛、姑息组、泌尿组、骨软组、中医组、防癌咨询、医保咨询、抗肿瘤新药临床试验等。现场近 4000 人次进行了专业咨询。

健康大讲堂 科普饕餮宴

如何对待和处理肺小结节病灶；肿瘤患者居家护理；肿瘤患者应当如何进补；抗肿瘤药物的合理使用……一场场精彩纷呈的健康大讲堂，为肿瘤患者、家属以及癌症关注者准备了一份科普的饕餮盛宴。

肿瘤防治宣传周期间，医院将开展健康大讲堂 9 场，全部场次与媒体合作进行录制直播，使更多患者受益。

防癌体检 专业筛查

近年来，社会公众对防癌体检的关注度日益上升，逐渐认识到防癌体检与普通健康体检的侧重点不同。检查项目是针对肿瘤发病的特点，其目的不仅是为了早期发现癌症，做到早诊早治，也是针对癌症的危险因素和癌前病变进行检测，预防癌症的发生。防癌体检活动均由专科医生、检验人员完成，约有 600 人参加。

多媒体互动 全社会科普

宣传周期间，医院借助电视、广播、网络、新媒体、报纸等多种媒体举办了不同形式的科普宣传活动，70 余家媒体参与系列活动报道。

基于"预防为主，早诊早治"的防癌理念，国家癌症中心、中国医学科学院肿瘤医院组织各学科专家教授，经过细致缜密的研讨和广泛征求意见编写，并于本届活动前正式出版了《漫画癌症防治科普系列丛书》《癌症防治核心信息及知识要点》。引导读者掌握癌症相关知识，树立防癌意识，培养健康生活方式，以科学的方法预防癌症，治疗癌症。

专业咨询答疑惑 志愿服务保运行

患者服务中心专业咨询区，来自北京抗癌乐园的癌症康复者进行了康复历程交流，并在广场展示"抗癌健身法"，鼓励癌友加强锻炼科学抗癌。部分志愿者已经连续 20 年参加活动，他们战胜病魔的勇气和积极乐观的精神，感染着每一个人；7 名护士长、4 名心理咨询师、4 名药师、2 名营养师、3 名法官分别进行了专业咨询，来自中国疾病预防控制中心、中国控制吸烟协会、北京市控烟协会、中日友好医院、朝阳区卫生监督所等单位的 10 名控烟咨询师进行了戒烟咨询。现场共有 450 余人次进行咨询，共计发放 19 种《癌友关怀指南》900 余册。协和爱乐乐团为前来参加活动的群众和医务工作者带来了精彩温馨的"心灵音乐会"演出，向病友们传递了一份信心和力量，也向医务工作者传递了温情和感谢。

志愿者服务的身影成为一道亮丽的风景线，活跃在活动现场各个区域。他们中有 56 名医护人员志愿者，还有来自北京工业大学阳光爱心社、北京工业大学机电学院、北京协和护理学院、北京中医药大学、首都卫生学校的 55 名学生。志愿者的互助互爱彰显了奉献、友爱、互助、进步的志愿精神，共同为营造和谐社会贡献了一份力量。

资料来源：中国医学科学院肿瘤医院"2018 年全国肿瘤防治宣传周"活动盛大召开．新浪网，http://health.sina.com.cn/news/2018-04-17/doc-ifzihnen7910805.shtml(2018-04-17).（内容有删节，题目有改动）

（三）案例评介

1. 问题提出

为什么说组织进行的对进步理念的传播是一种公共关系活动？对组织来说，对目标公众进行的传播沟通活动，是十分重要的公共关系活动，是组织必不可少的营造自我生存与发展环境的工作。在很多情况下，组织的目标公众对组织从事的事业的必要性有很大的不解甚至是排斥，组织需要教育目标公众，传播必要的知识或方法，让公众在一些问题的认知方面有更加科学或进步的理念，以促进人类社会的进步与发展。可以说，人类的每一个进步其实都离不开这样的传播活动，只不过大部分情况下，是政府承担了这样的教育职责，或者是科学家、科学机构自觉地担当了这样的使命。今天，越来越多的组织主动开展对公众的教育宣传工作，使新的生活方式、或新产品更容易被公众接纳，社会的进步更快。

特别注意：

（1）面对目标公众进行的教育传播活动要针对性强，切实能够解决公众面临的一些困惑或问题，能够真正解决问题，具有鲜明的社会公益色彩。

（2）开展教育传播活动不要带有明显的功利性，不能摆出一副要公众买东西或接受服务的姿态，甚至把传播活动变成了一种陷阱，如以听讲座作为引子，吸引一些人（主要是老年人）上钩买药，这自然会引起社会公众的痛恨。

（3）组织开展进步理念的传播活动不要期望很快会给组织带来经济效益，组织应该以滴水穿石的诚意，不断开展这样的传播活动，真正赢得公众的认同，以此获得声誉的构建。

2. 策划精要

"肿瘤医院举办'2018 年全国肿瘤防治宣传周'活动"案例是一个策划用心、内容丰富、规模较大、实施有效的公共关系活动，体现今天的医学机构在公共关系活动的开展方面越来越具有专业化水准。

1）选点好

在"2018 年全国肿瘤防治宣传周"准备启动之际，中国医学科学院肿瘤医院正值60 年建院之时，中国医学科学院肿瘤医院主动承办了"2018 年全国肿瘤防治宣传周"活动的启动仪式，既为这次与组织自身业务有密切关联度的传播活动做出应有的贡献，又让社会公众关注了这所医院的甲子大庆，一举两得，十分合适。

2）活动丰富

这次承办的"2018 年全国肿瘤防治宣传周"活动在活动内容的安排方面，十分丰富而周到，从多方面充分契合了公众的需求，因而赢得了公众的真心欢迎。活动主要有高峰论坛、专家义诊、健康讲堂、防癌健康查体、专业咨询以及心灵音乐会等，能够现场吸引五千多人，可以说活动受到热烈欢迎。

3）媒体传播

中国医学科学院肿瘤医院在这次公共关系活动中，公共关系意识十分强烈，在活动中，及时安排了媒体见面会，把新闻传播活动做到了实处，起到了广泛教育传播的作用，充分发挥了全国肿瘤防治宣传周启动活动所应有的责任。同时也很好地提高了中国医学科学院肿瘤医院的社会声誉。

4）与社会机构合作

中国医学科学院肿瘤医院承办的这次宣传周活动，是在国家卫生健康委员会疾病预防控制局指导下，由国家癌症中心、中国抗癌协会、中国癌症基金会一起合作举行，让活动师出有名，让社会公众真心信服，让社会服务的目的鲜明，这些无疑保证了这次公共关系传播活动的成功。

5）活动主题精准

中国医学科学院肿瘤医院承办的这次宣传周活动，确立的主题具有鲜明的指向性与引导性，十分迎合公众的期望："科学抗癌　关爱生命——抗癌路上　你我同行"，既提出了这次全国肿瘤防治宣传周活动的明确目标，又为无数处于抗癌路上的患者指明了方向。

6）教育久久为功

全国肿瘤防治宣传周活动是自 1995 年开始的，到 2018 年已经持续进行了 24 年，多年以来，国家有关管理部门、一些社会组织如国家癌症中心、中国抗癌协会、中国癌症基金会等孜孜不倦，针对公众进行着相关的教育传播工作，令人感动，深得民心！这样的公共关系活动是自觉的，是有明确目的的，是深受公众欢迎的。

7）活动扎实有效

通过报道可以看出，这次活动进行得十分扎实，参加的院士、专家、医务工作者、志愿者等，形成庞大的教育传播队伍，让现场的公众实实在在感受到活动的真诚与有效，这不仅让公众从内心激发出对医务工作者的好感和信赖，更对自己未来的抗癌决心是一个巨大的激励，活动带来的社会效益是比较充分的。

无疑，这次启动仪式是十分精彩的。

3. 效果评价

中国医学科学院肿瘤医院承办的这次宣传周活动，现场参加的人数总计达到五千人，已经充分说明这次活动的成功，网上关于该报道的转载覆盖各大网站，人民网、《北京青年报》也就此进行了评述。

由于癌症防治是关乎千家万户的幸福，因此，这次活动的辐射效果也比较深远，之后与宣传周有关的一系列信息传播，都会为中国医学科学院肿瘤医院带来持久的良性效应，这次公共关系活动应该是成功的。

研究与演练

一、理论研究

（1）组织策划进行的社会公益活动，如何体现公共关系的意义？
（2）组织领导的个人慈善行为如何与组织有计划的公共关系公益活动相区分？

二、实践演练

（1）参与学校的公益活动或志愿者活动，并积极予以公共关系的策划。
（2）为学院或班级的公益活动撰写一份策划方案，并组织实施。

第十章　展会型公关策划

第一节　展览活动

一、大型展览创造组织公共关系价值

无论是国家、大中型企业，还是一般事业单位等，为增进社会公众对组织发展情况的了解，都有可能在特定时期运用专门的展览形式，将组织的某一方面情况展示给公众。组织开展的各种展览因此成为社会公众了解组织的一个窗口，可以为组织创造重要的公共关系价值。

（一）展览的公开性，可以使公众对组织的情况有全面了解

一个组织举办的展览，是向社会公开展示组织的某一方面情况，尽管不一定十分全面，但却能够成为一个极为重要的契机，使公众管中窥豹、一叶知秋般了解到组织的情况，如科技发展展览、历史进步展览、风光摄影展览等，都能够让公众知道组织在某些方面的发展态势与具体状况。因此，组织举行的某方面展览必须要很好地将组织的具体情况全面、客观地展示出来，不能偏狭地理解一些专业性很强的展览，以为仅仅只是一个展览而已。

（二）展览的可视性，可以为公众认识与感知组织创造条件

组织的展览一般具有非常鲜明的图画性或可视性，即使文化水平很低的人也能够从图片或实物方面看明白或基本了解所表达的含义，这样的特点为公众深入认识或感性了解组织创造了很好的条件。组织在举办展览时，要注意加大宣传，让更多的人知晓展览、争取走进展览室观赏展览，借此机会让公众关注组织，增加公众对组织认识的深度。

（三）展览的互动性，可以为增进公众对组织的信任提供可能

作为展览，一般均会设置讲解员或现场导引员，公众在观看展览中，讲解员或导引员会将展览中的很多相关情况或不明白的问题，进行现场讲解或解答，这种自然的互动性为促进公众对组织的深度了解、增加对组织的信任度提供了可能。通过对组织某一方面全面、真实的展览，其表达效果会远胜过组织平时连篇累牍的商业广告，公众对组织的质疑或陌生感会烟消云散，其对组织产生的声誉传播效果是无可比拟的，因而，展览对于组织具有十分重要的公共关系价值。

二、策划展览的步骤

（一）策划展览主题

当组织确定举办展览后，首先要做的事是确定展览的主题。无论是科技成果展，还是风光摄影展等，主题的确定必然是要鲜明地体现主办方举办展览的初衷与要实现的目标。展览主题要求如下。

1. 立意高远

举办展览对组织来说是一件重要的公共关系活动，主题确立尽量不要直白地使用展览的具体内容，如"大型技术设备展览"或"某某汽车展览"等，而是应该站在较高的立意角度，提升本次展览的深远意义，给关注展览的公众以积极的预期与升华的境界，吸引公众将脚步移向展览场地。例如，2010 年中国上海世界博览会，主题为"城市，让生活更美好"。

2. 内容简约

主题的表达一定要简单、明白，不故弄玄虚，要让所有人能够清楚地识读，内容明确、易记，没有歧义。一般来说，主题表达不超过 20 个字。例如，2013 年由河南博物院、北京大学考古文博学院发起的中国鼎文化展，主题为"鼎盛中华"。

3. 紧扣主办方理念

在确定主题传播的视角方面，应从主办展览方的角度出发，紧扣主办方意欲宣传的主题，凝练语言，精心打造主题词。例如，2015 年在广西南宁举办的中国—东盟博览会以"共建 21 世纪海上丝绸之路，促进中国—东盟文化合作"为主题。

（二）谋划展览内容

这是展览的核心部分。一个组织要在某一时段进行展览，展览的内容必须要先行谋划，仔细安排。一般来说，展览内容应按时间、事件、种类或地域等方面进行分块排列，在条件允许的情况下，可分不同的展室进行展览。每一部分再按照文字说明、图片、实物陈列等方面予以顺序展示。文字要求表述准确，用词正确；图片应该图像清晰，标识清楚；实物要恰当说明，富有说服力。在可能的情况下，分块内容要有小主题，这样更有利于参观者全面了解情况。分展览的主题设计要用心考虑。展览中要注意的事项是：在内容的安排上，可以制造一些悬念或故事，导引公众有期待地将展览看到最后。

（三）设计展览的顺序

展览的顺序安排，体现了公关策划人员拟实现的公共关系目标。在展览主题的指引下，展览顺序的安排，一般要由浅入深、由广而专、由粗而细、由静而动，如剥茧抽丝般将画面展开。根据不同的展览内容，按顺序安排展览内容。

（四）安排展览的时间

大型展览时间的安排，主要根据组织与展览场馆的档期情况考虑，一般可长可短，最好尽量覆盖周末或重大节日，使目标公众有空闲时间安排参观。在条件允许的情况下，时间上可以尽量与目标公众的特定节日相同步，便于参观人数的扩大。如新式农用机械的展览可放在元宵节前后，既便于农民公众的参观，又与即将到来的农业机械使用旺季建立密切关系。

（五）筹备展览的过程

一旦展览的内容与时间安排确定后，展览的筹备工作就开始了。展品的运输、展板的安放、展物的摆设、灯光的安装与测试等需要紧锣密鼓地进行。当展品全部设计摆放完毕后，展览才可以正式开始。在展览筹备的同时，组织有关展览的公共关系宣传活动应该拉开序幕，在媒体上和展览场馆外面，关于展览的情况介绍和具体通知应该大张旗鼓地展开，这样的预热十分必要，到展览筹备工作完成后，当地或网上的公众也已经基本知晓展览了，这时真正的展览就可以开始了。

（六）准备展览的预警

举办展览时，要注意预警传播工作。在提前做好防火、防盗等安全工作的前提下，注意保证参观通道的便利与通畅，设置好参观过程中可能发生的危机事件的应对策略，特别是应对媒体采访等的传播工作，在必要的情况下，组织可以提前安排新闻发言人接待记者，及时解答公众的疑问，告知拟将展览的具体情况，提前做好信息的传播工作，以便保证展览工作顺利进行。

案 例 观 摩

（一）知识要点

展览活动是组织针对目标公众，通过各种内容的展示，传递组织的重要信息，使得公众可以全面或深度了解，实现公众对组织的认同和信任。

（1）展览活动的策划需要有较长时间的谋划或筹备，信息要全面，内容要充分，不能出现明显的瑕疵或不足，否则会贻笑大方。

（2）展览活动要有专门的工作人员进行解释或说明，这样的工作人员也是组织的公共关系人员，具有较强的协调与沟通能力。

（3）在可能的条件下，可以安排事先的新闻发布活动，也可以邀请新闻媒体记者现场进行体验与报道，以便扩大影响，让更多的公众届时当场参观。

（4）举办展览活动往往人多嘴杂，组织要进行精心安排，不要在现场出现意外情况。

（二）案例介绍

互联网之光博览会——感受"互联网+"的力量

互联网发展一日千里。一年不见，互联网的世界发生了哪些变化？全球互联网又孕育出哪些新技术、新产品？（2017年）12月2日上午，作为互联网大会的开幕预热大戏，互联网之光博览会如期启幕，想要寻找以上问题的答案，来这里再合适不过。

第四届世界互联网大会互联网之光博览会围绕"发展数字经济，促进开放共享——携手共建网络空间命运共同体"的世界互联网大会主题，聚焦世界互联网最新发展趋势和前沿技术，突出展示人工智能、云计算、大数据、产业互联网、网络安全、智慧社会、电子商务、新兴独角兽等领域全球范围的互联网新技术新成果。

走在展馆里，这边机器人在给观众卖萌，那厢大屏幕正演示"最强大脑"……一年间，中国互联网产业的飞速发展尽在琳琅满目之中。博览会开幕首日，记者在展馆参观，与参展企业交流，对互联网的速度和力量有了更深切的体会。

有魔力的互联网

在互联网时代，任何一项前沿技术的应用领域之广、更新速度之快都是超乎想象的。许多记者原以为还比较熟悉的互联网企业，一年之间在以飞快的速度生长：跨界融合越玩越溜，所涉及领域越来越广……它们不断地刷新自己的高度。

一个大屏幕加一个沙盘就构成了滴滴出行在本次展会上的展台。展台工作人员向记者介绍滴滴今年新推出的"虚拟车站"（推荐上车点）服务。"这跟一直都有的拼车有什么不一样呢？是不是换汤不换药，乘客等得久，司机绕路接人，这些问题能缓解吗？"

面对记者这个似乎不太"友好"的问题，展台工作人员展示了秘密武器——基于交通数据的人工智能大脑——"滴滴大脑"。据介绍，滴滴大脑能通过大数据、人工智能和云计算，实时学习城市交通出行规律，了解交通工具和道路情况，以毫秒级的速度实时计算，做出最优的供需匹配和智能调度。

"虚拟车站"就是这样的尝试。依据海量的出行数据，在 APP 内自动挖掘出最适合上客的位置作为智能站点，并且自动更新。此刻，滴滴平台上的"虚拟车站"已超过 3000 万个。"我们的算法不断迭代，对用户而言，这种算法的迭代带来的直接感受是，哪怕在高峰期，打车也没那么难了，响应的速度越来越快。"据悉，滴滴大脑对 15 分钟后供需预测的准确度已达 85%，不仅从整体上优化城市的交通效率，也尽可能地优化每个人的出行体验。

快速迭代，这是人们对互联网最深刻的印象之一。的确，互联网的世界里，没有永恒。互联网是常新的，"创新驱动"这个关键词，一直是互联网这艘巨轮的不竭动力。

互联网自有一种魔力，"互联网＋"作为新经济引擎，正引发无限创造力，在推动经济格局转变的同时，为经济转型升级注入强大动力。

有力量的互联网

穿行在互联网之光博览会八大展馆之间，一个感受是，今年的互联网之光博览会在场馆设置上颇具匠心。记者了解到，新兴独角兽展馆、人工智能展馆、互动梦想家展馆，这三个特色展馆都是今年首设。

今天的"独角兽"，就是明天的"巨无霸"。互联网企业若被冠以"独角兽"这个充满想象力的名号，表示外界对其发展前景的看好。将最新、最有生命力的互联网企业和产品集中呈现，互联网之光博览会对独角兽企业的青睐折射出大会强烈的逐新意识。

过去的一年，"刷脸"成为热词。"刷脸"入场、"靠脸"吃饭……人脸识别已经渗入日常生活的方方面面。新需求引领新供给，如何为市场提供高精度、高灵敏度的识别技术，成为很多初创企业的主攻方向，在"中国独角兽"榜单中榜上有名的旷视科技就是其中的佼佼者。

在新兴独角兽展馆旷视科技展区的大屏幕上，每个参观者的脸都被进行了精准分析。这就是旷视深耕识别技术 6 年的成果。据了解，这款 Face++ 平台已经服务了超过 200 个国家和地区的数十万开发者，今年 10 月获得 4.6 亿元的融资，也肯定了这家独角兽企业强大的生命力。"这次博览会的展区设置，让我们感受到互联网大会对独角兽企业的重视，我们也必将不负所托，为互联网发展持续赋能。"旷视科技副总裁谢忆楠说。

记者了解到，这一展馆的企业创业时间普遍不长，多位独角兽企业负责人谈到，在创业之初，他们并没有想到企业的生长速度如此之快，"如果没有互联网，我们不敢想象，一个企业从初创到今天的体量要经历多久。"

在乌镇，遇见一众互联网独角兽企业，感受互联网带来的成长力量！

有温度的互联网

科技不是冰冷的，互联网也有温度。毫无疑问，博览会上，BAT 这样的明星企业是吸引眼球的展台，同时也有一些机构的存在，让人感觉触摸到互联网时代的温度。

在一众高科技展台中，联合国儿童基金会的展台显得很特别——几个"孩子"被"茧"层层束缚、包裹。仔细看解说，原来这些艺术装置是联合国儿童基金会创意设计的，分别代表着隐私泄露、沉迷网络、网络性侵、网络欺凌 4 个场景，意在引起公众对儿童网络安全的重视和关注。"我们身处网络时代。网络影响着日常生活的方方面面，也彻底地改变着世界沟通和交流的方式。"展台工作人员向驻足的观众介绍道，在中国，近期有调查显示 90% 的儿童在生活中接触互联网，56% 的孩子初次上网的年龄低于 5 岁。如同一扇门，网络为孩子们打开了通往一个崭新世界的入口，让他们获取海量信息、社交娱乐，参与社会生活。某种意义上说，他们是地道的"网络原住民"。

正像这些造型奇特的艺术装置所诉说的，网络也像一堵看不见的墙，将孩子的世界与父母的世界隔离开来，心智尚未成熟的他们还未做好准备就独自面对纷繁复杂的吸引与挑战。正因为如此，在网络时代，父母与其他儿童照料者需要和孩子就如何正确使用网络进行沟通，并采取积极的行动确保他们安全地探索网络世界。

"我们希望通过这个系列的艺术展示，让父母和其他儿童照料者关注儿童及青少年的网络生活，帮助他们享受互联网带来的益处，远离其潜藏的风险。"展台现场的负责人告诉记者，为儿童创建积极的网络环境，这需要大家一起努力。

浙江大学作为展览承办方之一，由浙大出版社、计算机学院、艺术系等组成跨学科团队，精心设计策划了展览单元。浙大出版社社长鲁东明告诉记者，新兴的互联网文化，赋予中华文明崭新的时代内涵。"互联网+中华文明"是一把钥匙，它将激活中华文明的历史记忆，沟通现代与过去，加深不同文明之间的文化认同，成为保护和传承人类文明的全新手段，为人类携手并肩迈向未来时空提供一盏指路明灯。

资料来源：刘乐平，王世琪，曾福泉. 记者探访互联网之光博览会——感受"互联网+"的力量. 浙江日报，2017-12-03：04 版.（内容有删节，题目有改动）

（三）案例评介

1. 问题提出

在互联网时代，组织如何通过展览活动来展示自身？互联网带给人类最大的好处是信息沟通更加便捷、人与人的距离更加缩短。然而，走进展览会的现场，组织与公众如何实现无距离的沟通仍然是一个问题。因此"体验"显得格外重要，给目标公众以最真切的感受是展览活动的核心。

策划展览活动特别注意：

（1）组织仅仅把图片与文字进行展览，只是完成了展览的第一步，不能把展览变活，就难以有效实现对公众的信息传播。

（2）在展览活动中，现场的解说人员不能只就事论事地讲解，要把展览活动放在组织公共关系活动的一个环节中来说明，充分体现组织的公共关系目标。

（3）举办展览活动，同样要有明确的主题，主线鲜明，结构合理，让公众一目了然。

2. 策划精要

"互联网之光博览会——感受'互联网+'的力量"案例讲的是 2017 年底在浙江乌镇举办的第四届世界互联网大会中的博览会，这次博览会由国际互联网大会组委会主办、浙江大学等机构承办。从报道的情况看，这次展览活动体现出了在互联网时代最具特色的展览，即信息化、可视化、体验化和形象化。

1）以互联网手段展示互联网技术

世界互联网大会上的博览会，应该是世界上最具互联网特色的博览会，如何展示互联网的特性，主办方很容易地解决了这个问题，即让参展的企业以自己独有的方式来体现互联网的力量。如国内知名的打车平台滴滴出行在展览会上以一个大屏幕和沙盘就构成了自己企业展示的全部内容。通过大屏幕，滴滴出行的全部信息资源都瞬间呈现，这让参观者即刻有了鲜明的感受。这样别具一格的展览设计，确实让人耳目一新。

2）以体验获得体会

主办方在策划这次互联网之光博览会时，充分接纳各类组织（企业）以其自己的表现形式体现展览的主旨，强调了展览的体验感受。如人工智能展馆、互动梦想家展馆等，在报道中所列的旷视科技的刷脸技术，使每个参观者的脸都被进行了精准分析，这让参观者有了极为真切的感受。面对互联网的汹汹之潮，参观者感受到的不是科技带来的对人生活的干预，而是科技带给人巨大的便利感受和更加安全的保障，这种通过科技展览直接进行的观念更新和思想冲击，正是未来组织开展展览活动要传递给目标公众的内容。

3）以形象撞击心灵

组织策划开展的展览活动最具影响力的不是语言或者图片，而是具体可见的形象，因而这个时代被人称为"读图时代"，生动的展览往往具有可视与形象的特质。在这次展览活动中，联合国儿童基金会呈现的作品是几个"孩子"被"茧"层层束缚、包裹，意欲说明在互联网时代儿童所面临的隐私泄露、沉迷网络、网络性侵、网络欺凌的危险，这样的场景展示极为生动地体现出现代社会儿童所面临的网络安全问题，会令参观者印象深刻。

尽管互联网之光博览会的主办方并没有亲自去参与展品的设计，然而，在"发展数字经济，促进开放共享——携手共建网络空间命运共同体"的世界互联网大会主题之下，所有参展机构，均不约而同地以其最先进的、最具效率的方式展示出了它们的新面貌，这样的展览应该代表了未来组织展览活动的趋势。

3. 效果评价

2017 年的世界互联网大会互联网之光博览会最后的效果怎样，从随后的新闻发布会就看出来了：全球 411 家知名企业参展，产品涵盖云计算、物联网、人工智能等全球互联网技术和应用创新及数字经济发展的最新成果，足以吸引参加互联网大会的所有中外来宾。在媒体上也收获了较高的关注度，700 多名中外记者播发了大量新闻报道，自然少不了对互联网之光博览会的着墨，而人民网、新浪、搜狐、网易等网站都对互联网之光博览会进行了报道，媒体一片赞扬声，可见这次博览会确实带来了一股引领时代的清风，被社会公众普遍关注。

第二节　举办会议

一、举办会议要具有公共关系意识

今天，各种会议的召开已变得十分频繁，在一定的情况下，组织需要或被邀请举办或承办一些重要会议。在会议举办时，来自国内外或各阶层的会议代表齐聚组织所在地，接受组织的会议服务，同时可能会参观组织的重要场所，如重要历史古迹、著名景点、双方合作机构、组织实验室、车间、办公地点等，通过参会，与会人员还可以接触组织领导与相关部门的工作人员，直接感受组织对会议的接待与安排，对组织的基本情况会有一个直观的了解与感受。因而，会议的组织者一定要具有明确的公共关系意识，抓住这次机会，开展公共关系沟通活动，增进公众对组织的了解，主动展示组织最亮丽的一面，把会议组织好、安排好，通过组织与承办会议，实现本组织的公共关系目标。

二、举办会议的策划步骤

对组织来说，承办会议是一次十分重要的公共关系机会，借会议之机，群贤毕至，信息交流，十分有利于提升组织的社会声誉。因此，重要会议的承办，必须要保证其成功与精彩，这需要公关策划人员的精心策划。

（一）确定恰当时间

尽管会议举行的时间往往由会议组织委员会决定，但也会充分照顾到组织（承办方）的情况，因而，组织一方面要与会议的委托方进行充分的磋商，另一方面组织也要考虑好自身的工作安排，使之尽量不影响正常的工作运行。

（二）确定会议主题

毋庸置疑，重要会议的论题内容是提前确定好的，但会议的主题却可以体现承办方的一些理念与诉求。会议的主题是指会议从主旨到内容所体现出的一种思想或精神，是留给参会者对会议主办者及承办方的总体印象。因此，在举办会议时，必须提前确立会议主题，所有的策划工作在这个主题下次序展开。

（三）安排会议接待

承办会议，极为重要的是会议的接待工作。参会者来自天南海北，在风俗、习惯、价值取向等方面差异极大，会议接待工作的好坏某种程度上成为会议成功与否的重要标准。

会议接待主要包括以下内容。

1. 迎来送往

迎：如果能够策划富有创意的欢迎参会代表的形式，一定会给参会者带来愉悦感与深刻印象。今天，绝大多数的会议组织者都会因循旧例派人到机场或车站去迎接参会者，如果会议承办方能够策划比较新颖的方式来迎接来宾，给来宾惊喜，将会是一个会议成功的良好开端。

送：在欢送会议代表时，按照惯例，可由会议代表自行安排离去或组织统一送别。但承办方如能精心策划，让每个会议代表携带上心仪的礼物，依依不舍地离去，就能为会议的成功召开画上一个圆满的句号。

2. 安排食宿

组织承办重要会议，吃与住是丝毫不可懈怠的大事。要让每位参会者满意，吃与住的问题就应该精心安排策划。例如，在吃的方面，要考虑参会者的国籍、民族、地域甚至生日等，吃饭的地点要卫生、典雅、环境清新、宽敞，大厅可布置一定的会议标志或欢迎标语，会议工作人员应该热情、礼貌、善解人意、服务周到。重要会餐可安排歌舞表演或赠送小礼物。在住的方面，更要用心布置与安排，如参会者的国家或民族禁忌要特别注意，参会者的语言特殊性要事先进行专门的培训，入住酒店可安排水果、点心或晚上的烛光晚餐等，并且可为参会者在休闲时间安排富有创意的联谊活动等，努力实现令参会者感到宾至如归、满意、舒心。

（四）创意会议议程外的活动

在会议固定安排的议程之外，承办会议的组织策划人员可以用心策划议程外的一些活动，通过给予参会者意外惊喜来增加他们的满意度。

常见的议程外的活动有以下几种。

1. 大型文艺演出

请专门的文艺团体表演与会议主题相符的文艺节目。

2. 旅游景点的游览

联系旅行社，安排参会者去著名风景区进行观赏。

3. 参会人员的联谊活动

联谊活动包括舞会、卡拉OK、户外篝火晚会等。

对于承办会议的组织来说，可以通过事先的调查，精心策划一些有新意且参与度高的活动，给所有参会者留下深刻的印象。

（五）设计会议交通路线

一般情况下，大型重要会议参会人数多、级别高、活动区域相对较大、会议用车较多，因而会议交通问题是要认真对待的。策划者要事先设计好行车路线，有专人事先协调好交通运输部门，保证出行安全、顺畅，不影响会议各项议程的顺利进行。

（六）媒体的报道

重要会议的举行，需要媒体的配合。承办会议的组织策划人员要与一些媒体记者进行联系，确定媒体宣传主题，拟定记者招待会的主要内容，确定专人撰写新闻稿件，把握媒体报道视角，注意突出组织的声誉与形象，使会议的召开令组织获得最大的社会效应。

（七）策划会议礼物

公众参加重要会议，主办方及承办方一般会有礼物相赠。恰当的礼物会给与会者留下长久美好的记忆，而不当的礼物，则会影响参会者对会议的美好印象，甚至对会议主办方及承办方产生不好的感觉。因此，主办或承办会议，要认真考虑礼物问题。一般来说，选择会议礼物需要把握这样几个原则。

1. 礼物轻薄便携

尽量不要给与会者厚重的礼物，使之成为携带的负担，增加对方的麻烦。例如，某地承办会议的组织给每位参会者一台饮水机作为礼物，给参会者的携带带来很大的不便。

2. 与会议的内容或主题有一定的关联度

如果礼物的品质或内涵正好与会议的主题或内容有关，就会起到锦上添花的作用，给与会者留下美好的印象。例如，低碳会议上把太阳能电脑散热器作为礼物相赠就比较恰当。

3. 礼物反映主办方及承办方组织文化特色

如果会议所赠送的礼物恰到好处地反映了主办方及承办方某方面的特色，使之成为一件体现组织文化、塑造组织声誉的载体，则礼物的选择也是比较恰当的。

4. 礼物实用而具有表现力

如果礼物对参会者十分实用，并且具有外显性，则礼物会受到与会者的真心欢迎，也有利于延伸会议的影响力。例如，一套简单的茶具或厨房小厨具等。

5. 礼物新颖而令人惊喜

会议礼物需要甄选，也需要精心设计。会议内容或主题如果能够融入礼物之中，参会者的个人信息能够在礼物中得到反映，参会者获得礼物能够让其惊喜等，那么这样的礼物就会给与会者带来长久的美好印象，会议的作用自然会持续很久。

（一）知识要点

举办会议是组织针对目标公众以会议的形式开展的信息传播和沟通活动。以会议的形式进行信息的沟通是一种十分高效的公共关系活动，双方在较短的时间内，彼此沟通信息，交流看法，取长补短，实现认同。

（1）举办会议是组织以主办方名义广纳各方宾朋，共商彼此关心问题的一次思想碰撞，会议的参加者都是主办方特别邀请的对象，能够来参加会议，是对主办方的支持与认可，因此，会议的安排与协调一定要周密有序。

（2）主办会议要有明确的主题和主办方重要领导的主旨发言，同时也应安排其他参会代表发言，形成十分融洽的交流氛围。

（3）组织主办的重要会议要提前安排新闻媒体予以关注报道，以便扩大影响，在更大范围内传播组织信息。

（二）案例介绍

"一带一路"国际合作高峰论坛举行圆桌峰会

"一带一路"国际合作高峰论坛（2017年5月）15日在北京雁栖湖国际会议中心举行圆桌峰会。来自30个国家的领导人和联合国、世界银行、国际货币基金组织负责人出席圆桌峰会，围绕"加强国际合作，共建'一带一路'，实现共赢发展"的主题，就对接发展战略、推动互联互通、促进人文交流等议题交换意见，达成广泛共识，并通过了联合公报。

怀山柔水间，初夏的雁栖湖畔绿意盎然，鲜花盛开。以古代丝绸之路兴盛时期的中国汉唐建筑特色为设计灵感的雁栖湖国际会议中心，如同一只展开双翅的鸿雁。

上午9时40分许，前来与会的领导人和国际组织负责人陆续抵达。习近平在大厅热情迎接，同他们一一握手。

上午10时，习近平敲下木槌，宣布圆桌峰会开幕。

习近平在开幕辞中指出，在各国彼此依存、全球性挑战此起彼伏的今天，各国要对接彼此政策，在全球更大范围内整合经济要素和发展资源，才能形成合力，促进世界和平安宁和共同发展。我2013年提出"一带一路"倡议，它的核心内容是促进基础设施建设和互联互通，对接各国政策和发展战略，深化务实合作，促进协调联动发展，实现共同繁荣。"一带一路"建设植根于历史，但面向未来；源自中国，但属于世界。在"一带一路"建设合作框架内，各方携手应对世界经济面临的挑战，开创发展机遇，谋求发展新动力，拓展发展新空间，实现优势互补、互利共赢，不断朝着人类命运共同体方向迈进。倡议提出后，得到国际社会积极响应和广泛支持。

习近平指出，中方主办这次高峰论坛，目的就是共商合作大计，共建合作平台，共享合作成果，让"一带一路"建设更好造福各国人民。希望通过圆桌峰会，进一步凝聚共识，为"一带一路"建设国际合作指明方向，勾画蓝图。

习近平强调，我们要推动互利共赢，明确合作方向，本着伙伴精神，牢牢坚持共商、共建、共享，让政策沟通、设施联通、贸易畅通、资金融通、民心相通成为共同努力的目标，坚持在开放中合作，在合作中共赢，对话化解分歧，协商解决争端，共同维护地区安全稳定。我们要密切政策协调，对接发展战略。要把"一带一路"建设合作同落实联合国 2030 年可持续发展议程、二十国集团领导人杭州峰会成果结合起来，同区域发展规划对接起来，同有关国家提出的发展规划协调起来，产生"一加一大于二"的效果。我们要依托项目驱动，在基础设施联通、实体经济合作、贸易和投资自由化便利化、金融合作、民心相通等方面深化务实合作。

随后举行第一阶段会议、工作午宴、第二阶段会议。与会领导人分别围绕"加强政策和发展战略对接，深化伙伴关系""促进人文交流合作""推进互联互通务实合作，实现联动发展"议题广泛深入交换意见，达成重要共识。各方一致强调"一带一路"建设的重要意义，期待把合作推向更高水平、更大范围、更深层次；同意加强宏观经济政策协调，营造良好国际环境；希望把发展战略对接落到实处，努力形成各国规划衔接、发展融合、利益共享局面。各方一致决定，支持把互联互通作为"一带一路"建设合作的重点领域，完善基础设施互联互通网络，努力加强政策、规制、标准等方面的"软联通"，充分发挥互联互通对实体经济的辐射和带动作用，打造稳定多元的金融联通和合作格局。各方一致同意，"一带一路"建设要坚持经济合作同人文交流双轨并进，坚持民生导向，服务可持续发展。

与会各国领导人及国际组织负责人高度评价中方提出"一带一路"倡议并举办这次高峰论坛，期待携手推进"一带一路"建设，实现共同繁荣。

下午 5 时许，会议进入闭幕环节，各方通过了《"一带一路"国际合作高峰论坛圆桌峰会联合公报》，并发表"一带一路"国际合作高峰论坛成果清单。

习近平致闭幕辞，总结会议达成的 5 点重要共识。

第一，致力于推动"一带一路"建设合作，携手应对世界经济面临的挑战。各方积极评价"一带一路"建设合作取得的进展，表示将继续努力，让各国政策沟通更有力，设施联通更高效，贸易更畅通，资金更融通，民心更相通。

第二，支持加强经济政策协调和发展战略对接，努力实现协同联动发展。各方同意加强经济、金融、贸易、投资等领域宏观政策协调；支持构建开放型世界经济，推动自由贸易区建设，促进贸易和投资自由化便利化；有效对接发展战略及合作规划，优势互补，协同并进；重视创新发展，培育新产业、新业态、新模式，挖掘增长新动力。

第三，推动各领域务实合作不断取得新成果。各方决定继续把互联互通作为重点，打造基础设施联通网络；继续积极推进经济走廊建设，推动实体经济更好更快发展；重视投资和融资合作，支持扩大相互金融市场开放，努力构建稳定、可持续、风险可控的金融保障体系。

第四，架设各国民间交往的桥梁。各方愿探讨多层次、宽领域的人文合作，营造多元互动、百花齐放的人文交流局面；加强环境保护、应对气候变化、反腐败等领域合作，便利人员往来。

第五，坚信"一带一路"建设是开放包容的发展平台，各国都是平等的参与者、贡献者、受益者。

习近平宣布，中国将于2019年举办第二届"一带一路"国际合作高峰论坛。

圆桌峰会闭幕后，习近平会见中外记者，介绍"一带一路"国际合作高峰论坛会议情况和主要成果。习近平指出，这是国际社会围绕"一带一路"建设举行的一次高规格盛会。会议传递出各方合力推进"一带一路"建设合作、携手构建人类命运共同体的积极信号。我们希望把自身发展和世界共同发展结合起来，明确了"一带一路"建设合作的目标和方向。我们将传承丝绸之路精神，致力于合作共赢。我们将继续加强政策协调和发展战略对接，形成协同发展的合力。我们规划了合作路线图，确定了重点合作领域和行动路径。我们以高峰论坛为平台推进务实合作，取得一系列积极成果。

习近平强调，推进"一带一路"建设，共同应对世界经济当前面临的挑战，符合我们的共同利益。我们有理由对"一带一路"建设前景充满信心。同时，"一带一路"建设是长期工程，前方的路还很长，需要各方携手合作，不断取得实实在在的成果。相信在各方共同努力下，"一带一路"一定能够建设成为和平之路、繁荣之路、开放之路、创新之路、文明之路。

当天中午，习近平同与会领导人和国际组织负责人以国际会议中心"汉唐飞扬"主建筑为背景集体合影。

资料来源：刘华，赵仁伟."一带一路"国际合作高峰论坛举行圆桌峰会.光明日报，2017-05-16：01版.（内容有删节）

（三）案例评介

1. 问题提出

举办会议带给组织什么样的公共关系效果？首先，参会的代表一般是某个机构的主要领导或某一方面的学术权威及骨干，他们具有一定的意见领袖作用，他们通过眼见耳闻主办方对会议的安排，可以获得对组织真切的感受，加深对组织的了解与认知，会在更大层面对组织进行传播。其次，会议的主旨发言会让参会者深度认识组织，了解组织的努力目标与文化特色，增进对组织的好感与认知。最后，会议的管理是组织公共关系水平的最好体现，能够让会议参加者高兴而来、满意而归，这会对组织未来发展建立良好的社会基础。

特别注意：

（1）会议主题要精心设计，能够具有包容度、开放性，让每个与会者都可以在这样的主题下有话可说，有题可议。

（2）会议的安排要仔细而周全，不能在礼仪或程序等方面有瑕疵，会议最大的目标是让每一个与会者满意而归。

（3）会议期间要关注舆情，不要出现不利于组织的言论或新闻，一旦出现，组织必须要以最快速度予以解决。

2. 策划精要

"'一带一路'国际合作高峰论坛举行圆桌峰会"案例是 2017 年最令全世界瞩目的

会议，会议由中国承办，参加会议的人员有来自全世界 30 个国家的元首、政府首脑及联合国、世界银行、国际货币基金组织等 70 多个国际组织负责人，有来自 130 多个国家的约 1500 名各界贵宾作为正式代表出席论坛，有来自全球的 4000 余名记者注册报道此次论坛。

会议分为开幕式、第一阶段会议（高级别全体会议）、工作午宴、第二阶段会议（6 场平行主题会议）、晚宴和文艺晚会以及次日的领导人圆桌峰会，其间还安排了全体合影和习近平主席与记者的见面会。会议的举行场面盛大、规格高级、议程紧凑、隆重热烈，会议签署了一系列合作文件，成果丰硕，卓有成效，完全达到了预期目标。

1）充分准备、精心策划

"一带一路"倡议是国家主席习近平在 2013 年出访哈萨克斯坦和印度尼西亚时提出的，其核心内容是"促进基础设施建设和互联互通，对接各国政策和发展战略，深化务实合作，促进协调联动发展，实现共同繁荣"①。4 年多过去，全球 100 多个国家和国际组织积极支持和参与"一带一路"建设，成效极为显著，产生了良好的社会效益和可观的经济效益，"一带一路"倡议惠及全世界。因而在此时召开"一带一路"高峰论坛，各路嘉宾共商"一带一路"大事，正当其时。

2）主旨演讲、高屋建瓴

这次大会，国家主席习近平做了主旨演讲，总体概括了"一带一路"倡议的出发点和根本宗旨，指出"'一带一路'建设植根于历史，但面向未来；源自中国，但属于世界"。中国提出"一带一路"倡议，就是要在合作的框架内，"各方携手应对世界经济面临的挑战，开创发展机遇，谋求发展新动力，拓展发展新空间，实现优势互补、互利共赢，不断朝着人类命运共同体方向迈进。"①一席话点透根本，习近平高屋建瓴的讲话赢得了与会代表的热烈欢迎，40 分钟讲话，27 次掌声！

3）议程紧凑，张弛有度

这次会议在短短两天的时间里，高强度完成了大量会议内容，议程既紧凑，又张弛有度，既团结紧张，又轻松活泼，体现了会议承办者对这次会议的精心策划与安排。2017 年 5 月 15 日上午 9 时 40 分许，国家主席习近平在会议大厅迎接各位嘉宾，会议开幕式之后进入全体会议阶段，午餐前全体合影留念，工作餐后，六个平行会议召开，晚上举行欢迎宴会并观看精彩的文艺表演。次日召开领导人圆桌峰会，大家坦诚共商"一带一路"大计，平等交流看法，通过《"一带一路"国际合作高峰论坛圆桌峰会联合公报》。之后，习近平主席与记者见面，阐述会议取得的成效，体现出极强的公共关系意识。两天会议共计完成 5 大类、76 大项、270 多项具体成果，体现出政策沟通、设施联通、贸易畅通、资金融通、民心相通的重大成效。一份沉甸甸的会议成果清单交到了媒体手里，让全世界看到了"一带一路"倡议的宏伟蓝图。对于这样的工作效率、这样的公共关系效果，我们必须点赞！

---

① 习近平. 开辟合作新起点　谋求发展新动力——在"一带一路"国际合作高峰论坛圆桌峰会上的开幕辞. 人民网. http://jhsjk.people.cn/article/29276920（2017-05-15）.

4）开放大气，注重细节

举办会议最见主办方的公共关系功力。这次"一带一路"高峰论坛，中国张开双臂迎接八方贵宾，在会议的安排方面周到而细致，既关照到所有嘉宾的特殊需求，又体现了富含中国深厚文化底蕴的待客之道。开会的地点选在以古代丝绸之路兴盛时期的中国汉唐建筑风格为设计灵感的雁栖湖国际会议中心（名为"汉唐飞扬"）；国家主席习近平在大厅恭迎各位嘉宾，同他们一一握手；会议过程中，习近平致开幕辞与闭幕辞；宴会期间，乐队伴奏来自30个参加圆桌峰会国家的曲目，体现了"一带一路"沿线不同地域文化的交流融合；宴会后，习近平和彭丽媛同贵宾们一同前往国家大剧院观看主题为"千年之约"的文艺演出，等等。这些周到的会议安排，相信定会赢得所有参会嘉宾的赞许。

5）主动公益，展示诚意

在"一带一路"国际合作高峰论坛中，一个具有鲜明公共关系色彩的举措是，中国推出了一系列令世界惊诧的公益项目：新增丝路基金1000亿元人民币；鼓励金融机构开展人民币海外基金业务，规模初步预计约3000亿元人民币，为"一带一路"提供资金支持；向沿线发展中国家提供20亿元人民币紧急粮食援助；向南南合作援助基金增资10亿美元，用于发起中国-联合国2030年可持续发展议程合作倡议；支持在沿线国家实施100个"幸福家园"、100个"爱心助困"、100个"康复助医"等；向有关国际组织提供10亿美元，共同推动落实一批惠及沿线国家的国际合作项目，包括向沿线国家提供100个食品、帐篷、活动板房等等难民援助项目；设立难民奖学金，为500名青少年难民提供受教育机会，资助100名难民运动员参加国际和区域赛事活动；举办"一带一路"专项双多边交流培训，设立"一带一路"专项奖学金等等[①]。这一大串明确数字的公益项目毫无疑义地展示了中国推进"一带一路"建设的诚意，中国发展惠及世界的承诺让全世界真切感受得到，这次会议的良性效应必将持久辐射。

3. 效果评价

"一带一路"国际合作高峰论坛参加国家130余个、与会代表1500多人、媒体记者4000余名本身就说明了这次会议召开深得人心，影响必将快速扩展；在会议期间，各国领导人纷纷表态，对大会的主题与习近平的主旨讲话深表认同，正如捷克总统泽曼在高级别全体会议上致辞所说："中国能提出这项富有远见的倡议，充分说明中国领导人的勇气和历史担当。"世界银行行长金墉在论坛期间表示，"一带一路"倡议为世界经济增长前景注入了新的信心。[②]会议中签署了大量合作协议，以及中国政府所展示的一系列重大公益项目，同样赢得了很多国家领导人与国际组织的赞扬，联合国人口基金执行主任奥索蒂梅欣认为"这次盛会上，中国向世界再次传递了明确信号——中国是全世界的朋友，愿意以开放的姿态与各国广泛合作"[③]。新华网、人民网、中国经济网等均设

① "一带一路"国际合作高峰论坛成果清单. 光明日报, 2017-05-16：9版.

② 刘丽娜, 刘莹社.世界评说"一带一路"高峰论坛的五大热词. 新华网, http://www.xinhuanet.com/world/2017-05/15/c_1120976692.htm(2017-05-15).

③ 我们看到了合作的机遇——国际组织负责人寄语"一带一路"国际合作高峰论坛. 新华网, http://www.xinhuanet.com/world/2017/05/15/c_1120976777.htm（2017-05-15）.

置了专门网页进行专题报道，国内媒体及中国公众对"一带一路"建设表示了衷心拥护和热切期待，"一带一路"国际合作高峰论坛如一团火把国人的心烘得暖暖的，各种关于"一带一路"的帖子呈现在网上，满满都是正能量。

第三节　展销会活动

一、产品展销会的公共关系效应

对于生产产品的企业或制造商来说，产品销售是一个永恒的主题，企业会在一定的时候，通过参与或举办产品展销会的形式，创造一些与目标公众接触、沟通的机会，以此扩大产品销路，增加产品的销量，因而展销会既是市场营销的重要手段，又具有一定的公共关系效应。

（一）产品展销会上企业工作人员可与目标公众直接交流

一般情况下，产品展销会是企业展示产品的最佳机会，企业生产经理、技术人员、厂长等都会到场参加，利用展销会之机，组织可以不再依赖中间商而直接从消费者处获得对产品的反馈，也让消费者有了可以直接对话企业人员的场合，这必然会增进目标公众对组织的直接认识，并使之留下长久的深刻印象，这对于企业产品的销售、企业在更大市场范围内的拓展，都会带来良好的铺垫，更有利于企业未来的生存与发展。

（二）产品展销会可让目标公众在与同类企业比较中捕捉企业特色

在产品展销会上，同类型的竞争厂家齐聚一个平台，彼此亮出自己的看家本领吸引参观人群，公众借此可以对企业有了十分清晰的定位，捕捉到一些企业独有的长处。这对于一些平时在公众中知晓度较低、默默无闻的企业来说，具有非常显著的公共关系效益，十分有利于确立组织在公众心目中的稳定印象。

（三）产品展销会提供给企业多角度表现自己的舞台

通过产品展销会，企业可以精心策划，设计公关策划活动及一些产品促销活动，体现企业经营宗旨，体现企业文化，让公众在活动中感受企业的文化魅力，加深对企业的全面了解，在购买企业产品的同时，认识企业，了解企业。

二、展销会公关策划步骤

产品展销会上，在各家企业竞相推出花样翻新的促销活动中，如果企业独树一帜地策划公共关系活动，则会成为一种标新立异的举动，令人耳目一新，吸引众人眼球，引起媒体的报道，因此，如何把公共关系活动策划得富有新意十分重要。其具体策划步骤如下。

（一）确立展销会的宣传主题

企业要想在高手云集的产品展销会上推出富有组织特色的公共关系活动，使展销会成为新闻事件，首先要确立的是展销会的主题。只有确立鲜明而恰当的主题，才能让所有活动围绕主题有序展开，集中企业产品优势特点，形成富有竞争力的促销亮点。公共关系活动主题应既成为展销活动的中心，又成为公众关注企业的核心。主题要简洁、清晰，富有特色、醒目易记，令人过目不忘，如此才是成功的主题。

（二）设计展销会上的公共关系活动

在展销会上，各家企业层出不穷的手法基本上都是促销技巧，参观者往往见怪不怪，并不买账。如果展销会上开展富有特色的公共关系活动，以真诚的沟通工作来赢得公众的认同，则往往可以产生耳目一新、出奇制胜的效果。因此，企业要提前安排策划团队进行策划，努力设计出令其他企业难以复制的公共关系活动。

常见的展销会的公共关系活动有以下几种。

1. 公益活动

公益活动主要是针对产品的目标公众，选取特定、有代表性的人群，对他们进行公益资助，帮困解围，雪中送炭，赢得社会公众的内心认同。

2. 沟通活动

沟通活动主要包括以学术会议、艺术表演、产品说明会、短期培训班等形式与目标公众进行互动了解，让公众在接触、了解企业人员的同时，了解产品，感受产品。

3. 公众参与活动

公众参与活动主要包括公众答题、微博投稿、游戏参与等，使公众能够在快乐享受中增进对组织的好感，加强对组织产品的认知，赢得公众对组织的深度了解。

（三）安排媒体予以报道

一般来说，展销会的各种促销活动难以成为新闻报道热点，只有具有公共关系意义的事件才可能吸引媒体与参观者的眼球，特别是社会公益事件、企业真诚奉献事件等。企业对此要注意把握时机，选择新闻点，及时安排相关媒体进行报道，包括举办新闻发布会，争取成为媒体与公众关注的对象。

（四）有机结合促销手段

在开展公共关系活动中，企业应该贴切地将公共关系活动与产品的促销结合起来，增进公众对企业、企业品牌、产品等的了解，提升公众对产品的信任度，扩大产品的销量，充分利用好展销会的良好氛围。

但要注意的是，开展公共关系活动时，不要表现出明显的功利性，应更多地关注公众对企业的了解与感受，体现出企业真诚沟通的态度。

（五）设计完美的收尾活动

企业在展销会的期间，要善于设计高潮与收尾，始终把与目标公众的沟通作为核心目标，在展销会后期，通过一些小型沟通活动，让公众感受到温馨与真情，留下对组织的永久回忆。

（一）知识要点

展销会活动是指组织为扩大影响、打造品牌、推销产品（主要是新产品）、强化公众对组织的了解而策划的活动，这个活动虽然以推销产品的营销方式来表现，但活动的根本目的是促进公众对组织的进一步了解，打造组织声誉，因而是一个公共关系活动。

（1）策划展销会活动，组织可以自己策划进行，也可以参加一些机构组织的大型展销会，策划或参加展销会的目的是利用这样的机会与目标公众进行面对面的沟通。

（2）组织在策划展销会时，要注意充分展示自身的真实目的，努力提供全方位的沟通服务，让目标公众通过展销会获得对组织的深度了解。

（3）在举行展销会时，要重在让公众参与和亲身感受，并开展一些公益活动，提供对公众的教育或传播服务工作，让公众获得最大的信息收获。

（二）案例介绍

第十九届高交会11月16日开幕 上千项高精尖新品扎堆亮相

被誉为"中国科技第一展"的高交会将于（2017年）11月16日正式拉开大幕。在11月15日举行的第十九届高交会新闻发布会上，高交会组委会副主任兼秘书长、深圳市副市长高自民介绍了本届高交会的总体情况和特色，并回答媒体记者关注的问题。

据介绍，本届高交会全面汇聚创新资源，促进新兴产业的培育和发展，推动高新技术成果产业化，突出高交会"技术风向标、行业风向标、创新风向标"的功能。

展览面积超过12万平方米 70名重量级嘉宾煮酒论道

本届高交会无论是展商数量质量、展区面积，还是高新科技产品，都有所突破。本届高交会总展览面积超过12万平米，参展商达到3049家，参展的项目10020个，预计超过80个国家的海内外客商到会，观众超过50万人次。展会将以"聚焦创新驱动 提升供给质量"为主题，重点围绕信息技术、节能环保、新能源、绿色建筑、光电显示、先进制造、智慧城市、航空航天、高端智能机器人等领域，举办一系列活动。还将举办论坛、沙龙、技术会议等活动200多场。外国部长级官员、知名企业家、诺贝尔奖获得者等70名重量级的嘉宾将出席并发表演讲。

各部委组团秀肌肉 打造国家级科技盛宴

本届高交会将围绕面向世界科技前沿，面向经济主战场，面向国家重大战略需求，充分展示近年来我国科技创新实力的重大飞跃，展示国家重大科技专项最新的进展，展示前沿领域、关键环节、核心技术，特别是颠覆性技术创新的重大突破。本届高交会得到了国家有关部委的高度重视。商务部以"科技兴贸，创新发展"为主题设立了专馆，科技部组织科技创新创业成果展，工业和信息化部国际经济技术合作中心将设立工业和信息化5G时代专题馆，农业部以"加快科技创新驱动，引领农业供给侧结构性改革"为主题设立专区，国家知识产权局设立知识产权成果展区和咨询服务区，中国科学院以

"创新促发展，科技惠民生"为主题进行专馆展览。中国工程院、国家发展和改革委员会将举办2017战略性新兴产业培育与发展论坛。

为加强对中小企业创新的支持力度，本届高交会还特地设立了初创企业展、创客展和高技术服务展区，其中初创企业展为首次设立。本届高交会还举办创客之夜、中国创新创客大赛全国总决赛等活动，助力创新创业。

12个专项展千余项高精尖新品 "科技味"十足

本届高交会围绕加快培育新技术、新产品、新业态，举办信息技术与产品展、节能环保展、智慧城市展、军民融合展等12个专业展览，集中展示新一代信息技术、高端制造、生物科技、绿色低碳、数字创意等领域最新的技术和最新的技术应用成果。全球优秀企业将组织召开50多场产品发布会，发布1000多项新产品、新技术，包括机器人3D无序分拣系统、飞行机器人、红外隐身衣、智慧城市解决方案、柔性超快充放电池、无人驾驶技术等，体现了充足的"科技味"。

高新企业和知名高校云集 推进创新成果产业化

本届高交会将搭建政策研讨、学术对话、技术合作等平台，助力构建以企业为主题，市场为导向，产学研深度融合的技术创新体系，有效连接高端人才、高端企业、高端要素、高端资源。高交会的"千里马竞技场"属性，也吸引了英特尔、华为等一批海内外知名企业，以及北京大学、清华大学、香港理工大学等27所知名的高校组团参展。同时，大会还吸引了深圳创新投、高新投等3000多家投资机构，以及一批技术中介服务机构。大会将举办项目融资路演、项目配对洽谈、海外买家采购洽谈会、国际展商商务考察等一系列活动，促进各类创新资源有效对接，预计将吸引3300多个项目参加。现场配对洽谈超过200场次。

海外展团数量再创新高 专设粤港澳展区

本届高交会海外展团的数量、海外团组的国家地区数量以及参展的面积进一步增长，共有35个国家及欧盟组团参展。共有35个国家及欧盟组团参展，其中德国、俄罗斯、英国等科技发达国家连续多年参展。阿根廷、巴布亚新几内亚等国家首次参展，韩国、捷克、马来西亚等国家还将举办投资推广、项目发布等活动。专业展海外展团数量、海外团组的国家地区数量以及参展面积均进一步增长。

同时，高交会还突出加强粤港澳大湾区创新合作交流，专门设置粤港澳展区，开展"香港日"专题活动，助推粤港澳大湾区建设国际科技创新中心。

资料来源：陈群. 第十九届高交会11月16日开幕 上千项高精尖新品扎堆亮相. 新浪网，https://finance.sina.com.cn/roll/2017-11-16/doc-ifynvxeh5133549.shtml (2017-11-16).（内容有删节）

（三）案例评介

1. 问题提出

展销会难道不是一个促销活动吗？从一般意义上理解，展销会自然是卖东西的大会，是一个最佳的促销大会，然而，在一个一年只举行 1～2 次的大型、高档次的展销会上，利用这样宝贵的机会去销售一般性的产品就太浪费这个难得的机会了。展销会是一个人气最旺场合，在这个场合，组织最希望的不是销售自己的产品，而是推销自己。

要特别注意：

（1）不要在这个场合拼命去介绍自己的老产品，追求销售额，而应该极力把组织自身介绍给公众，把组织最强大的技术实力，最新、最优质的产品介绍给前来了解的公众，广交朋友，广发信息。

（2）不要在这样的场合推出类似"买一送十"的推销把戏，而应该以力所能及的公益行为赢得公众的好感或认可，加深公众对组织的印象。

2. 策划精要

"第十九届高交会 11 月 16 日开幕 上千项高精尖新品扎堆亮相"案例是一个新闻发布会的报道，但却可以比较全面地了解深圳市政府为主办这次展销会所策划的全部内容。

第十九届中国国际高新技术成果交易会（简称第十九届高交会）于 2017 年 11 月 16 日在深圳如期召开，本届交易会预估有 80 个国家的海内外客商到会，观众超过 50 万人次（实际参加国家或外国团组达 95 个，观众人数达到近 60 万人次），大大超过上届规模，既反映高交会在国际与国内的较高声誉，也对主办方提出了挑战。然而，深圳市政府面对这样的新情况，迎难而上，在交易会上提高了档次，进行了精心的策划。

1）在规模扩大的情况下，提升展销会档次

在第十九届高交会上，主办方安排举办一系列活动，主要展示的是最新科技成果，如信息技术、节能环保、新能源、绿色建筑、光电显示、先进制造、智慧城市、航空航天、高端智能机器人等，还有大量的面对面沟通对话活动，如 200 多场论坛、沙龙、技术会议等，还有十分值得期待的教育与信息传播活动，如 70 名外国部长级官员、知名企业家、诺贝尔奖获得者等的演讲等。可见，主办方早已把这次的交易会当成了一次非常地道的公共关系活动了。

2）在鲜明主题指引下，安排全部的展示活动

第十九届高交会的主题是"聚焦创新驱动、提升供给质量"，以此为引领，主办方安排了各类展示活动。首先突出三个面向，进行三个展示，即面向世界科技前沿，面向经济主战场，面向国家重大战略需求，来充分展示近年来我国科技创新实力的重大飞跃，展示国家重大科技专项最新的进展，展示前沿领域、关键环节、核心技术，特别是颠覆性技术创新的重大突破。其次，把国家各部委的成果展示作为单列项目，设专馆进行陈列，如商务部以"科技兴贸，创新发展"为主题设立专馆、科技部组织科技创新创业成果展、工业和信息化部国际经济技术合作中心设立工业和信息化 5G 时代专题馆、农业部以"加快科技创新驱动，引领农业供给侧结构性改革"为主题设立专区、国家知识产权局设立知识产权成果展区和咨询服务区、中国科学院以"创新促发展，科技惠民

生"为主题进行专馆展览等。最后，把国际知名的创新企业、高校科技团队、投资公司以及中介服务公司等拉进展厅，像千里马竞技场一般体现深圳高交会的"技术风向标、行业风向标、创新风向标"的功能。

3）根据专业类别，进行分类展示

第十九届高交会专设 12 个专项展台，将千余项高精尖新品进行专业展览推荐，主要包括信息技术与产品展、节能环保展、智慧城市展、军民融合展等，集中展示新一代信息技术、高端制造、生物科技、绿色低碳、数字创意等领域最新的技术和最新的技术应用成果。这样的集中分类，十分符合公众的期望，令公众大开眼界，大饱眼福。

4）交易会成为新品发布会，科技普及会

第十九届高交会主办方没有把交易会开成一个大卖场，而是搭台唱戏，让参展企业走上前台，推荐自己，说明产品，讲解技术、普及科技知识，充满了浓浓的科技味道。如高交会上共有全球各类优秀企业举办 50 多场产品发布会、发布 1000 多项新产品、新技术，讲解包括机器人 3D 无序分拣系统、飞行机器人、红外隐身衣、智慧城市解决方案、柔性超快充放电池、无人驾驶技术等知识，充分发挥了极强的服务社会的色彩。同时交易会也搭建平台，促成各类交易的实现，帮助项目融资路演、配对洽谈、海外买家采购洽谈、国际展商商务考察等活动的开展，赢得了参展商的满意。

5）打开大门，接纳海外展商参展

第十九届高交会本着一贯的开放状态，规范接纳海外展团进会参展，提供投资推广和项目发布等服务，因而也促使大量的国外展商来到深圳，与中国的科技企业同台竞技，共同唱出一出交易大戏。从最后实际的交易会情况看，共计有来自 46 个国家及欧盟在内的 49 个外国团组参加了本届高交会，其中 27 个共建"一带一路"国家参展，有来自 102 个国家和地区的 59.2 万人次观众参观了主会场和分会场。[①]由此可见这次高交会的热度。

3. 效果评价

2017 年 11 月在深圳举办的第十九届高交会是否成功，数字已经做了最好的说明。全国 38 个省、自治区、直辖市、计划单列市（含香港、澳门、台湾、新疆生产建设兵团）均组团参展；27 所知名高校精心组织众多科研成果进行展示，95 个国家及外国团组参加。交易会共计 3049 家展商参展，展示的高新技术项目达 10020 项，涵盖了物联网、智能制造、人工智能、节能环保、AR/VR、互联网+、大数据、无人系统、智慧城市、航空航天、新能源、新材料、光电平板和现代农业等领域，有来自 102 个国家和地区的 59.2 万人次观众参观了主会场和分会场，专业观众人气指数达到 242，这样的盛况在高交会的历史上也是空前的。从媒体的报道来看，包括人民网在内的各大媒体也都对高交会的盛况做了及时刊载，主办方制作了专门的中英文网页予以全程、全方位信息发布，也让国内外公众对此有了及时、全面的了解。

---

① 喻剑. 第十九届高交会闭幕，观众累计达 59.2 万人次. http://www.ce.cn/xwzx/gnsz/gdxw/201711/21/t20171121_26956115.shtml（2017-11-21）.

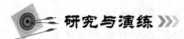 研究与演练

一、理论研究

（1）公共关系人员策划组织的展览活动时，应该如何发挥公共关系的作用？

（2）举办会议时，承办会议的组织应该在哪些方面体现公共关系的目标？

二、实践演练

（1）在参加学校或学院举办的重大会议时，注意观察哪些方面符合公关策划的要求。

（2）参加企业促销的社会实践，试着运用公关策划的手段，发挥独特的促销效果。

第十一章　危机型公关策划

第一节　公关危机特殊性分析

一、公关危机的形成

（一）公关危机

何谓公关危机？组织在遭遇某种危机的时候，引发公众对组织信任度与社会声誉产生巨大怀疑，进而导致组织陷入更大的生存困境之中，这样的危机，就是公关危机。公关危机是一种存在最为普遍的危机，组织或社会的任何不良事件都可能导致组织公关危机的发生，如自然灾害、人为诬陷或自身过失等。

（二）危机的一般类型

在组织的各种危机中，主要表现为以下三种类型。

1. 社会性伤害

组织在任何情况下都可能遭遇一些不可预知的危机，如地震、泥石流、雪崩、火灾、水灾、风灾、海啸、台风、火山爆发、雾霾、车祸、传染病、环境污染、战争、贸易制裁、法律新规、政治牵连等。这些突发情况对组织的打击可能是沉重的，甚至是毁灭性的，组织从危机中摆脱出来的难度更大、时间更长。

2. 他人诬陷

在某些时候，组织及其领导者可能会遭遇他人诬陷，使组织突然陷于被动或窘迫的境地。来自他人诬陷的情况主要有：竞争对手的陷害、过去宿敌的攻击、曾经员工的揭发、周边公众的流言、组织领导者的绯闻、媒体的捕风捉影等。这些事件引发的危机，有些可能很快能够通过澄清而化解，有些则可能导致组织遭遇巨大的压力，甚至破产，如组织领导者被害、企业产品被投毒、媒体的不实报道等。

3. 自身过失

在组织遭遇的所有危机中，最不应该出现的就是自身的过失。但是，由组织成员失误导致的危机却经常发生。例如，产品质量问题、工作人员态度问题、组织领导者言行不当问题、员工低水平工作质量问题、员工操作不当导致组织重大事故等。这些危机对组织造成的危害往往是致命的。如果组织在遭遇社会性伤害的同时，又因为自身失误而遭致他人诬陷，则这样的打击常会使组织难以招架，陷入绝境。

因此，危机对于组织来说，需要引起高度重视。

（三）危机转化为公关危机

当组织遭遇某种危机时，在什么情况下可以转化为公关危机？

严格来说，任何危机，只要影响到公众对组织声誉的评价，都可能瞬间转化为公关危机。但是，公关危机最常存在以下三种情况。

1. 组织成员与公众发生利益冲突

组织成员在操作或态度上的不当，造成与公众利益上的冲突，这样的情况在通过媒体报道后，最容易引起社会公众对组织的不满，也极可能迅即转化为组织的公关危机。

2. 组织领导者言行举止不当被媒体曝光

当组织领导者有不当的言行举止、被媒体捕获而曝光后，有可能很快被其他媒体大量转载，这样的负面新闻会对组织产生十分不利的影响，由此很快形成组织的公关危机。

3. 组织发生伤害公众的重大事故

如果由组织管理不当造成严重的伤害公众的事故，从而带来十分严重的社会影响，则组织的公关危机就与组织重大事故相随而来，组织曾经经年累月打造的好名誉，可能瞬间扫地，组织的重新崛起就变得异常艰难。

二、公关危机的特殊性

无论是国家、企业，还是任何一个单位，组织都有可能在某一时刻遭遇危机，当某种危机成为公关危机时，其表现出来的特殊性如下。

（一）对组织看法的改变

当组织发生重大危机时，大众媒体会连篇累牍地予以报道，组织长期以来打造的良好口碑会迅速遭到质疑，通过传播媒体，无数的公众会重新审视组织，并怀疑自己对组织的信任，对组织的评价很快会因从众而改变，不信其无、宁信其有地接受媒体的导引，对组织的全部行为产生怀疑，这样的信任危机比组织现实的危机更可怕、更深刻。

（二）对组织行为的抵制

面对组织的重大危机，公众会在产生信任危机的同时，自发地加入抵制组织的行动行列中去。例如，消费者不再购买企业产品，销售单位将企业产品下架，大量产品被退货，银行发生挤兑，大量学生退学，主要国家不与该国家发生任何贸易往来，游客不再光顾该景点，以及网上出现压倒性的舆论攻击，等等。特殊情况下，公众会自发地联合起来，向组织发起示威抗议活动，导致组织处于严重的舆论压力之下。

（三）对组织持久的排斥

在发生危机后，当组织费尽周折将危机挽救过来准备重新振作时，公众对组织的恶劣印象短期难以消退；即使危机过去，事情有所好转，甚至完全脱离了危机后，公众仍然会在很长一段时间里对组织的危机记忆犹新，甚至产生敏感性，几乎难以恢复到以前的好印象，这样的看法会导致组织的复出变得异常艰难。当然，如果组织处于垄断性或非市场化的环境中，那么危机后的重新崛起会变得容易一些。

第二节　危机型公关的策划

一、危机型公关策划的难度

危机型公关的策划，较之其他的策划来说，具有巨大的难度。

（一）危机型公关策划的事后性

日常型公关、交往型公关、公益型公关、庆典型公关、展会型公关等策划类型，均为事前策划，即在开展公共关系活动时，策划人员会进行长时期的酝酿与准备，公共关系活动是在组织精心策划与安排的情况下开展的。但是，危机型公关策划则一定是在事后策划与应对的——不论事前做过怎样的预防。这种事后性，增加了公关策划的难度，使策划处于条件设定、被动应对的不利局面之下。

（二）危机型公关策划的复杂性

危机型公关策划是在组织遭遇突发危机的情况下开展的公共关系活动，组织事前无法预料或预料不到危机的严重程度，危机发生后，组织常常容易陷入极度混乱与无序的状态。通过策划使组织尽快从舆论的攻击与信誉的危机中摆脱出来，是一件十分复杂而困难的事情，组织需要投入大量人力来查清问题、理清头绪，把事态扭转到有利于组织的方向上来。

（三）危机型公关策划的高投入性

在组织发生危机的时候，拯救危机需要巨大的投入，这也是在事前无法作出预算的，危机对组织生存的考验，让组织面临着是否不惜一切代价予以挽救的抉择，一旦确定全力挽救，就需要巨大的投入，这样的投入远高于平时一般公共关系活动的策划预算，对组织来说举足轻重。

（四）危机型公关策划与实施的同时性

发生危机后，公关策划与实施需要同时进行，策划人员不可能去从容策划，然后再开展实施工作，而只能是面对危机，快速策划并立即实施，实施中发生误差，再及时调整策划方案，保证实施的有效性，这是危机下公关策划的特殊性。

二、危机型公关策划的步骤

虽然危机的发生形形色色，组织面对危机应对的手段各有不同，但一般来说，危机型公关策划的常规步骤是基本一致的，具体如下。

（一）成立新闻传播机构

当危机来临后，出现的结果会令人震惊或诧异，公众与媒体迫切希望了解事情发生的具体情况，对组织来说，则不能惊慌失措、仓促应对。首先，组织要做的是尽快成立新闻传播机构，或者启动危机应急小组的信息传播机制，在最短时间制订应对危机的公共关系沟通方案。新闻传播机构的成立需要明确其工作的目标——为组织最高领导及新闻发言人服务，吸纳组织中与危机有相关性的部门领导参加，尽快会商危机应对之策。

面对危机，事情"是什么"，远不及"说什么"与"怎么说"重要。因为危机事件的发生会在极短时间导致遭遇危机的组织成为媒体关注的焦点，舆论会在发生危机的几个小时之内形成，如果组织保持沉默，舆论的导向会最大可能地指向负面评价，因此，在危机发生后组织通过认真研究，确定"说什么"与"怎么说"是拯救组织的战略举措。

新闻传播机构的成立在危机发生与解决的全过程中，都发挥着重要的作用。在这一时期，任何对外、对内的传播策略，都需要通过这个新闻传播机构来讨论与确定，任何人擅自决定传播的内容与表述的方法，都可能给组织带来巨大的不良反应，因此，对组织来说，新闻传播机构的成立及其工作，对组织摆脱危机，具有极为重要的意义。

（二）第一时间发布危机真相

危机的发生突如其来，应对危机需要极高的效率。危机发生后，组织必须要抢在他人猜测与谣言形成之前发布组织方面的真实信息。组织发布消息时间的延误，是失败公共关系的开始。由组织真实信息发布而形成的公众舆论，会极大地倾向于组织，否则，会形成负面的舆论。负面舆论极可能会置组织于死地。大量实践证明，公众的负面舆论才是组织遭遇的真正危机。对此，组织新成立的新闻传播机构应高度关注组织危机的详细情况，在第一时间将危机情况发布出去，丝毫不得懈怠。

危机真相的发布可以通过三种方式或渠道完成。

1. 紧急召开新闻发布会

在危机发生后的最短时间，召开新闻发布会，向媒体及公众发布危机的真实情况。组织的公共关系人员应该知道，在最短时间内将危机发生后遭受的损失与组织的现实情况如实公布是明智的，任何试图隐瞒或制造谎言的行为，都是极为愚蠢的；面对媒体任何对危机损失的矫饰、含糊其词，轻描淡写，也是十分不明智的。不要以为媒体或公众可以欺骗，这样的想法极可能导致自欺欺人、自取其辱的结果。

2. 委托重要媒体发布声明或新闻

如果组织认为召开新闻发布会的条件不具备，则可通过重要媒体在危机发生的第一时间向全社会发布组织危机的消息，消息的发布可以是新闻，也可以是重要声明。消息内容必须是真实可靠的，包含有具体数字与情况表述，并体现出组织对相关责任的承担与对受害方的深切关心，体现出态度坦诚、勇于担当的姿态。

3. 通过组织网站等形式发布

重大危机的发布，特别是组织自身失误而导致的内部危机，还可以通过组织网站或官方微博等来完成，也可通过在其他社会媒体上发布信息来告知公众。虽然网络带来了便捷的信息传播形式，但也要高度关注网络的灵活、多样性反应，以及网络信息覆盖的无情性。组织应设有专门人员回应网络质疑，对从其他渠道获得的组织危机信息，应有充足的资料来支持组织提供的危机事实，并快速反驳负面或不实的传闻，保证能够在危机发生后的第一时间组织发布信息的权威性。

（三）将事故的情况与调查的结果随（及）时公布

当危机事件发生以后，组织的传播人员要建立新闻发布的基本制度，每天或固定时间来发布新闻，因此，新闻发布会的举办就变得十分重要。组织应及时对外宣布所确定的新闻发言人、新闻发布时间、地点等，通知媒体参加，并安排信息采集人员能够保证在固定时间里提供具有新闻价值的信息。新闻发言人要具有应对媒体的经验，面对记者提问，要准备有翔实的事实资料来说明，不得以"无可奉告"来搪塞，更不能用具有个人感情色彩的表述如"不管你们信不信，反正我信了"等来应付。组织面对媒体的追逐，应本着实事求是的态度，坦诚地向全社会告知危机事件发生的情况与组织调查的结果，掌握舆论的主动权与事件的解释权，使组织在危机事件中处于有利的地位。

（四）直面媒体与公众——将公众与公共利益放在首位

在组织处理危机事件时，应有一个基本的价值取向，即直接面对媒体、直接面对公众。新闻发布会虽然创造了与记者面对面沟通的机会，但绝不是组织沟通的全部，而仅仅是开始。组织的相关领导及与事故有关联的责任人或处理事故的负责人，都要有面对媒体坦诚沟通的态度，都要准备随时接受媒体的采访、解答媒体的疑问、告知事故处理的有关细节以及所有记者想要了解的信息，而不能把记者简单推向新闻发言人了事，漠视记者的采访要求，或生硬拒绝记者的提问，最后导致记者只能以猜测或听信所谓"知情者""业内人士""旁观者"等的评论，传达对组织十分不利的信息；另外，危机事件的发生，往往会出现受害者，组织要在第一时间走到受害者及其家属的身边，承担起组织应有的职责，组织领导者要亲临现场，慰问受害人及家属，解答受害人及家属的疑问，抚慰受伤者及死难家属，尽组织之力把受害人、家属及社会公众的利益放在组织自身利益之上，在公众中构建起组织负责任的社会形象。

（五）策划沟通活动，增进公众对组织的了解

在策划危机型的公共关系活动时，具有挑战性的活动就是策划富有吸引力与影响力的公共关系沟通活动，使组织能够在公众高度关注的情况下，把组织的真实情况或"家丑"亮给公众，这既需要勇气，更具有风险，但敢于这样做，则最后的结果一定是能够让组织挽狂澜之既倒，转危为安。具有典型性的沟通活动主要有以下几种。

1. 参观日或开放日活动

当危机发生在组织的区域内时，不论是外在客观原因还是内在主观因素引起的危机，都可以在第一时间策划组织参观日或开放日活动，参观者主要是媒体记者，有时一般公众也可以参观，特别是涉及社区、顾客、消费者利益或社会公共利益时，也要主动邀请公众代表或社会民间组织（又称非政府组织[①]）代表参加。参观日或开放日活动的最大优势是，可以让媒体记者与公众亲眼看到事情的真相，这比连篇累牍的辩解说辞要有效得多，即所谓眼见为实。组织举行参观日或开放日活动需要把握的重点是，决不刻意地去修饰现场，而是完全真实地展示组织的全貌，对危机造成的灾害，要注意保护现场，把事实留给公众，让事实说话。

2. 面对面座谈（对话）会

如果危机发生的地点是在某一公共场所，如公路、机场、医院、学校等，则可以举办现场座谈会或对话会，组织主要负责人亲临现场，与受害公众面对面谈话，了解情况，听取意见，创造直接的接触机会，以增进彼此的认识，面对问题积极解决。召开座谈会或对话会的地点，应该要在事先调查过，现场应该有所修饰或布置，要制作必要的宣传物，努力营造坦诚沟通、真诚对话的氛围。

3. 领导者巡视活动

在危机发生的现场，组织领导者第一时间赶到事发地点，与受害者见面，慰问受害者，对受害者嘘寒问暖，表现出极大的关心之意，让受害者感受到组织直接的关怀与温暖；同时要了解灾情，指导赈灾情况。这样的沟通活动需要媒体的及时报道。当然，巡视活动也使组织领导者冒着极大的风险，因为灾难现场往往仍潜伏着新的危险，如地震后的余震、毒气泄漏后的残留、动乱后的不安定等，这是需要组织公共关系人员高度关注的。

（六）把事故处理结果告知公众，将组织责任负责到底

当危机趋向结束时，组织要注意积极地收尾。首先要继续保持定期将危机处理情况告知公众的节奏，尽管后期的信息会不断减少，但关于公众，尤其是受害公众的情况仍应及时向社会说明，显示组织负责任的姿态，甚至事情发生后的相当一段时间，如一年或两年后，仍然对组织妥善处理危机后的情况有所报道，有助于组织将不良的声誉扭转过来。切忌组织在危机后期置公众的利益与感受于不顾，草率处理后期事宜，努力摆脱自身责任、不顾及组织今后发展的需要，只做表面文章，以敷衍的态度应付记者，最终恐怕落得危机没有击垮组织，自己的拙劣表现导致公众的负面评价而将组织毁掉的结果，这是一定要避免的。

三、确立危机公关的处理原则

面对突发的危机事件，组织在开展危机公关时，要把握如下一些原则。

[①] 非政府组织（non-governmental organization，NGO）。

（一）组织声誉至上原则

组织公共关系人员应该十分明白，在处理危机带来的所有事宜时，都应该以保护组织声誉为最高原则，一切均服从于这个原则，任何与此原则发生的冲突，均应予以让步，而绝不能为了一时小利，牺牲组织的声誉。

（二）危机信息公开原则

危机发生后，一些不为人知的内幕往往被曝光，令组织处于十分尴尬的境地。为避免这种情况的发生，在应对危机事件时，组织应该以十分明朗的态度主动公开危机涉及的所有信息，绝不故意拖延、试图掩盖，甚至伪造事实，否则势必要为此付出沉重的代价。

（三）快速发布信息原则

危机发生后，信息发布最重要的原则是"快"，即第一时间将情况发布出去，抢在所有非组织信息渠道信息发布之前。信息的发布可以通过组织网站、微博、新闻发布会等形式。如果组织人员拖延发布甚至故作沉默，那么，组织遭遇到的一定是谣言满天、名誉扫地，真正的危机就形成了。

（四）直接沟通公众原则

当危机来临时，组织的全体人员应该以高度的责任心来面对公众，无论是组织的领导还是公共关系人员，抑或参与危机处理的人员，都应该真诚地面对公众，与公众进行面对面的沟通，倾听公众的诉求，绝不回避与公众的直接接触，积极地解决问题，把危机带来的负面影响稳稳地控制住，以赢得最快的起死回生的机会。

总之，面对危机公共关系十分复杂的情况，组织要本着一些基本的工作原则，冷静、有序地应对与解决，努力化危机为转机，将危机事件妥善地处理好，努力使危机成为组织今后更大发展的新转折点。

第三节　危机公关管理

一、树立组织危机下的公关意识

在今天，危机的发生虽然不是常态，但出现的频率较之以前是大大增加了，很少有组织能与危机绝缘。因而，危机意识已经在很多人的思想中确立。但是，危机发生后，面对危机应当如何传播，怎样来应对公众的质疑，这样的意识，很多人可能还没有明确而正确的认识。

（一）危机发生后第一时间的公关意识

一个组织中的每一名成员都是组织完全意义上的公共关系人员，这是"全员公关"的核心内涵。当危机发生后，组织的工作人员在第一时间应该怎样做？

1. 组织的每名成员应该意识到，挽救组织的声誉高于一切

当危机来临时，遭遇最大危机的，不仅仅是组织的财产，更重要的是组织在社会公众中的声誉。声誉是组织多年缔造的公众对组织及其产品的信赖，而长期优质品牌的产品对公众来说，已经构成了其日常生活中的一部分，一旦组织遭遇巨大危机，则可能导致相关组织（尤其是企业）的不良连锁反应，给大量公众带来一定的心理冲击，致使其产生心理恐慌与信任危机，严重的话还会带来一定区域内公众日常生活的紊乱。因此，危机的发生绝不仅仅是一个组织自身的事情。危机的发生并不可怕，可怕的是公众对组织信任的坍塌，维护组织的社会声誉，应该是危机发生后组织每一个成员都要明确意识到的问题。

2. 危机责任人员应该意识到，坦诚公布事实是最智慧的选择

危机的发生不以人的意志为转移，但正确应对危机却是危机责任人员必须高度重视与妥善处理的职责。危机责任人员要始终清醒地意识到，不论危机来自何方，坦诚公布事实是最为智慧的选择，去除谎言、公布真相是必须恪守的公共关系信条，绝不能在危机发生的第一时间，试图自作聪明地去掩盖事实，甚至销毁证据等。面对危机，自欺欺人等于自掘坟墓，组织的公共关系人员及危机处理的主要领导，一定要确立这样的意识：把真相公布，让公众知道发生了什么比其他任何事情都重要。

3. 组织公关策划人员要意识到，公众与社会利益高于组织利益

面对危机，公关策划人员要冷静地意识到，尽管危机受损的最大方是组织自身，但是在挽救危机时，关注公众利益与社会利益是组织应该首先做出的抉择，只有把公众的利益维护好，才可能谈得上组织自身利益的维护；只有为社会长远利益考虑，才能够让社会公众接受历经危机而伤痕累累的组织还是可以信任的事实。如果在危机发生时，组织强调自身利益，或者刻意去维护自身利益，那么，势必会看轻公众及社会利益，就会在危机的处理上，半推半就，不全力以赴，最终导致责任失守，令公众失望，被社会谴责。

（二）危机处理中的公关意识

1. 组织领导的沟通意识

在危机发生、组织面对要立即处理的复杂局面下，组织领导应确立十分明确的公共关系沟通意识，即面对媒体与公众，积极地迎上去，主动沟通，不回避问题，不逃避责任，将事故发生的真实情况向社会公布。在这种意识的指导下，组织领导才能够去指示组织的公共关系人员具体落实与公众沟通的事宜，安排组织的全体人员，面对危机，正视危机，给社会公众一个明朗、诚信的良好印象，以便在危机中寻求生机。如果组织领导没有公共关系的沟通意识，则危机下的组织可能做出错误的选择，新闻发言人在媒体面前就会躲躲闪闪，语焉不详，受到暗示的组织公共关系人员与其他内部公众，就可能做出逃避责任、隐瞒真相的行为，给社会公众留下的印象就会对组织极为不利。

2. 组织公共关系人员的新闻意识

在组织处理危机的过程中，公共关系人员要随时注意新闻稿的撰写及新闻的发布，确立鲜明的新闻意识。危机的发生，会激发媒体与社会公众对组织的极大关注，组织公共关系人员应在第一时间向新闻媒体提供新闻稿并发布新闻。这是基本的公共关系应对反应。如果组织的公共关系人员自己不去撰写新闻稿、不主动发新闻，则新闻记者就会利用自己的渠道或处理问题的方式去撰写新闻，那么，组织的公共关系工作会陷于被动，组织的话语权就可能丧失，对新闻事件的报道有可能失实，其后果则难以预料。

3. 组织接待人员的信息反馈意识

在危机发生时，大部分情况下会出现一些伤亡情况。当处理这些伤亡人员时，组织需要配备一定数量的接待人员参与其中或全程介入，组织的接待人员应该有十分明确的信息反馈意识，有关伤亡情况的任何变化，都应该在第一时间向组织的决策层反馈，并在之后的过程中，随时向上级报告伤员与死难人员的情况，绝对不能隐瞒实情或延误报告，因为这样的反馈对组织的正确决策发挥着至关重要的作用。组织接待人员的这种公共关系意识，直接影响到组织危机发生与处理中公众对组织的印象，也最终决定了组织能够尽快从危机中求得生机。所以，反馈意识是组织的接待人员必须要具备的。

（三）危机结束时的公关意识

1. 组织对公众的尊重意识

当危机面临结束的时候，组织的全体人员应普遍确立对公众尊重的意识，即公众至上，对公众的各种善后要求要在法律与道义的范围内予以最大限度的满足，把危机善后的事情做完整。绝对不能在危机结束的时候，轻视公众的利益，认为危机已经处理完毕，该赔偿的已经赔偿了，其他的事情与组织无关，从而对公众最后的利益诉求于不顾，草草收尾，让人觉得虎头蛇尾。如果没有尊重公众的意识，最后会给公众留下这样的印象：组织在前期的种种承诺与表现仅仅是在媒体上作秀而已，并没有真正把公众的利益放在首位。如果是这样，则可能导致组织前期的公共关系工作前功尽弃，是非常危险的。

2. 组织经营的长远意识

在妥善处理危机之后，组织的每一个人员都要意识到：危机的发生对组织是一个重大考验，组织之所以倾其全力挽救危机，是因为组织的发展是一个长久的事业，不是一个短期谋利的过程；每个成员都应该与组织的经营者一样具有长远的意识——组织在挽救危机时的每一个行为，都是为了组织长远的经营与发展，而不是仅仅为眼前利益考虑；组织遭遇的危机是经营发展中可能迟早会遇到的问题，危机已经不是例外；对公众负责、对社会负责，这是一个组织健康发展必须具有的职业品德。组织只有确立长远眼光、长远意识，才有可能战胜危机，在发展中走得更久，否则，面对危机，目光短浅，必然不堪一击。

3. 组织发展的品牌意识

通过危机的挽救过程，组织恰恰可以教育全体员工更加懂得珍惜组织的品牌，确立牢固的品牌意识。通过危机的洗礼，所有成员应该认识到：在组织品牌打造的过程中，经历风雨是一种正常现象，只有在这样的过程中，品牌的确立才更显得不易与珍贵，品牌的保护是要付出昂贵的代价的，任何对品牌的不负责任的行为，都可能导致组织陷于危机之中，而重新赢得公众对品牌的认可，需要组织全体人员以高度的责任心来呵护与争取。由此组织的全体成员才能在心中确立起至高无上的品牌意识。

二、建立公关危机的预警机制

有效地应对公关危机，最好的办法是防患于未然，提前准备应对危机的预防措施。危机公关的策划，是公关策划中唯一事后策划的类型，事后策划的仓促性与被动性是导致危机公关难以周全的重要原因。因而，建立一套预警机制，有效地防范公共关系危机的发生，是一个十分重要与必要的问题。

建立公关危机预警机制至少需要有以下三个系统。

（一）建立环境信息监控系统

对于一个组织来说，要将危机控制在萌芽阶段，就要对组织生存与发展的社会环境有一个基本的信息监控。组织应建立起对所处环境的信息监控管理，在任何时候都能够对组织的内在环境与外在环境有清晰的了解。因此，组织的公共关系部门要定期开展对所处环境的调查与反馈工作，及时收集组织的内外各种信息，设立信息库，调查、统计分析组织的各方面信息，系统分析可能影响组织生存与发展的多方面因素，将潜在不利的因素及时向组织决策层汇报，提供相应的参考数据，及时引起决策层对可能发生危机的警觉，以便提前制订相应的防范措施。

1. 内部重要信息监控

组织公关部要对组织内部的所有情况进行信息收集，尤其是特别容易发生危险的重要职能部门，要建立定期的信息收集与分析机制，同时对内部员工的各方面情况进行全面的调查，对组织领导者的言行进行必要的了解或建议等。

2. 外部信息监控

组织公共关系人员对与组织有高度相关性的合作伙伴或公众要进行信息的调查，随时了解与分析重要公众的基本情况；对与组织有密切关系的公众，要建立即时信息反馈制度，消除投诉公众或意见领袖的极端情绪反应；随时了解与组织有合作意向的公众情况，发现新情况及时反馈。

随时了解社会可能存在的各种危险因素，如自然灾害、事故灾难、公共卫生事件、社会安全事件等。

（二）建立日常信息沟通系统

在组织内部，应建立一套完整的日常信息沟通机制，保证信息的发布与反馈流畅而及时；在发现问题时，应能够在第一时间将问题反馈至组织的决策层，使组织的决策层在最短时间内了解到基层的一些重要变化，以便及时调整计划；同时，要保证基层人员在收到组织的重要信息时，及时做出必要的反馈，培养自觉沟通意识。

组织信息的沟通，重要的不是发布及传达信息，而是反馈信息，组织应尽量建立较少的层级关系，保证信息的快速流动，对于重要的信息，特别是可能具有重大隐患的信息要做到在最短时间里送达组织的决策层。

内部信息沟通一般有以下两种渠道。

1. 正式沟通渠道

在一个组织中，正式沟通渠道往往有由上而下的信息传达与由下至上的信息反馈。

1）由上而下的信息传达

这在组织中是十分正常的信息沟通方式，主要通过组织的文件、报纸、杂志、网站、广播、电视，领导者个人微博、手机短信、电子邮件、微信朋友圈等渠道传达。信息传达的速度快、覆盖面广、效率高，但是大部分情况下效果不好。因为组织中有很多人对正式渠道的信息常常不去仔细了解，仅借助于道听途说、他人转述，对组织信息的知晓容易陷入片面与浅显。因此，内部员工对组织重要信息的忽略常常成为内部危机的温床。

2）由下至上的信息反馈

在一个组织中，对正式信息的反馈需要专门人员的收集整理。今天，内部公众对组织正式渠道发出的信息反馈主要有座谈会、员工投诉、领导谈话、手机短信回复、电子邮件回复、微信回复等渠道。但这些反馈并不是十分充分，有些意见也未必真实，在收集整理信息时要注意甄别与核实。

2. 非正式沟通渠道

非正式沟通渠道也分为两个方面：信息的传播与信息的反馈。

1）信息的传播

非正式沟通渠道信息的传播一般范围很小、速度较慢，但效果很好。其主要形式有领导与员工聊天、部门负责人对个别员工进行政策解读、领导者实名微博信息发布、手机短信回复等。对一些信息发布部门来说，如果善于运用非正式沟通渠道进行信息的快速传播，常会有较好的传播效果，如在 qq 群、朋友圈、群发短信平台等渠道中，以活泼生动、图文并茂的形式把信息解读清楚、提醒明白。

2）信息的反馈

通过非正式渠道获得的信息反馈，虽然意见零散、信息量有限，但真实度高、价值大，对政策的调整与内部公众意见动态的把握有很大帮助，有利于及时发现一些潜在的危险因素，便于组织防患于未然，未雨绸缪。在现代传播技术发达、信息传播手段多样的条件下，信息的反馈可以更加精准地获得，这为公共关系人员进行信息传播的管理带来了较大的便利。

（三）建立危机信息发布系统

组织在日常管理工作中，应该设立危机信息的发布机制，以便对于任何可能的危机情况及时予以危机的预告，并保证危机到来时信息发布的及时与通畅。

建立危机信息发布系统重点要明确的一般是以下几点。

（1）危机发生的第一时间，组织的新闻发布人员的常规反应机制；

（2）如何设置统一的新闻发言人；

（3）一般工作人员在危机发生后应该如何面对新闻媒体的采访；

（4）具体负责新闻稿写作的人员有哪些；

（5）一般的危机新闻稿如何撰写；

（6）如何应对新闻记者的非正式采访；

（7）新闻发布会如何召开。

在危机信息发布的管理机制下，这些工作均需要事先演练，相关人员需要提前培训，全体员工需要日常教育，组织上下全体人员需要有居安思危的警觉意识与自觉维护组织声誉的公共关系意识。

案 例 观 摩

（一）知识要点

政府危机公共关系是指政府面对目标公众的突发性排斥或强烈反对活动而采取的有效的传播与沟通活动，借此重新赢得公众的好感与信任。如果对于危机防范应对不到位，带来的伤害或社会损失往往是巨大的，公众对政府的信任会在较长时期难以恢复。

（1）政府应对危机的根本是信息沟通以及快速公开，只要做到这一步，危机的挽救就步入了正确的轨道。

（2）政府在处理危机事件上，非常需要有诚意，最大的诚意体现在扎扎实实的行动上。公众对政府的危机挽回是从对政府的行动上获得的，而不是口头承诺。

（3）政府对危机事件的处理最忌讳的是随意出动警力，试图以暴力压服，这样容易招致的最大可能就是群体性的强力反对，极易导致肢体冲突的发生。

（4）政府对危机事件的彻底化解需要耐心、扎实、有效的教育与传播工作。政府的承诺必须切实履行，即不仅要让公众听得到领导的"保证"，还要扎扎实实看得到，感受得到具体的行动。如此，政府才能把传播解释工作做到实处。

（二）案例介绍

杭州破题"邻避效应"

"邻避效应"，这个曾在多地引发问题的大难题，在浙江省杭州市得到了有效破解。

记者深入一线采访得知：余杭区中泰垃圾焚烧项目目前进展顺利，今年（2017年）下半年将投入点火试运行。杭州能有效化解这起备受关注的事件，走出困局，源于把人民利益放在第一位的执政理念。

"好是好，但不要建在我家后花园。"——人们把当地居民因担心建设项目对身体健康、环境质量等带来负面影响，而采取集体反对的行为称为"邻避效应"。

随着城市发展和人口增加，杭州与其他城市一样，近些年面临"垃圾围城"窘境，同时也碰到了这样的问题：专家反复论证认为建立垃圾焚烧厂是解困的最佳途径，但周边群众却争议四起。

2014 年 5 月，中泰垃圾焚烧厂项目选址曾遭到余杭区中泰街道一带群众反对。

如何化开不信任的"坚冰"，打破项目停滞的僵局？杭州采取的措施是充分尊重群众意愿、以群众利益为准绳。

省、市主要领导均郑重承诺："项目没有征得群众充分理解支持的情况下一定不开工！没有履行完法定程序一定不开工！"

与此同时，对新形势下如何做好群众工作，他们展开了新探索：不是用简单行政命令，而是依靠耐心细致的群众工作，用事实去说服教育群众。

2014 年 7 月至 9 月，中泰街道共组织了 82 批、4000 多人次赴外地考察，让群众实地察看国内先进的垃圾焚烧厂。"不看不知道，一看放心了。"现身说法，让群众一个个打消了先前的顾虑。

群众的"健康隐忧"要对症下药，"发展隐忧"更要化解。为了提升群众的获得感，杭州市专门给中泰街道拨了 1000 亩的土地空间指标，用来保障当地产业发展。

区里还投入大量资金帮助附近几个村子引进致富项目，改善生态、生产、生活环境。

中泰垃圾焚烧项目现在成了"惠民工程"，一批批项目争先恐后在这里落户，群众真正尝到了甜头。以前，人们争着往外迁，现在则是争着往回迁。仅小小的中桥村，已回迁 200 多人。

资料来源：王慧敏，江南. 新时期群众工作新探索 杭州破题"邻避效应". 人民日报，2017-03-24：01 版.（题目及内容有改动）

（三）案例评介

1. 问题提出

政府如何处理危机事件？这对很多地方政府的工作人员来说是一个比较头疼的问题。危机事件因为发生突然，参加的人员社会层面广、人数多，媒体关注度高，公众表现出较高的正义性，处理起来十分棘手。其实，危机的发生往往有较长的蓄积期，根本上来说是信息的不公开或不通畅引起的，公众有误解或反映的问题迟迟得不到解决。

处理危机事件，最重要的要注意两点。

（1）不要试图以武力压服，随意动用警力往往容易激化矛盾，带来更大的社会混乱和公众对政府声誉的毁灭。

（2）不要试图以语言来化解公众被激怒的情绪，如领导者出面解释、道歉等，最有说服力的是行动。政府要快速采取行动，解决公众最关心的问题，把事情做到公众期望的点上，这样才能让恣意挑事者失去市场，让公众回归理性，将矛盾彻底化解。

2. 策划精要

"杭州破题'邻避效应'"案例登载于 2017 年 3 月 24 日《人民日报》头版最醒目的位置上，并在当天的 19 版整版刊登了记者调查《杭州解开了"邻避"这个结》的文章。可见这个成功的公共关系案例所引起的全社会的高度关注。这个案例十分值得推崇！

2014 年 5 月，杭州市余杭区中泰街道一带群众反对中泰垃圾焚烧厂项目选址，之后垃圾焚烧厂推迟建设。问题的解决主要是通过以下几个步骤。

1）做好基层干部工作

在危机事件的处理中，基层干部是最重要的纽带，他们对信息的有效传播，是最有效率的公共关系工作。基层干部把工作做好靠的是通畅的解释与扎扎实实的行动。在这个案例中，杭州市政府首先让街道干部去了解情况，实地考察，眼见为实，现身说法，把结成死结的扣子变松动。第一轮试点考察，街道干部和当地 12 个村的村党委书记、村委会主任先去。"不看不知道，一看放心了。"干部用现身说法的方式感染群众，终于，有部分群众鼓足勇气跟着考察组走出了家门。

2）以实际行动使群众感受政府诚意

案例中提到，2014 年 7 月至 9 月，中泰街道共组织了 82 批、4000 多人次赴外地考察，垃圾焚烧发电项目周边的 4 个核心村，80%的农户都有人参加了考察，大家在江苏省苏州市、常州市等地的垃圾焚烧发电厂，挨个生产环节走下来，用群众的话说，就是"跟自己切身利益有关系，得角角落落看仔细"，通过考察，群众发现原来自己对反对的事情其实有误解。通过这样的沟通工作，政府的诚意一目了然，大家心中的"结"逐渐化解。

3）以对话会解开心中疑问

在大部分当地群众对政府的垃圾焚烧项目基本了解后，政府及时召开了中泰垃圾焚烧项目答辩会，彻底解开积存在群众心中的最后的疑问，"村民代表的问题一个接一个，像垃圾存哪里、怎么烧，二恶英和飞灰怎么控制、怎么处理，方方面面问个底儿掉"[①]，而政府工作人员对问题的解答也个个不落，明明白白给大家交底，让大家心里踏实。这样，准备搬迁的不搬了，原来不打算装修房子的开始装修房子了，一个星期内，老坟全部搬迁完毕，当地村民见到村干部时竖起了大拇指，认为这个项目引进得好！这样的转变简直不可想象。

4）以惠民举措赢回公众信赖

杭州市政府做通当地群众的工作后，仍然没有就此止步，而是把这项惠民工程做到了好上加好。首先杭州市政府专门给中泰街道拨了 1000 亩的土地空间指标，用来保障当地产业发展，项目所在地的余杭区政府启动美丽乡村计划，投资 20.8 亿元，在附近几个村子打造一片城郊休闲"慢村"，还决定投入 1.4 亿元，为垃圾焚烧厂所在的中泰街道实施117项改善生态、生产、生活环境的实事工程。当地群众有了实实在在的获得感。

5）发动社会力量带给公众实惠

杭州市政府以长远眼光关注中泰垃圾焚烧发电项目，他们不仅投资推动当地环境的全方位升级，还积极招商引资，带动社会力量发展当地旅游经济，让中泰垃圾焚烧发电项目成为真正的"惠民工程"。在项目启动开始后，一批批相关的其他项目争先恐后到这里落户，如房车营地、山顶酒吧、自行车俱乐部、精品民宿、亲子主题公园等，当地公众看到的是满满的未来希望，感受到的是真心欢喜的实惠。此后政府还要把这个项目变成为开放式的环保科普教育基地、工业旅游基地以及循环经济示范基地。

---

① 王慧敏，江南. 杭州解开了"邻避"这个结. 人民日报，2017-03-24：19 版.

6）事后反思推进民主施政

有错就改，有问题就解决。这个案例最难能可贵的就在于，杭州市政府以及各级基层政府勇于从事件中吸取教训，快速调整工作方法，把民主施政工作贯彻开来。尽管这件事情已经很好地解决了，但其中的教训必须要汲取与牢记。当地政府从事件中获得的最大教训是今后要"有话敞开说清楚，有事大家商量着办，才能不留下后遗症"①。2014 年 5～11 月，政府先后选调 1000 多名机关干部进村入户走访了 2.5 万多人次，搜集了大量有关建议，真心实意要把垃圾焚烧项目这件事办好。之后，项目建设工作让群众深度参与，水文和大气检测等检测点设在村民院子里；环境监测数据和细节第一时间公布；成立群众监督小组，村民只要到村里登记，就可以戴上"监督证"，进项目工地实地察看；组织村民现场监督地质勘测、进场施工等重点环节，用公开透明打消群众顾虑，赢得公众支持，最终保证垃圾焚烧厂工程顺利、高质量地完成。

3. 效果评价

在面对问题时，杭州市政府不是采取回避的方式，见事就躲，而是迎难而上，把公共关系工作做到位，以极大的诚意与令人赞叹的行为，赢得了群众观念的转变和行为的转向，把负能量变为了推动社会进步与美好的正能量，这样的举措进行得丝丝入扣，环环推进，既有高屋建瓴的规划，又有精确到住户的设计，赢得了公众的真心支持，让承建方、当地公众、全社会均从中受益，实在值得点赞！《人民日报》头版刊登的这一案例给了所有面临此类困境的各地政府部门一个极好的范例，值得好好学习！

研究与演练 »»»

一、理论研究

（1）当组织遭遇公关危机时，公共关系人员应该具备怎样的素质？
（2）管理公关危机时，应该让全体员工明白什么问题？

二、实践演练

（1）模拟公关危机后的记者招待会，感受来自媒体的压力。
（2）关注媒体上的危机事件，了解对方是怎样应对公关危机的。

---

① 王慧敏，江南. 杭州解开了"邻避"这个结. 人民日报，2017-03-24：19 版.

第十二章 公关策划人才培养

第一节 思想道德修养

公关策划人员在一个注重公共关系管理的组织中是极为重要的工作人员。他们的策划思路与方案的形成，依赖于长期坚守的职业道德规范素养与深厚的专业能力。只有具有高尚道德修养的人，才能站在组织全局的战略高度，策划出对组织的生存与发展、对社会公众的生活、对社会文明的推动有重要影响的高质量公共关系方案。自公共关系职业诞生之日起，注重道德修养并自觉坚守成为公共关系从业人员必须时刻清醒恪守的信条。"公关之父"艾维·李早在一百多年前就提出"说真话""公众必须被告知"，爱德华·L. 伯内斯在 1923 年也提出："如是而观，我们必须清楚，公共关系顾问必须遵从与其合作的新闻媒体的最高道德标准和技术要求。否则，他不可能成功。"[①]直到今天，这些提醒仍然放射着强烈的警示光芒，指引着一代又一代公共关系人员在从业的道路上谨记职业道德，恪守职业规范，努力成为社会上维护声誉、树立品牌的典范。因此，作为一个公关策划人员，首先需要培养的是良好的道德修养。

一、确立正确的价值观

价值观是一个人判断与评价个人、自然、社会公共事务等几乎所有问题重要性程度的全部指导思想。人在清醒状态下的任何行为决定都受到价值观的影响。价值观指导着一个人在社会上行为选择的取舍。正确的价值观使一个人做出符合社会道德规范的行为，受到社会的赞赏与尊重；错误的价值观会使一个人变成唯利是图、损人利己的坏人。在一个健康的社会制度下，正确价值观会得到弘扬，奉行者会获得极高的社会回报，错误价值观指导的行为会受到社会舆论的谴责，并遭到社会的唾弃与惩罚。总之，一个人价值观的修养对社会的文明进步具有极为重要的意义，它是一个人全部素质的内核。具体到在开展公共关系调查、设计公共关系活动主题、策划公共关系活动时，以正确的价值观为指导，积极阐释组织优秀的文化内涵，确立高尚的公共关系活动理念，主动把高尚的价值观，转化为组织的理想追求，才能策划出对社会有益、对组织有利、受公众欢迎的公关策划方案。在正确价值观的指导下，传播组织的经营思想，与公众交流组织的精神追求，扩散组织正确的工作理念，可以有效帮助组织高效率地实现公共关系活动目标。

作为组织公关策划人员，树立正确的价值观，至少应该遵循以下三条。

（一）大处着眼，国家利益高于一切

公关策划工作，虽然是立足本组织的利益来谋划实现公众对组织的了解与信任，但最终达成的公共关系目标却是令全社会受益。因此，公关策划人员在思想修养上，要注意大处着眼、小处着手，心中装着公众利益、政府利益、组织利益，深刻清醒地认识到国家利益高于一切，组织利益的追求必须兼顾社会利益与公众利益，面对一些利益上的诱惑，公关策划人员必须清醒地知道，忠于国家、忠于公众比忠于组织更重要，在任何情况下，都不能做背叛国家利益、公众利益的事情。例如，在信息传播中，要明大理、懂是非，不能以组织利益侵害公众利益、以个人利益侵害集体利益；不能接受客户的贿赂，对真相保持沉默；不能编造假新闻，发布假信息欺骗公众；不能采取不正当的手段去抹黑竞争对手，操纵舆论；不能在危机发生的情况下，隐瞒真相、编造谎言。公关策划人员要时刻遵守职业道德，为人光明磊落，做事坦坦荡荡。平时注意认真学习先进和正确的思想理论，加强自身道德修养，才能在为组织开展公关策划活动时，向公众展示高尚的主题思想与行为表现。

（二）先人后己，达人而达己

公关策划人员是组织声誉的传播者与维护者，所作所为均以组织的面目出现，某种程度上也是组织的形象大使。因此，工作中要能够有较高的觉悟，遇事先人后己，做事高风亮节，不论是在工作上还是在生活中，都要勇于助人为乐，积极帮助他人，在不影响自身利益的前提下，能帮人时且帮人，努力奉行"己欲立而立人，己欲达而达人"。因为帮人就是帮自己，这种付出同样也是索取——获得助人的快乐与他人的信任。只有这样，公关策划人员才能培养出宽阔的胸怀、悲悯的心态；心怀天下，顾念他人，才可能拥有远大的志向和高远的视野，策划出立意深长的公共关系方案。公关策划人员千万不要为人处世自私自利，见死不救，本来可以举手之劳随手助人，却吝啬救助，没有怜悯与同情之心，对人与社会冷漠无情，最终结果必然是孤僻、狭隘，在策划公共关系方案时，难以获得具有大气度的方案。在多元价值观的环境下，公关策划人员一定要具有较强的判别力和正确的价值取向，努力分辨清浊是与非，清醒判断出好与差，秉承社会正向的价值观念，不信邪，不走歪门邪道，始终拥有积极向上的人生观，为成为优秀的公关策划人员打下良好的基础。

（三）以义取利，舍生取义

作为一名身在职场的工作人员，在做事取舍之间，不可避免地要涉及利益的问题，而利益的取舍均包含着"义"字的考虑，即"利"的取得"当"与"不当"。古人曰"天下熙熙皆为利来，天下攘攘皆为利往"。每个人生于社会，谁都离不开物质利益问题，但面对利益，人与人之间却有天壤之别。这一差别就是对"义"的理解与判断。人们常说"君子爱财，取之以道"，这里的"道"与"义"是比较相近的。对公关策划人员来说，对自己道德的修养，实际是提升对"义"的认识，只有把"义"放在取利之前，才能成为一个有德的人、一个有较高素养的人，甚至在无法义利皆得的特殊情况下，能够舍利取义，直到舍生取义才是为人应有的气度。公关策划人员在为本组织进行公共关系活动的策划时，实际上既是一种利益的付出——以公共关系的公益活动赢得公众的了解与认可，更是一种利益的索取——为所在组织营造一种良好的生存与发展环境，因此公关策划人员只有培养自己高尚的道德修养，才能使组织策划的方案更具道义，才能够为社会公众奉献更高的大义，组织的公共关系目标才能实现。对于组织来说，正确价值观的培养是一项十分艰巨的任务，组织要通过长期不懈的教育使每一个策划人员从内心逐渐形成正确又比较相近的价值观，在制度设计时应以高尚的目标导引和以严格的行为规范来影响组织策划人员的价值观，在开展策划活动时，应以正确的价值观作指导，努力使推出的策划方案对社会文明进步有积极的推动作用。

捐款 5000 万，凭什么火的是鸿星尔克？

"请大家理性消费，不要刷礼物！"女主播不停地喊，网友却完全不理会，自称要"野性消费"！而这个被大家呐喊着不要"理性"只要"野性"的品牌，就是前两天因 5000 万捐款爆红的鸿星尔克。

"我没有 5000 万，但我有 5000 块。"

"只要你是鸿星尔克，我就狂买！"

现在，只要你随便点开一个鸿星尔克旗下的直播间，评论区都在刷，"支持国货""良心企业""买它"！

鸿星尔克官方直播间也被网友挤爆，网友的评论点赞下单等互动行为直接把品牌送到了抖音直播带货榜单第一的位置，销售额更是一路水涨船高。截至今早，飞瓜数据显示，在抖音连续直播近 48 小时后，鸿星尔克 3 个直播间的累计销售额超过 1.3 个亿。此外，它还创造抖音直播间的历史最高点赞纪录：3.5 亿！有关直播间"野性消费"的梗，变成了多个版本，在朋友圈刷屏。在微博，#鸿星尔克的微博评论好心酸#的阅读量超过 8 亿，#鸿星尔克立志成为百年品牌#的阅读量接近 1 亿。不仅如此，护崽心切的网友还给没啥钱充会员的鸿星尔克官方微博充了整整 10 年的会员！紧随其后，还有不少网友陆陆续续在给鸿星尔克官方微博充会员。

或许鸿星尔克还不够完美，但它值得被人们看到。

很多人都说鸿星尔克这次之后肯定"前途无量"，然而其爆红的背后，是这个老牌企业，一直以来"向善"的社会责任感。或许是因为掌门人身上的温良，或许是公司创业初期遇到过洪水，鸿星尔克更能明白灾难带给人民的痛苦与不易。事实上，此次河南 5000 万的捐款，并不是鸿星尔克第一次做慈善了。早在 2008 年，鸿星尔克就为地震灾区人民捐赠了 600 万。每一年，它们都默默关注着灾情，帮助残疾人和贫困地区的人们：与福建省残联基金会携手，捐赠了超过 2500 万元的爱心物资；向甘肃省捐助了价值 350 万元的物资，惠及 30 个县 5000 多名残疾人；向中国残疾人体育运动管理中心定向捐赠了价值 2000 万元的服装，其中 300 万元的捐赠定向用于从事残疾人体育运动的裁判员和志愿者；向福建省残疾人福利基金会捐赠 6000 万元爱心物资；向中国残联捐款 1 亿元；捐赠 1 亿元物资用于扶贫助残……历年来，这个不被看好的国产品牌，共捐了近两亿元的物资。

2010 年，由于某种原因，鸿星尔克的股票于 2011 年 2 月 28 日起停牌交易至今。到 2015 年，其更是因为一场大火，烧毁了近一半生产设备。

此后，"To Be Number One"的广告声音就越来越少，鸿星尔克也在国潮品牌中彻底掉队。一家企业想要长期向前发展，主要靠的还是产品实力。

目前，鸿星尔克最深耕的还是三线以下的市场，但未来，相信我们一定会在更多的城市看到鸿星尔克的身影，听到那句熟悉的标语——"To Be Number One"。同时希望越来越多的国货崛起，越来越多的企业走出真正的中国品牌。

资料来源：唐伯虎. 百万网民的"野性消费"，凭什么火的是鸿星尔克？http://finance.sina.com.cn/tech/2021-07-25/doc-ikqciyzk7471862.shtml (2021-07-24). （内容有删节）

二、具有高瞻远瞩的视野

组织的公关策划人员，在思想上具备正确的价值观后，在认识问题方面还要有高瞻远瞩的视野，要站在组织长治久安的高度，为组织谋划长久的生存发展路径。公共关系事业是组织一项需要长期经营的事业，绝非短期就可以草草了事。虽然每一项公共关系活动都是独立开展的，但是，公共关系活动之间都有着内在的关联，并对组织有长远的影响，因此，组织公关策划人员应该在平时就培养开阔的心胸、远大的抱负、长久发展的理念，以保证组织基业长青的指导思想来悉心谋划公关策划方案。

（一）站在组织未来发展的高度看问题

高瞻远瞩的视野是组织公共关系人员基于对组织所在环境的了解与对组织未来发展的科学预测来获得的，组织及其公共关系人员平时要注意培养全局意识，要对组织的社会生存环境有及时的、全面的了解，要能够以俯瞰组织全貌的视角来考虑组织的公共关系活动，将每一次公共关系活动与组织前后期开展的公关活动构建起有机的联系，以长远的眼光来思考组织公共关系活动的意义。只有从这样的角度来培养公共关系人员，才能真正提升组织公关策划人员的素质。

（二）站在公众利益最大化角度看问题

公共关系的对象是公众，公关策划活动重点是针对公众而展开的。因而，公关策划人员平时应培养看待问题的公众角度，考虑问题注意从公众利益的角度出发，正确认识公众对组织的利益诉求，努力实现公众利益的最大化。组织在公共关系活动中，只有满足了公众利益，才可能实现组织利益的满足。因而，在认识问题、思考问题的角度方面，不论是身处组织立场，还是作为公关公司为客户做策划，都要善于以开阔的视角把公众纳入重要的考虑对象中。

（三）站在社会健康发展的视野看问题

作为组织的公关策划人员，不仅要有正确的价值观做指导，以高瞻远瞩俯瞰组织全局的视野来思考问题，而且还应该承担心忧天下、以关照人类未来的远大理想承担深刻忧患社会未来的责任。因为公关策划人员在制订策划方案时，不只是仅仅为组织的发展打造良好的环境，而且，还要自觉担当起为社会良好生存环境做出贡献的责任。组织发起的每一个公共关系活动，不是去影响有限的公众，而是无限辐射到全社会，组织作为社会公民的一员，其行为具有极大的社会意义，因此，组织公关策划人员必须要具备大社会的理想，立足于所在组织，心想着全社会的未来命运，以组织微薄之力，为构建所生存的理想社会做出贡献。这种理想看似有些宏大，实则十分现实与具体。

组织及其公关策划人员要在平时注意培养这样的理想观，把为组织、为公众、为社会、为人类统筹考虑，为实现这样的理想，要脚踏实地地把公关策划方案做好。大社会理想的树立会为公关策划人员带来理念上的进步，使之增强使命感，获得创意的激情，策划出优秀的、获得社会公众认同的公共关系方案。

三、拥有严谨自律、独立思考的操守

道德的修养主要依靠自律，公关策划方案的形成也依赖于极为严谨的工作作风，因此，要形成高质量的策划方案，公关策划人员平时要养成严谨的自我约束习惯，在言行举止方面要符合社会道德规范，注意礼仪细节的周到，把高尚的价值观、广阔的视野凝练内化为工作与生活中的言与行，成为一个高尚的人、纯粹的人、有远大理想和关爱人类未来的人。

（一）清廉自洁的职业信仰

在专业生涯的过程中，每一个人都应该有一些职业信仰，并始终不渝地忠诚于它。公共关系从业人员必须要确立清廉自洁的信念，不论在任何情况下，都要清清白白做人，干干净净做事，在组织中、在客户面前，不行贿更不受贿，做事公正、公平、公开。尤其是面对陌生的芸芸众生，更要本着实事求是的态度，说真话、办公平事。只有形成清廉自洁的高尚职业信仰，才能够在同行中行得正、站得稳、立得久。

（二）独立思考的从业守则

公关策划人员应该具有冷静的批判精神，不盲从潮流与权威，对各种思想与创意有基本的批判态度，能够通过自己的思考，进行独立的评判，并本着认真负责的态度，去伪存真、去粗取精，努力形成优秀的公关策划方案。公关策划人员要谨守做人的信条，尊重他人的创意成果，绝不剽窃他人的研究成果。同时要尊重他人个性，工作中求同存异，和而不同，将社会公德、职业道德与家庭伦理道德结合一致，成为组织中、行业中最优秀的员工。

拿来主义（节选）

我在这里也并不想对于"送去"再说什么，否则太不"摩登"了。我只想鼓吹我们再各啬一点，"送去"之外，还得"拿来"，是为"拿来主义"。

但我们被"送来"的东西吓怕了。先有英国的鸦片，德国的废枪炮，后有法国的香粉，美国的电影，日本的印着"完全国货"的各种小东西。于是连清醒的青年们，也对于洋货发生了恐怖。其实，这正是因为那是"送来"的，而不是"拿来"的缘故。

所以我们要运用脑髓，放出眼光，自己来拿！

譬如罢，我们之中的一个穷青年，因为祖上的阴功（姑且让我这么说说罢），得了一所大宅子，且不问他是骗来的，抢来的，或合法继承的，或是做了女婿换来的。那么，怎么办呢？我想，首先是不管三七二十一，"拿来"！但是，如果反对这宅子的旧主人，怕给他的东西染污了，徘徊不敢走进门，是孱头；勃然大怒，放一把火烧光，算是保存自己的清白，则是昏蛋。不过因为原是羡慕这宅子的旧主人的，而这回接受一切，欣欣然的蹩进卧室，大吸剩下的鸦片，那当然更是废物。"拿来主义"者是全不这样的。

他占有，挑选。看见鱼翅，并不就抛在路上以显其"平民化"，只要有养料，也和朋友们像萝卜白菜一样的吃掉，只不用它来宴大宾；看见鸦片，也不当众摔在茅厕里，以见其彻底革命，只送到药房里去，以供治病之用，却不弄"出售存膏，售完即止"的玄虚。只有烟枪和烟灯，虽然形式和印度、波斯、阿剌伯的烟具都不同，确可以算是一种国粹，倘使背着周游世界，一定会有人看，但我想，除了送一点进博物馆之外，其余的是大可以毁掉的了。还有一群姨太太，也大以请她们各自走散为是，要不然，"拿来主义"怕未免有些危机。

总之，我们要拿来。我们要或使用，或存放，或毁灭。那么，主人是新主人，宅子也就会成为新宅子。然而首先要这人沉着，勇猛，有辨别，不自私。没有拿来的，人不能自成为新人，没有拿来的，文艺不能自成为新文艺。

六月四日。

资料来源：鲁迅. 且介亭杂文 北京：人民文学出版社，1951：39，41.

第二节　文化积淀修炼

公关策划人员，要高质量地完成任务，必须具有深厚的文化积淀。公关策划是一项以文化为铺垫、以创意为动力、以沟通为目标的战略性工作，不论是策划的内容、策划的表现，还是策划活动的实施，都需要公共关系人员具备深厚的文化基础。

要实现文化的积淀，除了在学校的集中学习之外，更重要的是工作以后持续一生日积月累的积淀。文化积淀的修炼，范围广泛，主要包括对基础知识的广泛涉猎、对专业动态的深度了解、对风俗民情的广泛了解、对公关策划经典案例的收集等。

一、广泛涉猎基础知识

公关策划活动，是一种组织与公众进行沟通交流的重要活动，在策划沟通交流的内容方面，既需要传言达意的沟通艺术，也需要对本行业、本地区、本专业及公关策划案例方面知识的了解。公关策划人员应努力达到"外行面前很内行，内行面前不外行"的基本标准。

（一）背诵经典文学作品

在设计公共关系活动的主题时，需要公关策划人员具有深厚的中国古典诗词积淀，要求能够用极少的字词，表达丰富、完整的公共关系活动内容，传达组织的重要信息，同时能够使公众清楚、明白、感到入情入理，富有感召力；在策划公共关系活动的语言表现形式方面，需要公关策划人员具有良好的语言修养，对不同主题活动内容能够以不同的文化语言表达形式来体现；在与公众及媒体的沟通交流中，更需要公关策划人员用具有说服力的语言来赢得公众对组织的信赖，在有限的时间里准确地传达出组织的公共关系活动内容等。因此，公关策划人员必须要大量涉猎经典的中外文学作品，熟练掌握大量古典诗词，形成深厚的文学修养基础，为公关策划方案提供丰富的创意材料。

（二）了解中外历史知识

公关策划的核心是创意，创意不仅需要深厚的文学积淀，而且需要丰富的中外历史知识储备。历史是创意的宝藏，历史故事总会激发灵感，使策划活动产生亲切感与影响力，成功的策划方案往往以历史故事为依托，由之衍生出新的思路或表现形式，因而，学习与了解古今中外历史知识，对做好公关策划工作具有极大的帮助。公关策划人员平时要注意大量阅读历史书籍，了解历史、研究历史，欣赏各种以历史事件为原型创作的各种文学作品等，不断增强自身的历史感，增加思想深度，为公关策划工作打下扎实的基础。

（三）知悉现代科技信息

在网络时代的信息社会，索取现代科学知识已变得比以往任何时候都更加方便和快捷。公关策划人员从事的是前端的信息沟通工作，因此，公关策划人员平时要保持积极的学习态度，对新知识具有极强的敏感性，面对新信息、新知识，即使与公共关系没有太多的联系，也要多留心，多了解，熟悉其工作原理与工作内涵，对时下的新名词、新说法、流行语等，保持敏感度，及时将其吸纳进自己的创意库中，为自己的创意工作注入新的活力。

二、深度了解专业动态

组织的公关策划人员必须要随时了解组织所在行业的情况，时刻注意追踪行业前沿信息，善于分析行业发展趋势，明晰行业龙头企业的公共关系发展情况，在公关策划方案中，充分体现行业特色。这是公关策划人员必备的素质。

（一）了解专业的前沿动态

组织中的公关策划人员尽管不从事本组织的专业业务工作，但对所在组织的经营业务工作却有义务与必要进行了解，特别是专业的前沿动态，要有一定深度的认识。公关策划人员平时要虚心向专业技术人员、业务人员请教，对一些技术难题也要有一定的感知。处于专业公关公司的人员，同样有了解长期客户的业务情况与专业发展态势的必要。只有这样，在进行公关策划活动时，才能从业务中找灵感，从技术中获得启发，所策划的公共关系活动才能更有利于展现组织特色，才能够使用恰当的沟通形式让公众对组织有更多的了解。

（二）了解行业竞争态势

绝大部分公关策划的人员不是从技术部门转过来的，他们对行业技术的了解大多比较有限。但是，在开展公共关系活动时，对本行业的深度了解应成为公关策划人员的重要能力，没有立足本行业、本组织的策划方案，再好的公共关系活动之于所要达成的目的都可能是南辕北辙。因此，公关策划人员平时要注意学习本行业的基本知识，了解行业前沿动态，关注行业技术发展趋势，洞悉行业市场态势，努力成为本专业的行家里手。孙子云："知己知彼，百战百胜。"作为组织决策者的重要战略参谋，公关策划人员必须要对组织在行业中的竞争地位有准确的把握，在开展公关策划活动时，要能够准确把握活动的影响范围与活动开展的力度，使其效果更加易于把握。

（三）了解龙头组织的公共关系状态

公关策划人员在了解组织所在行业的基本情况与业内组织的竞争态势时，应该了解本行业龙头组织的公共关系情况，如该组织公共关系人员情况、活动影响的地域、公关策划活动的优势与不足，以及该组织与媒体的关系、公众对该组织的认同等，对龙头组织公共关系情况的了解，实际上也就是对行业公共关系水平的掌握，这样，公关策划活动的目的性就会更强，开展公关策划的成功率就会更高。对此，公关策划人员平时应注意积累组织与所在行业的基本信息，特别是国际上具有代表性的组织的经典公关案例，悉心研究其公关策划活动经验，沉下心来做功课；所在组织也应该加强对组织公关策划人员的培训与教育，提供各种场合或机会，增强公关策划人员对龙头组织及其行业的了解，使其在策划公共关系活动时能够有的放矢，不断提高活动策划水平。

三、广泛感知风俗民情

在公关策划人员文化知识的积累中，很重要的一部分内容是对各地风俗民情的了解，尤其是当组织针对某一特定地区开展公共关系活动时，要对当地特有的风俗习惯进行全面了解与感知。

（一）了解当地风俗习惯

一个优秀的公关策划方案，其方案的内容越与当地百姓的生活贴近，活动的效果就越好。因此，公关策划人员要主动入乡随俗，不论走到哪个地区，都要主动了解当地风俗习惯，把握风俗中的核心要素，尊重当地风俗，并善于将公共关系活动与当地风俗习惯相结合，激发目标公众参与活动的热情，将公共关系活动的作用充分发挥出来，实现最佳的公共关系目标。公关策划人员平时要注意收集开展活动的国家或地区的资料，了解当地的文化特色，把握文化中的核心要素，注意回避其文化禁忌，努力促使所策划的公共关系活动具有地域特色。

（二）走进当地民情生活

公关策划人员应该具有较强的沟通能力，能够较快地与公众打成一片。在平时，公关策划人员就要主动走进百姓当中，与他们相互了解，深入感知当地公众的所思所想，了解他们的心理，感知社会疾苦，收集各地民情民风，获得大量第一手资料，为今后的公关策划打下深厚的基础；组织也可以定期组织公关策划人员去一些具有特色的地区采风，或通过召开研讨会的形式加深对某地自然地貌、民俗民情的了解与感知，充实策划人员的有关知识，激发其创意灵感，使其从中找到公关策划的新思路，谋划出精彩的公关策划方案，形成实施公关策划的最佳步骤，保证公关策划取得良好的效果，最大限度地实现公共关系目标。

 案 例 观 摩

"小院议事会"，倾听老人心声

讲述人：甘肃省兰州市酒泉路街道杨家园社区原党委书记 杨静

杨家园社区在兰州市城关区中心区域，老旧楼院密集。例如社区里的酒泉小院，是上世纪 80 年代建的，60%以上的住户是老年人。如何让老年人生活得安心、顺心，是做好社区工作的必答题。

过去的酒泉小院由于产权混乱，成了"三不管"楼院，治安混乱、垃圾堆积、公共设施损毁老化等问题突出。

2014 年以来，社区通过入户走访、召开"小院议事会"，深入了解居民，特别是老年居民需求，对酒泉小院进行了三次全面提升改造。现在小区大门、单元楼各有门禁，楼院进出口增设了电子眼，道路两旁架设了路灯。楼栋做了外墙保温，社区门口还有无障碍通道，公共区域设计了花坛、添置了健身器材……小院面貌焕然一新。

过去一整个单元楼共用一个水表，不管每家实际用水量多少，水费只能根据总表数据均摊。很多老年朋友对此有意见，经常因为水费闹矛盾。针对这一问题，社区牵头召集辖区社工委委员、居民代表等召开智能水表入户听证会，并先后六次召开"小院议事会"，就修复入户管网、选择智能水表等问题进行协商。2021 年 12 月，酒泉小院的智能水表入户安装工作全部完成。此后，居民交水费直接对接社区，很多老年朋友说，这真是件实实在在的好事。

在我看来，适老化改造离不开问需于民、问计于民，要充分发挥老年朋友的主体作用。

杨家园社区搭建"小院议事会"这一平台，发挥对接联络作用，热心公共事务的老年朋友都可以参与协商共议，改善大家共同的居住环境。过去一年，我们共开了 22 期协商议事会，帮助 600 多户居民解决了屋面漏水、拆违治乱、停车难等问题。

"老马会客角"则是社区为热心居民马国成打造的一个志愿平台。70 多岁的老马经常帮助邻居维修管线、清扫卫生。平日街坊邻居有了牢骚矛盾，都愿意到老马这里坐坐，谈谈心事、拉拉家常。老马的小圆桌也成了社区的民意收集点、矛盾化解处。

常常有老年朋友向我们反映，社区太缺少休闲环境，一下楼就到了马路边，连个坐着聊天的地方都没有。于是，我们今年下力气拆除背街小巷违建，打造了一处 200 多平方米的口袋公园，作为居民的休憩空间。现在，口袋公园建好了，夏天乘凉遛弯儿正合适，大爷大妈们都可高兴了。

资料来源：陈之殿，张胜，陆健，等．"小院议事会"，倾听老人心声．光明日报，2022-07-15：07 版．

四、收集经典案例资料

对公关策划人员来说，增加文化积淀，极为重要的是了解经典公共关系案例，只有了解经典，才可能有所创新、有所超越，也更可能得到一些有益的启发。

（一）收集公关策划成功与失败案例

作为职业的公关策划人员，对同行的学习是进步的捷径，要善于学习、善于模仿、善于超越。公关策划人员平时要注意收集各种各样公共关系方面的策划案例，认真研究，归纳总结，在学习别人的案例时，要善于从成功案例中学到优秀之处，从失败案例中得到启示，既谦虚学习，又切不能邯郸学步、东施效颦，或仅仅照猫画虎，只学习其皮毛，不了解其精髓，盲目仿照其形式，把对公众的尊重与企业特有文化丢弃一边。组织在培训公关策划人员时，要注意引导公关策划人员认真分析案例，了解案例实施的背景，领悟其开展活动的动机，认识其内在的思维轨迹，从经营理念方面将公共关系经典策划案例研究透彻。

（二）观摩现实公关策划案例

各种各样公关策划活动在现实社会中不断上演，其中不乏政府精心组织的进步理念宣传活动、企业进行的公共关系活动、学校开展的文化活动，还有其他各类机构推出的新闻发布会、媒体开放日活动等。这些公共关系案例通过媒体报道，生动而真实地展现在人们的面前，只要用心就可以看到、学习到。公关策划人员要做有心人，在日常工作中，要注意关注这样的案例，主动观摩，这样可以学习到很多开展公关策划活动的新方法，公关策划的水平也必然会节节提高。

第三节　社会实践锻炼

公关策划工作是一项具有创造性的工作，要求公关策划人员具有丰富的生活经历与人生体验，能够对自然、社会和人生始终怀有高度的敏锐性，要热爱生活，意志坚定，不畏失败，富有吃苦耐劳的品质，始终对未来充满信心。这种能力不是与生俱来的，是需要公关策划人员主动锻炼自身，积极感受生活才能获得的。

一、经历游历与探险

当年，司马迁游遍大江南北，获得了丰富的人生体验，积累了重要的创作养料，最终写就了《史记》这一"史家之绝唱，无韵之离骚"的千古名作。今天，公关策划人员要能在公共关系活动中始终保持高昂的创意热情，拥有丰富的创意灵感，十分需要游历祖国乃至世界山川，了解国内外风土人情，勇于探索自然世界，深入了解社会人生，感悟生活真知，体察民间甘苦，为公关策划积累深厚的创作土壤。

（一）拥抱自然，才能创意生活

人的才智既来自前人的记载，更来自现实社会。书本知识的获得对公关策划才能的增强不可或缺，但读万卷书不如行万里路，在物质条件允许的情况下，经常走向自然，从大自然中、从生活中获取创意灵感才可能在开展公关策划工作时超越书本与他人范例，获得全新的创意思路，为高质量的公关策划方案铺设基础。一个热爱自然的人，会真正热爱人生，热爱生活，并会倾心创想鲜活、独特的创意方案，给组织、给公众、给社会带来美与享受。

乡村记者手记：年轻人为何选择鹦哥岭？

"中国青年五四奖章集体""全国林业系统先进集体""全国绿化奖章""全国生态建设突出贡献先进个人"，这是 30 多名大学毕业生在海南鹦哥岭自然保护区勤奋工作、埋头苦干交出的答卷。

当很多大学毕业生选择到繁华大都市寻找一份高薪工作时，鹦哥岭的大学生团队却选择坚守 76 万亩热带雨林、忍受蛇虫鼠蚁侵扰、面对寂寞和孤独。一群年轻人为何如此坚定地扎根鹦哥岭？

为了探寻鹦哥岭青年团队的奋进之路，记者曾两次跟随他们进入鹦哥岭自然保护区核心地带道银村。想要进入这个高海拔黎族山寨可不容易，由于山路崎岖、路面狭窄，摩托车是唯一的交通工具。上车之前，开车的护林员会再三提醒坐车时身体尽量前倾，双手要抓紧，以免摔跤。尽管时刻警惕，但道路湿滑，途经一道山洞时还是摔了一跤，鞋子、裤子全部湿透，手也被划伤，两个小时的颠簸，充满疲惫和惊恐。

记者问负责社区宣教的王云鹏，在这条路上走了多少回，他笑着说记不清。记者又问，你来回往这山里跑，到底做什么？他说要做的事情数不清。

鹦哥岭保护区是我国连片面积最大保存最完整的热带雨林，是海南岛的生态核心和第一水源地，更是18000多名黎苗百姓的生活家园。保护生态环境，填补科研空白，带领群众致富，每一项都是艰巨的任务。

为什么要选择鹦哥岭？问遍青年团队的成员，有的说自己专业对口，有的说热爱自然，有的说想为家乡做点事情。尽管答案各异，但学以致用，把个人的理想与国家的需要结合起来，让他们在职业选择上心里有一种踏实感。

执着于探寻树蛙的奥妙，廖常乐"潜伏"水潭边整夜不睡，直到山蚂蟥爬满双腿；面对盗猎人的枪口，李之龙将生命置之度外，与其殊死搏斗；为与黎苗百姓交心，刘磊大碗喝酒……

几乎每个团队成员都有催人泪下的感人故事，和他们几乎同龄的记者感叹，为了理想和憧憬能让人义无反顾，这也让他们的青春，站在了与很多同龄人不一样的起点上。

2012年毕业于东北林业大学的米红旭是哈尔滨小伙子，动物学硕士，现在是团队中"资历"最浅的队员之一。他还清晰地记得第一次野外考察时发现海南疣螈的兴奋劲儿。"因为喜欢研究动物才选择这个职业。"米红旭说，现在大学生就业难，很大程度上是自己设下了一个高"门槛"。选择自己想做的、喜欢做的，会逐渐发现这份工作的价值所在，也最终会在工作中实现自己的价值。

走在鹦哥岭的沟沟坎坎、大寨小村，处处能感受到这群年轻人给保护区带来的变化。节水旱厕使黎村苗寨干净整洁，林下套种让百姓增收致富，曾经的偷猎人也穿上护林服严防盗伐盗猎。变化不是结束，而是刚刚开头。这群年轻人表示，他们还将继续坚守，希望鹦哥岭的精神能够传承下去。

记者觉得，支撑这群年轻人的是一种脚踏实地、志存高远的精神，是一种充满希望与活力的、有远见的价值观。青年的中国梦，不就是这样一步步实现的吗？

资料来源：夏冠男，王自宸. 记者手记：年轻人为何选择鹦哥岭？ 中国共产党新闻网，http://cpc.people.com.cn/n/2013/0607/c64104-21774786.html (2013-06-07).

（二）勇于探险，才有灵动创想

公关策划活动是一项具有极强创新性的工作，公关策划人员如果能够在工作休闲时，参加一些探险性的活动，增加一些新的人生体验，也可以很好地激发创意灵感。当然，探险不是冒险，不顾身体与物质条件的限制，一味猎奇冒险，实际上是一种不负责任的行为，自然无助于提升公关策划素质。只有大胆而谨慎、细心而冷静、激情而沉稳的探险活动，才能为未来的公共关系策划带来更多的创意来源。

二、积累经验与教训

在实际工作中，公关策划人员要善于积累经验，随时注意总结失败的教训，不断提升工作能力。可通过经验交流会、教训总结大会的形式来提高公关策划人员的专业素质。失败是成功之母，了解失败的案例比获知成功的喜悦更为重要。善于总结经验教训是公关策划人员不断进步、持续发展的基本能力。因此，公关策划人员应该自觉及时总结工作中的经验与教训，使之成为今后进步的重要指导。

（一）大胆工作，主动积累经验

公关策划人员在自我素质提升的过程中，要主动把自己抛在职场上，去摸爬滚打，大胆工作是快速进步的基本条件。经验的积累靠的是扎扎实实的工作，容不得投机取巧，工作中畏首畏尾、谨小慎微，只能延缓进步的脚步。主动请缨，积极地把各项工作做好，可以锻炼能力，积累经验，使自己尽快成为称职的公关策划人员。

（二）不怕失败，试错赢得成功

公关策划是一项具有较高难度的创造性工作，很多时候都需要大胆创新，做前人没有做过的事，走前人没有走过的路，因此，难免遭遇失败，但是，试错可能是公关策划工作中必上的一课。这里的试错，并非视一次真正的公共关系活动为儿戏，而是在创意过程中，不断地进行探索与比较，努力寻求最佳的公关策划方案，以推动组织公共关系目标的实现，只有在不怕失败不断追求完美的过程中，才会赢得前无古人的优秀方案，否则瞻前顾后、保守顾虑，最终损失的不仅是组织的金钱，更有千金难买的声誉。

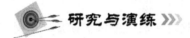 研究与演练 》》》

一、理论研究

（1）阅读名人传记，思考成功人士与思想修养的关系。
（2）一个人的人文素养如何来培养？
（3）行万里路，增长人生阅历，回忆你难忘的旅行生活。

二、实践演练

（1）在生活中寻找注意思想修养的老师或同学，与他们聊聊人生的意义。
（2）做一个志愿者，关注他人生活，有意拓宽自己看问题的视野。
（3）总结生活中最失败的一次经历。

参 考 文 献

阿尔·里斯，劳拉·里斯.2004.公关第一 广告第二.罗汉，虞琦译.上海：上海人民出版社.

艾伦·森特，帕特里克·杰克逊，斯黛西·史密斯，等.2009.森特公共关系实务（第七版）.谢新
　　洲，袁泉，刘畅，等译.北京：中国人民大学出版社.

爱德华·L.伯内斯.2014.舆论的结晶.胡百精，董晨宇，等译.北京：中国传媒大学出版社.

安妮·格里高利.2008.公共关系实践（第二版）.张婧，幸培瑜，王嘉译.北京：北京大学出版社.

曹峰.1991.先秦政治中的智慧和谋略.杭州：浙江人民出版社.

大龙，王庐霞，尹涛.2006.中国式公关.北京：中信出版社.

丹·拉铁摩尔，奥蒂斯·巴斯金，苏泽特·海曼，等.2006.公共关系：职业与实践.朱启文，冯启华
　　译.北京：北京大学出版社.

弗雷泽·P.西泰尔.2008.公共关系实务.第十版.潘艳丽，陈静，等译.北京：清华大学出版社.

格伦·布鲁姆，艾伦·森特，斯科特·卡特里普.2002.有效的公共关系（第 8 版）.明安香译.北
　　京：华夏出版社.

蒋明军.2008.公共关系策划.上海：上海中医药大学出版社.

敬一丹.2015.我遇到你.武汉：长江文艺出版社.

居延安.1987.公共关系学导论.上海：上海人民出版社.

廖为建.1989.公共关系学简明教程.广州：中山大学出版社.

林汉川.1994.公关策划学.上海：复旦大学出版社.

鲁迅.1951.且介亭杂文.北京：人民文学出版社.

毛泽东.1991.关心群众生活，注意工作方法（一九三四年一月二十七日）//毛泽东.毛泽东选集 第一
　　卷.2 版.北京：人民出版社.

明安香.1986.塑造形象的艺术：公共关系学概论.北京：科学普及出版社.

谭昆智，汤敏慧，劳彦儿.2009.公共关系策划.北京：清华大学出版社.

汪秀英.1991.公众关系学原理与应用.北京：中国商业出版社.

王乐夫，廖为建，郭巍青.1986.公共关系学.沈阳：辽宁人民出版社.

沃尔特·李普曼.2006.公众舆论.阎克文，江红译.上海：上海世纪出版集团.

熊源伟.1990.公共关系学.合肥：安徽人民出版社.

杨凤城.2010.中国共产党历史.北京：中国人民大学出版社.

余明阳，等.2006.公共关系策划学.北京：首都经济贸易大学出版社.

詹姆斯·格鲁尼格，等.2008.卓越公共关系公关与传播管理.卫五名，等译.北京：北京大学出版社.

赵驹，王小玲.2006.公关策划.北京：北京大学出版社.

朱迪·艾伦.2010.活动策划全攻略（第 2 版）.卢涤非译.北京：旅游教育出版社.